ŒUVRES COMPLÈTES

DE

RONSARD

Paris. Imprimé par GUIRAUDET et JOUAUST, 338, rue S.-Honoré,
avec les caractères elzeviriens de P. JANNET.

ŒUVRES COMPLÈTES

DE

P. DE RONSARD

NOUVELLE ÉDITION

Publiée sur les textes les plus anciens

AVEC LES VARIANTES ET DES NOTES

PAR

M. PROSPER BLANCHEMAIN

Tome I

A PARIS

Chez P. JANNET, Libraire

MDCCCLVII

AVERTISSEMENT

SUR CETTE ÉDITION.

Depuis le jour où Malherbe, ayant laissé sur son bureau un Ronsard dont une bonne moitié étoit effacée, et, interrogé par Racan s'il approuvoit le reste, se fut mis à raturer de plus belle ce qu'il avoit d'abord épargné, Ronsard fut renversé de son piédestal.

Les coups de massue de Despréaux l'achevèrent, et quelques années plus tard, au dire de La Monnoye[1], personne n'eût osé se vanter de posséder un Ronsard, et encore moins de l'avoir lu.

Tombé avec les Valois, le poète qui avoit rempli de sa renommée tout le XVIe siècle et une partie du XVIIe, que ses contemporains mettoient au niveau de Virgile, de Pindare, d'Horace et de Pétrarque, fut honni, bafoué, et enseveli dans un dédain profond.

Cet oubli dura deux siècles.

Au bout de ce temps, quelques esprits ardents, fatigués de la pâle littérature de l'empire,

---

1. Dans son édition du Menagiana.

fille bâtarde des Muses de Louis XIV, et désireux de se retremper aux sources vives de la langue, osèrent remonter jusqu'au XVIe siècle. L'un d'eux, critique judicieux et fin, poëte éminent par le rhythme, aussi habile à ciseler ses propres pensées qu'à juger celles des autres, se hazarda le premier à dire que Ronsard avoit du génie. — Le paradoxe parut fort. On cita beaucoup les vers de Boileau, on rit encore plus, et le poëte de Charles IX parut aussi complétement oublié qu'auparavant. Cependant la graine semée germait obscurément. Quelques jeunes gens, qui avoient été séduits par le *Tableau de la poésie au XVIe siècle*, lurent le *Choix des vers de Ronsard* qui en formoit le deuxième volume; d'autres commencèrent à rechercher les fragments dépareillés de Ronsard et des poëtes contemporains qui pourrissoient sur les quais ou dans les arrière-boutiques des bouquinistes, *disjecti membra poetæ*. Quelle joie de soulever cette antique poussière et d'y retrouver, comme dans une autre Pompeïa, des trésors perdus de grâce et de fraîcheur !

Mais à mesure que ces découvertes se faisoient, les libraires, à leur tour, donnoient un prix de plus en plus élevé à ces bouquins naguère méconnus; et aujourd'hui, que chaque ami des lettres voudroit posséder et lire Ronsard, ce n'est plus qu'à prix d'or qu'il est possible de se le procurer.

L'éditeur de la Bibliothèque elzevirienne ne pouvoit manquer d'un faire jouir le public. En me chargeant de donner un texte aussi pur et aussi complet que possible, il m'a confié une tâche difficile; aussi je crois devoir rendre compte de la marche que j'ai suivie pour que mon travail ne fût pas indigne de la collection dans laquelle il est appelé à figurer.

La comparaison des neuf éditions posthumes des œuvres de Ronsard (1587-1630) m'avoit appris qu'elles ne différoient pas entre elles par le texte, mais seulement par l'addition d'un certain nombre de pièces retranchées par Ronsard lui-même et dont l'éditeur forma un recueil de plus en plus nombreux qu'il ajouta à la suite des quatre dernières éditions (1609-1630). Le travail paroissoit donc facile ; il n'y avoit qu'à prendre un exemplaire de l'édition la plus complète, l'in-folio de 1623, par exemple, à en réviser attentivement le texte, à choisir parmi les verbeux commentaires de Muret, de Marcassus, de Garnier et autres, quelques notes précieuses, en ajouter un certain nombre de nouvelles, et à livrer le tout aux soins de l'imprimeur.

Telle fut en effet ma première opération.

La classification des pièces donnée par Jean Galland, principal du collége de Boncour, ami de Ronsard, légataire de ses papiers et son éditeur posthume, étoit évidemment celle que le poète lui-même avoit adoptée en dernier lieu ; je ne m'y suis permis qu'une seule modification : elle consiste à replacer à la suite de chacune des divisions d'où elles avoient été éliminées les pièces composant le *Recueil des sonnets, odes, etc., et autres pièces retranchées des précédentes impressions des œuvres de Ronsard* (Paris, N. Buon, 1617, in-12). Cette disposition m'a paru plus logique que de laisser ces pièces sous la forme d'un recueil à part, qui n'avoit d'autre raison d'exister que son utilité comme complément à des éditions précédemment publiées.

J'aurois peut-être borné à cela tout mon travail si les études que j'avois faites pour une publication antérieure [1] ne m'eussent démontré que les éditeurs du XVIIe siècle avoient négligé de recueillir non seulement un certain nombre de pièces, mais encore les modifications innombrables, les retranchements souvent très importants que l'auteur avoit fait subir à ses ouvrages dans les éditions parues de son vivant [2]. De là nécessité de recueillir les variantes, les fragments de pièces et pièces complètes fournis par la comparaison de toutes les publications originales, dont, grâce aux dépôts publics et à l'obligeance de quelques bibliophiles, j'ai pu consulter la plus grande partie [3].

Une dernière difficulté s'élevoit relativement au choix du texte. Il est évident pour moi que vers la fin de sa vie Ronsard a gâté ses ouvrages. Dans son ampleur, son style a de l'enflure et de l'exagération. Ces admirateurs maladroits, ces imitateurs serviles et toujours portés à copier les défauts du chef d'école ou à lui en faire un mérite, avoient sans doute loué cette affectation de

---

1. Les œuvres inédites de P. de Ronsard. Paris, Aubry, 1855, 1 vol. pet. in-8.

2. J'ai compté sept éditions données par Ronsard lui-même sous le titre d'œuvres. Le nombre des pièces qu'il a publiées soit en volumes, soit dans des recueils contemporains, soit en feuilles volantes, ne m'est pas connu.

3. Je donnerai à la fin du dernier volume, avec les tables, une liste des éditions que j'ai pu consulter, avec les noms des personnes qui me les ont communiquées. Je me borne ici à leur offrir l'expression de ma reconnoissance.

science, qui le portoit à employer des expressions alambiquées, des mots composés à l'instar des Grecs et des Latins, des tournures vieillies qu'il s'efforçoit de rajeunir, ou des expressions nouvelles qu'il tentoit d'impatroniser dans la langue (qui, par parenthèse, en a conservé plus qu'on ne croit). Dans ses dernières années, atteint d'une caducité précoce du corps et de l'esprit, il remania ses ouvrages. Devenu d'une piété méticuleuse, il en retrancha tout ce qui pouvoit avoir un peu de cette verdeur de langage que le françois cependant toléroit encore ; outrant son système de grécisme et de latinisme, il introduisit partout où il le put, à la place de vers simples et naturels, des vers ridiculement ampoulés, *ampullas et sesquipedalia verba*. C'est ce que la comparaison du texte et des variantes prouvera surabondamment[1].

Je ne donne pas cette remarque comme m'appartenant : des critiques plus compétents l'avoient faite avant moi. M. Sainte-Beuve, dans une note de son Tableau de la poésie françoise au XVIe siècle, dit en deux mots :

« Ronsard avoit beaucoup changé, corrigé, quelquefois gâté, dans les éditions dernières faites sous ses yeux. »

Claude Binet et Guillaume Colletet, dans leurs vies du poète, avoient antérieurement émis le même avis. Voici ce que dit Binet :

---

1. Les variantes, imprimées en caractères italiques, sont placées immédiatement au-dessous du texte, et les renvois en sont indiqués par des lettres.

Des chiffres renvoient aux notes, qui sont imprimées en caractères plus petits et occupent le bas des pages.

« Aucuns ont trouvé la correction qu'il a faite en ses œuvres en quelques endroits moins agreable que ce qu'il avoit premièrement conceu, comme il peut advenir principalement en la poésie, que la première fureur est naïve, et que la lime trop de fois mise, en lieu d'esclaircir et polir, ne fait qu'user et corrompre la trempe. »

Colletet est encore plus explicite :

« Je serois, dit-il, presque du sentiment de ceux qui ont cru que, venant sur l'aage, il devint assez mauvais juge et trop grand aristarque de ses livres[1]. Car, deux ou trois ans avant son décès, vieux et affligé des gouttes qu'il estoit, et mesme agité d'un chagrin et d'une mélancolie perpétuelle, ceste fureur poétique qui luy avoit tousjours faict si bonne compagnie l'ayant presque abandonné, il fit réimprimer toutes ses poésies en un grand et gros volume, dont il reforma l'économie générale; retrancha de son livre plusieurs belles et gaillardes inventions qu'il condamna, y changea des tirades entières, et, en la place de plusieurs vers nobles et hardis, en substitua qui n'avoient ny la force ni la pointe des premiers, ne considérant pas qu'encore qu'il fust le père de ses ouvrages, si est-ce qu'il n'appartient pas à une vieillesse chagrine et fascheuse de juger des coups d'une gaillarde jeunesse. Et c'est pour cela que diverses éditions de ses œuvres, que j'ay soigneusement recherchées, m'ont esté d'autant plus agréables qu'il y a tousjours du plaisir à veoir les divers sentiments d'un bel esprit sur un mesme subject. A propos de quoy il me sou-

---

[1]. Est. Pasquier est du même avis.

vient d'avoir un jour rencontré dans son cabinet un sçavant conseiller d'Etat et grand amy de nos Muses, qui m'advoua franchement que, depuis quinze jours, il avoit pris un singulier plaisir à conférer les exemplaires des œuvres de notre poète, à cause de ceste agréable diversité. Et de faict, il me fit bien veoir alors que je n'estois pas le seul qui en possédois presque toutes les différentes éditions. »

Eclairé par ces observations, dont une collation attentive des textes m'avoit démontré l'exactitude, devois-je néanmoins, suivant l'usage généralement adopté par les éditeurs de nos poètes, donner la leçon que Ronsard avoit léguée en mourant à ses amis, et publier ainsi une œuvre mutilée, quand je l'avois là vivante et saine sous la main ? Dans l'intérêt du poète lui-même, j'ai dû prendre une autre marche.

Ce fut en 1560 (Paris, Gabriel Buon, 4 vol. in-16, privilége daté de Saint-Germain-en-Laye du 26 septembre 1560) qu'il donna la première édition de ses œuvres, contenant ses *Amours* en deux livres, ses *Odes* en cinq livres, ses *Poesmes* en cinq livres, et ses *Hymnes* en deux livres.

« Sous le titre vague de *Poesmes*, dit M. Gandar, dans une excellente étude sur le poète qui nous occupe [1], Ronsard comprend tous les ouvrages qui ne rentrent encore dans aucune catégorie nettement déterminée. Peu à peu ils se classèrent et formèrent des recueils particuliers, les Eglogues, les Elégies, les Mascarades, les Gaye-

---

1. Ronsard, considéré comme imitateur d'Homère et de Pindare, par E. Gandar. Metz, Blanc, 1854, in-8.

tez, les Epitaphes; et voilà comment les *Poesmes*, qui avoient cinq livres en 1560 et en 1573, n'en ont plus que deux dans les éditions posthumes.

« Ce recueil des *Œuvres*, publié durant le règne éphémère qui sépara du règne de Henri II la régence de Catherine de Médicis et le règne de Charles IX, est particulièrement précieux. Il résume, avec le recueil des Œuvres de Du Bellay, qui ne survécut pas à Henri II, l'histoire de la révolution poétique opérée par les élèves de Daurat. A partir de ce moment la brigade se disperse, et elle cesse de régner sans partage sur l'opinion publique. »

C'est cette édition type de 1560 que j'ai prise pour point de départ et au texte de laquelle je me suis conformé. Pour les pièces parues depuis 1560, j'ai reproduit autant que je l'ai pu la leçon fournie par les publications originales[1]; j'ai noté, vers par vers, toutes les mutilations que chaque œuvre avoit subies; j'ai rétabli, en les encadrant de crochets, les passages retranchés, qu'il est ainsi fort aisé de reconnoître, et dès qu'une variante offroit quelque importance, je l'ai citée en note, avec indication de l'édition d'où elle étoit tirée[2].

On m'a objecté que de restituer ainsi le texte modifié ou condamné par Ronsard lui-même, et rejeter au second rang ses corrections définitives, c'étoit violer le testament littéraire du poè-

---

[1]. A chaque pièce postérieure à 1560, j'ai donné la date du recueil où je l'ai trouvée pour la première fois.
[2]. Celles qui ne portent aucune mention sont extraites des éditions posthumes.

te, m'établir le juge de celui dont je ne suis que l'éditeur, et substituer, pour ainsi dire, ma pensée à la sienne.

J'ai répondu qu'il seroit facile à tous les lecteurs, en omettant les vers placés entre crochets, et en remettant à leur rang les variantes notées au bas de chaque page, de refaire, s'ils le jugeoient à propos, le texte des éditions posthumes, sauf quelques mots insignifiants, et suivre ainsi le travail du poète. Quant aux amateurs encore plus curieux de Ronsard, et qui possèdent une des éditions posthumes, de celles qu'il est le moins difficile de se procurer, je leur donne le texte des publications originales, dont les bibliophiles se disputent les rares spécimens, et dont il seroit impossible aujourd'hui de réunir à prix d'or une collection complète. Ils pourront, à l'aide de la présente édition et de l'une de celles de 1587 à 1630, se donner le même plaisir que ce *sçavant conseiller d'Estat* que G. Colletet trouva un jour collationnant les vers de Ronsard, dont il étudioit mot à mot les variantes.

Quant à avoir violé le testament du poète, c'est le grief qu'il me sera le plus difficile d'écarter. A mon point de vue cependant je crois avoir accepté son héritage, mais seulement sous bénéfice d'inventaire; je crois l'avoir même enrichi, en replaçant dans son écrin les pierres plus ou moins précieuses qu'il en avoit enlevées dans sa vieillesse, lorsque sa vue affoiblie ne lui permettoit plus guère de distinguer celles qui avoient une valeur réelle de celles qui brilloient d'un faux éclat. J'ai, pour m'autoriser dans l'œuvre de restauration que je pense avoir eu raison d'entreprendre sur cet édifice mutilé par son auteur, l'opinion de Claude Binet son contemporain, celle de Colletet, le dernier poète qui au XVIIe siècle conservât encore les traditions du XVIe; j'ai l'avis plus récent de M. Sainte-Beuve, juge compétent, dont en pareille matière l'autorité ne sauroit être récusée.

J'espère donc que le public, à qui j'ai voulu présenter dans toute la fleur de son exubérante jeunesse le poète de Henri II, de François II et de Charles IX, et qui en définitive aura sous les yeux les pièces du procès, prononcera un arrêt favorable à Ronsard et absoudra en même temps son éditeur.

AU ROY[1]

IRE.

D'autant loin que l'on se peut souvenir par les monumens de l'antiquité, je trouve que, comme les grands roys sourdent rarement, aussi font les poëtes excellens, de sorte qu'il semble que la fatalité, sous la providence de Dieu, amene au siecle les uns et les autres, et qu'à bon droict ils ont esté avec pareil honneur appelez les enfans de Jupiter, ou, pour mieux dire, du Dieu vivant : car les grands roys ornez de vertus heroïques, et les poëtes rares et divins, sont entre les hommes pour monstrer deux grands effets de la divinité, tant pour l'auctorité de commander aux personnes que pour la grace de gaigner les esprits, tous les deux avec admiration et reverence ; et n'y a rien qui face tant remarquer le siecle et l'aage au cours du temps, comme ces deux sortes de grands personnages. C'est pourquoy, Sire, ayant acquis par le droict d'hos-

1. Henri III. Cette dédicace, mise par Jean Galland, principal du collége de Boncour, ami et légataire de Ronsard, en tête de la première édition posthume (Paris, Buon, 1587, 10 vol. en 5 tomes in-12), est répétée dans toutes les suivantes.

pitalité la familiere accointance de feu Monsieur de Ronsard, excellent poëte, qui commença ses estudes sous le grand roy Françoys vostre ayeul, pere des arts et sciences, et qui florit du regne du roy Henry vostre pere, les delices et l'amour du peuple; puis après du regne du roy Charles vostre frere, Prince amateur de la poësie, de laquelle ce premier ouvrier finalement est decedé sous vostre regne, après l'avoir honoré douze ans entiers sous vostre protection et faveur; c'est pourquoy, dy-je, après avoir rendu au moins mal qu'il m'a esté possible à ce grand personnage le juste et dernier office deu à nos amis defuncts, j'ay pensé que ne ferois chose hors de propos, m'ayant esté par luy recommandée l'impression de ses Œuvres, et par vostre privilege permise et commandée, de les mettre en lumiere sous vostre nom, à fin qu'un si grand Roy comme vous estes honorast de la marque de son nom et regne la fin d'un si grand personnage comme est le poëte Ronsard, et que ses Œuvres poëtiques pareillement honorassent et recommandassent la memoire et le nom d'un Roy si rare comme vous estes, mis au front d'une si rare poësie. Laquelle offrant à Vostre Majesté, je la suplie recevoir aussi favorablement le present comme devotement il vous est presenté.

Sire, je prie Dieu, le Roy des Roys, vous conserver en toute prosperité, tres-glorieux et tres-victorieux par dessus vos ennemis, bien obey et bien respecté de vos affectionnez subjects, entre lesquels, comme l'un des moindres d'iceux, je me dedie et consacre aux pieds de Vostre Majesté.

Vostre très-humble et très-affectionné subject,

J. GALLAND.

DE P. RONSARDO ADRIANUS TURNEBUS.

Ronsardus carmen Musis et Apolline dignum
Qui pangit, qui Graiugenæ Latiæque Camœnæ
Ornamenta suis aspergit plurima chartis,
At que indicta priùs dias in luminis oras
Multa viris priscis auctor doctissimus effert;
Vermiculata notis variant emblemata pictis
Cui versum, gemmæque nitent, et carmina signant,
Purpureis veluti se floribus induit arbos,
Pingitur in varios aut pratum vere colores,
Aut picturato prætexens aëra limbo
Ducit ab adverso speciem Thaumantias astro,
Aonio Musas deducet vertice primus.
 Primus Idumæas feret et tibi Gallia palmas;
Sequana quaque piger sinuosis flexibus errat,
Amneque dividuam conjungit pontibus urbem,
Pierides, vobis solido de marmore templum
Hospita tecta parans augusta sede locabit,
Vester et antistes vittis sacrata revinctus
Tempora, Panchæos aris adolebit honores.
 Ante hunc incomptis Fauni Satyrique canebant
Carminibus, numerusque rudi Saturnius ore
Stridebat, nec erat vobis, Phœboque poëta
Ullus digna loquens, sed ineptus quale per agros
Perstrepit upilio sylvestri carmen avena.
Primus at hic plenos deprompsit pectore cantus,
Et sensus vivis animavit vocibus, ipso
Implevitque Deo, quem cordibus intus anhelis
Enthea verorum spirant præcordia vatum.

BELLAIUS RONSARDO.

Undique in Oceanum volvant cùm flumina lymphas,
　　Cumque Iris nubes hauriat Oceano,
Fluminibus, Ronsarde, tamen nil crescit ab illis,
　　Ut neque decrescit nubibus Oceanus.
Sic tua laus, totum quæ late amplectitur orbem,
　　Fluctibus immensi non minor Oceani,
Crescere nec potis est, nec jam decrescere, laude
　　Omni hominum major, major et invidia.
Majorem hic igitur magno te dicet Homero,
　　Ille tibi magnum cedere Virgilium.
Mî satis est, veteri ut titulo se marmora jactant,
　　Dicere : Ronsardi est hoc quoque, lector, opus!

Virgilio fuerat qui par Ronsardus in omni
　　Vita, morte parem sese præstaret ut illi,
Fidos elegit Tuccam et Varum inter amicos,
Te, Gallandi, et te, Binete, poëmata, quorum
Commisit curæ, ne corrumpenda perirent :
Hei vereor ne uno sit Mæcenate carendum.

　　　　　　　　J. AURATUS P. I. R.

AD PETRUM RONSARDUM

Virum nobilem

JO. AURATI POETÆ REGII ODE

AD NUMEROS PINDARICOS.

STROPHE I.

Lyræ potentes Camœnæ
Agite, quis Deûm herosve,
Homo quis fidibus inseri
Poscit? Satis Pisa jam,
Jovisque memoratus
Olympus, sacrum et
Herculis patris opus.
At nunc patriæ principem
Chelys, apud Celticos
Decus grande populos,
Decet vos suo
Sibi Pindari can-
tu personare, numeros-
que Gallicos Latijs

ANTISTROPH.

Remunerari haud inultos.
Itaque par pari reddens,
Nova plectra resequar novis,
Clavumque clavo velut
Retundam: ego reperta
Meis Italis
Patria, indigenaque,
Ronsarde, tua: ô flos virûm, et
Decus olivi, aut illius
Virilis quo oblinitur,

Et artus terit
Amyclæa pubes;
Aut illius quod hilares
Fere Camœnæ obolent.

Epod.

Nam seu quis artem, sinuosaque
Corporis volumina velit,
Quibus corpus aptè
Vel in equum, vel de equo
Volans micat in audacibus
Pugnis, stupebit dicatum gravibus umbris
Musarum, agilibus quoque
Saltibus Martis expedisse membra.

Stroph. II.

Inertis otî laborem
Probet ametque sin alter,
Iterum stupeat, ut cavæ
Nervis maritans lyræ
Virûm decora præsi-
gnium, claraque
Facta, sidera vehat
Supra, memoranda omnibus
Sine modo fineque,
Puellaribus et in
Choris et dapes
Super principumque
Mensas; sacras ut epulas,
Divumque nectareos

Antistroph.

Solent sonare inter haustus
Patris Apollinis grata
Modulamina; superûm
Intus remugit domus

Beata, geminatque
Sonos; seu libet
Bella dicere Deûm,
Stragesque Gigantum et neces;
Sua cum in ipsos gravi
Refluxere juga cum
Ruina, Jovis
Manu, fulminumque
Vi fracta, ut ætheris apex
Suas opes tremeret.

EPOD.

Sive mavult faciles sui
Patris impetus, et aquilæ
Rapaces volatus
Strepere dulci lyra;
Quod excutiat è frontibus
Rugas deorum, serenetque Jovis ora
Siquando nimis impiæ
Asperarunt in arma sæva gentes

STROPH. III.

Ad hos canentis lepores
Quasi sopore devinctus
Sua tela digitis pater
Ponit remissis; jacet
Utrunque latus ales
Reclinans super
Sceptra fulva Jovis; et
Ceu sponte fluitantia
Gemina dans brachia
Tuis victa fidibus,
Et alas pares,
Fovet frigidum igne
Languente fulmen; ea vis
Tuis modis fidicen

Antistroph.

Inest Apollo; sed in dijs
Tua Chelys celebretur,
Modò non alia regnet in
Terris honoratior
Ea, vada Ledi quæ,
Et ornat solum
Vindocinum; ubi super
Somnos puero ab ardua
Apice quercûs volans
Apum examen agile
Suum melleum
In os nectar infans
Ingessit, hocque tenerum
Tibi imbuit latice,

Epod.

Ronsarde, guttur. Tyrio velut
Aliti fuerunt, propæ suæ
Caput juge Dirces;
Nota foret quæ, lyra
Utrumque fore mox Principem
Gentilis; altos sonans quæ raperet Orco
Reges, Jovis Olympici
Sanguinem, melle tinctulos per hymnos.

Strop. IV.

Amanda virtus, magistri
Negat et abnuit curam;
Sine fraude, sine et artibus
Excurrit in campum equus;
Canis nemora rimans-
que venaticus
Prensat, haustibus hians
Notis, sine dolo, feras

Latibulis jam quoque
Cubantes; nec opera
Docentis canunt
Per agros amictæ
Pennis aves; neque sonum
Amabilem citharæ

ANTISTROPH.

Eburneæ temperas tu
Nisi duce et magistro te
Tibi, Petre; amor at in tuos
Candorque amicos suum
Decus sibi adimens ar‐
rogat cæteris,
Invidens sibi malè;
Quos inter erat et locus
Mihi aliquis; nec nego
Tibi sæpè Latium
Per, et Doricum
Nemus colligentem
Thymbram, thymumque, casiamque,
Pabulo solitum

EPOD.

Præbere me; dulcis apicula
More, tu labella tenera
Ad hæc porrigebas
Rudia fundamina
Favi, tibi tua quæ diem
Polita cura, diù sæpeque operosè
Nectar coaluere in hoc,
Quale non stillat Hybla, non Hymettus.

ODE AD EUNDEM,
EJUSDEM.

Quis te Deorum cæcus agit furor,
   Ronsarde, Graiûm fana recludere
Arcana? lucos quis movere,
   Quos situs et sua jam vetustas
Formidolosos fecerat? ô novum
Non expavescens primus iter lyræ
Tentare; Romanis quod olim
   Turpiter incutiat pudorem,
Nil tale quondam tangere pectine
Ausis Latino, quale ferox sonat
Cadmi colonus septichordi
   Liberiùs jaculans ab arcu.
Tu primus, ut jam trita relinqueres
Testudinis vestigia Gallicæ,
Aggressus excluso timore
   Ogygio tua labra fonte
Mersare; voces indeque masculas
Haurire dignas principibus viris,
Quorum tua sacrata buxo
   Facta sui stupeant nepotes.
Fœlix ter ô qui jam modo fortiter
Te vate sese pro patria geret!
Non ejus ultra oblivioso
   Dente teret senium labores,
Seu quis rebelli frena Britanniæ
Portans, ferocis fregerit impetus
Gentis, suos in limitesque
   Reppulerit nimium vagantem,
Avulsa seu quis membra rejunxerit
Regno resectæ brachia Galliæ,
Atque Italas assertor urbes
   Reddiderit solitis habenis!

EX STEPHANI PASCHASII

REGIARUM RATIONUM APUD PARISIOS PATRONI, EPIGRAMMATUM LIBRO PRIMO.

Seu tibi numeri Maroniani,
Seu placent veneres Catullianæ,
Sive tu lepidum velis Petrarcham,
Sive Pindaricos modos referre,
Ronsardus numeros Maronianos,
Ronsardus veneres Catullianas,
Necnon Italicum refert Petrarcham,
Necnon Pindaricum refert lepôrem.
Quin et tam bene Pindarum æmulatur,
Quin et tam varie exprimit Petrarcham,
Atque Virgilium, et meum Catullum,
Hunc ipsum ut magis æmulentur illi.
Rursus tam graviter refert Maronem,
Ut nullus putet hunc Catullianum;
Rursus tam lepidè refert Catullum,
Ut nullus putet hunc Maronianum;
Et cùm sit Maro totus, et Catullus,
Totus Pindarus, et Petrarcha totus,
Ronsardus tamen est sibi perennis.
Quòd si nunc redivivus extet unus
Catullus, Maro, Pindarus, Petrarcha,
Et quotquot veteres fuere vates,
Ronsardum nequeant simul referre,
Unus qui quatuor refert Poëtas.

SONNET DE MELIN DE S. GELAIS (1)
EN FAVEUR DE PIERRE DE RONSARD.

D'un seul malheur se peut lamenter celle
En qui tout l'heur des Astres est compris;
C'est, ô Ronsard, que tu ne fus épris
Premier que moy de sa vive estincelle.
  Son nom cogneu par ta veine immortelle,
Qui les vieux passe et les meilleurs esprits,
Après mille ans seroit en plus grand pris,
Et la rendroit le temps tousjours plus belle.
  Peussé-je au moins mettre en toy de ma flame,
Ou toy en moy de ton entendement,
Tant qu'il suffist à louer telle dame!
  Car estant tels, nous faillons grandement,
Toy, de pouvoir un autre sujet prendre,
Moy, d'oser tant sans forces entreprendre.

SONNET DE JOACHIM DU BELLAY
A P. DE RONSARD.

Comme un torrent, qui s'enfle et renouvelle
Par le degout des hauts sommets chenus,
Froissant et ponts et rivages cognus,
Se fait, hautain, une trace nouvelle,
  Tes vers, Ronsard, qui par source immortelle
Du double mont sont en France venus,
Courent, hardis, par sentiers incognus

---

1. Ce sonnet est tiré de la seconde impression des sonnets de Ronsard (1553), où il apparoist que c'est celle palinodie que l'on dit que S. Gelais fit après s'estre reconcilié avec luy. (Jean Galland.)—Voir à ce sujet la vie de Ronsard.

De mesme audace, et de carriere telle.
    Heureuses sont tes nymphes vagabondes,
Gastine saincte, et heureuses tes ondes,
O petit Loir, honneur du Vendomois!
    Icy le luth qui n'a guere sur Loire
Souloit respondre au mouvoir de mes doigts
Sacre le prix de sa plus grande gloire.

IN IMAGINEM M. A. MURETI

E VIVO EXPRESSAM.

Atqui te Aonias dicebas velle sorores
    Pingere; solve datam, pictor amice, fidem.
Plus etiam feci; namque hac sub imagine, Lector,
    Cum Phœbo Aonidum turba diserta latet.

                                L. MEMMII FREMIOTII.

LES AMOURS

DE

P. DE RONSARD

———

PREMIER LIVRE.

Les commentaires de Marc Antoine de Muret sur le premier livre des *Amours* sont dédiés à M. Adam Fumée, conseiller du Roy en son Parlement de Paris.

L'AUTEUR A SON LIVRE.

SONNET.

Va, livre, va, desboucle la carrière,
Lasche la bride et asseure ta peur;
En cependant que le chemin est seur (*a*),
D'un pied venteux empoudre la carrière.

Vole bien tost; j'entends déjà derrière
De mes suivans l'envieuse roideur,
Opiniastre à devancer l'ardeur
Qui m'esperonne (*b*) en ma course première.

Mais non, demeure et n'avance en ton rang (*c*);
Bien que je sois eschauffé d'un beau sang (*d*),
Fort de genoux, d'haleine encore bonne.

Livre, cessons d'acquérir plus de bien,
Sans nous fascher si la belle couronne
De laurier serre autre front que le mien (1).

a. Var. 1578 : *Ne doute point par un chemin si seur.*
b. Var. 1578 : *Qui me poussoit.*
c. Var. 1578 : *Demeure et te plante en ton rang.* — 1584 : *Arreste et demeure en ton rang.*
d. Var. 1578 : *Bien que mon cœur bouillonne d'un beau sang.*

1. Ce sonnet a paru pour la première fois en tête d'un volume intitulé : *Les trois Livres du Recueil des nouvelles poésies de P. de Ronsard*, etc. (Paris, Buon, 1564, in-4).

SONNET.

Divines Sœurs (*a*), qui sur les rives molles
Du fleuve Eurote et sur le mont natal
Et sur le bord du chevalin cristal,
M'avez nourri maître de vos escoles (*b*),
   Si mille fois en vos douces carolles,
Le guide-danse, ay conduit vostre bal,
Plus dur qu'en fer, qu'en cuivre et qu'en métal,
En vostre temple engravez ces paroles :
   Ronsard, afin que le siècle à venir
De père en fils (*c*) se puisse souvenir
D'une beauté qui sagement affole (*d*),
   De la main dextre append à nostre autel

---

  a. Var. 1567 :

> Divin troupeau.....
> Assis, tenez vos plus saintes escoles
> Si quelquefois, aux sauts de vos carolles,
> M'avez receu par un astre fatal.

  b. Var. 1578 :

> M'avez d'enfance instruit en vos escholes,
> Si, tout ravy des sauts de vos carolles,
> D'un pied nombreux j'ay guidé vostre bal.

  c. Var. 1567 : *Maugré le temps.* — 1584 : *De temps en temps.*

  d. Var. 1578 :

> Que sa jeunesse à l'amour fist hommage.

L'humble discours (a) de son livre immortel,
Son cœur de l'autre aux pieds de ceste idole (b)(1).

a. Var. 1578 : *présent*.
b. Var. 1578 : *image*.

1. Le portrait de Cassandre, à la suite duquel ce sonnet figuroit dans l'éd. originale des *Amours* (Paris, veuve de La Porte, 1552, in-8).

En face du portrait de Cassandre étoit celui du poëte, avec ce quatrain :

Tel fut Ronsard, autheur de cet ouvrage ;
Tel fust son œil, sa bouche et son visage ;
Portraict au vif de deux crayons divers,
Icy le corps et l'esprit en ses vers.

Dans l'éd. de 1623 (in-fol.) on lit sous le portrait de Cassandre ce quatrain de MALHERBE :

L'art, la nature exprimant
En ce portrait, me fait belle ;
Mais si ne suis-je encor telle
Qu'aux escrits de mon amant.

LE PREMIER LIVRE
DES AMOURS
DE
P. DE RONSARD.

I.

Qui voudra voir comme un Dieu me surmonte, [vainqueur,
Comme il m'assaut, comme il se fait
Comme il renflame et renglace mon cœur,
Comme il reçoit un honneur de ma honte;
 Qui voudra voir une jeunesse pronte
A suivre en vain l'objet de son malheur,
Me vienne voir, il voirra ma douleur,
Et la rigueur de l'archer qui me domte (a).
 Il cognoistra combien la raison peut
Contre son arc, quand une fois il veut

---

a. Var. de 1567 :

 Il cognoistra combien peut la raison
 Contre son trait, quand sa douce poison

Que nostre cueur son esclave demeure,
　Et si verra que je suis trop heureux
D'avoir au flanc l'aiguillon amoureux,
Plein du venin dont il faut que je meure.

II.

Nature ornant la dame qui devoit
　De sa douceur forcer les plus rebelles,
Lui fit présent des beautez les plus belles,
Que dés mille ans en espargne elle avoit.
　Tout ce qu'Amour avarement couvoit
De beau, de chaste et d'honneur sous ses ailes,
Emmiella les grâces immortelles *(a)*
De son bel œil, qui les Dieux esmouvoit.
　Du ciel à peine elle estoit descenduë
Quand je la vey, quand mon ame esperduë
En devint folle, et d'un si poignant trait

 Tourmente un cœur que la jeunesse enchante;
  Et cognoistra que je suis trop heureux
 D'estre, en mourant, nouveau cygne amoureux,
 Qui plus languit et plus doucement chante.

Autre Var. (toutes les variantes qui, comme celle-ci, ne portent pas de date, sont extraites des éditions posthumes) :

 Dont ma déesse et mon Dieu ne font conte.
  Il cognoistra qu'Amour est sans raison,
 Un doux abus, une belle prison,
 Un vain espoir qui de vent nous vient paistre;
  Il cognoistra que l'homme se deçoit
 Quand, plein d'erreur, un aveugle il reçoit
 Pour sa conduite, un enfant pour son maistre.

a. Var. :

 De tous les biens qu'Amour au ciel couvoit
 Comme un tresor cherement sous ses ailes,
 Elle enrichit les graces immortelles.

Le fier Destin l'engrava dans mon âme,
Que, vif ne mort, jamais d'une autre dame
Empreint au cueur je n'aurai le portrait (a).

III.

Entre les rais de sa jumelle flame
Je veis Amour qui son arc desbandoit,
Et sus mon cœur le brandon espandoit
Qui des plus froids les mouëlles enflame,
Puis çà, puis là, prés les yeux de ma dame,
Entre cent fleurs un ret d'or me tendoit,
Qui tout crespu blondement descendoit
A flots ondez, pour enlacer mon ame.
Qu'eussé-je faict? l'archer estoit si doux,
Si doux son feu, si doux l'or de ses nouds,
Qu'en leurs filets encore je m'oublie;
Mais cest oubly ne me tourmente point,
Tant doucement (1) le doux archer me poingt.
Le feu me brusle et l'or crespe me lie.

IIII.

Je ne suis point, ma guerriere Cassandre (2),
Ny Myrmidon, ny Dolope soudart,
Ny cest archer dont l'homicide dard

---

a. Var. :

Amour coula ses beautez en mes veines,
Qu'autres plaisirs je ne sens que mes peines,
Ny autre bien qu'adorer son portrait.

1. Amor con tal polcezza m'unge, e punge.
(PETRARQUE.)

2. Cassandre étoit fille de Priam, roy des Troyens. Or, par ce que la dame de l'autheur s'appelle ainsi, il parle à elle tout ainsi que s'il parloit à la fille de Priam. Ainsi souvent Petrarque parle à madame Laure comme si elle estoit celle qui, poursuivie par Apollon, fut changée en laurier. (M.)

Occit ton frére et mit ta ville en cendre.
  En ma faveur pour esclave te rendre
Un camp armé d'Aulide ne départ,
Et tu ne vois au pied de ton rempart
Pour t'enlever mille barques descendre.
  Mais bien je suis ce Corébe (1) insensé
Qui pour t'amour ay le cœur offensé,
Non de la main du Gregeois Penelée,
  Mais de cent traits qu'un archerot vainqueur,
Par une voye en mes yeux recelée,
Sans y penser me ficha dans le cœur.

V.

Pareil j'égale au soleil que j'adore
  L'autre soleil. Cestuy-là de ses yeux
Enlustre, enflamme, enlumine les cieux,
Et cestui-cy toute la terre honore.
  L'art, la nature et les astres encore,
Les élémens, les grâces et les dieux
Ont prodigué le parfait de leur mieux
Dans son beau jour qui le nôtre décore (a).
  Heureux, cent fois heureux, si le Destin
N'eust emmuré d'un rempart aimantin
Si chaste cœur dessous si belle face !
  Et plus heureux si je n'eusse arraché

---

a. Var. :

Tous les presens du coffre de Pandore,
Les elemens, les astres et les dieux,
Et tout cela que Nature a de mieux,
Ont embelli le sujet que j'honore.

1. Corébe, fils du Phrygien Mygdon, feru de l'amour de Cassandre, estoit venu au secours des Troyens ; mais, la nuit du sac de Troye, voulant secourir Cassandre, que quelques Grecs trainoyent par le poil hors du temple de Minerve, il fut tué par un Grec nommé Penelée. Voy. le second de l'*Enéide.* (M.)

Mon cœur de moi pour l'avoir attaché
De clous de feu sur le froid de sa glace!

VI(1).

Ces liens d'or, ceste bouche vermeille,
   Pleine de lis, de roses et d'œillets,
Et ces sourcis, deux croissans nouvelets,
Et ceste joue à l'Aurore pareille;
  Ces mains, ce col, ce front et ceste oreille,
Et de ce sein les boutons verdelets,
Et de ces yeux les astres jumelets,
Qui font trembler les ames de merveille,
   Firent nicher Amour dedans mon sein,
Qui, gros de germe, avoit le ventre plein(a)
D'œufs non formés et de glaires nouvelles,
   Et, lui couvant (qui de mon cœur jouit
Neuf mois entiers), en un jour m'éclouit
Mille amoureaux chargés de traits et d'aisles.

VII.

Bien qu'à grand tort il te plaist d'allumer
   Dedans mon cœur, siége à ta seigneurie,
Non d'une amour(2), ainçois d'une Furie
Le feu cruel, pour mes os consumer,

---

a. Var. :

   De petits œufs qu'en notre sang il couve.
     Comment vivroy-je autrement qu'en langueur,
Quand une engeance immortelle je trouve
D'amours esclos et couvez en mon cœur?

1. La fiction de ce sonnet, comme l'autheur mesme m'a dit, est prinse d'une ode d'Anacréon encores non imprimée, qu'il a depuis traduite, Οὐ μὲν φίλη χελιδὼν, etc. Voy. son cinquième livre des Odes, ode 20. (M.)

2. Quand amour est du genre féminin, il se prend pour la passion et affection amoureuse; quand il est masculin, pour le dieu d'amour Cupidon. Toutefois, les poëtes les confondent pour la necessité du vers. (M.)

L'aspre tourment ne m'est point si amer
Qu'il ne me plaise, et si n'ay pas envie
De me douloir, car je n'aime ma vie
Sinon d'autant qu'il te plaist de l'aimer.

Mais si le Ciel m'a fait naistre, Madame,
Pour estre tien, ne gesne plus mon ame,
Mais prends en gré ma ferme loyauté.

Vaut-il pas mieux en tirer du service,
Que par l'horreur d'un cruel sacrifice
L'occire aux pieds de ta fière beauté ?

VIII.

Lors que mon œil pour t'œillader s'amuse,
Le tien, habile à ses traicts descocher,
Estrangement m'empierre en un rocher,
Comme un regard d'une horrible Meduse.

Moi donc, rocher, si dextrement je n'use
L'outil des sœurs pour ta gloire esbaucher,
Qu'un seul tusquan (1) est digne de toucher,
Non le changé, mais le changeur accuse.

Las ! qu'ay-je dit ? dans un roc emmuré,
En te blasmant je ne suis asseuré,
Tant j'ay grand' peur des flames de ton ire,

Et que mon chef par le feu de tes yeux
Soit diffamé, comme les monts d'Epire
Sont diffamez par la foudre des cieux.

IX.

Le plus touffu d'un solitaire bois,
Le plus aigu d'une roche sauvage,
Le plus desert d'un separé rivage,
Et la frayeur des antres les plus cois,

Soulagent tant les souspirs de ma vois,
Qu'au seul escart de leur secret ombrage
Je sens guarir une amoureuse rage,
Qui me r'afole au plus verd de mes mois.

1. Petrarque.

Là, renversé dessus la terre dure,
Hors de mon sein je tire une peinture,
De tous mes maux le seul allegement,
   Dont les beautez, par Denisot encloses,
Me font sentir mille metamorphoses
Tout en un coup d'un regard seulement.

X.

Je pais mon cœur(1) d'une telle ambrosie(2),
  Que je ne suis à bon droit envieux
De celle-là dont le Père des Dieux
Chez l'Ocean(3) sa bouche rassasie.
  Celle qui tient ma liberté saisie,
Voire mon cœur, és prisons de ses yeux,
Nourrit ma faim d'un fruict si precieux,
Qu'autre appareil ne paist ma fantaisie.
  De l'avaller je ne me puis lasser,
Tant le plaisir d'un variant penser
Mon appetit nuict et jour fait renaistre;
  Et si le fiel n'amoderoit un peu
Le doux du miel duquel je suis repeu,
Entre les Dieux Dieu je ne voudrois estre.

XI.

Amour, Amour, donne-moy paix ou tréve,
  Ou bien retire, et d'un garrot plus fort
Tranche ma vie et m'avance la mort :

---

1. Le commencement semble estre pris de Petrarque, 161, 1.

    Pasco la mente d'un si nobil' cibo,
     Ch' ambrosia e nettar' non invido à Giove. (M.)

2. C'est la viande des Dieux, et nectar le breuvage. Tous les deux signifient immortalité. (M.)

3. Qui est dieu de la mer. Là disent les poëtes que les dieux vont souvent banqueter. Voy. l'Ode de Michel de l'Hospital, et le poëte grec Hesiode. (M.)

Douce est la mort qui vient subite et bréve.
Soit que le jour ou se couche ou se léve,
Je sens toujours un penser qui me mord,
Et malheureux en si heureux effort,
Me fait la guerre et mes peine rengréve.
Que dois-je faire ? Amour me fait errer
Si hautement, que je n'ose esperer
De mon salut que la desesperance.
Puis qu'Amour donc ne me veut secourir,
Pour me defendre il me plaist de mourir,
Et par la mort trouver ma delivrance.

XII(1).

J'espere et crain, je me tais et supplie,
Or' je suis glace, et ores un feu chaud,
J'admire tout, et de rien ne me chaut,
Je me delace, et puis je me relie.
Rien ne me plaist sinon ce qui m'ennuie,
Je suis vaillant et le cœur me defaut,
J'ai l'espoir bas, j'ay le courage haut,
Je donte Amour, et si je le desfie.
Plus je me pique, et plus je suis retif,
J'aime estre libre, et veux estre captif,
Cent fois je meurs, cent fois je prends naissance.
Un Promethée en passions je suis ;
Et, pour aimer perdant toute puissance,
Ne pouvant rien, je fay ce que je puis (*a*).

a. Var. :

    Tout je desire, et si n'ay qu'une envie....
    J'ose, je veux, je m'efforce, et ne puis,
    Tant d'un fil noir la Parque ourdit ma vie.

1. Tel presque est un sonnet de Petrarque, qui se commence :

    Amor mi sprona in un temo et affrena. (M.)

XIII.

Pour estre en vain tes beaux soleils aimant,
Non pour ravir leur divine estincelle,
Contre le roc de ta rigueur cruelle
Amour m'attache à mille clous d'aimant.

En lieu d'un aigle, un soin horriblement
Claquant du bec et tresmoussant de l'aîle,
Ronge, goulu, ma poitrine immortelle
Par un desir qui naist journellement(a).

Mais de cent maux et de cent que j'endure
Fiché, cloué dessus ta rigueur dure,
Le plus cruel me seroit le plus doux,

Si j'esperois, aprés un long espace,
Venir à moi l'Hercule de ta grace,
Pour delacer le moindre de mes nouds.

XIV.

Je vey tes yeux dessous telle planette(1),
Qu'autre plaisir ne me peut contenter,
Sinon le jour, sinon la nuit chanter :
Allege-moi, ma plaisante brunette(2).

O liberté, combien je te regrette !
Combien le jour que je vey t'absenter,
Pour me laisser sans espoir tourmenter
En l'esperance, où si mal on me traitte !

a. Var.:

> *En lieu d'un aigle, un soin cruellement,*
> *Souillant sa griffe en ma playe eternelle,*
> *Ronge mon cœur, et si ce Dieu n'appelle*
> *Ma dame, à fin d'adoucir mon tourment.*

1. Ce commencement est de Petrarque :

> In tale stella duo begli occhi vidi. (M.)

2. C'est une vieille et vulgaire chanson, depuis renouvelée par Clément Marot. Petrarque n'a pas dedaigné de mesler parmy ses vers, non seulement des chansons italiennes

L'an est passé, le vint-uniesme jour
Du mois d'avril, que je vins au sejour
De la prison où les Amours me pleurent;
 Et si ne voy (tant les liens sont forts)
Un seul moyen pour me tirer dehors,
Si par la mort toutes mes morts ne meurent.

XV.

Ha! qu'à bon droit les charites d'Homere(1),
 Un faict soudain comparent au penser
Qui parmi l'air peut de loin devancer
Le chevalier qui tua la Chimere (2)!
 Si tost que lui une nef passagere
De mer en mer ne pourroit s'élancer,
Ny par les champs ne le sçauroit lasser
Du faux et vray la prompte messagere(3).
 Le vent Borée, ignorant le repos,
Conceut le mien de nature dispos,
Qui par le ciel et par la mer encore,
 Et sur les champs animé de vigueur,
Comme un Zethés(4) s'envole apres mon cœur,
Qu'une Harpye en se jouant devore.

---

de Cino, de Dante, de Cavalcante, mais encores une de je ne sçay quel Limosin. Le lieu de Petrarque est :

> Non gravi al mio signor, perch' io l' ripreghi,
> Da dir libero un di tra l'herba e i fiori,
> Dret e rason que cantant io mori.

Si quelqu'un de nos François osoit prendre la licence d'en faire autant, Dieu sçait comment il seroit reçeu par nos venerables Quintils. (M.)

1. Les graces d'Homère, c'est à dire Homère mesme. (M.)
2. Bellerophon, qui dompta le cheval-volant Pegase, par la bride que Pallas luy apporta du ciel. (M.)
3. La Renommée, ainsi appellée par Virgile.

> Tam ficti pravique tenax quam nuncia veri. (M.)

4. Il compare son penser à Zethés, et sa dame à une Har-

XVI.

Je veux pousser par l'univers ma peine,
Plus tost qu'un trait ne vole au décocher ;
Je veux aussi mes oreilles bouscher,
 our n'ouyr plus la voix de ma sereine.
Je veux muer mes deux yeux en fontaine,
Mon cœur en feu, ma teste en un rocher,
Mes piés en tronc, pour jamais n'approcher
De sa beauté si fierement humaine.
Je veux changer mes pensers en oyseaux,
Mes doux souspirs en zephyres nouveaux,
Qui par le monde éventeront ma plainte.
Je veux encor de ma palle couleur
Aux bords du Loir faire naistre une fleur,
Qui de mon nom et de mon mal soit peinte.

XVII(1).

Par un destin dedans mon cœur demeure
L'œil, et la main, et le poil delié,
Qui m'ont si fort bruslé, serré, lié,
Qu'ars, prins, lacé, par eux faut que je meure.
Le feu, la serre et le ret, à toute heure
Ardant, pressant, noüant mon amitié,
Occise aux pieds de ma fière moitié(2),
Font par sa mort ma vie estre meilleure.
Œil, main et poil, qui bruslez et gennez,

---

pye. Zéthès, fils de Borée, délivra Phinée des Harpies qui le tourmentoient. (M.)

1. Ce sonnet est de ceux qu'on appelle *Rapportez*. Les anciens appeloient ceste figure : *Paria paribus reddita*. (M.)

2. Cela est pris de Platon, dans un dialogue duquel, qui se nomme le Banquet, ou de l'Amour, Aristophane raconte que les hommes estoient au commencement doubles, mais que Jupiter après les partit par le milieu, et que depuis un chacun cherche sa moitié. De là dit-il que l'amour procède. (M.)

Et enlacez mon cœur que vous tenez
Au labyrint de vostre crespe voye,
Hé! que ne suis-je Ovide bien disant?
Œil, tu serois un bel astre luisant;
Main, un beau lis; poil, un beau ret de soye.

XVIII (1).

Un chaste feu qui en l'âme domine (a),
Un or frisé de maint crespe anelet,
Un front de rose, un teint damoiselet,
Un ris qui l'ame aux astres achemine,
Une vertu de telles graces digne,
Un cœur de neige, une gorge de lait,
Un cœur ja meur en un sein verdelet,
En dame humaine une beauté divine,
Un œil puissant de faire jours les nuits,
Une main forte à piller les ennuis,
Qui tient ma vie en ses doigts enfermée,
Avec un chant decoupé doucement,
Or' d'un sous-ris, or' d'un gemissement,
De tels sorciers ma raison fut charmée.

XIX (2).

Avant le temps tes tempes fleuriront,
De peu de jours ta fin sera bornée,
Avant ton soir se clorra ta journée,
Trahis d'espoir tes pensers periront.
Sans me flechir tes escrits fletriront,
En ton desastre ira ma destinée,
Ta mort sera pour m'amour terminée,
De tes souspirs tes neveux se riront;

a. Var.:
Une beauté de quinze ans enfantine.

1. Ce Sonnet est tiré de Petrarque, 179, 1.
2. Cassandre, fille à Priam, fut prophète. Il feint que sa Cassandre l'est aussi. (M.)

Tu seras fait du vulgaire la fable,
Tu bastiras sur l'incertain du sable,
Et vainement tu peindras dans les cieux.
   Ainsi disoit la nymphe qui m'affolle,
Lors que le ciel, témoin de sa parolle,
D'un dextre éclair fut presage à mes yeux.

XX.

Je voudrois bien, richement jaunissant,
  En pluye d'or goutte à goutte descendre
Dans le giron de ma belle Cassandre,
Lors qu'en ses yeux le somme va glissant;
   Puis je voudrois, en taureau blanchissant
Me transformer, pour sur mon dos la prendre
Quand elle va sur l'herbe la plus tendre
Seule, à l'écart, mille fleurs ravissant (a).
   Je voudrois bien, pour alleger ma peine,
Estre un Narcisse, et elle une fontaine,
Pour m'y plonger une nuict à sejour;
   Et voudrois bien que ceste nuit encore
Fust eternelle, et que jamais l'Aurore
Pour m'éveiller ne r'allumast le jour.

XXI.

Qu'Amour mon cœur, qu'Amour mon ame sonde,
  Luy qui cognoist ma seule intention,
Il trouvera que toute passion
Vefve d'espoir par mes veines abonde.
   Mon Dieu, que j'aime! Est-il possible au monde
De voir un cœur si plein d'affection
Pour la beauté d'une perfection
Qui m'est dans l'ame en playe si profonde?
   Le cheval noir qui ma royne conduit,

---

a. Var. :
   Quand en avril, par l'herbe la plus tendre,
   Elle va, fleur, mille fleurs ravissant.

Suyvant le traq où ma chair l'a seduit,
A tant erré d'une vaine traverse,
  Que j'ai grand peur (si le blanc ne contraint
Sa course folle, et ses pas ne refraint
Dessous le joug) que ma royne ne verse (1).

XXII (2).

Cent et cent fois penser un penser mesme,
A deux beaux yeux monstrer à nud son cœur,
Boire tousjours d'une amere liqueur,
Manger tousjours d'une amertume extréme ;
  Avoir la face et triste, et morne, et blesme,
Plus souspirer, moins flechir la rigueur,
Mourir d'ennuy, receler sa langueur,
Du vueil d'autruy des loix faire à soy-mesme.
  Un court despit, une aimantine foy,
Aimer trop mieux son ennemy que soy,
Peindre en ses yeux mille vaines figures ;
  Vouloir parler et n'oser respirer,
Esperer tout et se desesperer,
Sont de ma mort les plus certains augures.

XXIII.

Ce beau coral, ce marbre qui soupire,
Et cest ebene ornement d'un sourci,
Et cest albâtre en voûte racourci,
Et ces saphyrs, ce jaspe et ce porphyre ;
  Ces diamans, ces rubis, qu'un zephyre
Tient animez d'un soupir adouci,
Et ces œillets et ces roses aussi,

---

1. Par sa *royne* il entend sa raison ; par le cheval noir, un appetit sensuel et desordonné, guidant l'ame aux voluptez charnelles ; par le cheval blanc, un appetit honneste et moderé, tendant toujours au souverain bien. Ceste allegorie est extraite du dialogue de Platon nommé Phædon, ou De la beauté. (M.)

2. Il a emprunté ce sonnet de Bembo.

Et ce fin or, où l'or mesme se mire,
　Me sont au cœur en si profond esmoy,
Qu'un autre objet ne se presente à moy,
Sinon, Belleau, leur beauté que j'honore,
　Et le plaisir qui ne se peut passer
De les songer, penser et repenser,
Songer, penser et repenser encore.

XXIV.

Tes yeux divins me promettent le don
　Qui d'un espoir me renflamme et renglace.
Las! mais j'ay peur(1) qu'ils tiennent de la race
De ton ayeul le roy Laomedon.
　Au flamboyer de leur double brandon
De peu à peu l'esperance m'embrasse,
Ja prevoyant par l'accueil de leur grace,
Que mon service aura quelque guerdon.
　Tant seulement ta bouche m'espouvante,
Bouche vrayment qui, prophete, me chante
Tout le rebours de tes yeux amoureux.
　Ainsi je vis, ainsi je meurs en doute;
L'un me rappelle et l'autre me reboute,
D'un seul objet heureux et mal-heureux.

XXV.

Ces deux yeux bruns, deux flambeaux de ma vie,
　Dessus les miens respandans leur clarté,
Ont arresté ma jeune liberté,
Pour la damner, en prison asservie.
　De ces yeux bruns ma raison fut ravie,
Si qu'esblouï de leur grande beauté,
Opiniastre à garder loyauté,

---

1. C'est à dire : mais j'ay peur qu'ils ne me tiennent pas promesse, car il parle à sa Cassandre comme si elle estoit fille du roy Priam et petite-fille de Laomedon, homme parjure et de fort mauvaise foy. (M.)

Autres yeux voir depuis je n'eus envie (*a*).
    D'autre esperon mon tyran ne me poind;
Autres pensers en moy ne logent point,
Ni autre idole en mon cœur je n'adore;
    Ma main ne sçait cultiver autre nom,
Et mon papier n'est esmaillé sinon
De ses beautez que ma plume colore (1).

XXVI.

Plustost le bal de tant d'astres divers
    Sera lassé, plustost la terre et l'onde,
Et du grand tout l'âme en tout vagabonde
Animera les abymes ouverts;
    Plustost les cieux de mer seront couvers,
Plustost sans forme ira confus le monde,
Que je sois serf d'une maistresse blonde,
Ou que j'adore une femme aux yeux vers.
    Car cet œil brun qui vint premier éteindre
Le jour des miens les sçut si bien atteindre
Qu'autre œil jamais n'en sera le vainqueur;
    Et quand la mort m'aura la vie ôtée
Encor là bas je veux aimer l'idée (2)
De ces yeux bruns que j'ay fichés au cœur (*b*).

a. Var. :

> *Et quelque part qu'Amour m'ait arresté,*
> *Je n'ay sceu voir ailleurs autre beauté,*
> *Tant ils sont seuls mon bien et mon envie.*

b. Var. :

> *O bel œil brun, que je sens dedans l'ame,*

1. Cette fin est de Petrarque, 77, 1.

> Amor in altra parte non mi sprona;
> Nè i piè sanno altra via; nè le man, come
> Lodar si possa in charte altra persona.

2. *Idée : forme.* Racine l'a employé de même lorsqu'il a dit dans *Athalie :*

> J'ai deux fois en dormant revu la même idée.

XXVII.

Bien mille fois et mille j'ay tenté
De fredonner sur le nerf de ma lyre
Et sur le plain de cent papiers escrire
Le nom qu'Amour dans le cœur ma planté.
  Mais tout soudain je suis espouvanté :
Car sa grandeur, qui l'esprit me martyre,
Sans la chanter arrière me retire,
De cent fureurs brusquement tourmenté.
  Je suis semblable à la prestresse folle,
Qui, bégue, perd la voix et la parolle,
Dessous le Dieu qu'elle fuit pour néant.
  Ainsi piqué de l'amour qui me touche
Si fort au cœur, la voix fraude ma bouche,
Et, voulant dire, en vain je suis béant (*a*).

XXVIII.

Injuste Amour, fusil de toute rage,
Que peut un cœur soumis à ton pouvoir (1),
Quand il te plaist par les sens esmouvoir

Tu m'às si bien allumé de ta flame,
  Qu'un autre œil verd n'en peut estre vainqueur;
  Voire si fort, qu'en peau jaune et ridée,
Esprit dissoult, je veux aimer l'idée,
Des beaux yeux bruns, les soleils de mon cœur.

a. Var. :

  Dessous le Dieu qui luy brouille le sein.
    Ainsi troublé de l'amour qui me touche,
  Fol et béant, je n'ouvre que la bouche,
  Et, sans parler, ma voix se perd en vain.

1. Improbe amor, quid non mortalia pectora cogis!
               (VIRGILE, *Æneid.*, 4.)

Nostre raison qui preside au courage?
  Je ne voy pré, fleur, antre ny rivage,
Champ, roc, ny bois, ny flots dedans le Loir,
Que peinte en eux il ne me semble voir
Ceste beauté qui me tient en servage.
  Ores en forme ou d'un foudre enflammé,
Ou d'un torrent, ou d'un tigre affamé,
Amour la nuict devant mes yeux la guide.
  Mais quand mon bras en songe les poursuit,
Le feu, le tigre et le torrent me fuit,
Et pour le vray je ne pren que le vuide.

XXIX (1).

Si mille œillets, si mille liz j'embrasse,
Entortillant mes bras tout à l'entour,
Plus fort qu'un cep qui d'un amoureux tour
La branche aimée en mille plis enlasse;
  Si le soucy ne jaunit plus ma face,
Si le plaisir fait en moy son sejour;
Si j'aime mieux les ombres que le jour,
Songe divin, cela vient de ta grace.
  En te suivant je volerois aux cieux;
Mais ce portrait qui nage dans mes yeux
Fraude tousjours ma joye entre-rompue.
  Et tu me fuis au milieu de mon bien
Comme un éclair qui se finit en rien,
Ou comme au vent s'évanouit la nue.

XXX (2)

Ange divin, qui mes playes embâme,
Le truchement et le heraut des dieux,

---

1. Le commencement est pris des *Rymes* de Bembo:
    Sel viver men..., etc.
    Tutto questo è tuo dono, sogno gentile.
2. Bembo:
    Sogno, che dolcemente m'hai furato
    A morte, et del mio mal posto in oblio.

De quelle porte es-tu coulé des cieux
Pour soulager les peines de mon ame ?
 Toy, quand la nuict par le penser m'enflame,
Ayant pitié de mon mal soucieux,
Ore en mes bras, ore devant mes yeux,
Tu fais errer l'idole de ma dame.
 Las ! où fuis-tu ? arreste encore un peu,
Que vainement je me soye repeu
De ce beau sein dont l'appétit me ronge,
 Et de ces flancs qui me font trespasser (*a*) ;
Sinon d'effet, souffre au moins que par songe
Toute une nuict je les puisse embrasser.

XXXI.

Ailés démons qui tenez de la terre
Et du haut ciel justement le milieu,
Postes divins, divins postes de Dieu,
Qui ses secrets nous apportez grand erre,
 Dites, courriers (ainsi ne vous enserre
Quelque sorcier dans un cerne de feu)
Razant nos champs, dites, a'-vous(1) point veu
Ceste beauté qui tant me fait la guerre ?
 Si l'un de vous la contemple çà bas,
Libre par l'air il ne refuira pas,
Tant doucement sa douce force abuse ;
 Ou, comme moy, esclave le fera,

---

a. Var. :

> *Demeure, songe, arreste encore un peu ;*
> *Trompeur, atten que je me sois repeu*
> *Du vain portrait dont l'appetit me ronge.*
> *Ren-moy ce corps qui me fait trespasser.*

> Da qual porta del ciel cortese e pio
> Scendesti al rallegrar un dolorato ? etc.

1. Comme les Latins disent *Sis*, pour *Si vis*, ainsi les François, A'-vous, pour Avez-vous. (M.)

Ou bien en pierre el' le transformera
D'un seul regard, ainsi qu'une Meduze.

XXXII.

Quand au premier la dame que j'adore
De ses beautez vint embellir les cieux,
Le fils de Rhée appela tous les dieux
Pour faire encor d'elle une autre Pandore.
 Lors Apollon richement la décore,
Or' de ses rais luy façonnant les yeux,
Or' luy donnant son chant melodieux,
Or' son oracle et ses beaux vers encore.
 Mars luy donna sa fiere cruauté,
Venus son ris, Diane sa beauté,
Pithon sa voix, Cerés son abondance,
 L'Aube ses doigts et ses crins deliés,
Amour son arc, Thetis donna ses piés,
Clion sa gloire, et Pallas sa prudence.

XXXIII.

D'un abusé je ne serois la fable,
Fable future au peuple survivant,
Si ma raison alloit bien ensuyvant
L'arrest fatal de ta voix veritable.
 Chaste prophete, et vrayment pitoyable,
Pour m'advertir, tu me predis souvent
Que je mourray, Cassandre, en te servant ;
Mais le mal-heur ne te rend point croyable.
 Car ton destin, qui cèle mon trespas
Et qui me force à ne te croire pas,
D'un faux espoir tes oracles me cache.
 Et si voy bien, veu l'estat où je suis,
Que tu dis vray ; toutefois je ne puis
D'autour du col me denouer l'attache (a).

a. Var. 11e et 14e vers :
 Nulle créance à tes propos n'accorde...
 D'autour du col me détacher la corde.

XXXIV.

Las! je me plains de mile et mile et mile
Soupirs, qu'en vain des flancs je vay tirant,
Heureusement mon plaisir martyrant
Au fond d'une eau qui de mes pleurs distile.
   Puis je me plains d'un portrait inutile,
Ombre du vray que je suis adorant,
Et de ces yeux qui me vont devorant,
Le cœur bruslé d'une flamme gentile.
   Mais, par sus tout, je me plains d'un penser
Qui trop souvent dans mon cœur fait passer
Le souvenir d'une beauté cruelle;
   Et d'un regret qui me pallist si blanc
Que je n'ay plus en mes veines de sang,
Aux nerfs de force, en mes os de moüelle.

XXXV (1).

Puisse advenir qu'une fois je me vange
De ce penser qui devore mon cœur,
Et qui tousjours, comme un lion vainqueur,
Le tient, l'estrangle et sans pitié le mange!
   Avec le temps le temps mesme se change;
Mais ce cruel qui succe ma vigueur,
Opiniastre au cours de sa rigueur,
En autre lieu qu'en mon cœur ne se range.
   Bien est-il vray qu'il contraint un petit
Durant le jour son secret appetit,
Et dans mes flancs ses griffes il n'allonge;
   Mais quand la nuit tient le jour enfermé,
Il sort en queste, et, lion affamé,
De mille dents toute nuict il me ronge.

1. Tout ce sonnet est tiré de Pétrarque, 219, 1.

   Far potest' io vendetta di colei, etc.

XXXVI.

Pour la douleur qu'Amour veut que je sente,
Ainsi que moy, Phœbus, tu lamentois,
Quand, amoureux, loin du ciel, tu chantois
Prés d'Ilion, sur les rives de Xanthe !
Pinçant en vain ta lyre blandissante,
Fleuves et fleurs et bois tu enchantois,
Non la beauté qu'en l'ame tu sentois,
Qui te navroit d'une playe aigrissante.
Là de ton teint se pallissoient les fleurs,
Et l'eau, croissant du dégout de tes pleurs,
Portoit tes cris, dont elle rouloit pleine.
Pour mesme nom les fleurettes du Loir,
Prés de Vendôme, ont daigné me douloir,
Et l'eau se plaindre aux souspirs de ma peine.

XXXVII.

Les petits corps culbutans de travers (1),
Par leur descente en biais vagabonde,
Heurtez ensemble ont composé le monde,
S'entr'accrochans d'accrochements divers.
L'ennuy, le soing et les pensers couvers,
Tombez espais en mon amour profonde,
Ont façonné d'une attache feconde
Dedans mon cœur l'amoureux univers.
Mais, s'il advient que ces tresses orines,
Ces doits rosins et ces mains yvoirines
Froissent ma vie, en quoi retournera
Ce petit tout ? En eau, air, terre ou flamme ?

1. Empedocle, Epicure, et leurs sectateurs, constituoient deux principes de toutes choses : le vuide, et les petitts corps qu'ils nommoient *atomes*. Et disoient que ces petits corps alloient quelquefois un peu de travers, à fin de s'entr'accrocher ; et que, par l'assemblement fortuit d'iceux, et le monde et toutes choses avoient esté composées. (M.)

Non, mais en voix qui toujours de ma dame
Par le grand tout les honneurs sonnera (*a*).

XXXVIII.

Doux fut le trait qu'Amour hors de sa trousse
Pour me tuer me tira doucement
Quand je fus pris au doux commencement
D'une douceur si doucettement douce.

 Doux est son ris et sa voix, qui me pousse
L'esprit du corps, pour errer lentement
Devant son chant, accordé gentement
Avec mes vers animés de son pouce.

 Telle douceur de sa voix coule à bas,
Que sans l'ouïr vraiment on ne sait pas
Comme en ses rets l'amour nous encordelle (*b*),

a. Var. :

 Rompent ma trame en servant leur beauté,
  Retourneray-je en eau, ou terre, ou flame ?
 Non, mais en voix qui toujours de ma dame
 Accusera l'ingrate cruauté.

b. Var. :

 Doux fut le trait qu'Amour hors de sa trousse
 Tira sur moy ; doux fut l'accroissement
 Que je receu dès le commencement
 Par une fièvre autant aigre que douce.

  Doux est son ris et sa voix, qui me pousse
 L'esprit du corps, plein de ravissement,
 Quand il luy plaist sur son luth doucement
 Chanter mes vers animez de son pouce.

  Telle douceur sa voix fait distiler (1)*,*
 Qu'on ne sçauroit, qui ne l'entend parler,
 Sentir en l'ame une joye nouvelle.

1. C'est une imitation de Petrarque.

  Non sa com' amor sana, et com' ancide,
  Chi non sa come dolce ella sospira,
  E come dolce parla, e dolce vide.

Sans l'oüir, dy-je, Amour mesme enchanter,
Doucement rire et doucement chanter,
Et moy mourir doucement auprès d'elle.

XXXIX.

Contre mon gré, l'attrait de tes beaux yeux
Donte mon cœur ; mais quand je te veux dire
Quelle est ma mort, tu ne t'en fais que rire,
Et de mon mal tu as le cœur joyeux.
   Puis qu'en t'aimant je ne puis avoir mieux,
Souffre du moins que pour toy je souspire ;
Assez et trop ton bel œil me martyre,
Sans te mocquer de mon mal soucieux.
   Mocquer mon mal, rire de ma douleur,
Par un desdain redoubler mon malheur,
Haïr qui t'aime et vivre de ses plaintes,
   Rompre ta foy, manquer de ton devoir,
Cela, cruelle, hé ! n'est-ce pas avoir
Les mains de sang et d'homicide teintes ?

XL.

Ah ! seigneur Dieu ! que de graces écloses
Dans le jardin de ce sein verdelet
Enflent le rond de deux gazons de lait
Où des Amours les flesches sont encloses !
   Je me transforme en cent metamorphoses
Quand je te voy, petit mont jumelet,
Ains du printemps un rosier nouvelet,
Qui le matin caresse de ses roses.
   S'Europe avoit l'estomach aussi beau,
De t'estre fait, Jupiter, un taureau
Je te pardonne. Eh ! que ne suis-je puce ?
   La baisottant, tous les jours je mordrois
Ses beaux tetins ; mais la nuit je voudrois
Que rechanger en homme je me pusse (a).

a Var. :
   Rusé, tu pris le masque du taureau,

XLI.

Quand au matin ma deesse s'habille
D'un riche or crespe ombrageant ses talons,
Et que les rets de ses beaux cheveux blons
En cent façons en-onde et entortille,

Je l'accompare à l'escumiere fille
Qui or' pignant les siens jaunement lons,
Or' les frizant en mille crespillons,
Nageoit à bord dedans une coquille.

De femme humaine encore ne sont pas (1)
Son ris, son front, ses gestes ne ses pas,
Ne de ses yeux l'une et l'autre estincelle.

Rocs, eaux ne bois ne logent point en eux
Nymphe qui ait si follastres cheveux,
Ny l'œil si beau, ny la bouche si belle.

XLII.

Avec les lis les œillets mesliez
N'égalent point le pourpre de sa face;
Ny l'or filé ses cheveux ne surpasse,
Ores tressez et ores desliez.

De ses couraux en voûte repliez
Naist le doux ris qui mes soucis efface;
Et çà et là, partout où elle passe,
Un pré de fleurs s'émaille sous ses piez (2).

Bon Jupiter, pour traverser les ondes.
Le ciel n'est dit parfait pour sa grandeur;
Luy et ce sein le sont pour leur rondeur :
Car le parfait consiste en choses rondes.

1. Telle est la fin d'un sonnet italien fait par Lelio Capilupi.

Di mortal donna non son l'auree e bionde, etc.

2. Ainsi Petrarque, 133, 1 :

Come'l candido pie per l'herba fresca, etc.

D'ambre et de musq sa bouche est toute pleine;
Que diray plus? J'ay veu dedans la plaine,
Lorsque plus fort le ciel vouloit tancer,
　Son front serein, qui des dieux s'est fait maistre,
De Jupiter rasserener la destre
Ja, ja courbé pour sa foudre élancer.

XLIII.

Ores la crainte et ores l'esperance,
　De çà, de là, se campent en mon cœur,
Et tour à tour l'un et l'autre est vainqueur,
Pareils en force et en perseverance.
　Ores douteux, ores plein d'asseurance,
Entre l'espoir, le soupçon et la peur,
Heureusement de moy-mesme trompeur,
Au cœur captif je promets delivrance.
　Verray-je point avant mourir le temps
Que je tondray la fleur de son printemps,
Sous qui ma vie à l'ombrage demeure?
　Verray-je point qu'en ses bras enlassé,
Tantost dispost, tantost demy-lassé,
D'un beau souspir entre ses bras je meure?

XLIIII.

Je voudrois estre Ixion et Tantale,
　Dessus la rouë et dans les eaux là bas,
Et nu à nu presser entre mes bras
Ceste beauté qui les anges égale.
　S'ainsi estoit, toute peine fatale
Me seroit douce et ne me chaudroit pas,
Non, d'un vautour fussé-je le repas,
Non, qui le roc remonte et redevale.
　Luy tastonner seulement le tetin,
Ce seul plaisir changeroit mon destin
Au sort meilleur des princes de l'Asie (a).

a. Var.:
　Voir ou toucher le rond de son tetin

Un demy-dieu me feroit son baiser,
Et flanc à flanc mon feu desembraser (*a*),
Un de ceux-là qui mangent l'ambrosie.

XLV.

Amour me tuë, et si je ne veux dire
Le plaisant mal que ce m'est de mourir,
Tant j'ay grand' peur qu'on vueille secourir
Ce doux tourment pour lequel je souspire.

Il est bien vray que ma langueur desire
Qu'avec le temps je me puisse guerir;
Mais je ne veux ma dame requerir
Pour ma santé, tant me plaist mon martyre.

Tais-toy, langueur : je sen venir le jour
Que ma maistresse, aprés si long sejour,
Voyant le soin qui ronge ma pensée,
Toute une nuict folatrement m'ayant
Entre ses bras, prodigue, ira payant
Les intérêts de ma peine avancée (*b*).

XLVI.

Je veux mourir pour tes beautez, Maistresse,
Pour ce bel œil qui me prit à son hain,
Pour ce doux ris, pour ce baiser tout plein
D'ambre et de musq, baiser d'une Deesse.

Pourroit changer mon amoureux destin
Aux majestez des princes de l'Asie.

a. Var., 1567 :

Et en son feu mon feu desembraser.

Var. :

Voyant le mal que son orgueil me donne,
  A la douceur la rigueur fera lieu,
En imitant la nature de Dieu,
  Qui nous tourmente, et puis il nous pardonne.

Je veux mourir pour ceste longue tresse,
Pour le mignard embonpoinct de ce sein,
Pour la rigueur de ceste douce main,
Qui tout d'un coup me guarit et me blesse.
　Je veux mourir pour le brun de ce teint,
Pour ce maintien qui, divin, me contraint
De trop aimer ; mais, par sus toute chose,
　Je veux mourir ès amoureux combats,
Laissant l'Amour qu'au cœur je porte enclose
Toute une nuict au milieu de tes bras.

XLVII.

Dame, depuis que la premiere fleche
De ton bel œil m'avança la douleur,
Et que sa blanche et sa noire couleur,
Forçant ma force, au cœur me firent breche,
　Je sens tousjours une amoureuse mesche
Qui se rallume au milieu de mon cœur,
Dont le beau rai (ainsi comme une fleur
S'écoule au chaud) dessus le pied me seiche (*a*).
　Ny nuict ne jour je ne fay que songer,
Limer mon cœur, le mordre et le ronger,
Priant Amour qu'il me tranche la vie.
　Mais luy, qui rit du tourment qui me poind,
Plus je l'appelle et plus je le convie,
Plus fait le sourd et ne me respond point.

XLVIII.

Ny de son chef le tresor crespelu,
　Ny de son ris l'une et l'autre fossette,
Ny le reply de sa gorge grassette,
Ny son menton rondement fosselu,

---

a Var. :

Phare amoureux, il guide ma langueur
Par un beau feu qui tout le corps me seiche.

Ny son bel œil que les miens ont voulu
Choisir pour prince à mon ame sujette,
Ny son beau sein, dont l'archerot (1) me jette
Le plus agu de son trait esmoulu,
   Ny son beau corps, le logis des Charites (2),
Ny ses beautez en mille cœurs escrites,
N'ont asservi ma libre affection :
   Seul son esprit, où tout le ciel abonde,
Seule sa douce et sa grave faconde
M'a fait mourir pour sa perfection (a).

XLIX.

Mon Dieu ! mon Dieu ! que ma maistresse est belle !
Soit que j'admire ou ses yeux, mes seigneurs,
Ou de son front la grace et les honneurs,
Ou le vermeil de sa lévre jumelle !
   Mon Dieu ! mon Dieu ! que ma dame est cruelle !
Soit qu'un desdain rengrege mes douleurs,
Soit qu'un despit face naistre mes pleurs,
Soit qu'un refus mes playes renouvelle !
   Ainsi le miel de sa douce beauté
Nourrit mon cœur : ainsi sa cruauté
D'un fiel amer aigrit toute ma vie.
   Ainsi repeu d'un si divers repas,
Ores je vis, ores je ne vis pas,
Egal au sort des frères d'Œbalie (3).

L.

Cent fois le jour à part moi je repense
Que c'est qu'Amour, quelle humeur l'entretient,

---

a. Var. :

   Mais son esprit, dont la merveille estrange

1. Amour. — 2. Des Graces.
3. Castor et Pollux, nés en Laconie ou Œbalie.

Quel est son arc et quelle place il tient
Dedans nos cœurs, et quelle est son essence.
 Je cognoy bien des astres la puissance,
Je sais comment la mer fuit et revient,
Comme en son tout le monde se contient :
Seule me fuit d'Amour la cognoissance.
 Si sais-je bien que c'est un puissant Dieu,
Et que, mobile, ores il prend son lieu
Dedans mon cœur, et ores dans mes veines,
 Et que, depuis qu'en sa douce prison
Dessous mes sens fit serve ma raison,
Toujours malsain, je n'ai langui qu'en peines (a).

LI.

Mille, vrayment, et mille voudroient bien,
 Et mille encor, ma guerriere Cassandre,
Qu'en te laissant je me voulusse rendre
Franc de ton ret pour vivre en leur lien.
 Las ! mais mon cœur, ainçois, qui n'est plus mien,
Comme un vrai serf ne sçauroit plus entendre
A qui l'appelle, et mieux voudroit attendre
Dix mille morts, qu'il fust autre que tien.
 Tant que la rose en l'espine naistra,
Tant que sous l'eau la baleine paistra,
Tant que les cerfs aimeront les ramées,
 Et tant qu'Amour se nourrira de pleurs,
Toujours au cœur ton nom et tes valeurs
Et tes beautez me seront imprimées.

Devroit avoir pour sa perfection,
Non mon service, ainçois celuy d'un ange.

a. Var. :

Que de nature il ne fait jamais bien ;
Qu'il porte un fruit dont le goust ne vaut rien,
Et duquel l'arbre est tout chargé de peines.

LII.

Avant qu'Amour du chaos ocieux
Ouvrist le sein qui couvoit la lumiere,
Avec la terre, avec l'onde premiere,
Sans art, sans forme, estoient brouillez les cieu
   Ainsi mon tout erroit séditieux
Dans le giron de ma lourde matiere,
Sans art, sans forme et sans figure entiere,
Alors qu'Amour le perça par tes yeux.
   Il arrondit de mes affections
Les petits corps et leurs perfections;
Il anima mes pensers de sa flamme;
   Il me donna la vie et le pouvoir,
Et, de son branle, il fit d'ordre mouvoir
Les pas suivis du globe de mon âme (a).

LIII (1).

Par ne sçay quelle étrange inimitié
J'ai veu tomber mon esperance à terre,
Non de rocher, mais tendre comme verre,
Et mes desirs rompre par la moitié.
   Dame où le Ciel logea mon amitié,

---

a Var.:

> *Amour rendit ma nature parfaite,*
> *Pure par luy mon essence s'est faite;*
> *Il m'en donna la vie et le pouvoir;*
>   *Il eschaufa tout mon sang de sa flame,*
> *Et, m'emportant de son vol, fit mouvoir*
> *Avecques luy mes pensers et mon ame.*

1. Le commencement est pris de la fin d'un sonnet de Petrarque, qui est telle :

> *Lasso, non di diamante, mà d'un vetro,*
> *Veggio di man cadermi ogni speranza,*
> *Et tutt' i miei pensier romper nel mezzo.*

Et dont la main toute ma vie enserre,
Et pourquoi tant me brasses-tu de guerre,
Privant mon cœur de ta douce pitié?
    Or, s'il te plaist, fay-moy languir en peine,
Tant que la mort me dé-nerve et dé-veine (1).
Je seray tien, et plustost le Chaos
    Se troublera de sa noise ancienne,
Que par rigueur autre amour que la tienne
Sous autre joug me captive le dos.

LIIII.

O doux parler dont les mots doucereux
    Sont engravés au fond de ma memoire!
O front, d'Amour le trofée et la gloire,
O doux sourcis, ô baisers savoureux!
    O cheveux d'or, ô coustaux plantureux
De lis, d'œillets, de porphyre et d'yvoire!
O feux jumeaux, d'où le ciel me fit boire
A si longs traits le venin amoureux!
    O vermeillons! ô perlettes encloses!
O diamants! ô lis pourprés de roses!
O chant qui peux les plus durs émouvoir,
    Et dont l'accent dans les âmes demeure.
Eh! dea! beautés, reviendra jamais l'heure
Qu'entre mes bras je vous puisse ravoir (*a*)?

---

a. Var. :

    O voix qui peux, ainsi qu'un enchanteur,
        Coup dessus coup toute mon ame esteindre!
Pour son pourtrait Nature te fit peindre :
L'outil la Grace, Amour en fut l'autheur.

1. Mots faits à l'imitation de Petrarque, sonnet 161, 1.

    Non spero del mio affanno haver mai posa
    In fin, ch' i mi disosso, e snervo, e spolpo.

LV.

Verray-je point le doux jour qui m'apporte
Ou tréve ou paix, ou la vie ou la mort,
Pour édenter le souci qui me mord
Le cœur à nu d'une lime si forte?

Verray-je point que ma naïade sorte
Du fond de l'eau pour m'enseigner le port?
Viendray-je point, ainsi qu'Ulysse, à bord,
Ayant au flanc son linge pour escorte(1)?

Verray-je point que ces astres jumeaux
En ma faveur, encore par les eaux,
Monstrent leur flame à ma carene lasse?

Verray-je point tant de vents s'accorder,
Et calmement mon navire aborder,
Comme il souloit, au havre de sa grace?

LVI.

Quel Dieu malin, quel astre, me fit estre
Et de misére et de tourment si plein?
Quel destin fit que tousjours je me plain
De la rigueur d'un trop rigoureux maistre?

Quelle des Sœurs, à l'heure de mon estre,
Noircit le fil de mon sort inhumain?
Et quel démon d'une senestre main
Berça mon corps quand le ciel me fit naistre?

Heureux ceux-là dont la terre a les os!
Heureux ceux-là que la nuict du chaos
Presse au giron de sa masse brutale!

Sans sentiment, leur repos est heureux;
Que suis-je, las! moy, chetif amoureux,
Pour trop sentir, qu'un Sisyphe ou Tantale?

---

1. Ulysse, assailli par une tempête, reçut de la nymphe Leucothée une écharpe qui le soutint sur l'eau jusqu'à ce qu'il eut pris terre. (*Odyssée*, liv. 5e.)

LVII (1).

Divin Bellay, dont les nombreuses lois,
  Par une ardeur du peuple separée,
Ont revestu l'enfant de Cytherée
D'arc, de flambeau, de traicts et de carquois;
  Si le doux feu dont jeune tu ardois
Enflame encor' ta poitrine sacrée;
Si ton oreille encore se recrée
D'ouïr les plaints des amoureuses vois;
  Oy ton Ronsard, qui sanglote et lamente,
Pâle, agité des flots de la tourmente,
Croizant en vain ses mains devers les cieux,
  En fraile nef, et sans voile et sans rame,
Et loin du bord où, pour astre, sa dame
Le conduisoit du phare de ses yeux.

LVIII.

Quand le soleil à chef renversé plonge
  Son char doré dans le sein du Vieillard (2),
Et que la nuict un bandeau sommeillard

---

1. Du Bellay luy avoit écrit un sonnet presque semblable dans son *Olive*.

> Divin Ronsard, qui de l'arc à sept cordes
> Tiras premier au but de la Memoire
> Les traits ailez de la françoise gloire,
> Que sur ton luth hautement tu accordes.
> Fameux harpeur et prince de nos odes,
> Laisse ton Loir, hautain de ta victoire,
> Et vien sonner au rivage de Loire
> De tes chansons les plus nouvelles modes.
> Enfonce l'arc du vieil Thebain archer,
> Où nul que toi ne sceut onc encocher
> Des doctes sœurs les sagettes divines.
> Porte pour moy parmy le ciel des Gaules
> Le sainct honneur des nymphes angevines,
> Trop pesant faix pour mes foibles espaules.

2. Description de la nuict prise de Petrarque, 181, 1.
> Quando'l sol bagna in mar l'aurato carro, etc.

Le vieillard, c'est Neptune.

Des deux côtés de l'horizon allonge,
  Amour adonc, qui sape, mine et ronge
De ma raison le chancelant rampart,
Pour l'assaillir, à l'heure, à l'heure, part,
Armant son camp des ombres et du songe.
  Lors ma raison, et lors ce Dieu cruel,
Seuls pair à pair, d'un choc continuel
Vont redoublant mille escarmouches fortes;
  Si bien qu'Amour n'en seroit le vainqueur
Sans mes pensers, qui luy ouvrent les portes
Par la traison que me brasse mon cœur.

LIX(1).

Comme un chevreüil, quand le printemps détruit
  Du froid hyver la poignante gelée,
Pour mieux brouter la fueille emmiellée,
Hors de son bois avec l'Aube s'enfuit;
  Et seul, et seur, loin des chiens et du bruit,
Or' sur un mont, or' dans une valée,
Or' prés d'une onde à l'escart recelée,
Libre, folâtre où son pied le conduit;
  De rets ne d'arc sa liberté n'a crainte,
Sinon alors que sa vie est atteinte
D'un trait meurtrier empourpré de son sang;
  Ainsi j'allois, sans espoir de dommage,
Le jour qu'un œil, sur l'avril de mon âge,
Tira d'un coup mille traits dans mon flanc.

LX(2).

Ny voir flamber au point du jour les roses,
  Ny lis plantez sur le bord d'un ruisseau,

---

1. Imité de Bembo :
    Si come suol, poi che'l verno aspro e rio, etc.
2. La plus grande partie de ce sonnet est tirée d'un de Petrarque, 44, 2, lequel commence :
    Ne per sereno ciel ir vaghe stelle...

Ny chants de luth, ny ramage d'oyseau,
Ny dedans l'or les gemmes bien encloses;
　　Ny des Zephyrs les gorgettes decloses,
Ny sur la mer le ronfler d'un vaisseau,
Ny bal de nymphe au gazoüillis de l'eau,
Ny voir fleurir au printemps toutes choses;
　　Ny camp armé de lances herissé,
Ny antre verd de mousse tapissé,
Ny les Sylvains qui les Dryades pressent
　　Et jà déjà les domptent à leur gré (a),
Tant de plaisir ne me donnent qu'un pré
Où sans espoir mes esperances paissent.

LXI.

Dedans un pré je veis une Naïade
　　Qui comme fleur marchoit dessus les fleurs,
Et mignottoit un bouquet de couleurs,
Echevelée en simple verdugade.
　　Dès ce jour-là ma raison fut malade,
Mon front pensif, mes yeux chargez de pleurs,
Moi triste et lent : tel amas de douleurs
En ma franchise imprima son œillade.
　　Là je senty dedans mes yeux couler
Un doux venin, subtil à se mesler
Au fond de l'âme, et, depuis cet outrage,
　　Comme un beau lis, au mois de juin, blessé
D'un rais trop chaud, languit à chef baissé,
Je me consume au plus verd de mon âge (b).

a. Var. :

Ny des forests les cymes qui se pressent,
Ny des rochers le silence sacré.

b. Var. :

Où l'ame sent une douleur extrême.
Pour ma santé je n'ay point immolé

LXII.

Quand ces beaux yeux jugeront que je meure,
    Avant mes jours me bannissans là-bas,
Et que la Parque aura porté mes pas
A l'autre bord de la rive meilleure;
    Antres et prez, et vous forests, à l'heure,
Je vous suppli', ne me dédaignez pas;
Ains donnez-moy, sous l'ombre de vos bras,
Pour tout jamais eternelle demeure.
    Puisse advenir qu'un poëte amoureux,
Ayant pitié de mon sort malheureux,
Dans un cyprés note cette epigramme (1) :
    CY DESSOUS GIST UN AMANT VENDOMOIS,
QUE LA DOULEUR TUA DEDANS CE BOIS,
POUR AIMER TROP LES BEAUX YEUX DE SA DAME.

LXIII(2).

Qui voudra voir dedans une jeunesse
    La beauté jointe avec la chasteté,
L'humble douceur, la grave majesté,
Toutes vertus et toute gentillesse;
    Qui voudra voir les yeux d'une déesse
Et de nos ans la seule nouveauté,
De ceste dame œillade la beauté,
Que le vulgaire appelle ma maistresse.
    Il apprendra comme Amour rit et mord,
Comme il guarit, comme il donne la mort;
Puis il dira, voyant chose si belle :

Bœufs ny brebis, mais je me suis brulé
Au feu d'amour, victime de moy-mesme.

1. Epigramme, en grec, signifie toute inscription.
2. Traduit de Petrarque, sonnet 224, 1.

    Miri fiso ne gli occhi à quella mia
    Nemica, che mia donna il mondo chiama.

Heureux, vraiment, heureux qui peut avoir
Heureusement cet heur que de la voir,
Et plus heureux qui meurt pour l'amour d'elle (a)!

LXIV (1).

Tant de couleurs l'arc-en-ciel ne varie
   Contre le front du soleil radieux
Lors que Junon, par un temps pluvieux,
Renverse l'eau dont la terre est nourrie;
   Ne Jupiter, armant sa main marrie,
En tant d'éclairs ne fait rougir les cieux
Lors qu'il punit d'un foudre audacieux
Les monts d'Epire ou l'orgueil de Carie;
   Ny le soleil ne rayonne si beau
Quand au matin il nous monstre un flambeau
Tout crespu d'or, comme je vy ma dame
   Diversement son visage accoustrer,
Flamber ses yeux et claire se monstrer,
Le premier jour qu'elle ravit mon ame.

LXV (b).

Quand j'aperçoy ton beau chef jaunissant,
   Qui la blondeur des filets d'or efface,

---

a. Var.:

> *Puis il dira : Quelle estrange nouvelle!*
> *Du ciel la terre empruntoit sa beauté;*
> *La terre au ciel maintenant a osté*
> *La beauté mesme, ayant chose si belle.*

b. Var.:

> *Quand j'apperçoy ton beau poil brunissant,*
> *Qui les cheveux des Charites efface,*

1. Le commencement est de Petrarque, sonnet 113, 1.

> Ne cosi bello il sol giamai levarsi
> Quandò 'l ciel fossi più di nebbia scarco, etc.

PREMIER LIVRE. 39

Et ton bel œil, qui les astres surpasse,
Et ton tetin comme œillet rougissant,
  A front baissé je pleure, gémissant
De quoi je suis (faute digne de grace),
Sous l'humble voix de ma rime si basse,
De tes beautés les honneurs trahissant.
  Je connois bien que je devrois me taire
Ou mieux parler; mais l'amoureux ulcère
Qui m'ard le cœur me force de chanter.
  Doncque, mon tout, si dignement je n'use
L'encre et la voix à tes graces vanter,
Non l'ouvrier, non, mais son destin, accuse.

LXVI(1).

Ciel, air et vents, plaine et monts descouvers,
Tertres fourchus et forests verdoyantes,
Rivages tors et sources ondoyantes,
Taillis rasez, et vous, bocages vers;
  Antres moussus à demy-front ouvers,
Prez, boutons, fleurs et herbes rousoyantes,
Coteaux vineux et plages blondoyantes,
Gastine, Loir, et vous, mes tristes vers,

Et ton bel œil, qui le soleil surpasse,
Et ton beau teint sans fraude rougissant,
  A front baissé je pleure, gemissant
Dequoy je suis (faute digne de grace),
Sous les accors de ma lyre si basse,
De tes beautez les honneurs trahissant.
  Je connois bien que je devrois me taire
En t'adorant; mais l'amoureux ulcere
Qui m'ard le cœur vient ma langue enchanter.
  Donque (mon tout), si dignement je n'use
L'encre et la voix à tes graces chanter,
C'est le destin, et non l'art, qui m'abuse.

1. Un sonnet semblable est dans l'Arioste.

Puis qu'au partir, rongé de soin et d'ire,
A ce bel œil l'adieu je n'ay sceu dire,
Qui prés et loin me detient en esmoy,
   Je vous supply, ciel, air, vents, monts et plaines,
Taillis, forests, rivages et fontaines,
Antres, prez, fleurs, dites-le luy pour moy.

LXVII.

Voyant les yeux de ma maistresse esleue,
   A qui j'ay dit : Seule à mon cœur tu plais,
D'un si doux fruict mon âme je repais,
Que plus en mange et plus en est goulue.
   Amour, qui seul les bons esprits englue,
Et qui ne daigne ailleurs perdre ses traits,
M'allége tant du moindre de ses traits
Qu'il m'a du cœur toute peine tollue.
   Non, ce n'est point une peine qu'aimer,
C'est un beau mal, et son feu doux-amer
Plus doucement qu'amerement nous brusle.
   O moy deux fois, voire trois, bien-heureux,
S'Amour me tuë, et si prés de Tibulle
J'erre là bas sous le bois amoureux !

LXVIII.

L'œil qui rendroit le plus barbare appris,
   Qui tout orgueil en humblesse détrempe,
Par la vertu de ne sais quelle trempe
Qui saintement affine les esprits,
   M'a tellement de ses beautez épris
Qu'autre beauté dessus mon cœur ne rampe,
Et m'est advis, sans voir un jour la lampe
De ces beaux yeux, que la mort me tient pris.
   Cela vraiment que l'air est aux oyseaux,
Les bois aux cerfs, et aux poissons les eaux,
Son bel œil m'est. O lumiere enrichie
   D'un feu divin qui m'ard si vivement,

Pour me donner l'estre et le mouvement,
Estes-vous pas ma seule Enteléchie(1)?

LXIX.

Quand ma maistresse au monde print naissance,
Honneur, Vertu, Grace, Sçavoir, Beauté,
Eurent debat avec la Chasteté,
Qui plus auroit sur elle de puissance.
L'une vouloit en avoir jouïssance,
L'autre vouloit l'avoir de son costé;
Et le debat immortel eust esté,
Sans Jupiter, qui fit faire silence.
Filles, dit-il, ce n'est pas la raison
Que l'une seule ait si belle maison;
Pour ce je veux qu'appointement on face.
L'accord fut fait, et, plus soudainement
Qu'il ne l'eut dit, toutes également
En son beau corps pour jamais eurent place.

· LXX.

De quelle plante ou de quelle racine,
De quel onguent ou de quelle liqueur,
Oindrois-je bien la playe de mon cœur,
Qui d'os en os incurable chemine?
Ny vers charmez, pierre, ny medecine,
Drogue, ny jus, ne romproient ma langueur,
Tant je sens moindre et moindre ma vigueur
Ja me traîner en la barque(2) voisine.
Las! toi qui sçais des herbes le pouvoir,
Et qui la playe au cœur m'as fait avoir,
Guéris le mal que ta beauté me livre;

---

1. Ma seule ame, qui causez en moy tout mouvement, tant naturel que volontaire. Entelechie, en grec, signifie perfection. Aristote enseigne que ceste entelechie donne essence et mouvement en toutes choses. (M.)
2. La barque de Caron.

De tes beaux yeux allége mon souci,
Et par pitié retiens encore ici
Ce pauvre amant qu'Amour soule de vivre (*a*).

LXXI.

Ja desja Mars ma trompe avoit choisie,
  Et dans mes vers ja Francus devisoit;
Sur ma fureur ja sa lance aiguisoit,
Espoinçonnant ma brave poësie;
  Ja d'une horreur la Gaule estoit saisie,
Et sous le fer ja Seine tre-luisoit,
Et ja Francus à son bord conduisoit
Les os d'Hector forbannis de l'Asie,
  Quand l'Archerot emplumé par le dos,
D'un trait certain me playant jusqu'à l'os,
De sa grandeur le saint prestre m'ordonne.
  Armes, adieu. Le myrte paphien
Ne cede point au laurier delphien,
Quand de sa main Amour mesme le donne.

LXXII.

Que n'ay-je, Dame, en escrivant, la grace
  Divine autant que j'ay la volonté?
Par mes escrits tu serois surmonté,
Vieil enchanteur des vieux rochers de Thrace.
  Plus haut encore que Pindare et qu'Horace,
J'appenderois à ta divinité
Un livre enflé de telle gravité
Que du Bellay luy quitteroit la place.

a. Var. :

Guary mon mal, ton art fais-moy cognoistre.
  Près d'Ilion tu blessas Apollon;
J'ay dans le cœur senty mesme aiguillon;
Ne blesse plus l'écholier et le maistre.

Si vive encor Laure (1) par l'univers
Ne fuit volant dessus les thusques (2) vers,
Que nostre siecle heureusement estime,
Comme ton nom, honneur des vers françois,
Victorieux des peuples et des rois,
S'en-voleroit sus l'aile de ma ryme.

LXXIII.

Du tout changé, ma Circe enchanteresse,
Dedans ses fers m'enferre emprisonné,
Non par le goust d'un vin empoisonné,
Non par le jus d'une herbe pecheresse.

Du fin Gregeois l'espée vangeresse,
Et le Moly, par Mercure ordonné,
En peu de temps, du breuvage donné
Forcèrent bien la force charmeresse :

Si qu'à la fin le duliche troupeau (3)
Reprit l'honneur de sa premiere peau,
Et sa prudence auparavant peu caute.

Mais, pour mon sens remettre en mon cerveau,
Il me faudroit un Astolphe nouveau (4),
Tant ma raison s'aveugle de ma faute.

LXXIV.

Les Elemens et les Astres, à preuve (5),
Ont façonné les rais de mon soleil,
Je dis son œil, en beauté nompareil,
Qui çà ne là son parangon ne treuve.

---

1. La dame de Petrarque.
2. Toscans, Italiens.
3. Les soldats d'Ulysse, changez en porcs. Duliche estoit une isle de laquelle Ulysse estoit seigneur. Voyez le Xe liv. de l'Odyssée.
4. Voyez l'Arioste, quand Astolphe remet le sens à Roland, qui estoit devenu furieux d'amour.
5. A qui mieux. La metaphore semble estre prinse des harnois. (M.)

Dés l'onde Ibere où le Soleil s'abreuvé
Jusques au lit de son premier réveil,
Amour ne void un miracle pareil,
Sur qui le Ciel tant de ses graces pleuve.
Cet œil premier m'apprit que c'est d'aimer,
Il vint premier ma jeunesse animer
A la vertu, par ses flammes dardées.
Par lui mon cœur premièrement s'aila,
Et loin du peuple à l'écart s'envola (*a*)
Jusqu'au giron des plus belles idées (1).

LXXV.

Je parangonne à vos yeux ce crystal,
Qui va mirer le meurtrier de mon ame;
Vive par l'air il esclate une flame,
Vos yeux un feu qui m'est saint et fatal.
Heureux miroër! tout ainsi que mon mal
Vient de trop voir la beauté qui m'enflame,
Comme je fay, de trop mirer ma dame
Tu languiras d'un sentiment égal.
Et toutefois, envieux, je t'admire
D'aller mirer le miroer où se mire
Tout l'univers devant lui remiré.
Va donq', miroër, va donc, et pren bien garde
Qu'en le mirant ainsi que moi ne t'arde
Pour avoir trop ses beaux yeux admiré.

LXXVI.

Ny les combats des amoureuses nuits,
Ny les plaisirs que les amours conçoivent,

a. Var. :

L'esprit par luy desira la vertu,
Pour s'en-voler par un trac non batu.

1. Jusqu'à la divinité. Les platoniques disoient en l'esprit de Dieu estre certains eternels patrons et pourtraits de toutes choses, lesquels ils nommoient *Idées*. (M.)

Ny les faveurs que les amans reçoivent,
Ne valent pas un seul de mes ennuis.
   Heureux ennui! en toi seulet je puis
Trouver repos des maux qui me deçoivent,
Et par toy seul mes passions reçoivent
Le doux oubly du tourment où je suis.
   Bien-heureux soit mon tourment qui n'empire,
Et le doux joug sous lequel je respire!
Et bien-heureux le penser soucieux
   Qui me repaît du doux souvenir d'elle!
Et plus heureux le doux feu de ses yeux,
Qui cuit mon cœur dans un feu qui me gelle!

LXXVII(1).

Le sang fut bien maudit de la hideuse face(2),
   Qui premier engendra les serpens venimeux!
Tu ne devois, Helene, en marchant dessus eux,
Leur écrazer les reins et en perdre la race.
   Nous estions l'autre jour en une verte place,
Cueillans, m'amie et moy, les fraisiers savoureux;
Un pot de cresme estoit au milieu de nous deux,
Et sur du jonc du laict cailloté comme glace;
   Quand un vilain serpent de venin tout couvert,
Par ne sçay quel malheur, sortit d'un buisson vert
Contre le pied de celle à qui je fay service
   Pour la blesser à mort de son venin infait;
Et lors je m'escriay, pensant qu'il nous eust fait,
Moy un second Orphée, et elle une Eurydice.

LXXVIII.

Ha! petit chien, que tu es bien-heureux,
   Si ton bon-heur tu sçavois bien entendre,
D'ainsi ès bras de ma mie t'estendre
Et de dormir en son sein amoureux!

---

1. Ce sonnet seul des amours de Cassandre est de douz syllabes.
2. La tête de Meduse. Voir Ovide.

Mais, las! je vy chetif et langoureux
Pour sçavoir trop mes misères comprendre.
Las! pour vouloir en ma jeunesse apprendre
Trop de sçavoir, je me fis mal-heureux.

Mon Dieu, que n'ai-je au chef l'entendement
Aussi plombé qu'un qui journellement
Bèche à la vigne ou fagotte au bocage!

Je ne serois chétif comme je suis;
Mon trop d'esprit, qui cause mon dommage,
Ne comprendroit comme il fait mes ennuis (*a*).

LXXIX.

Si je trespasse entre tes bras, Màdame,
Il me suffit : car je ne veux avoir
Plus grand honneur si non que de me voir,
En te baisant, dans ton sein rendre l'ame.

Celuy que Mars horriblement renflame,
Aille à la guerre, et, d'ans et de pouvoir
Tout furieux, s'esbate à recevoir
En sa poitrine une espagnole lame.

Mais moy, plus froid, je ne requiers sinon,
Après cent ans, sans gloire et sans renom
Mourir oisif en ton giron, Cassandre :

Car je me trompe, ou c'est plus de bon-heur
D'ainsi mourir, que d'avoir tout l'honneur,
Pour vivre peu, d'un monarque Alexandre.

a. Var. :

Je voudrois estre un pitaut de village,
Sot, sans raison, et sans entendement,
Ou fagoteur qui travaille au bocage.
Je n'aurois point en amour sentiment.
Le trop d'esprit me cause mon domage,
Et mon mal vient de trop de jugement.

LXXX.

Pour voir ensemble et les champs et le bort (1),
   Où ma guerriere avec mon cœur demeure,
Alme soleil, demain avant ton heure
Monte à cheval et galoppe bien fort.
   Voicy les champs où l'amiable effort
De ses beaux yeux ordonne que je meure
Si doucement qu'il n'est vie meilleure
Que les soupirs d'une si douce mort !
   A costé droit, sur ce bord du rivage,
Reluit à part l'angelique visage
Que trop avare ardentement je veux.
   Là ne se voit fontaine ny verdure
Qui ne remire en elle la figure
De ses beaux yeux et de ses beaux cheveux.

LXXXI.

Pardonne-moy, Platon, si je ne cuide
   Que sous le rond de la voute des Dieux,
Soit hors du monde ou au profond des lieux
Que Styx emmure, il n'y ait quelque vuide.
   Si l'air est plein en sa courbure humide,
Qui reçoit donc tant de pleurs de mes yeux,
Tant de soupirs que je sanglote aux cieux,
Lors qu'à mon dueil Amour lasche la bride ?
   Il est du vague, ou certes, s'il n'en est,
D'un air pressé le comblement ne naist.
Plustost le ciel, qui piteux se dispose
   A recevoir l'effect de mes douleurs,
De toutes parts se comble de mes pleurs,
Et de mes vers qu'en mourant je compose !

1. Telle invention est en un sonnet de Bembo :
   Sorgi da l'onde avanti à l'usat' hora
   Di mane, o sole, et ratto à noi ricorna, etc.

LXXXII [1564] (1).

Je meurs, Paschal, quand je la voy si belle,
Le front si beau, et la bouche et les yeux,
Yeux le sejour d'Amour victorieux,
Qui m'a blessé d'une fleche nouvelle.

Je n'ay ny sang, ny veine, ny moüelle,
Qui ne se change ; et me semble qu'aux cieux
Je suis ravy, assis entre les Dieux,
Quand le bon-heur me conduit auprès d'elle.

Ha! que ne suis-je en ce monde un grand roy!
Elle seroit toujours auprès de moy ;
Mais, n'estant rien, il faut que je m'absente

De sa beauté, dont je n'ose approcher
Que d'un regard transformer je ne sente
Mes yeux en fleuve et mon cœur en rocher.

LXXXIII [1567] (2).

Douce beauté à qui je dois la vie,
Le cœur, le corps, et le sang et l'esprit,
Voyant tes yeux, Amour mesme m'apprit
Toute vertu que depuis j'ai suivie.

Mon cœur, ardant d'une amoureuse envie,
Si vivement de tes graces s'éprit
Que d'un regard de tes yeux il comprit
Que peut honneur, amour et courtoisie.

L'homme est de plomb, ou bien il n'a point d'yeux,
Si, te voyant, il ne void tous les cieux
En ta beauté, qui n'a point de seconde.

---

1. Il appert par ce sonnet et plusieurs autres qu'ils ne sont tous faits pour Cassandre, mais pour d'autres qu'il a aimées. (M.)

2. Ce sonnet porte, dans l'édition de 1567, où il figure pour la première fois, ce titre : *A M. de Limeuil*. L'*M* doit signifier mademoiselle, ou peut-être *Marie*. Il est à noter qu'il se trouve dans les Amours de Marie, dont le nom se trouveroit peut-être ainsi révélé.

Ta bonne grace un rocher retiendroit,
Et, quand sans jour le monde deviendroit,
Ton œil si beau seroit le jour du monde.

LXXXIV [1567] (¹).

Douce beauté qui me tenez le cœur,
Et qui avez durant toute l'année
Dedans vos yeux mon ame emprisonnée,
La faisant vivre en si belle langueur,
  Ha! que ne puis-je atteindre à la hauteur
Du Ciel, tyran de nostre destinée!
Je changerois sa course retournée,
Et mon malheur je mu'rois en bon-heur.
  Mais, estant homme, il faut qu'homme j'endure
Du Ciel cruel la violence dure
Qui me commande à mourir pour vos yeux.
  Doncques je vien vous presenter, Madame,
Ce nouvel an, pour obeïr aux Cieux,
Le cœur, l'esprit, le corps, le sang et l'ame.

LXXXV.

L'onde et le feu, ce sont de la machine
Les deux seigneurs que je sens pleinement,
Seigneurs divins, et qui divinement
Ce faix divin ont chargé sur l'échine.
  Bref, toute chose, ou terrestre ou divine,
Doit son principe à ces deux seulement;
Tous deux en moy vivent également,
En eux je vy, rien qu'eux je n'imagine.
  Aussi de moi il ne sort rien que d'eux
Et tour à tour en moy naissent tous deux :
Car, quand mes yeux de trop pleurer j'appaise,

---

1. Le poëte m'a quelquefois dit que ce sonnet n'est fait pour representersa passion, mais pour quelque autre dont il fut prié, desirant infiniment n'estre point recherché de tels importuns. (M.)

Rassérenant les flots de mes douleurs,
Lors de mon cœur s'exhale une fournaise,
Puis tout soudain recommencent mes pleurs.

LXXXVI.

Si l'escrivain de la Gregeoise armée
Eust veu tes yeux qui serf me tiennent pris,
Les faits de Mars il n'eust jamais empris,
Et le duc grec fust mort sans renommée.
 Et si Pâris, qui vit en la valée
La grand' beauté dont son cœur fut épris,
Eust veu la tienne, il t'eust donné le pris,
Et sans honneur Venus s'en fust allée.
 Mais s'il advient, ou par le veuil des cieux,
Ou par le trait qui sort de tes beaux yeux,
Qu'en publiant ma prise et ta conqueste,
 Outre la Tane (1) on m'entende crier,
Io! Io! quel myrte ou quel laurier
Sera bastant pour enlacer ma teste!

LXXXVII.

Pour celebrer des astres dévestus
L'heur escoulé dans celle qui me lime,
Et pour louer son esprit, qui n'estime
Que le divin des divines vertus,
 Et ses regars, ains traits d'Amour pointus,
Que son bel œil au fond du cœur m'imprime,
Il me faudroit, non l'ardeur de ma ryme,
Mais la fureur du Masconnois Pontus (2).
 Il me faudroit cette chanson divine
Qui transforma sur la rive angevine (3)
L'Olive pale en un teint plus naïf.

---

1. Je crois que c'est le Tanaïs.
2. Le poëte Pontus de Tyard, seigneur de Bissy. (M.)
3. Joachim du Bellay, qui donnoit à sa dame le nom d'Olive.

Et me faudroit un Des-Autels encore,
Et celui-là qui sa Meline adore
En vers dorés, le bien disant Baïf (*a*).

LXXXVIII.

Estre indigent et donner tout le sien,
Se feindre un ris, avoir le cœur en pleinte
Haïr le vray, aimer la chose feinte,
Posseder tout et ne jouir de rien ;
  Estre delivre et trainer son lien,
Estre vaillant et couarder de crainte,
Vouloir mourir et vivre par contrainte,
Et sans profit despendre tout son bien ;
  Avoir tousjours pour un servil hommage
La honte au front, en la main le dommage,
A ses pensers, d'un courage hautain,
  Ourdir sans cesse une nouvelle trame,
Sont les effets qui logent en mon ame
L'espoir douteux et le tourment certain.

LXXXIX.

Œil qui portrait dedans les miens reposes
Comme un soleil, le dieu de ma clarté ;

---

a. Var. :

Il me faudroit une lyre angevine,
Et un Daurat (1), *sereine limousine,*
Et un Belleau (2), *qui, vivant, fut mon bien,*
  De mesmes mœurs, d'estude et de jeunesse,
Qui maintenant des morts accroist la presse,
Ayant finy son soir avant le mien.

1. Daurat est un tres-excellent poëte grec et latin, natif de Limoges, et precepteur de l'autheur. (M.)
2. Belleau fut intime amy de nostre autheur, et fut gouverneur de feu monseigneur le duc d'Elbœuf, prince de la maison de Lorraine. (M.)

Ris qui, forçant ma douce liberté,
Me transformas en cent métamorphoses;
   Larme d'argent qui mes soupirs arroses
Quand tu languis de me voir mal-traité;
Main qui mon cœur captives, arresté
Parmi ton lys, ton ivoire et tes roses,
   Je suis tant vostre et tant l'affection
M'a peint au vif vostre perfection,
Que ny le temps, ny la mort, tant soit forte,
   N'empescheront qu'au profond de mon sein,
Tousjours gravez en l'ame, je ne porte
Un œil, un ris, une larme, une main.

XC.

Si seulement l'image de la chose
   Fait à nos yeux la chose concevoir,
Et si mon œil n'a puissance de voir,
Si quelque idole au devant ne s'oppose,
   Que ne m'a fait celuy qui tout compose
Les yeux plus grands, à fin de mieux pouvoir
En leur grandeur la grandeur recevoir
Du simulacre, où ma vie est enclose!
   Certes, le Ciel, trop ingrat de son bien,
Qui seul la fit et qui seul veid combien
De sa beauté divine estoit l'idée,
   Comme jaloux d'un bien si precieux,
Silla le monde et m'aveugla les yeux (1)
Pour de luy seul seule estre regardée.

XCI (2).

Sous le crystal d'une argenteuse rive,
   Au mois d'avril, une perle je vy

---

1. Luy ferma les yeux. Le mot *siller* est propre en fauconnerie. (M.)
2. Imité du 158e sonnet de Pétrarque, 1re partie.

Dont la clairté m'a tellement ravy
Qu'en mes discours autre penser n'arrive.
  Sa rondeur fut d'une blancheur naïve,
Et ses rayons treluisoient à l'envy.
Son lustre encor ne m'a point assouvy,
Ny ne fera tant qu'au monde je vive.
  Cent et cent fois, pour la pescher à bas,
Tout recoursé je devalay le bras,
Et ja déjà content je la tenoye
  Sans un archer, de mon bien envieux,
Qui troubla l'eau et m'esblouit les yeux
Pour jouir seul d'une si chere proye.

XCII(1).

Le premier jour du mois de may, Madame,
Dedans le cœur je senti vos beaux yeux
Bruns, doux, courtois, rians, delicieux,
Qui d'un glaçon feroient naistre une flame.
  De leur beau jour le souvenir m'enflame,
Et par penser j'en deviens amoureux.
O! de mon cœur les meurtriers bien-heureux!
Vostre vertu je sens 'usques en l'ame.
  Yeux qui tenez la clef de mon penser,
Maistres de moy, qui peustes offenser
D'un seul regard ma raison toute esmeue,
  Ha! que je suis de vostre amour époingt!
Las! je devois jouir de vostre veue
Plus longuement, ou bien ne vous voir point.

XCIII.

Soit que son or se crespe lentement,
Ou soit qu'il vague en deux glissantes ondes,
Qui çà, qui là, par le sein vagabondes,
Et sur le col nagent follastrement;

---

1. Ce sonnet n'appartient point à l'autheur, mais à quelcun qui prenoit congé de sa maistresse. (M.)

Ou soit qu'un nœud, diapré tortement
De maints rubis et maintes perles rondes,
Serre les flots de ses deux tresses blondes,
Mon cœur se plaist en son contentement.
    Quel plaisir est-ce, ainçois quelle merveille,
Quand ses cheveux, troussez dessus l'oreille,
D'une Venus imitent la façon!
    Quand d'un bonnet son chef elle adonise,
Et qu'on ne sçait, tant bien elle déguise
Son chef douteux, s'elle est fille ou garçon!

XCIV.

De ses cheveux la rousoyante Aurore
Esparsement les Indes remplissoit,
Et ja le ciel à longs traits rougissoit
De maint émail qui le matin decore,
    Quand elle veid la nymphe que j'adore
Tresser son chef, dont l'or qui jaunissoit
Le crespe honneur du sien éblouissoit,
Voire elle-mesme et tout le ciel encore.
    Lors ses cheveux vergongneuse arracha,
Si qu'en pleurant sa face elle cacha,
Tant la beauté des beautés luy ennuye ;
    Et ses souspirs, parmi l'air se suivants,
Trois jours entiers enfanterent des vents,
Sa honte un feu et ses yeux une pluye.

XCV.

Pren ceste rose, aimable comme toy,
    Qui sers de rose aux roses les plus belles,
Qui sers de fleur aux fleurs les plus nouvelles,
Dont la senteur me ravit tout de moy.
    Pren ceste rose, et ensemble reçoy
Dedans ton sein mon cœur, qui n'a point d'ailes
Il est constant, et cent playes cruelles
N'ont empesché qu'il ne gardast sa foy.
    La rose et moy differons d'une chose :

Un soleil void naistre et mourir la rose;
Mille soleils ont vu naistre m'amour,
    Dont l'action jamais ne se repose.
Ha! plut à Dieu que telle amour, éclose
Comme une fleur, ne m'eust duré qu'un jour!

XCVI.

Avecque moy pleurer vous devriez bien,
Tertres bessons, pour la fascheuse absence
De celle-là qui fut par sa presence
Vostre soleil, ainçois qui fut le mien.
    Las! de quels maux, Amour, et de combien,
Une beauté ma peine recompense,
Quand, plein de honte, à toute heure je pense
Qu'en un moment j'ay perdu tout mon bien!
    Or, adieu donc, beauté qui me desdaignes!
Bois et rochers, rivieres et montaignes
Vous pourront bien eslongner de mes yeux,
    Mais non du cœur, que prompt il ne vous suive,
Et que dans vous plus que dans moy ne vive,
Comme en la part qu'il aime beaucoup mieux.

XCVII.

Tout me desplaist, mais rien ne m'est si grief
    Que ne voir point les beaux yeux de ma dame,
Qui des plaisirs les plus doux de mon ame
Avecques eux ont emporté la clef.
    Un torrent d'eau s'escoule de mon chef,
Et, tout confus, de souspirs je me pâme,
Perdant le feu dont la divine flame
Seule guidoit de mes pensers la nef.
    Depuis le jour que je senty sa braise,
Autre beauté je n'ay veu qui me plaise,
Ny ne verray; mais bien puissé-je voir,
    Qu'avant mourir seulement ceste fere(¹)

---

1. Fiere comme une beste sauvage. (M.)

D'un seul tour d'œil promette un peu d'espoir
Au coup d'Amour dont je me desespere.

XCVIII.

Jaloux Soleil, contre Amour envieux,
Soleil masqué d'une face blesmie,
Qui par trois jours as retenu m'amie
Seule au logis par un temps pluvieux,
   Je ne croy plus tant d'amours que les vieux
Chantent de toy; ce n'est que poësie.
S'il eust jadis touché ta fantaisie,
D'un mesme mal tu serois soucieux.
   Par tes rayons à la pointe cornue
En ma faveur eusses rompu la nue,
Faisant d'obscur un temps serein et beau.
   Va te cacher, vieil pastoureau champestre!
Tu n'es pas digne au ciel d'estre un flambeau,
Mais un bouvier qui meine les bœufs paistre.

XCIX.

Quand je vous voi, ou quand je pense en vous,
Je ne sais quoi dans le cœur me fretille,
Qui me pointelle et tout d'un coup me pille
L'esprit emblé d'un ravissement doux.
   Je tremble tout de nerfs et de genous,
Comme la cire au feu je me distile
Sous mes soupirs, et ma force inutile
Me laisse froid, sans haleine et sans pous.
   Je semble au mort qu'on devale en la fosse,
Ou à celui qui d'une fièvre grosse
Perd le cerveau, dont les esprits mués
   Revent celà qui plus leur est contraire.
Ainsi mourant je ne saurai tant faire
Que je ne pense en vous qui me tuez (*a*).

a. Var. :
   Je semble au mort qu'en la fosse on devale,

C (1).

Morne de corps, et plus morne d'esprits,
Je me trainois dans une masse morte,
Et, sans sçavoir combien la Muse apporte
D'honneur aux siens, je l'avois à mespris.
   Mais aussi tost que de vous je m'épris,
Tout aussitôt vostre œil me fut escorte
A la vertu, voire de telle sorte
Que d'ignorant je devins bien appris.
   Doncques, mon tout, si je fay quelque chose,
Si dignement de vos yeux je compose,
Vous me causez vous-mesme ces effets.
   Je pren de vous mes graces plus parfaites;
Vous m'inspirez, et dedans moy vous faites,
Si je fay bien, tout le bien que je fais.

CI.

Las! sans la voir à toute heure je voy
Ceste beauté dedans mon cœur presente;
Ny mont, ny bois, ny fleuve ne m'exente,
Que par pensée elle ne parle à moy.
   Dame, qui sçais ma constance et ma foy,
Voy, s'il te plaist, que le temps qui s'absente
Depuis sept ans en rien ne des-augmente
Le plaisant mal que j'endure pour toy.
   De l'endurer lassé je ne suis pas,
Ny ne seroy-je, allassé-je là bas

Tant je suis have, espouvantable et pale,
Voyant mes sens par la mort se muer;
   Et toutesfois je me plais en ma braise.
D'un mesme mal nous sommes tous deux aise,
Moy de mourir, et vous de me tuer.

1. L'argument de ce sonnet est pris de Petrarque, canz.
8, 1.

Pour mille fois en mille corps renaistre.
  Mais de mon cœur sans plus je suis lassé (1),
Qui me desplaist et qui plus ne peut estre
Mien comme il fut, puis que tu l'as chassé.

CII.

Sur du sablon la semence j'épan;
  Je sonde en vain les abysmes d'un gouffre;
Sans qu'on m'invite à toute heure je m'ouffre (2),
Et sans loyer mon âge je dépan.
  A son portrait pour un veu je m'apan,
Devant son feu mon cœur se change en soulfre,
Et pour ses yeux cruellement je souffre
Dix mille maux, et d'un ne me repan.
  Qui sauroit bien quelle trempe a ma vie
D'estre amoureux n'auroit jamais envie.
De chaud, de froid je me sens allumer,
  Tout mon plaisir est rempli d'amertume,
Je vi d'ennuy, de dueil je me consume:
En tel estat je suis pour trop aimer.

CIII.

Devant les yeux nuict et jour me revient
  Le saint pourtrait de l'angelique face;
Soit que j'escrive, ou soit que j'entrelace
Mes vers au luth, toujours il m'en souvient.
  Voyez, pour Dieu, comme un bel œil me tient
En sa prison et point ne me délace,
Et comme il prend mon cœur dedans sa nasse
Qui de pensée à mon dam l'entretient.

---

1. L'invention est de Petrarque, sonnet 19, 1.
2. Pour m'offre. Ainsi disent les Grecs οὔνομα pour ὄνομα; νοῦσος pour νόσος; et les François: chose pour chouse; espose, espouse; rose, rouse; et mille autres: col pour cou, mol pour mou. (M.)

O le grand mal, quand une affection
Peint notre esprit de quelque impression !
J'entends alors que l'Amour ne dedaigne
    Suttilement l'engraver de son trait ;
Toujours au cœur nous revient ce portrait,
Et maugré nous toujours nous accompaigne (a).

CIV.

Après ton cours je ne haste mes pas
Pour te souiller d'une amour des-honneste :
Demeure donq' ; le Locrois (1) m'admoneste,
Aux rocz Gyrez, de ne te forcer pas.
    Neptune, oyant ses blasphemes d'abas,
Luy accabla son impudique teste
D'un grand rocher au fort de la tempeste :
Le Ciel conduit le meschant au trespas.
    Il te voulut, le meschant ! violer,
Lors que la peur te faisoit accoler
Les pieds vengeurs de la Grecque Minerve.
    Moi, je ne veux qu'à ta grandeur offrir
Ce chaste cœur, s'il te plaist de souffrir
Qu'en l'immolant de victime il te serve.

---

a. Var. :

O le grand mal, quand nostre ame est saisie
Des monstres naiz dedans la fantaisie !
Le jugement est toujours en prison.
    Amour trompeur, pourquoy me fais-tu croire
Que la blancheur est une chose noire,
Et que les sens sont plus que la raison !

1. Ajax, fils d'Oïlée, pour avoir voulu violer Cassandre, qui s'estoit retirée dans le temple de Minerve, fut, à son retour en Grece, foudroyé par la déesse et écrasé par Neptune sous un quartier de quelques rochers qui se nommoient les rochers Gyrez. (M.)

CV [1572] (1).

Je suis larron pour vous aimer, Madame ;
Si je veux vivre il faut que j'aille embler
De vos beaux yeux les regards, et troubler
Par mon regard le vostre qui me pâme.
   De vos beaux yeux seulement je m'affame,
Tant double force ils ont de me combler
Le cœur de joye, et mes jours redoubler,
Ayant pour vie un seul trait de leur flame.
   Un seul regard qu'il vous plaist me lascher
Me plaist trois jours, puis j'en revien chercher
Quand du premier la puissance est perdue,
   Emblant mon vivre en mon adversité,
Larron forcé de chose defendue,
Non par plaisir, mais par necessité.

CVI (2).

Piqué du nom qui me glace en ardeur,
Me souvenant de ma douce Charite (a),
Icy je plante une plante d'eslite,
Qui l'esmeraude efface de verdeur (3).
   Tout ornement de royale grandeur,
Beauté, sçavoir, honneur, grace et mérite,

---

a. Var. :

Me souvenant du nom qu'au fond du cœur
Amour m'engrave en grosse lettre écritte.

1. Pris de Petrarque, canz. 35, 1.
2. Quiconque soit celle pour qui ce sonnet, et un autre encore qui est dans ce livre, ont esté faits, elle a nom Marguerite. Les poëtes ne sont pas tousjours constans comme ils se font. (M.) Ne seroit-ce pas Marguerite de France, reine de Navarre, à qui il dédia son poëme de *La Charite*.
3. Ainsi Petrarque, sonnet 193, 1.

    Un lauro verde, si che di colore
    Ogni smeraldo hauria ben vinto e Stanco.

Sont pour racine à ceste Marguerite,
Qui ciel et terre emparfume d'odeur.
  Divine fleur où ma vie demeure,
La manne tombe et retombe à toute heure
Dessus ton front sans cesse nouvelet.
  Jamais de toy la pucelle n'approche,
La mouche à miel, ne la faucille croche,
Ny les ergots d'un folastre aignelet.

CVII.

Depuis le jour que le trait ocieux
  Grava ton nom au roc de ma memoire,
Et que l'ardeur qui brilloit en ta gloire
Me fit sentir le foudre de tes yeux,
  Mon cœur, atteint d'un eclair rigoreux,
Pour éviter ta nouvelle victoire,
S'alla cacher dans tes ondes d'yvoire,
Et sous l'abri de tes flancs amoureux.
  Là point ou peu soucieux de ma playe,
De çà, de là, par tes flots il s'egaye,
Puis il se sèche aux rays de ton flambeau ;
  Et s'emmurant dedans leur forteresse(a),
Seul, pâle et froid, sans retourner me laisse,
Comme un esprit qui fuit de son tombeau.

CVIII.

Le mal est grand, le remede est si bref
  A ma douleur, qui jamais ne s'alente,
Que, bas ne haut, dés le bout de la plante
Je n'ay santé jusqu'au sommet du chef.
  L'œil qui tenoit de mes pensers la clef,

---

a. Variantes :
  1567 : *Et me quittant pour voir telle déesse.*
  1584 : *Et tellement il aime son hôtesse.*
  1587 : *Puis par coustume aimé de son hôtesse.*

En lieu de m'estre une estoille drillante
Parmy les flots de l'Amour violente,
Contre un orgueil a fait rompre ma nef.
   Un soin meurtrier, soit que je veille ou songe,
Tigre affamé, le cœur ne mange et ronge,
Suçant toujours le plus doux de mon sang.
   Et le penser importun qui me presse,
Et qui jamais en repos ne me laisse,
Comme un vautour me mord toujours au flanc (a).

CIX.

Amour, si plus ma fiévre se renforce,
Si plus ton arc tire pour me blesser,
Avant mes jours j'ai grand'peur de laisser
Le verd fardeau de ceste jeune escorce.
   Ja de mon cœur je sen moindre la force
Se transmuer, pour sa mort avancer,
Devant le feu de mon ardent penser,
Non en bois verd, mais en poudre d'amorce.
   Bien fut pour moy le jour malencontreux
Quand je humai le breuvage amoureux
Qu'à si longs traits me versoit une œillade.
   O fortuné si, pour me secourir,
Dés le jour mesme Amour m'eust fait mourir,
Sans me tenir si longuement malade !

CX.

Si doucement le souvenir me tente
De la mielleuse et fielleuse saison
Où je perdi la loi de ma raison,
Qu'autre douleur ma peine ne contente.
   Je ne veux point en la playe de tante

---

a. Var. :

   Comme un mastin eschappé de sa laisse
   Mange ma vie, et se noie en mon sang.

Qu'Amour me fit pour avoir guerison,
Et ne veux point qu'on m'ouvre la prison
Pour affranchir autre part mon attente.

   Plus que la mort je fuy la liberté,
Tant j'ay grand' peur de me voir escarté
Du doux lien qui doucement m'offense;

   Et m'est honneur de me voir martyrer,
Sous un espoir quelquefois de tirer
Un seul baiser pour toute recompense.

CXI(1).

Heureux le jour, l'an, le mois et la place,
L'heure et le temps où vos yeux m'ont tué,
Sinon tué, à tout le moins mué,
Comme Meduse, en une froide glace!

   Il est bien vray que le trait de ma face
Me reste encor', mais l'esprit delié,
Pour vivre en vous a son corps oublié,
N'estant plus rien sans esprit qu'une masse.

   Aucunefois, quand vous tournez un peu
Vos yeux sur moy, je sens un petit feu
Qui me r'anime et réchauffe les veines,

   Et fait au froid quelque petit effort;
Mais vos regars n'allongent que mes peines,
Tant le premier fut cause de ma mort!

CXII.

Amour archer d'une tirade ront
Cent traits sur moy, et si ne me conforte
D'un seul regard celle pour qui je porte
Le cœur aux yeux, les pensers sur le front.

   D'un soleil part la glace qui me fond,
Et m'esbahis que ma froideur n'est morte

---

1. L'invention est de Petrarque, sonnet 47, 1.
   Benedetto sia'l giorno, e'l mese, e'l anno, etc.

Au feu d'un œil qui d'une flamme forte
Me fait au cœur un ulcere profond.
 En tel estat je voy languir ma vie,
Qu'aux plus chetifs ma langueur porte envie,
Tant le mal croist, et le cœur me defaut.
 Mais la douleur qui plus comble mon ame
De desespoir, c'est qu'Amour et ma dame
Sçavent mon mal, et si ne leur en chaut.

CXIII (1).

Je vey ma nymphe entre cent damoiselles,
Comme un croissant par les menus flambeaux,
Et de ses yeux, plus que les astres beaux,
Faire obscurcir la beauté des plus belles.
 Dedans son sein les graces immortelles,
La Gaillardise et les Fréres jumeaux
Alloient volant, comme petits oyseaux
Parmy le verd des branches plus nouvelles.
 Le Ciel ravy, qui si belle la voit,
Roses et liz et guirlandes pleuvoit
Tout au rond d'elle au milieu de la place
 Si qu'en despit de l'hyver froidureux,
Par la vertu de ses yeux amoureux
Un beau printemps s'engendra de sa face.

CXIIII.

Plus mille fois que nul or terrien,
J'aime ce front où mon Tyran se joue,
Et le vermeil de ceste belle joue,
Qui fait honteux le pourpre tyrien.
 Toutes beautez à mes yeux ne sont rien
Au prix du sein qui lentement secoue
Son gorgerin, sous qui per à per noue

---

1. Le premier couplet est semblable au premier du sonnet 183, 1, de Petrarque.

Le branle égal d'un flot cytherien.
　Ne plus ne moins que Jupiter est aise
Quand de son luth quelque Muse l'appaise,
Ainsi je suis de ses chansons épris
　Lors qu'à son luth ses doigts elle embesongne,
Et qu'elle dit le branle de Bourgongne,
Qu'elle disoit le jour que je fus pris.

CXV.

Celle qui est de mes yeux adorée,
　Qui me fait vivre entre mille trespas,
Chassant un cerf, suivoit hier mes pas,
Ainsi qu'Adon Cyprine la dorée ;
　Quand une ronce, en vain enamourée,
Ainsi que moy, du vermeil de ses bras,
En les baisant luy fit couler à bas
Une liqueur de pourpre colorée.
　La terre adonc, qui soigneuse receut
Ce sang divin, tout sus l'heure conceut,
Pareille au sang, une rouge fleurette ;
　Et, tout ainsi que d'Helene naquit
La fleur qui d'elle un beau surnom acquit,
Du nom Cassandre elle eut nom Cassandrette.

CXVI.

Sur mes vingt ans, pur d'offense et de vice,
　Guidé mal-caut d'un trop aveugle oiseau,
Ayant encor le menton damoiseau,
Sain et gaillard, je vins à ton service.
　Ores forcé de ta longue malice,
Je m'en retourne avec une autre peau,
En chef grison, en perte de mon beau ;
Et pour t'aimer il faut que je périsse.
　Helas! que dis-je? où veux-je retourner?
En autre part je ne puis séjourner,
Ni vivre ailleurs, ni d'autre amour me paistre
　Demeurons donc dans le camp fortement,

Et puis qu'au moins vainqueur je ne puis estre,
Que l'arme au poing je meure honnestement(a).

CXVII.

Franc de travail une heure je n'ay peu
   Vivre depuis que les yeux de ma dame
Mielleusement verserent dans mon ame
Le doux venin dont mon cœur fut repeu.
   Ma chere neige et mon cher et doux feu,
Voyez comment je m'englace et m'enflame;
Comme la cire aux rayons d'une flame
Je me consume, et vous en chaut bien peu.
   Bien il est vrai que ma vie est heureuse
De s'écouler doucement langoureuse
Dessous vostre œil, qui jour et nuict me poind;
   Mais si faut-il que vostre bonté pense
Que l'amitié d'amitié se compense,
Et qu'un amour sans frere ne croist point.

CXVIII.

D'amour ministre et de perseverance,
   Qui jusqu'au fond l'ame peux esmouvoir,
Et qui les yeux d'un aveugle sçavoir,
Et qui les cœurs voiles d'une ignorance;

---

a. Variantes (1567):

  Tels sont d'amour les jeux et l'exercice.
    Demeurons donc, combattant fortement;
  Puisque vainqueur de toi je ne puis estre,
  Que dans le camp je meure honnestement.
(1584): *Helas! que dy-je? où veux-je m'en aller?*
  D'un autre bien je ne me puis souler.
  Comme la caille, Amour, tu me fais estre,
    Qui d'un poison s'engraisse et se repaist.
  D'un autre bien je ne me veux repaistre,
    Ny vivre ailleurs, tant ta poison me plaist.

Va-t'en ailleurs chercher ta demeurance,
Va-t'en ailleurs quelque autre decevoir;
Je ne veux plus chez moy te recevoir,
Mal-encontreuse et maudite Esperance.
 Quand Jupiter, ce lâche criminel,
Teignit ses mains dans le sang paternel,
Dérobant l'or de la terre où nous sommes,
 Il te laissa (comme un monstre nouveau)
Croupir au fond du pandorin vaisseau,
Pour enfieller le plus doux miel des hommes.

CXIX.

Franc de raison, esclave de fureur,
 Je vay chassant une fere sauvage,
Or' sur un mont, or' le long d'un rivage,
Or' dans le bois de jeunesse et d'erreur.
 J'ay pour ma laisse un long trait de malheur,
J'ay pour limier un trop ardent courage,
J'ay pour mes chiens l'ardeur et le jeune âge,
J'ay pour piqueurs l'espoir et la douleur.
 Mais eux, voyans que plus elle est chassée,
Loin, loin, devant plus s'enfuit élancée,
Tournant sur moi leur rigoureux effort,
 Comme mastins affamés de repaistre,
A longs morceaux se paissent de leur maistre,
Et sans mercy me traînent à la mort (*a*).

CXX.

Le ciel ne veut, Dame, que je jouisse
 De ce doux bien que dessert mon devoir;
Aussi ne veux-je et ne me plaist d'avoir

---

a. Var. :

Plus fuit devant d'une course eslancée,
 Quittent leur proye, et, rebrossant vers moy,
  De ma chair propre osent bien leur repaistre :

Sinon du mal en vous faisant service.

    Puis qu'il vous plaist que pour vous je languisse,
Je suis heureux, et ne puis recevoir
Plus grand honneur qu'en mourant de pouvoir
Faire à vos yeux de mon cœur sacrifice.

    Donc, si ma main maugré-moy quelquefois
De l'amour chaste outrepasse les loix,
Dans vostre sein cherchant ce qui m'embraise,

    Punissez-la du foudre de vos yeux,
Et la brulez, car j'aime beaucoup mieux
Vivre sans main que ma main vous desplaise.

CXXI.

Bien que six ans soient ja coulez arriere
Depuis le jour que l'homicide trait
Au fond du cœur m'engrava le portrait
D'une humble-fiere et fiere-humble guerriere,

    Si suis-je heüreux d'avoir veu la lumiere
En ces ans tards en-noblis du portrait
De sa beauté, qui les Grâces attrait
Par une grâce aux Grâces coustumiere.

    Le seul avril de son jeune printems
En-dore, em-perle, en-frange nostre temps,
Qui n'a sceu voir les beautés de ma belle,

    Ny la vertu qui foisonne en ses yeux.
Seul je l'ay veuë; aussi je meurs pour elle,
Et plus grand heur ne m'ont donné les cieux.

CXXII.

Si ce grand dieu, le pere de la lyre,
Qui va bornant aux Indes son réveil,
Ains qui d'un œil mal-appris au sommeil
Deçà, delà, toutes choses remire,

    C'est grand pitié (à mon dam je le voy)
    Quand les valets commandent à leur maistre.

Lamente encor pour le bien où j'aspire,
Ne suis-je heureux, puis que le trait pareil,
Qui d'outre en outre entama le Soleil,
Mon cœur entame à semblable martyre?

Dea! que mon mal contente mon plaisir,
D'avoir osé pour compagnon choisir
Un si grand dieu! Ainsi par la campagne

Le bœuf courbé dessous le joug pesant,
Traine le faix plus leger et plaisant,
Quand son travail d'un autre s'accompagne.

CXXIII.

Ce petit chien qui ma maistresse suit,
Et qui jappant ne recognoist personne,
Et cest oyseau qui mes plaintes resonne,
Au mois d'avril souspirant toute nuit;

Et cette pierre où, quand le chaud s'enfuit,
Seule à part soi pensive s'arraisonne,
Et ce jardin où son poulce moissonne
Toutes les fleurs que Zephyre produit;

Et ceste dance où la fleche cruelle
M'outre-perça, et la saison nouvelle (1)
Qui tous les ans rafraichit mes douleurs,

Et son œillade et sa parole sainte,
Et dans le cœur sa grâce que j'ai peinte,
Baignent mon sein de deux ruisseaux de pleurs.

CXXIV (2).

Je te hay, peuple, et m'en sert de tesmoin
Le Loir (3), Gastine (4) et les rives de Braye (5),

---

1. Ainsi Petrarque, sonnet 80, 1 :

    E la nova stagion, che d'anno in anno
    Mi rinfresca in quel dì l'antiche piaghe, etc.

2. Petrarque, sonnet 221, 1.
3. Riviere qui passe par Vendosme.
4. Nom de forest. — 5. Autre petite riviere.

Et la Neuffaune (1) et la verte saulaye
Qui de Sabut (2) borne l'extreme coin.
   Quand je me perds entre deux monts bien loin,
M'arraisonnant, seul, à l'heure j'essaye
De soulager la douleur de ma playe,
Qu'amour encharne au plus vif de mon soin.
   Là, pas-à-pas, Dame, je rememore
Ton front, ta bouche et les graces encore
De tes beaux yeux, trop fideles archers;
   Puis, figurant ta belle idole feinte
Dedans quelque eau, je sanglote une pleinte
Qui fait gemir le plus dur des rochers.

CXXV.

Non, la chaleur de la terre qui fume
Aux jours d'esté jusques en son profond;
Non, l'avant-chien (3) qui tarit jusqu'au fond
Les tiedes eaux, qu'ardant de soif il hume.
   Non, ce flambeau qui tout ce monde allume
D'un bluetter qui lentement se fond;
Bref, ny l'esté, ny ses flames, ne font
Ce chaud brasier qui mes veines consume.
   Vos chastes feux, esprits de vos beaux yeux,
Vos doux esclairs qui rechauffent les dieux,
Seuls de mon feu eternisent la flame.
   Et, soit Phœbus attelé pour marcher
Devers le Cancre, ou bien devers l'Archer,
Vostre œil me fait un esté dans mon âme.

---

1. Un bocage appartenant à la maison de l'autheur.
2. Colline fertile en bons vins, dont le bas est tout revestu de saules.
3. La canicule.

CXXVI.

Di l'un des deux (1), sans tant me déguiser
Le peu d'Amour que ton semblant me porte;
Je ne sçauroy, veu ma peine si forte,
Tant lamenter ne tant petrarquiser (2).
    Si tu le veux, que sert de refuser
Ce doux present dont l'espoir me conforte?
Sinon, pourquoy d'une esperance morte
Me nourris-tu pour toujours m'abuser?
    L'un de tes yeux dans les enfers me rue;
L'autre, plus doux, à l'envy s'évertue
De me remettre en paradis encor.
    Ainsi tes yeux, pour causer mon renaistre
Et puis ma mort, sans cesse me font estre
Or' un Pollux et ores un Castor.

CXXVII (3).

L'an mil cinq cens, contant quarante six,
Dans ses cheveux une dame cruelle
(Ne sçais quel plus, las! ou cruelle ou belle)
Lia mon cœur, de ses graces espris.
    Lors je pensoy, comme sot mal-appris,
Nay pour souffrir une peine immortelle,
Que les crespons de leur blonde cautelle
Deux ou trois jours sans plus me tiendroient pris.
    L'an est passé, et l'autre commence ores,
Où je me voy plus que devant encores
Pris dans leurs rets; et, quand par fois la mort
    Veut deslacer le lien de ma peine,
Amour tousjours, pour l'ennouer plus fort,
Flatte mon cœur d'une esperance vaine.

1. Je ne puis penser que ce soit Cassandre, car il ne parleroit pas si audacieusement à elle. (M.)
2. Faire de l'amoureux transi, comme Petrarque.
3. Petrarque, sonnet, 177, 1.

CXXVIII.

A toy chaque an j'ordonne un sacrifice,
 Fidele coin où, tremblant et poureux,
Je descouvry le travail langoureux
Que j'enduroy, Dame, en votre service.
 Un coin vraiment plus seur ne plus propice
A declarer un tourment amoureux
N'est point en Cypre, ou dans les plus heureux
Vergers de Gnide, Amathonte ou d'Eryce.
 Eussé-je l'or d'un prince ambitieux,
Tu toucherois, nouveau temple, les cieux,
Elabouré d'une merveille grande;
 Et là, dressant à ma nymphe un autel,
Sur les piliers de son nom immortel
J'appenderois mon ame pour offrande (a).

CXXIX (1572).

Honneur de may, despouille du printemps,
 Bouquet tissu de la main qui me donte,
Dont les beautez aux fleurettes font honte,
Faisant esclorre un avril en tout temps;
 Non pas du nez, mais du cœur, je te sens,
Et de l'esprit, que ton odeur surmonte,
Et tellement de veine en veine monte
Que ta senteur embasme tous mes sens.
 Sus, baise-moy : en lieu de nostre amie,
Pren mes souspirs, pren mes pleurs, je te prie,
Qui serviront d'animer ta couleur.

a. Var. (1584):

 Coin, tu serois un temple precieux,
 Enrichy d'or et de despense grande,
  Où les amans, par un vœu solennel,
 Joutant, lutant, autour de ton autel,
 S'immoleroient eux-mesmes pour offrande.

Ainsi ta fleur ne deviendra fanie :
Mes chauds souspirs serviront de chaleur,
Et mes pleurs d'eau pour te donner la vie (a).

CXXX [1584] (1).

Si l'on vous dit qu'Argus est une fable,
Ne le croyez, bonne posterité :
Ce n'est pas feinte, ains une verité ;
A mon malheur, je la sens veritable.

Un autre Argus en deux yeux redoutable,
En corps humain, non feint, non inventé,
Espie, aguette et garde la beauté
Par qui je suis douteux et miserable.

Quand par ses yeux Argus ne la tiendroit,
Tousjours au col mignarde me pendroit :
Je cognoy bien sa gentille nature.

Ha! vray Argus, tant tu me fais gemir,
A mon secours vienne un autre Mercure,
Non pour ta mort, mais bien pour t'endormir.

CXXXI.

Je parangonne à ta jeune beauté,
Qui toujours dure, en son printemps nouvelle,
Ce mois d'avril qui ses fleurs renouvelle,
En sa plus gaye et verte nouveauté.

Loin devant toy s'enfuit la cruauté,

---

a. Var. (1584) :
    Sus ! baise-moy, couche-toy près de moi ;
  Je veux verser mille larmes sur toi,
  Mille soupirs, chauds d'amoureuse envie,

b. Var. (1584) :
    Qui serviront d'animer ta couleur.
  Les pleurs d'humeur, les soupirs de chaleur,
  Pour prendre vif ta racine en ma vie.

1. Ce sonnet n'appartient en rien à Cassandre. (M.)

Devant luy fuit la saison plus cruelle ;
Il est tout beau, ta face est toute belle ;
Ferme est son cours, ferme est ta loyauté.
   Il peint les bois, les forests et les plaines,
Tu peins mes vers d'un bel émail de fleurs ;
Des laboureurs il arrose les peines,
   D'un vain espoir tu laves mes douleurs ;
Du ciel sur l'herbe il fait tomber les pleurs,
Tu fais sortir de mes yeux deux fontaines.

CXXXII (1572).

Douce beauté meurdriere de ma vie,
   En lieu d'un cœur tu portes un rocher ;
Tu me fais vif languir et dessecher,
Passionné d'une amoureuse envie.
   Le jeune sang qui d'aimer te convie,
N'a peu de toy la froideur arracher,
Farouche, fière, et qui n'as rien plus cher
Que languir froide et n'estre point servie.
   Apprens à vivre, ô fiere en cruauté ;
Ne garde point à Pluton ta beauté ;
Tes passetemps en aimant il faut prendre.
   Le seul plaisir peut tromper le trespas :
Car, aussi bien, quand nous serons là-bas,
Sans plus aimer, nous ne serons que cendre.

STANCES (1).

Quand au temple nous serons
   Agenouillez, nous ferons
Les devots, selon la guise
De ceux qui pour louer Dieu,
Humbles, se courbent au lieu
Le plus secret de l'eglise.

---

1. Ceste chanson n'appartient en rien à Cassandre. En 1560, elle est dans le volume des Odes. (M.)

Mais, quand au lict nous serons
Entrelassez, nous ferons
Les lascifs, selon les guises
Des amans, qui librement
Pratiquent folastrement
Dans les draps cent mignardises.

Pourquoy doncque, quand je veux
Ou mordre tes beaux cheveux,
Ou baiser ta bouche aimée,
Ou toucher à ton beau sein,
Contrefais-tu la nonnain
Dedans un cloistre enfermée ?

Pour qui gardes-tu tes yeux
Et ton sein delicieux,
Ta joue et ta bouche belle ?
En veux-tu baiser Pluton
Là-bas, après que Charon
T'aura mise en sa nacelle ?

Après ton dernier trespas,
Gresle, tu n'auras là-bas
Qu'une bouchette blesmie,
Et quand, mort, je te verrois,
Aux ombres je n'avou'rois
Que jadis tu fus m'amie.

Ton test n'aura plus de peau,
Ny ton visage si beau
N'aura veines ny arteres ;
Tu n'auras plus que des dents
Telles qu'on les void dedans
Les testes des cimeteres.

Doncques, tandis que tu vis,
Change, maistresse, d'advis,
Et ne m'espargne ta bouche ;
Incontinent tu mourras :
Lors tu te repentiras
De m'avoir esté farouche.

Ah ! je meurs ! ah ! baise-moy !
Ah ! maistresse approche toy !

Tu fuis comme fan qui tremble ;
Au moins souffre que ma main
S'esbate un peu dans ton sein,
Ou plus bas, si bon te semble.

CXXXIII.

Ce ne sont qu'haims, qu'amorces et qu'appas
De son bel œil qui m'alléche en sa nasse,
Soit quelle rie, ou soit qu'elle compasse
Au son du luth le nombre de ses pas.
  Une minuit tant de flambeaux n'a pas,
Ny tant de sable en Euripe ne passe,
Que de beautez embellissent sa grace,
Pour qui j'endure un millier de trespas.
  Mais le tourment qui moissonne ma vie
Est si plaisant que je n'ay point envie
De m'esloigner de sa douce langueur.
  Ains face Amour que mort encore j'aye
L'aigre douceur de l'amoureuse playe
Que vif je porte au plus beau de mon cœur.

CXXXIV.

Œil qui mes pleurs de tes rayons essuye,
Sourcil, mais ciel des autres le greigneur,
Front estoilé, trophée à mon seigneur,
Où son carquois et son arc il estuye ;
  Gorge de marbre où la beauté s'appuye,
Col albastrin emperlé de bonheur,
Tetin d'yvoire où se niche l'honneur,
Sein dont l'espoir mes travaux desennuye ;
  Vous avez tant apasté mon desir,
Que, pour saouler ma faim et mon plaisir,
Et nuit et jour il faut que je vous voye,
  Comme un oyseau qui ne peut sejourner,
Sans revoler, tourner et retourner
Aux bords connus pour y trouver sa proye.

CXXXV.

Hausse ton vol, et, d'une aisle bien ample
Forçant des vents l'audace et le pouvoir,
Fay, Denisot, tes plumes émouvoir
Jusques au ciel, où les Dieux ont leur temple.
  Là, d'œil d'Argus leurs déités contemple,
Contemple aussi leur grace et leur savoir;
Et, pour ma dame au parfait concevoir,
Sur les plus beaux fantastique (1) un exemple.
  Moissonne aprés le teint de mille fleurs
Et les détrempe en l'argent de mes pleurs,
Que tiedement hors de mon chef je rue.
  Puis, attachant ton esprit et tes yeux
Droit au patron desrobé sur les Dieux,
Pein, Denisot, la beauté qui me tue.

CXXXVI.

Ville de Blois (2), naissance de ma dame,
Sejour des Roys et de ma volonté,
Où je fus pris, où je fus surmonté,
Par un œil brun qui m'outre-perce l'ame,
  Chez toy je pris ceste premiere flame,
Chez toy j'appris que peut la cruauté,
Chez toy je vey ceste fiere beauté
Dont la memoire encores me r'enflame (a).
  Se loge Amour en tes murs à jamais,

a. Var. :

Sur le plus haut de sa divine flame,
Près de l'honneur, en grave majesté,
Reverement se sied la chasteté,
Qui tout bon cœur de ses vertus enflame.

1. Feins à ta fantasie. Fantastique est icy verbe, comme souvent folastre est verbe en nostre autheur. (M.)
2. On peut conjecturer par ce sonnet que sa dame est de Blois. (M.)

Et son carquois, et son arc et ses traits
Pendent en toy, comme autel de sa gloire ;
  Puisse-il tousjours sous ses ailes couver
Ton chef royal, et, nud, tousjours laver
Le sien crespu dans l'argent de ton Loire.

CXXXVII (1).

Heureuse fut l'estoille fortunée
  Qui d'un bon œil ma maistresse apperceut ;
Heureux le bers et la main qui la sceut
Emmailloter le jour qu'elle fut née !
  Heureuse fut la mammelle en-mannée
De qui le laict premier elle receut,
Et bien-heureux le ventre qui conceut
Si grand' beauté de si grands dons ornée !
  Heureux les champs qui eurent cest honneur
De la voir naistre, et de qui le bon-heur
L'Inde et l'Egypte heureusement excelle !
  Heureux le fils dont grosse elle sera,
Mais plus heureux celuy qui la fera
Et femme et mere, en lieu d'une pucelle !

CXXXVIII.

L'astre ascendant sous qui je pris naissance
  De son regard ne maistrisoit les cieux
Quand je nasquis : il estoit dans tes yeux,
Futurs tyrans de mon obéissance.
  Mon tout, mon bien, mon heur, ma cognoissance,
Vint de ton œil : car, pour nous lier mieux,
Tant nous unit son feu presagieux,
Que de nous deux il ne fit qu'une essence.
  En toy je suis et tu es dedans moy,
En moy tu vis et je vis dedans toy ;

---

1. Ce sonnet est presque semblable au 142 de Petrarque, bien qu'il soit pris à sens contraire. (M.)

Ainsi nos touts ne font qu'un petit monde.
    Sans vivre en toi je tomberois là bas :
La pyralide (1) en ce poinct ne vit pas
Perdant sa flamme, et le dauphin son onde (2).

CXXXIX.

De ton poil d'or en tresses blondissant
Amour ourdit de son arc la fiscelle ;
Il me tira de ta vive estincelle
Le doux fier trait qui me tient languissant.
    Du premier coup j'eusse été perissant,
Sans l'autre coup d'une fleche nouvelle
Qui mon ulcere en santé renouvelle,
Et par son coup le coup va guarissant.
    Ainsi jadis, sur la poudre troyenne,
Du soudart grec la hache Pelienne (3)
Du Mysien mit la douleur à fin ;
    Ainsi le trait de ton bel œil me rue,
D'un mesme coup me guarit et me tue.
Hé! quelle Parque a filé mon destin ?

CXL.

Ce ris plus doux que l'œuvre d'une abeille,
Ces doubles lys doublement argentez,
Ces diamans à double rang plantez
Dans le corail de sa bouche vermeille ;
    Ce doux parler qui les mourans réveille,
Ce chant qui tient mes soucis enchantez,

---

1. Pyralides sont petites bestes volantes, qui ont quatre pieds, et se trouvent en l'isle de Cypres, ayans telle nature qu'elles vivent dans le feu, et meurent dés qu'elles s'en esloignent un peu trop. (Pline, en l'onziesme livre.) (M.)

2. Les dauphins meurent dés qu'ils touchent la terre. (Pline, au neufviesme livre.) (M.)

3. La hache d'Achille, fils de Pélée, guérissoit les blessures qu'elle avoit faites.

Et ces deux cieux (1) sur deux astres (2) entez,
De ma deesse annoncent la merveille.
   Du beau jardin de son printemps riant
Sort un parfum qui mesme l'Orient
Embasmeroit de ses douces haleines ;
   Et de là sort le charme d'une vois
Qui tout ravis fait sauteler les bois,
Planer (3) les monts et montagner (4) les plaines.

CXLI (1572).

J'avois l'esprit tout morne et tout pesant,
Quand je receu du lieu qui me tourmente
La pomme d'or (5), comme moy jaunissante
Du mesme mal qui nous est si plaisant.
   Les pommes sont de l'Amour le present :
Tu le sçais bien, ô guerriere Atalante,
Et Cydippé, qui encor se lamente
D'elle et d'Aconce et d'Amour si nuisant.
   Les pommes sont de l'Amour le vray signe.
Heureux celuy qui de tel bien est digne !
Tousjours Venus a des pommes au sein.
   Depuis Adam desireux nous en sommes,
Tousjours la Grace en a dedans la main,
Et, bref, l'Amour n'est qu'un beau jeu de pommes.

   1. Deux sourcils. Les sourcils sont voutez comme les cieux.
   2. Sur deux yeux.
   3. Se convertir en plaines. C'est ce que les Latins disent *subsidere*.
   4. S'eslever comme montaignes. Mot nouveau. Une telle fin de sonnet est dans Petrarque. (M.)
   5. Toutes sortes de pommes sont dediées à la Volupté, aux Graces et à l'Amour. Tout ce qui est le plus delicat et mignard en l'amour tire sur la forme ronde : la teste, les yeux, le menton, les joues, que les Latins appellent *malas*, quasi *mala*; les tetins, l'enflure du ventre, les genoux, le rond des cuisses, et les autres belles parties de la femme. (M.)

CXLII.

Espouvanté, je cherche une fontaine
Pour expier un horrible songer,
Qui toute nuict ne m'a fait que ronger
L'âme effroyée au travail de ma peine.
　Il me sembloit que ma douce inhumaine
Crioit : « Amy, sauve-moy du danger ;
A toute force un larron estranger
Par les forests prisonniere m'emmeine. »
　Lors en sursaut, où me guidoit la vois,
Le fer au poing je brossay par le bois ;
Mais en courant aprés la desrobée,
　Du larron mesme assaillir me suis veu,
Qui, me perçant le cœur de mon espée,
M'a fait tomber dans un torrent de feu.

CHANSON (1).

Las! je n'eusse jamais pensé,
Dame qui causes ma langueur,
De voir ainsi récompensé
Mon service d'une rigueur,
Et qu'en lieu de me secourir
Ta cruauté m'eust fait mourir.
　Si, bien accort, j'eusse apperceu,
Quand je te vy premierement,
Le mal que j'ay depuis receu
Pour aimer trop loyalement,
Mon cœur, qui franc avoit vescu,
N'eust pas esté si tost vaincu.
　Mais tu fis promettre à tes yeux,
Qui seuls me vindrent decevoir,
De me donner encore mieux
Que mon cœur n'esperoit avoir ;

---

1. Cette chanson est faite sur une lettre que Bradamante escrit à Roger, en l'Arioste. (M.)

Puis, comme jaloux de mon bien,
Ont transformé mon aise en rien.
 Si tost que je vis leur beauté,
Amour me força d'un desir
D'assujettir ma loyauté
Sous l'empire de leur plaisir,
Et decocha de leur regard
Contre mon cœur le premier dard.
 Ce fut, Dame, ton bel accueil
Qui, pour me faire bien-heureux,
M'ouvrit par la clef de ton œil
Le paradis des amoureux,
Et, fait esclave en si beau lieu,
D'un homme je devins un dieu.
 Si bien que, n'estant plus à moy,
Mais à l'œil qui m'avoit blessé,
Mon cœur en gage de ma foy
A mon vainqueur j'ai délaissé,
Où serf si doucement il est
Qu'autre liberté luy desplaist ;
 Et, bien qu'il souffre jours et nuits
Mainte amoureuse adversité,
Le plus cruel de ses ennuis
Luy semble une felicité,
Et ne sçauroit jamais vouloir
Qu'un autre œil le face douloir.
 Un grand rocher qui a le doz
Et les pieds tousjours outragez,
Ores des vents, ores des flots,
Contre les rives enragez,
N'est point si ferme que mon cœur
Sous l'orage d'une rigueur :
 Car luy, de plus en plus aimant
Les beaux yeux qui l'ont en-reté,
Semble du tout au diamant,
Qui, pour garder sa fermeté,
Se rompt plustost sous le marteau
Que se voir tailler de nouveau.

Ainsi ne l'or qui peut tenter,
Ny grace, beauté, ny maintien,
Ne sçauroit dans mon cœur enter
Un autre portrait que le tien,
Et plustost il mourroit d'ennuy,
Que d'en souffrir un autre en luy.
  Il ne faut donc, pour empescher
Qu'une autre dame en ait sa part,
L'environner d'un grand rocher,
Ou d'un fossé, ou d'un rempart :
Amour te l'a si bien conquis,
Que plus il ne peut estre acquis.
  Chanson, les estoilles seront
La nuict sans les cieux allumer,
Et plustost les vents cesseront
De tempester dessus la mer,
Que de ses yeux la cruauté
Puisse amoindrir ma loyauté.

CXLIII (1).

Un voile obscur par l'horizon espars
Troubloit le ciel d'une humeur survenu
Et l'air, crevé d'une gresle menue,
Frappoit à bonds les champs de toutes pars
  Desja Vulcan les bras de ses soudars
Hastoit, depit, à la forge cognue,
Et Jupiter dans le creux d'une nue
Armoit sa main de l'esclair de ses dars,
  Quand ma nymphette, en simple vertugade,
Cueillant les fleurs, des raiz de son œillade
Essuya l'air gresleux et pluvieux,
  Des vents sortis remprisonna les tropes,
Et ralenta les marteaux des Cyclopes,
Et de Jupin rasserena les yeux.

---

1. Le tout est moulé sur le 33e et 34e sonnet de la première partie de Petrarque. (M.)

CXLIV.

En autre part les deux flambeaux de celle
Qui m'esclairoit sont allez faire jour,
Voire un midy, qui, d'un stable sejour,
Sans annuiter dans les cœurs estincelle.

Hé! que ne sont et d'une et d'une autre æle
Mes deux costez emplumez à l'entour?
Haut par le ciel, sous l'escorte d'Amour,
Je voleroy comme un cygne auprés d'elle.

De ses deux raiz ayant percé le flanc,
J'empourpreroy mes plumes en mon sang,
Pour tesmoigner la peine que j'endure;

Et suis certain que ma triste langueur
Pourroit flechir non seulement son cœur
De mes souspirs, mais une roche dure.

CXLV(1).

Si tu ne veux les astres dépiter
En ton malheur, ne mets point en arriere
L'humble souspir de mon humble priere :
La priere est fille de Jupiter.

Quiconque veut la priere eviter
Jamais n'acheve une jeunesse entiere,
Et void tousjours de son audace fiere
Jusqu'aux enfers l'orgueil precipiter.

Pour ce, orgueilleuse, eschappe cest orage,
Mollis un peu le roc de ton courage,
Aux longs souspirs de ma triste langueur.

Tousjours le ciel, toujours l'eau n'est venteuse,
Tousjours ne doit ta beauté dépiteuse
Contre ma playe endurcir sa rigueur.

---

1. Ce sonnet est presque pris d'une oraison de Phœnix Homere, neufiesme de l'Iliade). (M.)

CXLVI.

Entre mes bras que maintenant n'arrive
Celle qui tient ma playe en sa verdeur,
Et ma pensée en gelante tiedeur
Sur le tapis de ceste herbeuse rive!
   Et que n'est-elle une nymphe native
De quelque bois! Par l'ombreuse froideur
Nouveau Sylvain, j'alenterois l'ardeur
Du feu qui m'ard d'une flamme trop vive.
   Et pourquoy, Cieux, l'arrest de vos destins
Ne m'a fait naistre un de ces paladins
Qui seuls portoient en crope les pucelles,
   Et qui, tastant, baisant et devisant,
Loin de l'envie et loin du mesdisant,
Par les forests vivoient avecques elles?

CXLVII (1).

Que toute chose en ce monde se mue :
Soit desormais Amour saoulé de pleurs,
Des chesnes durs puissent naistre les fleurs,
Au choc des vents l'eau ne soit plus émue;
   Du cœur des rocs le ciel degoutte et sue;
Soient du printemps semblables les couleurs,
L'esté soit froid, l'hyver plein de chaleurs;
Pleine de vents ne s'enfle plus la nue;
   Tout soit changé, puis que le nœud si fort
Qui m'estraignoit, et que la seule mort
Devoit trancher, ma dame veut desfaire.
   Pourquoy d'Amour mesprises-tu la loy?
Pourquoy fais-tu ce qui ne se peut faire?
Pourquoy romps-tu si faussement ta foy?

CXLVIII.

Lune à l'œil brun, deesse aux noirs chevaux,
Qui çà, qui là, qui haut, qui bas te tournent,

---

1. Ce sonnet est tiré du 39e sonnet de Bembo.

Et de retours qui jamais ne sejournent,
Trainent ton char eternel en travaux,
    A tes desirs les miens ne sont egaux,
Car les amours qui ton ame époinçonnent
Et les amours qui mon cœur aiguillonnent
Divers souhaits desirent à leurs maux.
    Toy, mignottant ton dormeur de Latmie(¹),
Voudrois tousjours qu'une course endormie
Emblât le train de ton char qui s'enfuit.
    Mais moy, qu'Amour toute la nuict devore,
Depuis le soir je souhaite l'aurore,
Pour voir le jour, que me celoit ta nuit.

CXLIX (²).

Une diverse amoureuse langueur
    Sans se meurir dans mon ame verdoye,
Dedans mes yeux une fontaine ondoye,
Un Montgibel s'enflamme dans mon cœur.
    L'un de son feu, l'autre de sa liqueur,
Ore me gele et ore me foudroye;
Et l'un et l'autre à son tour me guerroye,
Sans que l'un soit dessus l'autre vainqueur.
    Fais, Amour, fais qu'un des deux ait la place,
Ou le seul feu ou bien la seule glace,
Et par l'un d'eux mets fin à ce debat.
    O fier Amour, j'ay de mourir envie,
Mais deux venins n'estouffent point la vie,
Tandis que l'un à l'autre se combat.

CL (³).

Puis que cest œil qui fidelement baille
    Ses loix aux miens sur les miens plus ne luit,

---

1. Endymion.
2. Presque tout ce sonnet est semblable à un d'un Italien nommé Antonio Francesco Rinieri. (M.)
3. Semblable presque est le 101e sonnet de la premiere partie de Petrarque. (M.)

L'obscur m'est jour, le jour m'est une nuit,
Tant son absence asprement me travaille.
  Le lict me semble un dur champ de bataille,
Rien ne me plaist, toute chose me nuit,
Et ce penser qui me suit et re-suit
Presse mon cœur plus fort qu'une tenaille.
  Ja prés du Loir, entre cent mille fleurs,
Saoulé d'ennuis, de regrets et de pleurs,
J'eusse mis fin à mon angoisse forte,
  Sans quelque Dieu qui mon œil va tournant
Vers le pays où tu es sejournant,
Avec mon cœur, dont l'air me reconforte.

CLI.

Comme le chaud, ou dedans Erymanthe,
Ou sus Rhodope, ou sur un autre mont,
En beau cristal le blanc des neiges fond
Par sa tiedeur lentement vehemente,
  Ainsi tes yeux (éclair qui me tourmente),
Qui cire et neige à leur regard me font,
Touchant les miens, ja distillez les ont
En un ruisseau qui de mes pleurs s'augmente.
  Herbes ne fleurs ne sejournent auprés,
Ains des soucis, des ifs et des cyprés,
Ny d'un vert gai sa rive n'est point pleine.
  Les autres eaux par les prez vont roulant,
Mais ceste-cy par mon sein va coulant,
Qui nuit et jour s'enfle et bruit de ma peine.

CLII[1].

De soins mordans et de soucis divers
Soit sans repos ta paupiere éveillée;

---

1. Ce sonnet a esté fait contre quelques petits secretaires, muguets et mignons de cour, lesquels, ayans le cerveau trop foible pour entendre les escrits de l'autheur, feignoient reprendre et mespriser ce qu'ils n'entendoient pas. (M.)

Ta lévre soit de noir venin mouillée,
Tes cheveux soient de viperes couvers;
　　Du sang infet de ces gros lezars vers
Soit ta poitrine et ta gorge souillée,
Et d'une œillade envieuse et rouillée,
Tant que voudras, guigne-moy de travers :
　　Tousjours au ciel je leveray la teste,
Et d'un escrit qui bruit comme tempeste
Je foudroi'ray de tes monstres l'effort.
　　Autant de fois que tu seras leur guide
Pour m'assaillir dans le cœur de mon fort,
Autant de fois me sentiras Alcide.

CLIII.

De la mielleuse et fielleuse pasture
　　Dont le surnom s'appelle trop aimer,
Qui m'est et sucre et riagas (1) amer,
Sans me saouler je pren ma nourriture :
　　Car ce bel œil qui force ma nature
D'un tel jeuner m'a tant fait consumer,
Que je ne puis ma faim des-affamer
Qu'au seul regard d'une vaine peinture.
　　Plus je la voy, moins saouler je m'en puis;
Un vray Narcisse en misere je suis :
Hé! qu'amour est une cruelle chose!
　　Je cognoy bien qu'il me fera mourir,
Et si ne puis ma douleur secourir,
Tant j'ay sa peste en mes veines enclose.

CLIII (2).

Que lâchement vous me trompez, mes yeux,
　　Enamourés d'une figure vaine!

---

1. C'est une espece de poison. (M.)
2. Plaintes de Narcisse, qu'il nomme Céphiside, parce qu'il étoit fils de Céphise, fleuve de Bœotie. Imité d'Ovide, Métam., liv. 3.

O nouveauté d'une cruelle peine !
O fier Destin ! ô malice des Cieux !
 Faut-il que moy, de moy-mesme envieux,
Pour aimer trop les eaux d'une fontaine,
Je brûle après une image incertaine
Qui pour ma mort m'accompagne en tous lieux ;
 Et quoi ! faut-il que le vain de ma face
De membre en membre aneantir me face,
Comme une cire au raiz de la chaleur !
 Ainsi pleuroit l'amoureux Cephiside,
Quand il sentit, dessus le bord humide,
De son beau sang naistre une belle fleur.

CLV.

En ma douleur, las ! chétif, je me plais,
Soit quand la nuict les feux du ciel augmente,
Ou quand l'Aurore en-jonche (1) d'amaranthe (2)
Le jour meslé d'un long fleurage espais.
 D'un joyeux dueil sans fin je me repais,
Et, quelque part où seulet je m'absente,
Devant mes yeux je voy tousjours presente
Celle qui cause et ma guerre et ma paix.
 Pour l'aimer trop, également j'endure
Ore un plaisir, ore une peine dure,
Qui d'ordre égal viennent mon cœur saisir ;
 Et d'un tel miel mon absinthe est si pleine
Qu'autant me plaist le plaisir que la peine,
La peine autant comme fait le plaisir.

1. Tapisse. La metaphore est prise des joncs qu'on jette par la place pour donner fraischeur l'esté. (M.)
2. Fleur que le vulgaire nomme passevelours. (M.)

CLVI (1).

Or' que Jupin, espoint de sa semence,
Hume à longs traits les feux accoustumez,
Et que le chaud de ses reins allumez
L'humide sein de Junon ensemence;

Or' que la mer, or' que la vehemence
Des vents fait place aux grans vaisseaux armez,
Et que l'oiseau (2) parmy les bois ramez
Du Thracien les tançons recommence;

Or' que les prez, et ore que les fleurs
De mille et mille et de mille couleurs
Peignent le sein de la terre si gaye;

Seul et pensif, aux rochers plus secrets,
D'un cœur muet, je conte mes regrets,
Et par les bois je vay celant ma playe.

MADRIGAL. (1572.)

Que maudit soit le miroër qui vous mire,
Et vous fait estre ainsi fiere en beauté,
Ainsi enfler le cœur de cruauté,
Me refusant le bien que je desire!

Depuis trois ans pour vos yeux je souspire,
Et si mes pleurs, ma foy, ma loyauté,
N'ont, las! je meurs! de vostre cœur osté
Ce doux orgueil qui cause mon martyre.

Et cependant vous ne cognoissez pas
Que ce beau mois et vostre âge se passe,
Comme une fleur qui languit contre-bas,

---

1. Le commencement est prins de Virgile, au second des Georgiques :

   Vere tument terræ, et genitalia semina poscunt, etc. (M.)

2. Philomèle, changée en rossignol, qui se plaint de l'outrage de Térée, roi de Trace, son beau-frère. (Ovide, Métam. 6e.) (M.)

Et que le temps passé ne se ramasse.
Tandis qu'avez la jeunesse et la grace,
Et le temps propre aux amoureux combas,
De tous plaisirs ne soyez jamais lasse,
Et sans aimer n'attendez le trespas.

CLVII.

Puissé-je avoir ceste fere aussi vive
Entre mes bras qu'elle est vive en mon cœur (¹)!
Un seul moment guariroit ma langueur
Et ma douleur feroit aller à rive.
Plus elle court et plus elle est fuitive
Par le sentier d'audace et de rigueur,
Plus je me lasse, et, recreu de vigueur,
Je marche après d'une jambe tardive.
Au moins escoute, et ralente tes pas (²):
Comme veneur je ne te poursuy pas,
Ou comme archer qui blesse à l'impourveue,
Mais comme amy de ton amour touché,
Du fer cruel qu'Amour m'a decoché,
Forgeant ses traits des beaux rais de ta veue.

CLVIII.

Contre le Ciel mon cœur estoit rebelle,
Quand le Destin, que forcer je ne puis,
Me fit revoir la dame à qui je suis,
Ains que vestir ceste escorce nouvelle (³).
Un chaud adonc de moëlle en moëlle,
De nerfs en nerfs, de conduits en conduits,

---

1. Ce commencement est de Bembo :

> La fera, che sculpita nel cor tengo,
> Cosi l'havess' io viva entre le brachia. (M.)

2. Ce sont les propos que tient Apollon à Daphné en Ovide, Metam. 1. (M.)

3. Devant que mon ame descendist du ciel pour entrer dedans le corps, selon l'opinion des Platoniques. (M.)

Vint à mon cœur, dont j'ay vescu depuis
Ore en plaisir, ore en peine cruelle.

Si qu'en voyant ses beautez, et combien
Elle est divine, il me ressouvint bien
L'avoir jadis en Paradis laissée :

Car dés le jour que j'en re-fu blessé,
Soit près ou loin, je n'ay jamais cessé
De l'adorer de fait et de pensée.

CLIX.

Voicy le bois que ma saincte Angelette
   Sur le printemps anima de son chant;
Voicy les fleurs où son pied va marchant,
Lorsque, pensive, elle s'ébat seulette;

Io, voicy la prée verdelette
Qui prend vigueur de sa main la touchant,
Quand pas à pas, pillarde, va cherchant
Le bel email de l'herbe nouvelette.

Icy chanter, là pleurer je la vy(1),
Icy sourire, et là je fu ravy
De ses beaux yeux par lesquels je des-vie;

Icy s'asseoir, là je la vy danser :
Sus le mestier d'un si vague penser
Amour ourdit les trames de ma vie.

CLX. (1567.)

Certes mon œil fut trop avantureux
   De regarder une chose si belle,
Une vertu digne d'une immortelle,
Et dont Amour est mesmes amoureux.

Depuis ce jour je devins langoureux
Pour aimer trop ceste beauté cruelle :
Cruelle, non, mais doucement rebelle

---

1. Imitation de Petrarque :
   Qui cantò dolcemente, e qui s'assise, etc. (M.)

A ce desir qui me rend malheureux :
   Malheureux, non, heureux je me confesse,
Tant vaut l'amour d'une telle maistresse,
Pour qui je vis et à qui je veux plaire.
   Je l'aime tant, qu'aimer je ne me puis;
Je suis tant sien, que plus mien je ne suis (a),
Bien que pour elle Amour me desespere.

CLXI.

Saincte Gastine, heureuse secretaire
   De mes ennuis, qui respons en ton bois,
Ores en haute, ores en basse voix,
Aux longs souspirs que mon cœur ne peut taire;
   Loir, qui refreins la course volontaire
Du plus courant de tes flots vendomois
Quand accuser ceste beauté tu m'ois,
De qui tousjours je m'affame et m'altere;
   Si dextrement l'augure j'ay receu,
Et si mon œil ne fut hier deceu
Des doux regards de ma douce Thalie;
   Dorenavant poëte me ferez,
Et par la France appelez vous serez
L'un mon Laurier, l'autre ma Castalie.

CLXII.

Encependant que tu frapes au but
   De la vertu, qui n'a point sa seconde,
Et qu'à longs traits tu t'enyvres de l'onde
Que l'Ascrean (1) entre les Muses but,
   Icy, Baif, où le mont de Sabut

---

a. Var. :

   Pour qui je vy, à qui seule je suis.
   En luy plaisant je cherche à me desplaire:
   Je l'aime tant qu'aimer je ne me puis.

1. Hésiode.

Charge de vins son espaule feconde,
Pensif je voy la fuite vagabonde
Du Loir qui traine à la mer son tribut.
 Ores un antre, or un desert sauvage,
Ores me plaist le secret d'un rivage,
Pour essayer de tromper mon ennuy.
 Mais quelque horreur de forest qui me tienne,
Faire ne puis qu'amour toujours ne vienne
Parlant à moy, et moy toujours à luy.

CLXIII.

Quel bien auray-je aprés avoir esté
 Si longuement privé des yeux de celle
Qui le Soleil de leur vive estincelle
Rendroit honteux au plus beau jour d'esté?
 Et quel plaisir, voyant le Ciel voûté
De ce beau front qui les beautez recelle,
Et ce col blanc qui de blancheur excelle
Un mont de laict sus le jonc cailloté?
 Comme du Grec la troupe errante et sote,
Affriandée aux douceurs de la lote (1),
Sans plus partir vouloit là sejourner,
 Ainsi j'ay peur que ma trop friande âme,
Raffriandée aux douceurs de ma dame,
Ne veuille plus dedans moi retourner.

CLXIV.

Puis que je n'ay, pour faire ma retraitte
 Du labyrinth qui me va seduisant,
Comme Thesée, un filet conduisant
Mes pas douteux par les erreurs de Crete,

---

1. La lote, arbre en Afrique, portant un si doux fruict, que les gens du pays sont nommez Lotophages, c'est-à-dire mangeurs de lote. Ainsi qu'Ulysse passoit par là, ses gens, ayans gousté de ce fruict, ne vouloient plus retourner en leur pays. Voy. le neufiesme de l'Odyssée. (M.

Eussé-je au moins une poitrine faite (1)
Ou de crystal ou de verre luisant !
Lors tu serois dedans mon cœur lisant
De quelle foy mon amour est parfaite.
  Si tu sçavois de quelle affection
Je suis captif de ta perfection,
La mort seroit un confort à ma plainte,
  Et lors peut-estre, éprise de pitié,
Tu pousserois sur ma despoüille esteinte
Quelque souspir de tardive amitié.

CLXV (2).

Ha ! Bel-Acueil, que ta douce parole
Vint traistrement ma jeunesse offenser,
Quand au premier tu la menas danser
Dans le verger l'amoureuse carolle !
  Amour adonc me mit à son escolle,
Ayant pour maistre un peu-sage penser,
Qui dès le jour me mena commencer
Le chapelet de la dance plus folle.
  Depuis cinq ans dedans ce beau verger
Je vay balant avecque Faux-Danger,
Sous la chanson d'Allegez-moi, Madame (3).
  Le tabourin se nomme Fol-Plaisir ;
La flute, Erreur ; le rebec, Vain-Desir ;
Et les cinq pas, la Perte de mon âme (*a*).

a. Var. :

> *Tenant la main d'une dame trop caute.*
>   *Je ne suis seul par Amour abusé ;*
> *A ma jeunesse il faut donner la faute :*
> *En cheveux gris je seray plus rusé.*

1. Ainsi Bembo :
  Havess' io almen d'un bel crystallo il core, etc. (M.)
2. Ce sonnet est tiré du Roman de la Rose, là où Bel-Acueil meine l'amant dans le verger d'Amour. (M.)
3. Vieille chanson, rajeunie par Cl. Marrot.

CLXVI.

Tousjours des bois la cyme n'est chargée
 Sous les toisons d'un Hyver eternel;
Toujours des Dieux le foudre criminel
Ne darde en bas sa menace enragée;
 Tousjours les vents, tousjours la mer Egée
Ne gronde pas d'un orage cruel;
Mais de la dent d'un soin continuel
Tousjours, tousjours, ma vie est outragée.
 Plus je me force à le vouloir tuer,
Plus il renaist pour mieux s'évertuer
De feconder une guerre à moy-mesme.
 O fort Thebain (1), si ta serve vertu
Avoit encor ce monstre combatu,
Ce seroit bien de tes faits le treziesme.

CLXVII.

Je veux brusler, pour m'en-voler aux Cieux,
 Tout l'imparfait de ceste escorce humaine,
M'éternisant comme le fils d'Alcmeine,
Qui tout en feu s'assit entre les Dieux.
 Ja mon esprit, chatouillé de son mieux,
Dedans ma chair rebelle se promeine,
Et ja le bois de sa victime ameine
Pour s'enflammer aux rayons de tes yeux.
 O saint brasier! ô feu chastement beau!
Las! brule moi d'un si chaste flambeau,
Qu'abandonnant ma depouille connue,
 Net, libre et nud (*a*), je vole d'un plein saut

a. Var.:
    O saint brazier! ô flame entretenue
    D'un feu divin! avienne que ton chaud
    Brusle si bien ma dépouille connue,
      Que libre et nud...

1. Hercule.

Jusques au Ciel, pour adorer là haut
L'autre beauté dont la tienne est venuë!

CLXVIII (1).

Ce fol penser, pour s'en-voler trop haut
Après le bien que hautain je desire,
S'est emplumé d'ailes jointes de cire,
Propres à fondre aux rais du premier chaud.
  Luy fait oyseau, dispost, de saut en saut
Poursuit en vain l'object de son martyre,
Et toy, qui peux et luy dois contredire,
Tu le vois bien, Raison, et ne t'en chaut.
  Sous la clarté d'une estoille si belle,
Cesse, Penser, de hazarder ton aile,
Ains que te voir en bruslant desplumer :
  Car, pour esteindre une ardeur si cuisante,
L'eau de mes yeux ne seroit suffisante,
Ni suffisans tous les flots de la mer.

CLXIX.

Or' que le Ciel, or' que la terre est pleine
De glas, de gresle esparse en tous endrois,
Et que l'horreur des plus froidureux mois
Fait herisser les cheveux de la plaine;
  Or' que le vent, qui mutin se promeine,
Rompt les rochers et desplante les bois,
Et que la mer, redoublant ses abois,
Contre les bords sa plus grand' rage ameine,
  Amour me brusle, et l'hyver froidureux,
Qui gele tout, de mon feu chaleureux
Ne gele point l'ardeur, qui tousjours dure.
  Voyez, amans, comme je suis traité!

---

1. Allusion à la fable de Dédale, à l'imitation d'un sonnet de l'Arioste, qui se commence :

    Nel mio pensier..... (M.)

Je meurs de froid au plus chaud de l'esté,
Et de chaleur au cœur de la froidure.

CLXX.

Je ne suis point, Muses, accoustumé
Voir vostre bal sous la tarde serée;
Je n'ay point beu dedans l'onde sacrée,
Fille du pied du cheval emplumé.
 De tes beaux rais chastement allumé,
Je fu poëte; et si ma voix recrée,
Et si ma lyre aucunement agrée,
Ton œil en soit, non Parnasse, estimé.
 Certes, le Ciel te devoit à la France
Quand le Thuscan (1) et Sorgue (2), et sa Florence
Et son laurier (3) engrava dans les Cieux.
 Ore trop tard, beauté plus que divine,
Tu vois nostre âge, helas! qui n'est pas digne
Tant seulement de parler de tes yeux.

CLXXI.

Ny les desdains d'une nymphe si belle,
Ny le plaisir de me fondre en langueur,
Ny la fierté de sa douce rigueur,
Ny contre Amour sa chasteté rebelle,
 Ny le penser de trop penser en elle,
Ny de mes yeux la fatale liqueur,
Ny mes souspirs, messagers de mon cœur,
Ny de ma flamme une ardeur eternelle,
 Ny le desir qui me lime et me mord,
Ny voir escrite en ma face la mort,
Ny les erreurs d'une longue complainte,
 Ne briseront mon cœur de diamant
Que sa beauté n'y soit tousjours emprainte :
« Belle fin fait qui meurt en bien aimant. »

---

1. Petrarque   2. Rivière près d'Avignon.
3. Allusion au nom de Laure.

CLXXII (1).

O traits fichez jusqu'au fond de mon ame!
O folle emprise! ô pensers repensez!
O vainement mes jeunes ans passez!
O miel, ô fiel dont me repaist ma dame!
 O chaud, ô froid qui m'englace et m'enflame!
O prompts desirs d'esperance cassez!
O douce erreur! ô pas en vain trassez!
O monts, ô rocs que ma douleur entame!
 O terre! ô mer, chaos, destins et cieux!
O nuict! ô jour! ô mânes stygieux!
O fière ardeur! ô passion trop forte!
 O vous démons! ô vous divins esprits!
Si quelque amour quelquefois vous a pris,
Voyez, pour Dieu, quelle peine je porte!

CLXXIII.

Las! force m'est qu'en bruslant je me taise,
Car d'autant plus qu'esteindre je me veux,
Plus le desir me r'allume les feux
Qui languissoient dessous la morte braise.
 Si suis-je heureux (et cela me r'appaise)
De plus souffrir que souffrir je ne peux,
Et d'endurer le mal dont je me deulx;
Je me deulx, non, mais dont je suis bien aise.
 Par ce doux mal j'adoroy la beauté
Qui, me liant d'une humble cruauté,
Me desnoua les liens d'ignorance.
 Par luy me vint ce vertueux penser
Qui jusqu'au ciel fit mon cœur élancer,
Ailé de foy, d'amour et d'esperance (a).

a. Var. :
> Par luy j'appris les mystères d'amour,

1. Le sonnet 129, 1, est tout semblable dans Petrarque, et se commence :
> O passi sparsi, ô pensier vaghi et pronti. (M.)

CLXXIV.

Amour et Mars sont presque d'une sorte :
L'un en plein jour, l'autre combat de nuit ;
L'un aux rivaux (1), l'autre aux gendarmes nuit ;
L'un rompt un huys, l'autre rompt une porte ;
   L'un finement trompe une ville forte,
L'autre coiment une maison seduit ;
L'un le butin, l'autre le gain poursuit ;
L'un deshonneur, l'autre dommage apporte ;
   L'un couche à terre, et l'autre gist souvent
Devant un huys, à la froideur du vent ;
L'un boit mainte eau, l'autre boit mainte larme ;
   Mars va tout seul, les Amours vont tout seuls.
Qui voudra donc ne languir paresseux
Soit l'un ou l'autre, amoureux ou gendarme.

LXXV.

Jamais au cœur ne sera que je n'aye,
  Soit que je tombe en l'oubli du cercueil,
Le souvenir du favorable accueil
Qui reguarit et rengregea ma playe ;
   Car la beauté pour qui cent morts j'essaye,
Me saluant d'un petit ris de l'œil,
Si doucement satisfait à mon dueil,
Qu'un seul regard de tous mes maux me paye.
   Si donc le bien d'un esperé bon-jour,
Plein de caresse, aprés un long sejour,
En cent nectars peut enivrer mon âme,
   Quel paradis m'apporteront les nuits

Par luy j'appris que pouvoit l'esperance.
Par luy mon ame au ciel fit son retour.

1. Comparaison prinse d'une elegie d'Ovide, qui se commence :

   Militat omnis amans, et habet sua castra Cupido. (M.)

Où se perdra le tout de mes ennuis,
Evanouï dans le sein de ma dame (a)?

CLXXVI (1572).

Seul je m'avise, et nul ne peut sçavoir,
Si ce n'est moy, la peine que je porte.
Amour, trop fin, comme un larron emporte
Mon cœur d'emblée, et ne le puis r'avoir.

Je ne devois donner tant de pouvoir
A l'ennemy qui a la main si forte,
Mais au premier le retenir de sorte
Qu'à la raison obeïst le devoir.

Or, c'en est fait! il a pris la carrière;
Plus je ne puis le tirer en arrière;
Opiniastre, il est maistre du frein.

Je cognois bien qu'il entraine ma vie
Contre mon gré; mais je ne m'en soucie,
Tant le mourir est beau de vostre main.

CLXXVII.

Au cœur d'un val esmaillé tout au rond
De mille fleurs, de loin j'avisay celle
Dont la beauté dedans mon cœur se cele,
Et les douleurs m'apparoissent au front.

Des bois touffus voyant le lieu profond,
J'armay mon cœur d'asseurance nouvelle
Pour luy chanter les maux que j'ay pour elle
Et les tourmens que ses beaux yeux me font.

En cent façons desjà, desjà ma langue
Avant-pensoit l'amoureuse harangue,

---

a. Var. :

En cent nectars mon esperance plonge :
  Quel paradis m'apporteroit ce bien,
Si bras à bras d'un amoureux lien
Je la tenois tant seulement en songe?

Jà soulageant de mes peines le faix,
  Quand un Centaure (1), envieux de ma vie,
L'ayant en croppe, au galop l'a ravie,
Me laissant seul et mes cris imparfaits.

CLXXVIII (1584).

Je sens portraits dedans ma souvenance
  Tes longs cheveux, et ta bouche, et tes yeux,
Ton doux regard, ton parler gracieux,
Ton doux maintien, ta douce contenance.
  Un seul Janet (2), honneur de nostre France,
De ses crayons ne les portrairoit mieux
Que de l'Archer le trait ingenieux
M'a peint au cœur leur vive remembrance.
  Dans le cœur doncque, au fond d'un diamant,
J'ay ton portrait, que je suis plus aimant
Que mon cœur mesme. O vive portraiture!
  De ce Janet l'artifice mourra;
Dedans mon cœur le tien me demourra
Pour estre vif après ma sepulture.

CLXXIX.

Puis qu'aujourd'huy, pour me donner confort,
  De ses cheveux ma maistresse me donne,
D'avoir receu, mon cœur, je te pardonne,
Mes ennemis au dedans de mon fort;
  Non pas cheveux, mais un filet bien fort,
Qu'Amour me lasse et que le Ciel m'ordonne,
Où franchement captif je m'abandonne
En si beau poil, le lien de ma mort.
  De tels cheveux le dieu que Déle honore
Son col de lait blondement ne décore;
Ny les flambeaux du chef Egyptien (3),

---

1. Ainsi appelle-il celuy qui menoit sa dame en croppe. (M.)
2. Janet, peintre du roy, premier en son art.
3. La chevelure de Bérénice changée en constellation. (M.)

Quand de leurs feux les astres se couronnent,
Maugré la nuict ne reluisent si bien
Que ces beaux nœuds qui mes bras environnent.

CLXXX.

Je m'asseuroy qu'au changement des cieux,
Cest an nouveau romproit ma destinée,
Et que sa trace en serpent retournée
Adouciroit mon travail soucieux ;
 Mais, puis qu'il tourne en un rond pluvieux
Ses fronts lavés d'une humide journée,
Cela me dit qu'au cours de cette année
J'escouleray ma vie par les yeux.
 Las ! toy qui es de moy la quinte-essence,
De qui l'humeur sur la mienne a puissance,
Ou de tes yeux serène mes douleurs,
 Ou bien les miens alambique en fontaine,
Pour estoufer mon amour et ma peine
Dans le ruisseau qui naistra de mes pleurs.

CLXXXI.

Seconde Aglaure, avienne que l'envie
Rouille ton cœur traitrement indiscret,
D'avoir osé publier le secret
Qui bienheuroit le plaisir de ma vie.
 Fière à ton col Tisiphone se lie,
Qui d'un remors, d'un soin et d'un regret,
Et d'un foüet, d'un serpent et d'un trait,
Sans se lasser punisse ta folie.
 Pour me venger, ce vers injurieux [1]
Suive l'horreur du despit furieux
Dont Archiloch aiguisa son iambe ;
 Et mon courroux t'ourdisse le licol
Du fil meurtrier que le mechant Lycambe
Pour se sauver estreignit à son col.

---

1. Les vers d'Archiloch furent cause que Lycambe se pendit.

CLXXXII.

En nul endroit, comme a chanté Virgile,
La foy n'est seure, et me l'a fait sçavoir
Ton jeune cœur, mais vieil pour decevoir,
Rompant la sienne en amour si fragile.

Tu es vraiment et sotte et mal habile
D'assujettir les cœurs à ton pouvoir,
Joüet à vent, flot prompt à s'esmouvoir,
Beauté trop belle en ame trop mobile.

Helas ! Amour, si tu as quelquefois
Haussé ton vol sous le vent de ma vois,
Jamais mon cœur de son cœur ne racointes.

Puisse le Ciel sur sa langue envoyer
Le plus aigu de sa foudre à trois pointes
Pour le payment de son juste loyer.

CLXXXIII.

Son chef est d'or, son front est un tableau
Ou je voy peint le gain de mon dommage ;
Belle est sa main, qui me fait devant l'âge
Changer de teint, de cheveux et de peau.

Belle est sa bouche et son soleil jumeau,
De neige et feu s'embellist son visage,
Pour qui Jupin reprendroit le plumage
Ore d'un cygne, or' le poil d'un toreau.

Doux est son ris, qui la Meduse mesme
Endurciroit en quelque roche blesme,
Vengeant d'un coup cent mille cruautez.

Mais tout ainsi que le soleil efface
Les moindres feux, ainsi ma foy surpasse
Le plus parfait de toutes ses beautez.

CLXXXIV.

Tousjours l'erreur qui seduit les Ménades (1)
Ne deçoit pas leurs esprits estonnez ;

---

1. Les Ménades et les Thyades, prêtresses de Bacchus;

Toujours au son des cornets entonnez
Les monts troyens ne foulent de gambades.
　Tousjours le Dieu des vineuses Thyades
N'affolle pas leurs cœurs espoinçonnez,
Et quelquefois leurs cerveaux forcenez
Cessent leur rage, et ne sont plus malades.
　Le Corybante a quelquefois repos,
Et le Curet, sous les armes dispos,
Sent par saisons le tan de sa déesse ;
　Mais la fureur de celle qui me joint
En patience une heure ne me laisse,
Et de ses yeux toujours le cœur me point (*a*).

CLXXXV.

Bien que les champs, les fleuves et les lieux,
　Les monts, les bois, que j'ay laissez derrière,
Me tiennent loin de ma douce guerrière,
Astre fatal d'où s'escoule mon mieux,
　Quelque démon, par le congé des cieux,
Qui presidoit à mon ardeur première,
Conduit tousjours d'une aisle coustumière
Sa belle image au sejour de mes yeux.
　Toutes les nuicts, impatient de haste,
Entre mes bras je r'embrase et retaste
Son vain pourtrait en cent formes trompeur.
　Mais quand il void que content je sommeille,
Moquant mes bras, il s'enfuit et m'eveille,
Plein de regret, de vergogne et de peur.

a. Var. :

　　Mais la beauté qui me pousse en erreur
　　En patience une heure ne me laisse :
　　« *Le sang qui boust est toujours en fureur.* »

les Corybantes et les Curetes, ministres de Cybele, lorsqu'ils sacrifioient, estoient espris d'une fureur qui les faisoit courir, crier, sauteler, comme hors du sens. (M.)

CLXXXVI.

Il faisoit chaud, et le somme coulant
　Se distilloit par mon ame songearde,
Quand l'incertain d'une idole gaillarde
Fut doucement mon dormir affolant.
　Panchant sous moy son bel yvoire blanc,
Et mi-tirant sa langue fretillarde,
Me baisottoit d'une levre mignarde,
Bouche sus bouche, et le flanc sus le flanc.
　Que de coral, que de liz, que de roses,
Ce me sembloit, à pleines mains descloses,
Tastay-je lors entre deux maniments !
　Mon Dieu ! mon Dieu ! de quelle douce haleine,
De quelle odeur estoit sa bouche pleine,
De quels rubis et de quels diamants ?

CLXXXVII.

Les flots jumeaux de laict bien espoissi
　Vont et revont par leur blanche valée,
Comme à son bord la marine salée,
Qui lente va, lente revient aussi.
　Une distance entr'eux se fait, ainsi
Qu'entre deux monts une sente égalée,
En tous endroits de neige devalée,
Sous un hiver doucement adouci.
　Là deux rubis haut eslevés rougissent,
Dont les rayons cet yvoire finissent
De toutes parts uniment arondis ;
　Là tout honneur, là toute grace abonde,
Et la beauté, si quelqu'une est au monde,
Vole au sejour de ce beau paradis.

CLXXXVIII.

Quelle langueur ce beau front des-honore ?
　Quel voile obscur embrunit ce flambeau ?
Quelle palleur dépourpre ce sein beau,

Qui pair à pair combat avec l'Aurore ?
Dieu medecin (1), si en toy vit encore
L'antique feu du Thessale arbrisseau (2),
Las ! prends pitié de ce teint damoiseau,
Et son lys pasle en œillets recolore.
 Et toy, Barbu (3), fidelle gardien
Des Rhagusins, peuple Epidaurien,
Déflamme aussi le tizon de ma vie ;
 S'il vit je vy, s'il meurt je ne suis riens,
Car tant son ame à la mienne est unie,
Que ses destins seront suivis des miens.

CLXXXIX.

Du bord d'Espagne où le jour se limite
Jusques à l'Inde, il ne croist point de fleur
Qui de beauté, de grace et de valeur
Puisse combattre au teint de Marguerite.
 Si riche gemme en Orient eslite
Comme est son lustre affiné de bon-heur
N'emperla point de la conche l'honneur
Où s'apparut Venus encor' petite.
 Le pourpre esclos du sang Adonien (4),
Le triste Ai Ai du Telamonien (5),
Ny des Indois la gemmeuse largesse,
 Ny tous les biens d'un rivage estranger,
A leurs tresors ne sçauroient eschanger
Le moindre honneur de sa double richesse (6).

---

1. Apollon.
2. Daphné, qui fut changée en laurier.
3. Esculape, fils d'Apollon.
4. La fleur qui nasquit du sang d'Adonis. (10 des Metamorph.). (M.)
5. La fleur en laquelle sont escrites ces deux lettres : A I, qui nasquit du sang d'Ajax, fils de Telamon. (M.)
6. Il dit double parce que le nom de Marguerite est le nom d'une fleur et d'une perle. (M.)

CXC (1).

Au plus profond de ma poitrine morte
Sans me tuer une main je reçoy,
Qui, me pillant, entraine avecques soy
Mon cœur captif, que, maistresse, elle emporte.
　Coustume inique et de mauvaise sorte,
Malencontreuse et miserable loy,
Tant à grand tort, tant tu es contre moy,
Loy sans raison miserablement forte.
　Faut-il que, veuf, seul entre mille ennuis,
Mon lict desert je couve tant de nuits?
Ha! que je porte et de hayne et d'envie
　A ce Vulcan ingrat et sans pitié,
Qui, s'opposant aux rays de ma moitié,
Fait eclipser le soleil de ma vie.

CXCI.

Ren-moy mon cœur, ren-moy mon cœur, pillarde,
Que tu retiens dans ton sein arresté;
Ren-moy, ren-moy ma douce liberté,
Qu'à tes beaux yeux, mal-caut, je mis en garde;
　Ren-moy ma vie, ou bien la mort retarde,
Qui me devance en aimant ta beauté,
Par ne sçay quelle honneste cruauté,
Et de plus prés mes angoisses regarde.
　Si d'un trespas tu payes ma langueur,
L'âge à venir, maugreant ta rigueur,
Dira sus toy: De ceste fiere amie
　Puissent les oz reposer durement,
Qui de ses yeux occit cruellement
Un qui l'avoit plus chere que sa vie (a)!

a. Var. :
　　La terre soit à son corps ennemie,
　　Et vif et mort soit tousjours en tourment !

1. Vulcan, mary de Venus, estoit un jaloux. Ce sonnet

CXCII.

Quand le grand œil dans les Jumeaux arrive,
Un jour plus doux serene l'univers,
D'espics crestez ondoyent les champs vers,
Et de couleurs se peinture la rive.
   Mais quand sa fuite, obliquement tardive,
Par le sentier qui roulle de travers,
Atteint l'Archer, un changement divers
De jour, d'espics et de couleurs les prive.
   Ainsi, quand l'œil de ma deesse luit
Dedans mon cœur, en mon cœur se produit
Maint beau penser qui me donne asseurance;
   Mais aussi tost que mon rayon s'enfuit,
De mon printemps il avorte le fruit,
Et, sans meurir, tranche mon esperance.

CXCIII.

Fauche, garçon, d'une main pilleresse,
Le bel esmail (*a*) de la verte saison,
Puis à plein poing en-jonche la maison
Des fleurs qu'avril enfante en sa jeunesse.
   Despen du croc ma lyre chanteresse :
Je veux charmer, si je puis, la poison
Dont un bel œil enchanta ma raison
Par la vertu d'une œillade maistresse.
   Donne-moy l'encre et le papier aussi :
En cent papiers, tesmoins de mon soucy,

---

a Var. :

    Page, suy-moy par l'herbe plus espesse;
Fauche l'esmail.

n'appartient point à Cassandre, non-plus que d'autres qui sont en ce livre. (M.)

Je veux tracer la peine que j'endure ;
En cent papiers plus durs que diamant,
Afin qu'un jour nostre race future
Juge du mal que je souffre en aimant.

CXCIV.

Mon Dieu, que j'aime à baiser les beaux yeux
De ma maistresse, et à tordre en ma bouche
De ses cheveux l'or fin qui s'escarmouche
Si gayement dessus deux petits cieux !
C'est, à mon gré, ce qui lui sied le mieux,
Que ce bel œil, qui jusqu'au cœur me touche,
Et ce beau poil, qui d'un Scythe farouche
Prendroit le cœur en ses plis gracieux.
Ses longs cheveux, et ses sourcis encore,
De leurs beautez font vergongner l'Aurore,
Quand plus crineuse elle embellit le ciel,
Et dans cet œil je ne sais quoi demeure
Qui me peut faire en amour à toute heure
Le sucre fiel et le riagas miel (*a*).

CXCV.

Les vers d'Homere entre-leuz d'aventure,
Soit par destin, par rencontre ou par sort,

---

a. Var. :

Quand au matin elle embellit le jour.
Dedans son œil une vertu demeure,
Qui va jurant par les flèches d'amour
De me guerir ; mais je ne m'en asseure. 1584.

2e Var. :

En son œil vole une image vestue
D'aile et de traits : je croy que c'est Amour,
Je le cognois, il me blesse, il me tue. 1587.

En ma faveur chantent tous d'un accord
La guerison du tourment que j'endure.
  Ces vieux barbus qui la chose future
Des traits, des mains, du visage et du port
Vont predisant, annoncent reconfort
Aux passions de ma peine si dure.
  Mesmes la nuict, le somme qui vous met
Douce en mon lict, augure, me promet
Que je verray vos fiertez adoucies,
  Et que vous seule, oracle de l'Amour,
Verifirez dans mes bras, quelque jour,
L'arrest fatal de tant de propheties.

CXCVI.

Un sot Vulcan ma Cyprine faschoit,
  Et elle à part, qui son courroux ne celle,
L'un de ses yeux arma d'une estincelle,
De l'autre un lac sur sa joue épanchoit.
  Tandis Amour, qui, petit, se cachoit
Folastrement dans le sein de la belle,
En l'œil humide alloit baignant son aile,
Puis, en l'ardant, ses plumes il sechoit.
  Ainsi void-on quelquefois en un temps
Rire et pleurer le soleil du printemps,
Quand une nue à demi le traverse.
  L'un dans les miens darda tant de liqueur,
Et l'autre, après, tant de flames au cœur,
Que fleurs et feux depuis l'heure je verse (*a*).

a. Var. :

> *Ainsi void-on d'une face diverse*
> *Rire et pleurer tout en un mesme temps*
> *Douteusement le soleil du printemps,*
> *Quand une nue à demi le traverse.*
>   *Quel dueil ensemble et quel plaisir c'estoit*

CXCVII.

Mon Dieu ! quel dueil et quelles larmes feintes,
Et quels souspirs ma Dame alloit formant,
Et quels sanglots, alors que le tourment
D'un teint de mort ses graces avoit peintes !
  Croizant ses mains à l'estomach estreintes,
Fichoit au ciel son regard lentement,
Et, triste, à part pleuroit si tristement,
Que les rochers se brisoient de ses pleintes.
  Les cieux, fermez aux cris de sa douleur,
Changeant de front, de grace et de couleur,
Par sympathie en devindrent malades.
  Tous renfrongnés, les astres secouoient
Leurs raiz du chef : telles pitiés nouoient (1)
Dans le crystal de ses moites œillades.

CXCVIII.

Le feu jumeau de ma dame brusloit,
Par le rayon de leur flamme divine,
L'amas pleureux d'une obscure bruîne
Qui de leur jour la lumière celoit.
  Un bel argent chaudement s'escouloit
Dessus sa joue, en la gorge yvoirine,
Au beau sejour de sa chaste poitrine,
Où l'Archerot ses fleches emouloit.
  De neige tiede estoit sa face pleine,
D'or ses cheveux, ses deux sourcis d'ébene ;
Ses yeux luysoient comme un astre fatal.
  Roses et lis où la douleur contrainte
Formoit l'accent de sa juste complainte ;
Feu ses soupirs, ses larmes un crystal.

De voir son geste et les pleurs qu'elle verse,
Pleins de regrets, que le Ciel escoutoit !

1. Nageoient.

CXCIX (¹).

Celuy qui fit le monde façonné
Sur le compas de son parfait exemple,
Le couronnant des voutes de son temple,
M'a, par destin, ton esclave ordonné.
  Comme l'esprit qui saintement est né
Pour voir son Dieu, quand sa face il contemple,
De tous ses maux un salaire plus ample
Que de le veoir ne luy est point donné,
  Ainsi je perds ma peine coustumiere,
Quand à longs traits j'œillade la lumiere
De ton bel œil, chef-d'œuvre nompareil.
  Voylà pourquoy, quelque part qu'il sejourne,
Tousjours vers luy maugré-moy je me tourne,
Comme un soucy aux rayons du soleil.

CC. (1572.)

Le doux sommeil, qui toute chose appaise,
N'appaise point le soing qui m'a ravy;
En vous je meurs, en vous seule je vy,
Ne voyant rien, sinon vous, qui me plaise.
  Vos yeux au cœur m'ont jetté telle braise,
Qu'un feu toujours depuis m'a poursuivy;
Et dés le jour qu'en dansant je vous vy,
Je meurs pour vous, et si en suis bien aise.
  De mal en mal, de soucy en soucy,
J'ay l'ame triste et le corps tout transi,
Sans eschauffer le froid de vostre glace.
  Au moins lisez, et voyez sur mon front
Combien de morts vos doux regards me font :
Le soin caché se cognoist à la face.

---

(1) Ce sonnet est presque traduit d'un de Bembo, qui se commence :

    L'alta cagion..... (M.

CCI.

Comme on souloit, si plus on ne me blasme
D'avoir l'esprit et le corps ocieux,
Je t'en rends grace, heureux traits de ces yeux
Qui m'as poli l'imparfaict de mon ame.
   Le seul rayon de si gentille flame,
Dressant en l'air mon vol audacieux,
Pour voir le tout, m'esleva jusqu'aux cieux,
Dont icy bas la partie m'enflame.
   Par le moins beau, qui mon penser aila,
Au sein du beau mon penser s'envola,
Espoinçonné d'une manie extreme.
   Là, du vray beau j'adore le parfait,
Là, d'ocieux, actif je me suis fait,
Là je cogneu ma maistresse et moy-mesme.

CCII.

Brave Aquilon, horreur de la Scythie,
Le chasse-nue et l'esbranle-rocher,
L'irrite-mer, et qui fais approcher
Aux enfers l'une, aux cieux l'autre partie,
   S'il te souvient de la belle Orithye (1),
Toy, de l'hyver le ministre et l'archer,
Fais à mon Loir ses mines relascher,
Tant que ma dame à rive soit sortie :
   Ainsi ton front ne soit jamais moiteux,
Et ton gosier horriblement venteux
Mugle tousjours dans les cavernes basses ;
   Ainsi les bras des chesnes les plus vieux,
Ainsi la terre et la mer et les cieux
Tremblent d'effroy quelque part où tu passes.

---

1. C'est le nom d'une fille du roy Erechthée, de laquelle le vent Borée fut amoureux et la ravit. (M.)

CCIII.

Sœur de Pâris (1), la fille au roy d'Asie,
A qui Phœbus en doute fit avoir
Peu cautement l'aiguillon du sçavoir,
Dont sans profit ton ame fut saisie,
 Tu vari'ras vers moy de fantaisie,
Puisqu'il te plaist (bien que tard) de vouloir
Changer ton Loire aux rives de mon Loir,
Voire y fonder ta demeure choisie.
 En ma faveur le Ciel te guide icy,
Pour te monstrer de plus prés le soucy
Qui peint au vif de ses couleurs ma face.
 Vien, Nymphe, vien : les rochers et les bois,
Qui de pitié s'enflament sous ma vois,
De leurs soupirs eschauferont ta glace.

CCIV (2).

L'or crespelu que d'autant plus j'honore
 Que mes douleurs s'augmentent de son beau,
Laschant un jour le noud de son bandeau,
S'esparpilloit sur le sein que j'adore.
 Mon cœur, helas ! qu'en vain je r'appelle ore,
Vola dedans ainsi qu'un jeune oyseau,
Qui, s'enfeuillant dedans un arbrisseau,
De branche en branche à son plaisir s'essore ;
 Lorsque voici dix beaux doigts yvoirins
Qui, ramassant ses blonds filets orins,
Pris en leurs rets esclave le lièrent.
 J'eusse crié, mais la peur que j'avois

---

1. Il la nomme sœur de Pâris, à cause que Pâris estoit frere de Cassandre, fille de Priam. (M.)
2. La fiction de ce sonnet est prinse de Bembo, au sonnet qui se commence :

 Da que' bei crin... (M.)

Gela mes sens, mes poumons et ma voix;
Et cependant le cœur ils me pillèrent (a).

CCV.

L'homme est vraiment ou de plomb ou de bois
S'il ne tressaut de crainte et de merveille
Quand face à face il void ma non-pareille,
Ou quand il oyt les accords de sa voix;

Ou quand, pensive, aux jours des plus beaux mois,
La voit à part (comme un qui se conseille)
Tracer les prés, et d'une main vermeille
Tirer de rang les fleurettes de choix (b);

Ou quand, l'esté, lorsque le chaud s'avale,
Au soir, à l'huys il la void qu'elle egale
La soye à l'or d'un pouce ingenieux;

Puis de ses doits, qui les roses effacent,
Toucher son luth, et d'un tour de ses yeux
Piller les cœurs de mille hommes qui passent.

CCVI.

Avec les fleurs et les boutons esclos
Le beau printemps fait printaner ma peine,
Dans chaque nerf et dedans chaque veine
Soufflant un feu qui m'ard jusques à l'os.

Le marinier ne compte tant de flos

---

a. Var. :

Prindrent mon cœur en leur ret, qui m'affole.
Je le vy bien, mais je ne peus crier,
Tant un effroy ma langue vint lier,
Glaçant d'un coup mon cœur et ma parolle.

b. Var. :

Amour tout seul seulette la conseille
Par les jardins, et d'une fleur vermeille
Fait un bouquet trié de ses beaux doits.

Quand plus Borée horrible son haleine,
Ny de sablons l'Afrique n'est si pleine,
Que de tourmens dans mon cœur sont enclos.
 J'ay tant de mal qu'il me prendroit envie
Cent fois le jour de me trancher la vie,
Minant le fort où loge ma langueur,
 Si ce n'estoit que je tremble de crainte
Qu'après ma mort ne fust la playe esteinte
Du coup mortel qui m'est si doux au cœur.

CCVII (1).

Si blond, si beau comme est une toison
Qui mon dueil tue et mon plaisir renforce
Ne fut oncq l'or que les taureaux par force
Aux champs de Mars donnerent à Jason.
 De ceux qui Tyr ont esleu pour maison
Si fine soye au mestier ne fut torce,
Ny mousse au bois ne revestit escorce
Si tendre qu'elle en la prime saison.
 Poil folleton où nichent mes liesses,
Puis que pour moi tes compagnons tu laisses,
Je sens ramper l'esperance en mon cœur.
 Courage, Amour, desja la ville est prise
Lors qu'en deux parts, mutine, se divise,
Et qu'une part se vient rendre au vainqueur.

CCVIII.

D'une vapeur enclose sous la terre
Ne s'est pas fait cet esprit ventueux,
Ny par les champs le Loir impetueux
De neige cheute à toutes brides n'erre ;
 Le prince Eole en ces mois ne deterre
L'esclave orgueil des vents tumultueux,
Ny l'Ocean des flots tempestueux
De sa grand' clef les sources ne desserre.

---

1. Ce sonnet ni le CCIXe n'appartiennent point à Cassandre.

    Seuls mes souspirs ont ce vent enfanté,
Et de mes pleurs le Loir s'est augmenté
Pour le depart d'une beauté si fiere;
    Et m'esbahis, de tant continuer
Souspirs et pleurs, que je n'ay veu muer
Mon cœur en vent et mes yeux en riviere.

CCIX.

Je suis plus aise en mon cœur que les Dieux
    Quand maugré toi tu me baises, Maistresse;
De ton baiser la douceur larronnesse
Tout esperdu m'en-vole jusqu'aux cieux.
    Quant est de moy, j'estime beaucoup mieux
Ton seul baiser que si quelque deesse,
En cent façons doucement tenteresse,
M'accoloit nud d'un bras delicieux.
    Il est bien vrai que tu as de coustume
D'entremesler tes baisers d'amertume,
Les donnant courts. Mais quoi? Je ne pourrois
    Vivre autrement : car mon ame, qui touche
Tant de beautés, s'enfuyroit par ma bouche,
Et de trop d'aise en ton sein je mourrois.

CCX.

Des maris grecs l'industrieuse Heleine,
    L'aiguille en main, retraçoit les combas;
Dessus ta gaze en ce poinct tu t'esbas,
Traçant le mal duquel ma vie est pleine.
    Mais, tout ainsi, Maistresse, que ta leine
D'un filet noir figure mon trespas,
Tout au rebours, pourquoy ne peins-tu pas
De quelque verd un espoir à ma peine?
    Las! je ne vois sur ta gaze rangé
Sinon du noir, sinon de l'orangé,
Tristes tesmoins de ma longue souffrance.
    O fier Destin! son œil ne me desfait

Tant seulement, mais tout ce qu'elle fait
Ne me promet qu'une desesperance.

CCXI.

L'arc contre qui des plus braves gendarmes
Ne vaut l'armet, le plastron ny l'escu,
D'un si doux trait mon courage a vaincu
Que sur le champ je luy rendy les armes.
   Comme, inconstant, je n'ay point fait d'alarmes
Depuis que serf sous Amour j'ay vescu,
Ny eusse peu, car pris je n'ay oncq eu
Pour tout secours que l'aide de mes larmes.
   Il est bien vrai qu'il me fasche beaucoup
D'estre defait, mesme du premier coup,
Sans resister plus long temps à la guerre;
   Mais ma défaite est digne de grand pris,
Puis que le roy, ains le dieu, qui m'a pris,
Combat le ciel, les enfers et la terre.

CCXII.

Cet œil besson dont goulu je me pais,
Qui fait rocher celuy qui s'en approuche,
Ore d'un ris, or' d'un regard farouche,
Nourrit mon cœur en querelle et en paix.
   Par vous, bel œil, en souffrant je me tais;
Mais, aussitost que la douleur me touche,
Toy, belle, saincte et angelique bouche,
De tes douceurs re-vivre tu me fais.
   Bouche, pourquoy me viens-tu secourir,
Quand ce bel œil me force de mourir?
Pourquoy veux-tu que vif je redevienne?
   Las! bouche, las! je revis en langueur
Pour plus de soin, afin que le soin vienne
Plus longuement se paistre de mon cœur.

CCXIII.

Depuis le jour que captif je souspire,
L'an dedans soi s'est tourné par sept fois;
(Sous astre tel je pris l'haim) toutesfois,
Plus qu'au premier ma fiévre me martyre.
　Quand je soulois en ma jeunesse lire
Du Florentin les lamentables vois,
Comme incredule alors je ne pouvois,
En le mocquant, me contenir de rire.
　Je ne pensois, tant novice j'estoy,
Qu'homme eust senty ce que je ne sentoy,
Et par mon fait les autres je jugeoie ;
　Mais l'archerot, qui de moy se fascha,
Pour me punir, un tel soin me cacha
Dedans le cœur, qu'onques puis je n'eus joie.

CCXIV. (1572.)

Quand je te voy seule assise à par toy,
　Toute amusée avecques ta pensée,
Un peu la teste encontre-bas baissée,
Te retirant du vulgaire et de moy,
　Je veux souvent, pour rompre ton esmoy,
Te saluer; mais ma voix offensée
De trop de peur se retient amassée
Dedans la bouche, et me laisse tout coy.
　Souffrir ne puis les rayons de ta veue;
Craintive au corps, mon ame tremble esmeue;
Langue ne voix ne font leur action :
　Seuls mes souspirs, seul mon triste visage,
Parlent pour moy, et telle passion
De mon amour donne assez tesmoignage.

CCXV.

De veine en veine et d'artere en artere,
De nerfs en nerfs, le salut me passa
Que l'autre jour ma dame prononça,

Me promenant tout triste et solitaire.
   Il fut si doux que je ne puis m'en taire,
Tant en passant d'aiguillons me laissa,
Et tellement de son trait me blessa
Que de mon cœur il ne fit qu'un ulcere.
   Les yeux, la voix, le gracieux maintien,
A mesme fois s'accorderent si bien,
Qu'au seul gouster d'un si nouveau plaisir
   Non esperé s'effroya l'ame toute,
Et, pour aller rencontrer son desir (a),
De me laisser fut mille fois en doute.

CCXVI. (1572.)

Que dites-vous, que faites-vous, mignonne ?
   Que songez-vous ? Pensez-vous point en moy ?
Avez-vous point soucy de mon esmoy,
Comme de vous le soucy m'espoinçonne ?
   De vostre amour tout le cœur me bouillonne ;
Devant mes yeux sans cesse je vous voy,
Je vous entens ; absente, je vous oy,
Et mon penser d'autre amour ne resonne.
   J'ay vos beautez, vos graces et vos yeux
Gravez en moy, les places et les lieux
Où je vous vy danser, parler et rire.
   Je vous tien mienne, et si ne suis pas mien :
Je me perds tant en vous, que je desire,
Que tout sans vous, maistresse, ne m'est rien (b).

---

a. Var. :

   Que l'ame fut d'un tel plaisir si gloute,
     Qu'affriandée au goust d'un si doux bien,
   Entre-rompant son terrestre lien.

b. Var. (1584) :

   Vous estes seule en qui mon cœur respire,
    Mon œil, mon sang, mon malheur et mon bien

CCXVII.

Mets en oubly, Dieu des herbes puissant,
Le mauvais tour que non loin d'Hellesponte
Te fit m'amie, et vien d'une main pronte
Guerir son teint, de fiévres pallissant ;
 Tourne en santé son beau corps perissant !
Ce te sera, Phebus, une grand' honte,
Si la langueur sans ton secours surmonte
L'œil qui te tient si long-temps languissant.
 En ma faveur si tu as pitié d'elle,
Je chanteray comme l'errante Dele
S'enracina sous ta voix, et comment
 Python sentit ta premiere conqueste,
Et comme Daphne aux tresses de ta teste
Donna l'honneur du premier ornement.

CCXVIII.

Bien que ton trait, Amour, soit rigoureux,
Et toy remply de fraude et de malice,
Assez, Amour, en te faisant service,
Plus qu'on ne croit j'ay vescu bien-heureux :
 Car la beauté qui me fait langoureux,
Non, mais qui veut qu'en vain je ne languisse,
Hier au soir me dit que je tondisse
De son poil d'or un lien amoureux.
 J'eu tant d'honneur que de son ciseau mesme
Je le tranchay. Voyez l'amour extresme,
Voyez, amans, la grandeur de mon bien !
 Jamais ne soit qu'en mes vers je n'honore
Ce doux ciseau, et ce beau poil encore,
Qui mon cœur presse en un si doux lien !

CCXIX.

Si, hors du cep (¹) où je suis arresté,
Cep où l'Amour de ses fleches m'encloue ;

---

1. Du lien.

J'eschappe franc, et du ret qui me noue
En libre col je me voy dé-reté (¹),
　Au cœur d'un pré, loing des gens escarté,
Qu'à bras fourchus l'eau du Loir entrenoue,
De gazons verts un temple je te voue,
Heureuse, sainte et alme Liberté.
　Là j'appendrai le soin et les ennuis,
Les faux plaisirs, les mensonges des nuits,
Le vain espoir, les soupirs et l'envie;
　Là, tous les ans, je te paîrai mes vœux,
Et sous tes pieds j'immolerai cent bœufs,
Pour le bienfait d'avoir sauvé ma vie (*a*).

CCXX.

Veu la douleur qui doucement me lime
　Et qui me suit, compagne, pas-à-pas,
Je connoy bien qu'encor je ne suis pas
Pour trop aimer à la fin de ma rime.
　Dame, l'ardeur qui de chanter m'anime
Et qui me rend en ce labeur moins las,
C'est que je voy qu'agreable tu l'as
Et que je tiens de tes pensers la cime.
　Je suis vraiment heureux et plus qu'heureux
De vivre aimé et de vivre amoureux
De la beauté d'une dame si belle,
　Qui lit mes vers, qui en fait jugement,
Et qui me donne à toute heure argument
De souspirer heureusement pour elle.

a. Var. :
*　Là je veux pendre au plus haut chœur du temple
Un sainct tableau qui servira d'exemple
A tous amans, qu'ils ne m'aillent suyvant;
　Et, pour garder que plus je n'y retombe,
Je veux macter aux Dieux une hecatombe :
« Belle fin fait qui s'amende en vivant. »*

1. Délié.

CCXXI.

Le Jeu, la Grace et les Frères jumeaux,
Suivent ma dame, et, quelque part qu'elle erre,
Dessous ses pieds fait esmailler la terre
Et des hyvers fait des prin-temps nouveaux.
   En sa faveur jargonnent les oiseaux,
Ses vents Eole en sa caverne enserre,
Le doux Zephyre un doux souspir desserre,
Et tous muets s'accoisent les ruisseaux.
   Les elements se re-mirent en elle,
Nature rit de voir chose si belle;
Mais, las! je crain que quelqu'un de ces Dieux
   Ne passionne après son beau visage,
Et qu'en pillant le tresor de nostre âge,
Ne la ravisse et ne l'emporte aux Cieux.

BAISER. (1572.)

Quand de ta lèvre à demi close
(Comme entre deux fleuris sentiers)
Je sens ton haleine de rose,
Mes lèvres, les avant-portiers
Du baiser, se rougissent d'aise,
Et de mes souhaits tous entiers
Me font jouir quand je te baise.
   Car l'humeur du baiser appaise,
S'escoulant au cœur peu à peu,
Ceste chaude amoureuse braise
Dont tes yeux allumoyent le feu (1).

ELEGIE A CASSANDRE.

Mon œil, mon cœur, ma Cassandre, ma vie,
Hé! qu'à bon droit tu dois porter d'envie

---

1. Tiré d'un Baiser qui est en Aule Gelle. (M.)

A ce grand roy qui ne veut plus souffrir
Qu'à mes chansons ton nom se vienne offrir.
C'est luy qui veut qu'en trompette j'eschange
Mon luth, afin d'entonner sa louange,
Non de luy seul, mais de tous ses ayeux
Qui sont là haut assis au rang des Dieux.
 Je le feray, puis qu'il me le commande,
Car d'un tel roy la puissance est si grande,
Que tant s'en faut qu'on la puisse eviter,
Qu'un camp armé n'y pourroit resister.
 Mais que me sert d'avoir tant leu Tibulle,
Gallus, Ovide, et Properce et Catulle,
Avoir tant veu Petrarque et tant noté,
Si par un roy le pouvoir m'est osté
De les ensuivre, et s'il faut que ma lyre,
Pendue au croc, ne m'ose plus rien dire?
 Doncques en vain je me paissois d'espoir
De faire un jour à la Tuscane voir
Que nostre France autant qu'elle est heureuse
A souspirer une plainte amoureuse,
Et, pour monstrer qu'on la peut surpasser,
J'avois desjà commencé de trasser
Mainte elegie à la façon antique,
Mainte belle ode, et mainte bucolique.
 Car, à vray dire, encore mon esprit
N'est satisfait de ceus qui ont escrit
En nostre langue, et leur Muse mérite
Ou du tout rien, ou faveur bien petite.
 Non que je sois vanteur si glorieux
D'oser passer les vers laborieux
De tant d'amans qui se plaignent en France;
Mais pour le moins j'avoy bien esperance
Que, si mes vers ne marchoient les premiers,
Qu'ils ne seroient sans honneur les derniers :
Car Eraton, qui les amours descœuvre,
D'assez bon œil m'attiroit à son œuvre.
L'un, trop enflé, les chante grossement;
L'un, enervé, les traine bassement;

L'un nous depeint une dame paillarde;
L'un plus aux vers qu'aux sentences regarde,
Et ne peut oncq, tant se sceut desguiser,
Apprendre l'art de bien Petrarquiser.

Que pleures-tu, Cassandre, ma douce ame?
Encor Amour ne veut couper la trame
Qu'en ta faveur je pendis au métier,
Sans achever l'ouvrage tout entier.

Mon roy n'a pas d'une tigre sauvage
Succé le laict, et son jeune courage,
Ou je me trompe, a senti quelquesfois
Le trait d'Amour, qui surmonte les roys.

S'il l'a senti, ma coulpe est effacée,
Et sa grandeur ne sera corroucée
Qu'à mon retour des horribles combats
Hors de son croc mon luth j'aveigne à bas,
Le pincetant, et qu'en lieu des alarmes
Je chante Amour, tes beautez et mes larmes :
Car l'arc tendu trop violentement
Ou s'alentit, ou se rompt vistement.

Ainsi Achille, aprés avoir par terre
Tant fait mourir de soudars en la guerre,
Son luth doré prenoit entre ses mains,
Teintes encor de meurdres inhumains,
Et vis à vis du fils de Menetie
Chantoit l'amour de Briseis s'amie,
Puis tout soudain les armes reprenoit
Et plus vaillant au combat retournoit.

Ainsi, aprés que l'ayeul (1) de mon maistre
Hors des combats retirera sa dextre,
Se desarmant dedans sa tente à part,
Dessus le luth à l'heure ton Ronsard
Te chantera; car il ne se peut faire
Qu'autre beauté luy puisse jamais plaire,
Ou soit qu'il vive, ou soit qu'outre le port,
Leger fardeau, Charon le passe mort.

1. Francus, ayeul des roys de France. (M.)

ELEGIE A MURET.

Non, Muret, non, ce n'est pas du jourd'huy
Que l'Archerot qui cause nostre ennuy
Cause l'erreur qui retrompe les hommes.
Non, Muret, non, les premiers nous ne sommes,
A qui son arc, d'un petit trait vainqueur,
Si grande playe a caché sous le cœur :
Tous animaux, ou soient ceux des campagnes,
Soient ceux des bois, ou soient ceux des montagnes,
Sentent sa force, et son feu doux-amer
Brusle sous l'eau les monstres de la mer.
  Hé qu'est-il rien que ce garçon ne brule ?
Ce porte-ciel, ce tû-geans Hercule
Le sentit bien, je dy ce fort Thebain
Qui le sanglier estrangla de sa main,
Qui tua Nesse, et qui de sa massue
Morts abbatit les enfans de la nue ;
Qui de son arc toute Lerne estonna,
Qui des enfers le chien emprisonna,
Qui sur le bord de l'eau Thermodontée
Print le baudrier de la vierge dontée ;
Qui tua l'Ourque, et qui par plusieurs fois
Se remocqua des feintes d'Achelois ;
Qui fit mourir la pucelle de Phorce,
Qui le lion desmachoira par force,
Qui dans ses bras Antee accravanta,
Et qui deux mons pour ses marques planta.
  Bref, ce héros correcteur de la terre,
Ce cœur sans peur, ce foudre de la guerre,
Sentit Amour, et l'amoureuse ardeur
Le matta plus que son roy commandeur (1),
Non pas espris comme on nous voit esprendre,
Toy de ta Janne, ou moy de ma Cassandre ;
Mais de tel tan Amour l'aiguillonnoit,

---

1. Eurysthée, qui commandoit à Hercule. (M.)

Que tout son cœur sans raison bouillonnoit
Au souffre ardent qui luy cuisoit les veines;
Du feu d'Amour elles fumoient si pleines,
Si pleins ses os, ses muscles et ses ners,
Que dans Hercul' qui dompta l'univers
Ne resta rien sinon une amour fole
Que luy versoient les deux beaux yeux d'Iole.
 Tousjours d'Iole il aimoit les beaux yeux,
Fust que le char qui donne jour aux cieux
Sortist de l'eau, ou fust que devalée
Tournast sa roue en la plaine salée,
De tous humains accoisant les travaux,
Mais non d'Hercul' les miserables maux.
 Tant seulement il n'avoit de sa dame
Les yeux fichez au plus profond de l'ame;
Mais son parler, sa grace et sa douceur
Tousjours colez s'attachoient à son cœur.
 D'autre que d'elle en son cœur il ne pense;
Tousjours absente, il la void en presence,
Et de fortune, Alcid', si tu la vois,
Dans ton gosier begue reste ta vois,
Glacé de peur, voyant la face aimee;
Ore une fievre ardamment allumee
Ronge ton ame, et ores un glaçon
Te fait trembler d'amoureuse frisson.
 Bas à tes pieds ta meurdriere massue
Gist sans honneur, et bas la peau velue
Qui sur ton dos roide se herissoit,
Quand ta grand' main les monstres punissoit.
 Plus ton sourcil contre eux ne se renfrongne.
O vertu vaine, ô honteuse vergongne,
O deshonneur, Hercule estant donté,
Aprés avoir le monde surmonté (*a*),
Non d'Eurysthée ou de Junon cruelle,

a. Var. :
 Après avoir le ciel courbe porté.

Mais de la main d'une simple pucelle!
 Voyez, pour Dieu! quelle force a l'amour
Quand une fois elle a gaigné la tour
De la raison, ne nous laissant partie
Qui ne soit toute en fureur convertie.
 Ce n'est pas tout : seulement pour aimer
Il n'oublia la façon de s'armer,
Ou d'empoigner sa masse hazardeuse,
Ou d'achever quelque emprise douteuse;
Mais, lent et vain, abatardant son cœur
Et son esprit, qui l'avoit fait vainqueur
De tout le monde (ô plus lasche diffame!),
Il s'habilla des habits d'une femme,
Et, d'un hêros devenu damoiseau,
Guidoit l'aiguille ou tournoit le fuseau,
Et vers le soir, comme une chambriere,
Rendoit sa tasche à sa douce geoliere,
Qui le tenoit en ses lacs plus serré
Qu'un prisonnier dans les ceps enferré.
 Vraiment, Junon, tu es assez vengée
De voir ainsi sa vie estre changée,
De voir ainsi devenu filandier
Ce grand Alcid', des monstres le meurdrier,
Sans adjouster à ton ire indomtée
Les mandemens de son frere Eurysthée.
 Que veux-tu plus? Iole le contraint
D'estre une femme : il la doute, il la craint;
Il craint ses mains plus qu'un valet esclave
Ne craint les coups de quelque maistre brave.
 Et, ce pendant qu'il ne fait que penser
A s'atiffer, à s'oindre, à s'agencer,
A dorloter sa barbe bien rongnée,
A mignoter sa teste bien pignée,
Impunément les monstres ont plaisir
D'assujettir la terre à leur loisir,
Sans plus cuider qu'Hercule soit au monde.
Aussi n'est-il : car la poison profonde
Qui dans son cœur s'alloit trop derivant,

Ronsard. — I.

L'avoit tué dedans un corps vivant.
  Nous doncq, Muret, à qui la mesme rage
Peu cautement affole le courage,
S'il est possible, evitons le lien
Que nous ourdit l'enfant Cytherien,
Et rabaissons la chair qui nous domine
Dessous le joug de la raison divine,
Raison qui deust au vray bien nous guider
Et de nos sens maistresse presider.
  Mais si l'Amour, las! las! trop misérable!
A desja fait nostre playe incurable,
Tant que le mal peu suject au conseil
De la raison desdaigne l'appareil,
Vaincus par luy, faisons place à l'envie,
Et sur Alcid' desguisons nostre vie :
En cependant que les rides ne font
Cresper encor le champ de nostre front,
Et que la neige avant l'age venue
Ne fait encor nostre teste chenue,
Qu'un jour ne coule entre nous pour neant
Sans suivre Amour : car il n'est mal-seant,
Pour quelquefois, au simple populaire,
Des grands seigneurs imiter l'exemplaire.

CHANSON.

D'un gosier masche-laurier
  J'oy crier
Dans Lycophron (1) ma Cassandre,
Qui prophetise aux Troyens
  Les moyens

---

1. Lycophron, natif de Chalcide, fut un des sept poëtes qui florirent du temps de Ptolemée Philadelphe, roy d'Egypte, et furent nommez la Pleiade. Ce Lycophron a fait un poëme intitulé Cassandre, qui seul nous est demeuré, auquel il la feint predire les maux qui devoient arriver à la ville de Troye. (M.)

Qui les reduiront en cendre.
Mais ces pauvres obstinez,
  Destinez
Pour ne croire à leur sibylle,
Virent, bien que tard, après
  Les feux grecs
Forcener parmy leur ville.
Ayans la mort dans le sein,
  De la main
Plomboient leur poitrine nue,
Et tordant leurs cheveux gris,
  De longs cris
Pleuroient qu'ils ne l'avoient creue.
Mais leurs cris n'eurent pouvoir
  D'esmouvoir
Les Grecs, si chargez de proye
Qu'ils ne laisserent sinon
  Que le nom
De ce qui fut jadis Troye.
Ainsi, pour ne croire pas
  Quand tu m'as
Predit ma peine future,
Et que je n'aurois en don,
  Pour guerdon
De t'aimer, que la mort dure,
Un grand brasier, sans repos,
  Et mes os
Et mes nerfs et mon cœur brûle,
Et pour t'amour j'ay receu.
  Plus de feu
Que ne fit Troye incredule.

CHANSON.

Depuis que je suis amoureux,
Nul past, tant soit-il savoureux,
Ne vin, tant soit-il delectable,

Au cœur ne m'est point agreable :
Car depuis l'heure je ne sceu
Rien boire ou manger qui m'ait pleu ;
Une tristesse en l'ame close
Me nourrit, et non autre chose.
 Tous les plaisirs que j'estimois
Alors que libre je n'aimois,
Maintenant je les desestime :
Plus ne m'est plaisante l'escrime,
La paume, la chasse et le bal,
Mais comme un farouche animal
Je me pers dans un bois sauvage,
Loing des gens, pour celer ma rage.
 L'amour fut bien forte poison
Qui m'ensorcela la raison,
Et qui me desroba l'audace
Que je portoy dessus la face,
Me faisant aller pas à pas,
Triste et pensif, le front à bas,
En homme qui craint et qui n'ose
Se fier plus en nulle chose.
 Le mal que l'on feint d'Ixion
N'approche de ma passion,
Et mieux j'aimerois de Tantale
Endurer la peine fatale
Un an, qu'estre un jour amoureux,
Pour languir autant malheureux
Que j'ay fait depuis que Cassandre
Tient mon cœur et ne le veut rendre.

ELEGIE A JANET

Peintre du Roy.

Pein-moy, Janet, pein-moy, je te supplie
 Sur ce tableau les beautez de m'amie,
De la façon que je te les diray.

Comme importun je ne te suppliray
D'un art menteur quelque faveur luy faire ;
Il suffit bien si tu la sçais pourtraire
Telle qu'elle est, sans vouloir desguiser
Son naturel pour la favoriser,
Car la faveur n'est bonne que pour celles
Qui se font peindre et qui ne sont pas belles.
    Fay-luy premier les cheveux ondelez,
Nouez, retors, recrespez, annelez,
Qui de couleur le cedre representent ;
Ou les allonge, et que libres ils sentent
Dans le tableau, si par art tu le peux,
La mesme odeur de ses propres cheveux,
Car ses cheveux comme fleurettes sentent
Quand les zephyrs au printemps les éventent.
[Fais-lui le front en bosse revoûté,
Sur lequel soient d'un et d'autre côté
Peints gravement, sur trois sièges d'ivoire
La majesté, la vergogne et la gloire.]
    Que son beau front ne soit entre-fendu
De nul sillon en profond estendu ;
Mais qu'il soit tel qu'est la calme marine
Quand tant soit peu le vent ne la mutine,
Et que gisante en son lict elle dort,
Calmant ses flots sillez d'un somme mort.
    Tout au milieu par la gréve descende
Un beau ruby, de qui l'esclat s'espande
Par le tableau, ainsi qu'on void de nuit
Briller les rais de la lune, qui luit
Dessus la neige au fond d'un val coulée,
De trace d'homme encore non foulée.
    Après fay-luy son beau sourcy voutis
D'ebene noir, et que son ply tortis
Semble un croissant qui monstre par la nue
Au premier mois sa vouture cornue.
Ou, si jamais tu as veu l'arc d'Amour,
Pren le portrait dessus le demy-tour
De sa courbure à demy-cercle close.:

Car l'arc d'Amour et luy n'est qu'une chose.
  Mais las! mon Dieu, mon Dieu, je ne sçay pas
Par quel moyen ny comment tu peindras
(Voire eusses-tu l'artifice d'Apelle)
De ses beaux yeux la grace naturelle,
Qui font vergongne aux estoilles des cieux.
Que l'un soit doux, l'autre soit furieux;
Que l'un de Mars, l'autre de Venus tienne;
Que du benin toute esperance vienne,
Et du cruel vienne tout desespoir;
Ou que l'un soit pitoyable à le voir,
Comme celuy d'Ariadne laissée
Aux bords de Die, alors que l'insensée,
Voyant la mer, de pleurs se consommoit
Et son Thesee en vain elle nommoit;
L'autre soit gay, comme il est bien croyable
Que l'eut jadis Penelope louable
Quand elle vit son mary retourné,
Ayant vingt ans loing d'elle sejourné.
  Après fay-luy sa rondelette oreille
Petite, unie, entre blanche et vermeille;
Qui sous le voile apparoisse à l'égal
Que fait un lis enclos dans un crystal,
Ou tout ainsi qu'apparoist une rose
Tout fraischement dedans un verre enclose.
  Mais pour neant tu aurois fait si beau
Tout l'ornement de ton riche tableau
Si tu n'avois de la lineature
De son beau nez bien pourtrait la peinture.
Pein-le moy donc gresle, long, aquilin,
Poli, traitis, où l'envieux malin,
Quand il voudroit, n'y sçauroit que reprendre;
Tant proprement tu le feras descendre
Parmy la face ainsi comme descend
Dans une plaine un petit mont qui pend.
  Après au vif pein-moy sa belle joue,
Pareille au teint de la rose qui noue
Dessus du laict, ou au teint blanchissant

Du lis qui baise un œillet rougissant.
  Dans le milieu portrais une fossette,
Fossette, non, mais d'Amour la cachette,
D'où ce garçon, de sa petite main,
Lasche cent traits, et jamais un en vain,
Que par les yeux droit au cœur il ne touche.
  Helas! Janet, pour bien peindre sa bouche,
A peine Homere en ses vers te diroit
Quel vermillon egaler la pourroit :
Car, pour la peindre ainsi qu'elle merite,
Peindre il faudroit celle d'une Charite;
Pein-la moy doncq qu'elle semble parler,
Ores sourire, ores embasmer l'air
De ne sçay quelle ambrosienne haleine;
Mais par sur tout fay qu'elle semble pleine
De la douceur de persuasion.
Tout à l'entour attache un milion
De ris, d'attraits, de jeux, de courtoisies,
Et que deux rangs de perlettes choisies
D'un ordre egal, en la place des dents,
Bien poliment soyent arrangez dedans.
  Pein tout au tour une lévre bessonne,
Qui d'elle mesme en s'eslevant semonne
D'estre baisée, ayant le tein pareil
Ou de la rose ou du coural vermeil :
Elle flambante au printemps sur l'espine,
Luy rougissant au fond de la marine.
  Pein son menton au milieu fosselu,
Et que le bout, en rondeur pommelu,
Soit tout ainsi que l'on void apparoistre
Le bout d'un coing qui ja commence à croistre.
  Plus blanc que laict caillé dessus le jonc
Pein-luy le col, mais pein-le un petit long,
Gresle et charnu, et sa gorge douillette
Comme le col soit un petit longuette.
  Après fay-luy, par un juste compas,
Et de Junon les coudes et les bras,

Et les beaux doigts de Minerve, et encore
La main pareille à celle de l'Aurore.

 Je ne sçay plus, mon Janet, où j'en suis!
Je suis confus et muet ; je ne puis,
Comme j'ay fait, te declarer le reste
De ses beautez, qui ne m'est manifeste,
Las! car jamais tant de faveur je n'eu
Que d'avoir veu ses beaux tetins à nu.
Mais, si l'on peut juger par conjecture,
Persuadé de raisons, je m'asseure
Que la beauté qui ne s'apparoist doit
Estre semblable à celle que l'on voit.
Donque pein-la, et qu'elle me soit faite
Parfaite autant comme l'autre est parfaite.

 Ainsi qu'en bosse esleve-moy son sein,
Net, blanc, poly, large, profond et plein,
Dedans lequel mille rameuses veines
De rouge sang tressaillent toutes pleines.

 Puis, quand au vif tu auras descouvers
Dessous la peau les muscles et les nerfs,
Enfle au dessus deux pommes nouvelettes,
Comme l'on void deux pommes verdelettes
D'un orenger qui encores du tout
Ne font alors que se rougir au bout.

 Tout au plus haut des espaules marbrines
Pein le sejour des Charites divines,
Et que l'Amour, sans cesse voletant,
Tousjours les couve et les aille éventant,
Pensant voler avec le Jeu, son frere,
De branche en branche, és vergers de Cythere.

 Un peu plus bas, en miroir arrondi,
Tout potelé, grasselet, rebondi
Comme celuy de Venus, pein son ventre ;
Pein son nombril ainsi qu'un petit centre,
Le fond duquel paroisse plus vermeil
Qu'un bel œillet entr'ouvert au soleil.

 Qu'attens-tu plus ? Portray-moy l'autre chose

Qui est si belle, et que dire je n'ose,
Et dont l'espoir impatient me poind;
Mais je te pry, ne me l'ombrage point,
Si ce n'estoit d'un voile fait de soye
Clair et subtil, à fin qu'on l'entre-voye.
   Ses cuisses soyent comme faites au tour,
En grelissant, rondes tout à l'entour,
Ainsi qu'un Terme arrondi d'artifice
Qui soustient ferme un royal edifice.
   Comme deux monts enleve ses genoux
Douillets, charnus, ronds, delicats et mous,
Dessous lesquels fay-luy la greve plene,
Telle que l'ont les vierges de Lacene
Quand, pres d'Eurote, en s'accrochant des bras,
Luttent ensemble et se jettent à bas,
Ou bien chassant à meutes découplées
Quelque vieil cerf és forests Amyclées.
   Puis, pour la fin, portray-luy de Thetis
Les pieds estroits et les talons petits.
   Ha, je la voy! elle est presque portraite;
Encore un trait, encore un; elle est faite.
Leve tes mains; hà, mon Dieu! je la voy!
Bien peu s'en faut qu'elle ne parle à moy.

CCXXIII.

J'alloy roulant ces larmes en mes yeux,
  Or' plein de doute, ore plein d'esperance,
Lorsque Henry, loing des bornes de France,
Vengeoit l'honneur de ses premiers ayeux;
   Lorsqu'il trenchoit d'un bras victorieux,
Au bord du Rhin, l'espagnole vaillance,
Ja se traçant de l'aigu de sa lance
Un beau sentier pour s'en aller aux cieux,
   Vous, sainct troupeau qui dessus Pinde errez,
Et qui de grâce ouvrez et desserrez
Vos doctes eaux à ceux qui les vont boire

Si quelquefois vous m'avez abreuvé(a),
Soit pour jamais ce souspir engravé
Au plus sainct lieu du temple de Memoire.

a. Var. :

Vous sainct troupeau, mon soutien et ma gloire,
De qui le vol m'a l'esprit enlevé,
Si autrefois m'avez permis de boire
L'eau dont amour a Petrarque abreuvé.

FIN DU PREMIER LIVRE.

LE SECOND LIVRE
DES AMOURS

DE

P. DE RONSARD,

COMMENTÉ PAR REMY BELLEAU

de Nogen-le-Rotrou, au Perche, poëte françois
et gouverneur de Monseigneur le duc d'Elbœuf
prince de la maison de Lorraine.

Les Commentaires de Belleau etoient, en 1560, dediés à M. Fleurimont Robertet, secretaire d'Estat et des finances du Roy, seigneur de Fresne; ils le furent en 1567 et depuis à Monsieur de Sainct-François, conseiller du Roy en son privé Conseil et evesque de Bayeux.

Quid tibi nunc misero prodest grave dicere carmen,
　　Aut Amphioniæ mœnia flere lyræ?
Plus in amore valet Mimnermi versus Homero;
　　Carmina mansuetus lenia quærit Amor.
I, quæso, et tristes istos depone libellos,
　　Et cane quod quævis nosse puella velit.

PROPERT.

ROBERT GARNIER

Prince des poëtes tragicques.

SONNET.

Tu gravois dans le ciel les victoires de France,
　Et de nos roys sceptrez ta lyre se paissoit,
Quand ce monarque Amour, qu'elle ne cognoissoit,
Eut vouloir de luy faire entonner sa puissance.
　Bruslant de ce desir, une fleche il eslance
Que ta jeune poitrine imprudente reçoit;
Puis, comme le travail en flattant te deçoit,
Tu te plais à chanter le cruel qui t'offence.
　Son nom, qui ne rouloit sur le parler françois,
Maintenant plus enflé par ta gaillarde voix
Remplit l'air estranger de sa fameuse gloire;
　Si que luy, amorcé de ce premier honneur,
Frappe tous ceux qu'il voit dedans Pegase boire,
Pour trouver (mais en vain) encor un tel sonneur.

LE SECOND LIVRE

DES AMOURS

DE

P. DE RONSARD.

Elegie a son livre.

Mon fils, si tu sçavois ce qu'on dira de toy,
Tu ne voudrois jamais déloger de chez moy,
Enclos en mon estude, et ne voudrois te faire
User ny fueilleter aux mains du populaire.
Quand tu seras party sans jamais retourner,
Il te faudra bien loin de mes yeux sejourner :
« Car, ainsi que le vent sans retourner s'envole,
« Sans espoir de retour s'eschappe la parole.
 Ma parole, c'est toi, à qui de nuict et jour
J'ay conté les propos que m'a tenus Amour,
Pour les mettre en ces vers qu'en lumiere tu portes,
Crochetant maugré moy de ma chambre les portes,
Pauvret! qui ne sçais pas que les petits enfans
De la France ont le nez plus subtil qu'elephans.
 Donc, avant que tenter le hazard du naufrage,

Voy du port la tempeste et demeure au rivage :
On se repend trop tard quand on est embarqué.
    Tu seras assez tôt des médisans moqué
D'yeux, et de hausse-becs, et d'un branler de teste.
« Sage est celuy qui croit à qui bien l'admoneste.
    Tu sçais (mon cher enfant) que je ne te voudrois
Ni tromper, ni moquer. Grandement je faudrois,
Et serois engendré d'une ingrate nature,
Si je voulois trahir ma propre geniture :
Car tel que je te voy n'agueres je te fis,
Et je ne t'aime moins qu'un pere aime son fils.
    Quoy ! tu veux donc partir ; et tant plus je te cuide
Retenir au logis, plus tu hausses la bride.
Va donc, puisqu'il te plaist ; mais je te suppliray
De respondre à chacun ce que je te diray,
Afin que toi (mon fils) gardes bien en l'absence
De moy, le pere tien, l'honneur et l'innocence.
    Si quelque dame honneste et gentille de cœur
(Qui aura l'inconstance et le change en horreur)
Me vient en te lisant d'un gros sourcil reprendre
Dequoy je ne devois abandonner Cassandre,
Qui la premiere au cœur le trait d'Amour me mit,
Et que le bon Petrarque un tel peché ne fit,
Qui fut trente et un an amoureux de sa dame
Sans qu'une autre jamais luy peust eschauffer l'ame,
Respons-luy, je te pri', que Petrarque sur moy
N'avoit authorité de me donner sa loy,
Ny à ceux qui viendroyent apres luy, pour les faire
Si long temps enchainez sans leur lien desfaire.
    Luy mesme ne fut tel : car, à voir son escrit,
Il estoit éveillé d'un trop gentil esprit
Pour estre sot trente ans, abusant sa jeunesse
Et sa Muse au giron d'une vieille maistresse ;
Ou bien il jouyssoit de sa Laurette, ou bien
Il estoit un grand fat d'aimer sans avoir rien ;
Ce que je ne puis croire, aussi n'est-il croyable.
Non, il en jouyssoit ; puis la fit admirable,
« Chaste, divine, saincte ; aussi tout amant doit

« Louer celle de qui jouyssance il reçoit :
« Car celuy qui la blasme aprés la jouyssance
« N'est homme, mais d'un tigre il a prins sa naissance.
    Quand quelque jeune fille est au commencement
Cruelle, dure, fiere, à son premier amant,
Hé bien ! il faut attendre : il peut estre qu'une heure
Viendra, sans y penser, qui la rendra meilleure.
Mais, quand elle devient, sans se changer un jour,
Plus dure et plus rebelle et plus rude en amour,
Il s'en faut esloigner, sans se rompre la teste
De vouloir adoucir une si sotte beste.
Je suis de tel advis ; me blasme de ceci,
M'estime qui voudra ; mais la chose est ainsi.
    Les femmes bien souvent sont causes que nous som-
Inconstants et legers, amadouans les hommes   [mes
D'un espoir enchanteur, les tenants quelquefois,
Par une douce ruse, un an, ou deux, ou trois,
Dans les liens d'amour, sans aucune allegeance ;
Cependant un valet en aura jouyssance,
Ou bien quelque mignon dont on ne se dout'ra
Sa faux en la moisson secretement mettra (*a*).
Et si ne laisseront, je parle des rusées
Qui ont au train d'amour leurs jeunesses usées
(C'est bien le plus grand mal qu'un homme puisse avoir
Que servir une femme accorte à decevoir),
D'enjoindre des labeurs qui sont insupportables,
Des services cruels, des tasches miserables :
Car, sans avoir esgard à la simple amitié,
Aux prieres, aux cœurs, cruelles, n'ont pitié
De leurs pauvres servans, tant elles font les braves,
Qu'un Turc n'a de pitié de ses valets esclaves.
Il faut vendre son bien, il faut faire presens
De chaines, de carquans, de diamans luysans ;

  a. Var. :

    Ou bien quelque badin emportera ce bien
    Que le fidele amy à bon droit cuidoit sien.

Il faut donner la perle et l'habit magnifique,
Il faut entretenir la table et la musique,
Il faut prendre querelle, il faut les supporter.
Certes, j'aimeroy mieux dessus le dos porter
La hotte pour curer les estables d'Augée
Que me voir serviteur d'une dame rusée.
« La mer est bien à craindre, aussi est bien le feu,
« Et le ciel quand il est de tonnerres esmeu.
« Mais trop plus est à craindre une femme clergesse,
« Sçavante en l'art d'amour, quand elle est tromperesse :
« Par mille inventions mille maux elle fait,
« Et d'autant qu'elle est femme, et d'autant qu'elle
Quiconque fut le Dieu qui la mit en lumiere,   [sçait.
Il fut premier auteur d'une grande misere.
 Il falloit par presens consacrez aux autels
Acheter nos enfans des grands dieux immortels,
Et non user sa vie avec ce mal aimable,
Les femmes, passion de l'homme miserable,
Miserable et chetif, d'autant qu'il est vassal,
Vingt ou trente ans qu'il vit, d'un si fier animal.
Mais, je vous pri', voyez comme par fines ruses
Elles sçavent trouver mille feintes excuses,
Après qu'ell' ont failly. Voyez Helene après
Qu'Ilion fut bruslé de la flamme des Grecs,
Comme elle amadoua d'une douce blandice
Son badin de mary, qui pardonna son vice,
Et qui plus que devant de ses yeux fut épris,
Qui scintilloient encor les amours de Pâris.
 Ulyss', qui fut si caut, bien qu'il sceut qu'une trope
De jeunes poursuyvans baisassent Penelope,
Devorant tout son bien, si est-ce qu'il brusloit
D'embrasser son espouse, et jamais ne vouloit
Devenir immortel avec Circe la belle,
Pour ne revoir jamais Penelope, laquelle,
Pleurant, luy rescrivoit de son fascheux sejour,
Pendant que, luy absent, elle faisoit l'amour ;
Si bien que le dieu Pan de ses jeux print naissance
(D'elle et de ses muguets la commune semence),

Envoyant tout exprès, pour sa commodité,
Le fils chercher le pere en Sparte la cité.
« Voila comment la femme avec ses ruses donte
« L'homme, de qui l'esprit toute beste surmonte.
    Quand un jeune homme peut heureusement choisir
Une belle maistresse eslue à son plaisir,
Soit de haut ou bas lieu, pourveu qu'elle soit fille
Humble, courtoise, honneste, amoureuse et gentille,
Sans fard, sans tromperie, et qui sans mauvaistié
Garde de tout son cœur une simple amitié,
Aimant trop mieux cent fois à la mort estre mise
Que de rompre sa foy quand elle l'a promise,
Il la faut bien aimer tant qu'on sera vivant,
Comme un rare joyau qu'on trouve peu souvent.
« Celuy certainement merite sur la teste
« Le feu le plus ardent d'une horrible tempeste,
« Qui trompe une pucelle, et mesmement alors
« Qu'elle se donne à nous et de cœur et de corps. »
    N'est-ce pas un grand bien, quand on fait un voyage,
De rencontrer quelqu'un qui d'un pareil courage
Veut nous accompagner et comme nous passer
Les chemins, tant soient-ils fascheux à traverser?
Aussi n'est-ce un grand bien de trouver une amie
Qui nous ayde à passer ceste chetive vie,
Qui, sans estre fardée ou pleine de rigueur,
Traitte fidelement de son amy le cœur?
    Dy-leur, si de fortune une belle Cassandre
Vers moy se fust monstrée un peu courtoise et tendre,
Un peu douce et traitable, et soigneuse à guerir
Le mal dont ses beaux yeux dix ans m'ont fait mourir,
Non seulement du corps, mais, sans plus, d'une œillade
Eust voulu soulager mon pauvre cœur malade,
Je ne l'eusse laissée, et m'en soit à tesmoin
Ce jeune enfant ailé qui des amours a soin.
    Mais voyant que tousjours elle marchoit plus fiere,
Je desliay du tout mon amitié premiere,
Pour en aimer une autre en ce pays d'Anjou,
Où maintenant Amour me detient sous le jou,

Laquelle tout soudain je quitteray, si elle
M'est, comme fut Cassandre, orgueilleuse et rebelle,
Pour en chercher une autre, à fin de voir un jour
De pareille amitié recompenser m'amour,
Sentant l'affection d'une autre dans moy-mesme :
« Car un homme est bien sot d'aimer si on ne l'aime. »

    Or' si quelqu'un après me vient blasmer de quoy
Je ne suis plus si grave en mes vers que j'estoy
A mon commencement, quand l'humeur pindarique
Enfloit empoulément ma bouche magnifique,
Dy-luy que les amours ne se souspirent pas
D'un vers hautement grave, ains d'un beau stile bas,
Populaire et plaisant, ainsi qu'a fait Tibulle,
L'ingenieux Ovide et le docte Catulle.
Le fils de Venus hait ces ostentations ;
Il suffit qu'on luy chante au vray ses passions,
Sans enflure ny fard, d'un mignard et doux stile,
Coulant d'un petit bruit comme une eau qui distile.
Ceux qui font autrement, ils font un mauvais tour
A la simple Venus et à son fils Amour.

    S'il advient quelque jour que d'une voix hardie
J'anime l'eschafaut par une tragedie
Sententieuse et grave, alors je feray voir
Combien peuvent les nerfs de mon petit sçavoir,
Et si quelque furie en mes vers je rencontre,
Hardy j'opposeray mes muses à l'encontre,
Et feray resonner d'un haut et grave son
(Pour avoir part au bouc) la tragique tançon.
Mais ores que d'Amour les passions je pousse,
Humble, je veux user d'une Muse plus douce.
Non ! non ! je ne veux pas que, pour ce livre-ci,
J'entre dans une escole, ou qu'un regent aussi
Me lise pour parade ; il suffit si m'amie
Le touche de la main dont elle tient ma vie :
Car je suis satisfait si elle prend à gré
Ce labeur que je vouë à ses pieds consacré.
[Et à celles qui sont de nature amiables
Et qui jusqu'à la mort ne sont point variables.]

SECOND LIVRE.

I (1).

Mon Tyard, on disoit à mon commencement
Que j'estois trop obscur au simple populaire;
Mais aujourd'hui l'on dit que je suis au contraire,
Et que je me desments parlant trop bassement.
  Toy, de qui le labeur enfante doctement
Des livres immortels, dy-moy, que doy-je faire?
Dy-moy (car tu sçais tout) comme doy-je complaire
A ce monstre testu, divers en jugement?
  Quand j'escris hautement il ne veut pas me lire,
Quand j'escris bassement il ne fait que mesdire.
De quels liens serrés ou de quel rang de clous
  Tiendray-je ce Proté, qui se change à tous coups?
Tyard, je t'enten bien : il le faut laisser dire,
Et nous rire de luy comme il se rit de nous.

MADRIGAL (2).

Docte Butet, qui as monstré la voye
Aux tiens de suyvre Apollon et son chœur,
Qui le premier t'espoinçonnant le cœur,
Te fit chanter sur les monts de Savoye,
  Puis que l'amour à la mort me convoye,
Dessur ma tombe (après que la douleur
M'aura tué) engrave mon malheur
De ces sept vers que pleurant je t'envoye :
  CELUY QUI GIST SOUS CESTE TOMBE ICY
  AIMA PREMIERE UNE BELLE CASSANDRE,

---

1. Il escrit ce sonnet à Pontus de Tyard, homme des plus doctes, principalement és mathematiques, philosophie et poesie, mort en 1662 evesque de Chalons, comte et pair de France, agé de quelque 82 ans. (B.)

2. Ce madrigal s'adresse à Marc Claude de Butet, gentilhomme savoisien, poëte et philosophe. (B.)

Aima seconde une Marie aussi,
Tant en amour il fut facile a prendre.
De la premiere il eut le cœur transi,
De la seconde il eut le cœur en cendre,
Et si des deux il n'eust oncques mercy.

II.

Marie, vous avez la joue aussi vermeille
Qu'une rose de may ; vous avez les cheveux
De couleur de chastaigne, entrefrisez de nœuds,
Gentement tortillez tout autour de l'oreille.
   Quand vous estiez petite, une mignarde abeille
Dans vos lévres forma son nectar savoureux,
Amour laissa ses traits dans vos yeux rigoureux,
Pithon vous fit la voix à nulle autre pareille.
   Vous avez les tetins comme deux monts de lait,
Qui pommelent ainsi qu'au printemps nouvelet
Pommelent deux boutons que leur châsse environne.
   De Junon sont vos bras, des Graces vostre sein ;
Vous avez de l'Aurore et le front et la main,
Mais vous avez le cœur d'une fiere Lionne.

CHANSON (1).

Petite pucelle angevine,
  Qui m'as d'un amoureux souris
Tiré le cœur de la poitrine,
Puis, dés le jour que tu le pris,
Tu l'enfermas contre raison
Dans les liens de ta prison.
   Ainsi perdant la jouissance

---

1. Il se plaint en ceste chanson des rigueurs de sa dame, e[t] d'un seigneur qui luy fait l'amour. C'estoit Charles de Pis[se]seleu, qui fut depuis evesque de Condon, sien paren[t], d[e] la maison des ducs d'Estampes. (B.).

De sa premiere liberté,
Il est sous ton obeyssance
Si misérablement traité,
Qu'un fier lyon plein de rigueur
Auroit pitié de sa langueur.

 Mais toy, plus fiere et plus cruelle
Qu'un roc pendu dessus la mer,
Tu deviens tous les jours plus belle
Du mal qui le fait consommer,
Ornant ta beauté de le voir
Languir en prison sans espoir.

 Non seulement, tant tu es rude,
Tu fais mon cœur languir à tort,
Par une honneste ingratitude
Me donnant une lente mort,
Voyant pasmer en triste esmoy
Dans ta prison mon cœur et moy.

 Mais, en lieu d'un sacré poëte
Qui si haut chantoit ton honneur,
Tu as nouvelle amitié faite
Avecques un nouveau seigneur,
Qui maintenant tout seul te tient,
Et plus de moy ne te souvient.

 Et, fille trop jeune et trop nice,
Tu ne sçais encore que c'est
De faire aux grands seigneurs service,
Qui en amour n'ont point d'arrest,
Et qui suivent sans loyautez
En un jour dix mille beautez.

 Si tost qu'ils en ont une prise,
Ils la delaissent tout exprès,
Afin qu'une autre soit conquise
Pour la laisser encor après,
Et n'ont jamais autre plaisir
Que de changer et de choisir.

 [Celui qui ores est ton maistre
Et qui te tient comme vainqueur
Te laissera demain peut-estre,

Et je le voudrois de bon cœur ;
Si le ciel de nous a souci,
Puisse arriver demain ainsi!]
 Le ciel, qui les vices contemple,
Punist les traistres amoureux ;
Anaxarete en est l'exemple,
Qui devint rocher malheureux,
Perdant sa vie pour avoir
Osé son ami decevoir (*a*).

III.

Jodelle (1), l'autre jour l'enfant de Cytherée
 Au combat m'appela, courbant son arc turquois ;
Et lors, comme hardi, je vesti le harnois,
Pour avoir contre luy la chair plus asseurée.
 Il me tira premier une fleche acerée
Droit au cœur, puis une autre, et puis tout à la fois
Il décocha sur moy les traits de son carquois,
Sans qu'il eust d'un seul coup ma poitrine enferrée.
 Mais quand il vid son arc de fleches desarmé,
Tout despit s'est luy-mesme en fleches transformé !
Puis en moy se rua d'une puissance extresme.
 Quand je me vy vaincu, je me desarmay lors,
Car rien ne m'eust servi de m'armer par dehors,
Puis que mon ennemy estoit dedans moy-mesme.

a. Var. :

 Le ciel, qui les amants contemple,
Sçait les parjures rechercher ;
Anaxarete en sert d'exemple,
Qui fut changée en un rocher,
Portant la semblable rigueur
Au rocher qu'elle avoit au cœur.

1. Il escrit ce sonnet à Estienne Jodelle, Parisien, poëte latin et françois. C'est une imitation d'Anacréon. (B.)

IIII.

Le vingtiesme d'avril, couché sur l'herbelette,
Je vy, ce me sembloit, en dormant, un chevreuil
Qui çà, qui là marchoit où le menoit son vueil,
Foulant les belles fleurs de mainte gambelette.
 Une corne et une autre encore nouvelette
Enfloit son petit front d'un gracieux orgueil;
Comme un soleil luisoit par les prés son bel œil,
Et un carquan pendoit sus sa gorge douillette.
 Si tost que je le vy, je voulu courre après,
Et luy qui m'avisa print sa course és forests,
Où, se mocquant de moy, ne me voulut attendre;
 Mais en suivant son trac, je ne m'avisay pas
D'un piege entre les fleurs, qui me lia les pas :
Ainsi pour prendre autruy moy-mesme me fis prendre.

V.

Ce-pendant que tu vois le superbe rivage
De la riviere tusque et le mont Palatin,
Et que l'air des Latins te fait parler latin,
Changeant à l'estranger ton naturel langage,
 Une fille d'Anjou me detient en servage;
Ores baisant sa main et ores son tetin,
Et maintenant ses yeux endormis au matin,
Je vy (comme l'on dit) trop plus heureux que sage.
 Tu diras à Magny, lisant ces vers icy :
C'est grand cas que Ronsard est encore amoureux!
Mon Bellay(1), je le suis et le veux estre aussi,
 Et ne veux confesser qu'Amour soit malheureux,

---

1. Il addresse ce sonnet à Joachim du Bellay, qui mourut subitement le premier jour de l'an, au matin, 1559, ayant veillé fort tard la soirée à composer. Or, il luy rescrivoit ce sonnet lorsque du Bellay estoit à Rome avec le cardinal du Bellay son cousin, et qu'il prenoit plaisir à composer ses Amours en vers latins. (B.)

Ou, si c'est un malheur, baste, je delibere
De vivre malheureux en si belle misere.

VI.

Douce, belle, gentille et bien-flairante Rose,
Que tu es à bon droit à Venus consacrée !
Ta delicate odeur hommes et Dieux recrée,
Et bref, Rose, tu es belle sur toute chose.

La Grâce pour son chef un chapelet compose
De ta feuille, et tousjours sa gorge en est parée ;
Et mille fois le jour la gaye Cytherée
De ton eau pour son fard sa belle joue arrose.

Ha Dieu ! que je suis aise alors que je te voy
Esclore au poinct du jour sur l'espine à requoy,
Aux jardins de Bourgueil, près d'un bois solitaire !

De toy les nymphes ont les coudes et le sein,
De toy l'Aurore emprunte et sa joue et sa ma
Et son teint ceste là qui d'Amour est la mère.

MADRIGAL.

Prenez mon cœur, dame, prenez mon cœur,
Prenez mon cœur, je vous l'offre, ma dame ;
Il est tout vostre, et ne peut d'autre femme,
Tant vostre il est, devenir serviteur.

Doncques si, vostre, il meurt vostre en langueur,
Vostre à jamais, vostre en sera le blâme ;
Et si là bas on punira vostre ame
Pour ce malfait d'une injuste rigueur.

Quand vous seriez quelque fille d'un Scythe,
Encor l'amour, qui les tigres incite,
Vous forceroit de mon mal secourir.

Mais vous, trop plus qu'une tigresse fière,
Las ! de mon cœur vous êtes la meurdrière,
Et ne vivez que de le voir mourir (a).

a. Var., qui du Sonnet a fait un Madrigal :
   Vous flechiroit ; mais trop cruellement

MADRIGAL.

Mon docte Peletier (1), le temps leger s'enfuit;
Je change nuict et jour de poil et de jeunesse
Mais je ne change pas l'amour d'une maistresse,
Qui dedans moy collée eternelle me suit.
  Toy qui es dés enfance en tout sçavoir instruit
(Si de nostre amitié l'antique nœud te presse)
Comme sage et plus vieil, donne-moy quelque adresse
Pour eviter ce mal qui ma raison seduit.
  Aide-moy, Peletier; si par philosophie
Ou par le cours des cieux tu as jamais appris
Un remede d'amour, dy-le moy, je te prie :
  Car bien qu'ores au ciel ton cœur soit élevé,
Si tu as quelquefois d'une dame esté pris,
Eh! pour Dieu, conte-moi comme tu t'es sauvé (a)!

CHANSON.

Je veux chanter en ces vers ma tristesse,
  Car autrement chanter je ne pourrois,

Du frein d'amour vous me serrez les resnes,
  Et me gesnez de tourment sur tourment,
Me reperçant d'amoureuses alesnes,
Pour tesmoigner que du commencement
L'homme nasquit de rochers et de chesnes.

a. Var., qui du sonnet a fait un madrigal :

De l'arbre à Jupiter, qui fut jadis en prix,
  (De nos premiers ayeuls la vieille prophetie)
Tu auras à bon droit la couronne et le pris
D'avoir par le conseil de tes doctes escris
Sauvé de ton amy la franchise et la vie.

  1. Il adresse ce sonnet à Jacques Peletier du Mans, docteur en medecine, homme de nostre temps des mieux versez en poësie et mathematiques. (B.)

Veu que je suis absent de ma maistresse ;
Si je chantois autrement je mourrois.
 Pour ne mourir il faut donc que je chante
En chants piteux ma plaintive langueur,
Pour le depart de ma maistresse absente,
Qui de mon sein m'a desrobé le cœur.
 Desja l'esté et Ceres la blétiere (1),
Ayant le front orné de son present,
Ont ramené la moisson nourriciere
Depuis le temps que mort je suis absent
 De ses beaux yeux, dont la lumiere belle
Seule pourroit guerison me donner,
Et, si j'estois là bas en la nacelle,
Me pourroit faire au monde retourner.
 Mais ma raison est si bien corrompue
Par une fausse et vaine illusion,
Que nuict et jour je la porte en la veüe,
Et sans la voir j'en ay la vision.
 Comme celuy qui contemple les nues,
Pense aviser mille formes là sus,
D'hommes, d'oiseaux, de chimeres cornues,
Et ne voit rien, car ses yeux sont deceus.
 Et comme cil qui, d'une haleine forte,
En haute mer, à puissance de bras
Tire la rame, il l'imagine torte,
Rompue en l'eau, toutesfois ne l'est pas,
 Ainsi je voy d'une veue trompée
Celle qui m'a tout le sens depravé,
Qui, par les yeux dedans l'ame frapée,
M'a vivement son pourtrait engravé.
 Et soit que j'erre au plus haut des montagnes,
Ou dans un bois, loin de gens et de bruit,
Ou dans les prés, ou parmy les campagnes,
Toujours à l'œil ce beau pourtrait me suit.
 Si j'aperçoy quelque champ qui blondoye

---

1. Qui preside aux bleds. (B.)

D'espics frisez au travers des sillons,
Je pense voir ses beaux cheveux de soye,
Refrisottés en mille crespillons.

[Si j'aperçoi quelque table carrée
D'ivoire ou jaspe aplani proprement,
Je pense veoir la voûte mesurée
De son beau front égallé pleinement.]

Si le croissant au premier mois j'avise,
Je pense voir son sourcil ressemblant
A l'arc d'un Turc qui la sagette a mise
Dedans la coche, et menace le blanc.

Quand à mes yeux les estoilles drillantes
Viennent la nuict en temps calme s'offrir,
Je pense voir ses prunelles ardantes,
Que je ne puis ny fuire ny souffrir.

Quand j'apperçoy la rose sur l'espine,
Je pense voir de ses lévres le teint ;
Mais la beauté de l'une au soir decline,
L'autre beauté jamais ne se desteint.

Quand j'apperçoy les fleurs dans une prée
S'espanouir au lever du soleil,
Je pense voir de sa face pourprée
Et de son sein le beau lustre vermeil.

Si j'apperçoy quelque chesne sauvage
Qui jusqu'au ciel éleve ses rameaux,
Je pense en luy contempler son corsage,
Ses pieds, sa gréve et ses coudes jumeaux.

Si j'enten bruire une fontaine claire,
Je pense ouyr sa voix dessus le bord,
Qui, se plaignant de ma triste misere,
M'appelle à soy pour me donner confort.

Voilà comment, pour estre fantastique,
En cent façons ses beautez j'apperçoy ;
Et m'esjouy d'estre melancholique,
Pour recevoir tant de formes en moy.

Amour vrayment est une maladie ;
Les medecins la sçavent bien juger,
En la nommant fureur de fantasie ;

Qui ne se peut par herbes soulager.
J'aimerois mieux la fiévre dans mes veines,
Ou quelque peste, ou quelque autre douleur,
Que de souffrir tant d'amoureuses peines,
Qui sans tuer nous consomment le cœur (a).
Or-va, chanson, dans le sein de Marie,
Qui me fait vivre en penible soucy,
Pour l'asseurer que ce n'est tromperie
Des visions que je raconte icy.

VII.

Aurat (1), après ta mort la terre n'est pas digne
De pourrir en la tombe un tel corps que le tien;
Les Dieux le changeront en une voix, ou bien,
Si écho ne suffist, le changeront en cygne,
Ou en ce corps qui vit de rosée divine,
Ou en mouche qui fait le miel hymettien,
Ou en l'oiseau qui chante, et le crime ancien
De Terée au printemps redit sur une épine (b);
Ou, si tu n'es changé tout entier en quelqu'un,
Tu vestiras un corps qui te sera commun
Avecques tous ceux-ci, participant ensemble

---

a. Var. :

Dont le bon-heur n'est sinon que malheur.

b. Var. :

Tu fus en ton vivant des Muses le soustien,
Et pource après ta mort tu deviendras un cygne.
Tu deviendras cigalle, ou mousche limousine,
Qui fait un miel plus doux que n'est l'hymettien,
Ou voix qui redit tout, et si ne redit rien,
Ou l'oiseau qui maudit Teré sur une espine.

1. Ce sonnet est fait en faveur de Jean d'Aurat, poëte du roy és langues grecque et latine. (B.)

De tous (car un pour toy suffisant ne me semble),
Et d'homme seras fait un beau monstre nouveau,
De voix, cygne, cigalle, et d'avette et d'oiseau.

MADRIGAL.

Hé n'est-ce, mon Pasquier (1), hé n'est-ce pas grand cas ?
Bien que le corps party de tant de membres j'aye,
De muscles, nerfs, tendons, poulmons, arteres, faye,
De mains, de pieds, de flancs, de jambes et de bras,
    Qu'Amour les laisse en paix et ne les navre pas,
Et que luy pour son but opiniastre essaye
De faire dans mon cœur une eternelle playe,
Sans que jamais il vise ou plus haut ou plus bas ?
Il n'est tel en mon cœur qu'on le feint en peinture.
S'il estoit un enfant sourd, volage, aveuglé,
Il ne feroit en l'ame une telle ouverture,
Et son coup ne seroit si seur ne si reiglé.
    Ce n'est pas un enfant, car ses traicts sans mesure
Ne se viendroient ficher tousjours en mesme lieu.
Qu'est-ce donc que de luy, mon Pasquier ! c'est un Dieu,
Qui, sans sans viser aux cœurs, y tire de nature.

VIII.

Marie, qui voudroit vostre nom retourner,
Il trouveroit Aimer (2) : aimez-moy donc, Marie ;
Puisque vostre beau nom à l'amour vous convie,
    faut vostre jeunesse à l'amour adonner.
    S'il vous plaist pour jamais vostre amy m'ordonner,
Ensemble nous prendrons les plaisirs de la vie,
D'une amour contre-aimée, et jamais autre envie

---

1. Il adresse ce madrigal à Pasquier, poëte françois et latin, advocat fameux en la Cour de Parlement de Paris. (B.)
2. L'anagramme du nom de Marie est aimer. (B.)

Ne me pourra le cœur du vostre détourner.
   Si faut-il bien aimer au monde quelque chose ;
Celuy qui n'aime point, pour son but se propose
Une vie d'un Scythe, et ses jours veut passer
   Sans gouster la douceur des douceurs la meilleure.
Eh ! qu'est-il rien de doux sans Venus ? Las ! à l'heure
Que je n'aimeray plus, puissé-je trespasser !

IX.

Marie, à tous les coups vous me venez reprendre
   Que je suis trop leger, et me dites tousjours,
Quand je vous veux baiser, que j'aille à ma Cassandre,
Et tousjours m'appelez inconstant en amours.
   Je le veux estre. Aussi les hommes sont bien lours,
Qui de nouvelle amour ne se laissent surprendre.
Le loyal qui ne veut qu'à une seule entendre
N'est digne que Venus luy face de bons tours.
   Celuy qui n'ose faire une amitié nouvelle
A faute de courage ou faute de cervelle,
Se défiant de soy qui ne peut avoir mieux.
   Les hommes maladifs ou mattez de vieillesse
Doivent estre constans ; mais sotte est la jeunesse
Qui n'est point éveillée et qui n'aime en cent lieux.

X (1).

Amour, estant marry qu'il avoit ses sagettes
   Tiré contre Marie et ne l'avoit blessée,
Par despit en un bois sa trousse avoit laissée,
Tant que pleine elle fut d'un bel essain d'avettes.
   Ja de leurs picquerons, ces captives mouschettes,
Pour avoir liberté, la trousse avoient persée,
Et s'enfuyoient, alors qu'Amour l'a renversée
Sur la face à Marie et sur ses mammelettes.

---

1. L'invention de ce sonnet est prise d'un epigramme de Cœlius Calcagninus. (B.)

Soudain, aprés qu'il eut son carquois deschargé,
Tout riant sautela, pensant estre vengé
De celle à qui son arc n'avoit sceu faire outrage,
  Mais il rioit en vain ; car ces filles du Ciel,
En lieu de la piquer, baisans son beau visage,
En amassoient les fleurs, et en faisoient du miel.

XI.

Je veux, me souvenant de ma gentille amie,
  Boire ce soir d'autant, et pource, Corydon,
Fay remplir mes flacons et verse à l'abandon
Du vin pour resjouir toute la compagnie.
  Soit que m'amie ait nom ou Cassandre ou Marie,
Neuf fois je m'en vais boire aux lettres de son nom ;
Et toy, si de ta belle et jeune Magdelon,
Belleau, l'amour te poind, je te pri' ne l'oublie.
  Qu'on m'ombrage le chef de vigne et de lierre,
Les coudes et le col ; qu'on enfleure la terre
De roses et de lys, de lavande et de jonc.
  Sus ! verse dans ma coupe et boivon à nostre aise.
Quoi ! n'est-ce pas bien fait ? Or sus ! commençons donc,
Et chassons loing de nous tout soin et tout malaise (a).

XII.

Ma plume sinon vous ne sçait autre sujet,
  Mon pied sinon vers vous ne sçait autre voyage,
Ma langue sinon vous ne sçait autre langage,
Et mon œil ne cognoist que vous pour son objet.

a. Var., 1584 :

> Apporte ces bouquets que tu m'avois cueillis,
> Ces roses, ces œillets, ce jasmin et ces lis ;
> Attache une couronne à l'entour de ma teste.
>   Gaignons ce jour icy, trompons nostre trespas ;
> Peut-estre que demain nous ne reboirons pas.
> S'attendre au lendemain n'est pas chose trop preste.

Si je souhaite rien, vous estes mon souhait,
Vous estes le doux gain de mon plaisant dommage,
Vous estes le seul but où vise mon courage,
Et seulement en vous tout mon rond se parfait.
　Je ne suis point de ceux qui changent de fortune.
Puisque je n'ay qu'un cœur, je n'en puis aimer qu'une :
Cette une m'en vaut cent. Las ! je vous aime mieux
　Que mon cœur ni que moy, et plustost que de faire
Chose qui peust en rien nostre amitié defaire,
J'aimerois mieux mourir, tant j'aime vos beaux yeux (*a*) !

XIII.

Amour, quiconque ait dit que le Ciel' fut ton père,
Et que Venus la douce en ses flancs te porta,
Il mentit lachement; un Dieu ne t'enfanta,
Tu n'es pas fils du Ciel, Venus n'est pas ta mère.
　Des champs Massyliens la plus cruelle fere
Entre ses lionneaux dans un roc t'allaitta,
Et, t'ouvrant ses tetins, par son laict te jetta
Tout à l'entour du cœur sa rage la plus fiere.
　Rien ne te plaist, cruel, que sanglots et que pleurs,
Que deschirer nos cœurs d'espineuses douleurs,
Que tirer tout d'un coup mille morts de ta trousse.
　Un si meschant que toy du Ciel n'est point venu :
Si Venus t'eust conceu, tu eusses retenu
Quelque peu de douceur d'une mere si douce.

XIV.

Beauté, dont la douceur pourroit vaincre les rois,
Mon cœur que vous tenez dans vos yeux en servage,

---

a. Var. :

　　Une m'est un milier, la nature y consent.
　　　Il faudroit pour vestir toute amour rencontrée,
　　Estre nay Geryon, ou Typhe, ou Briarée ;
　　Qui n'en peut servir une, il n'en peut servir cent.

Helas! rendez le moi ou me baillez en gage
Le vostre, car sans cœur vivre je ne pourrois.
 Quand mort en vous servant sans mon cœur je serois,
Plus que vous ne pensez ce vous seroit dommage
De perdre un tel amy, à moy grand avantage,
Grand honneur et plaisir, quand pour vous je mourrois.
 Ainsi nous ne pouvons encourir de ma mort,
Vous, Madame, qu'un blâme, et moi, qu'un reconfort,
Pourveu que mon trespas vous plaise en quelque chose;
 Et veux que sur ma lame Amour aille escrivant :
CELUY QUI GIST ICY SANS CŒUR ESTOIT VIVANT,
ET TRESPASSA SANS CŒUR ET SANS CŒUR IL REPOSE.

XV.

Amour qui si longtemps en peine m'as tenu,
Qui premier desbauchas ma liberté nouvelle,
S'il te plaist d'adoucir la fierté de ma belle,
Tant que par ton moyen mon travail soit cognu,
 Sur un pilier doré je te peindray tout nu,
En l'air, un pied levé, à chaque flanc une aile,
L'arc courbé dans la main, le carquois sous l'aisselle,
Le corps gras et douillet, le poil crespe et menu.
 Tu sais, Amour, combien mon cœur souffre de peine;
Mais tant plus il est doux, plus d'audace elle est pleine,
Et mesprise tes dards, comme si tout son cœur
 Estoit environné de quelque roche dure;
Fais luy cognoistre au moins que tu es le vainqueur,
Et qu'un mortel ne doit aux Dieux faire d'injure (a).

a. Var. :

 Tu vois (un dieu void tout) combien j'ay de tristesse;
Tu vois de quel orgueil me brave ma maistresse;
Ton soldat en ton camp te doit accompagner.
 Mais tu le dois defendre, et, si tu le desdaignes,
Seul tu verras aux champs sans hommes tes enseignes :
Un roy qui perd les siens n'est digne de regner.

XVI.

Fuyons, mon cœur, fuyons; que mon pied ne s'arreste
Une heure en cette ville(1), où, par l'ire des Dieux,
Sur mes vingt et un ans le feu de deux beaux yeux
(Souvenir trop amer!) me foudroya la teste.

Le Grec qui a senti la meurdriere tempeste
Des rochers Capharez abomine tels lieux,
Et, s'il les voit de loin, ils luy sont odieux,
Et pour les eviter tient sa navire preste.

Adieu donc, ville, adieu, puis qu'en toy je ne fais
Que tousjours re-semer le mal dont je me pais,
Et tousjours refraischir mon ancienne playe.

Vivons, mon cœur, vivons sans desirer la mort;
C'est trop souffert de peine, il est temps que j'essaye
Apres mille perils de rencontrer le port.

XVII.

Ah! que malheureux est celui-là qui s'empestre
Dans les liens d'Amour; sa peine est plus cruelle
Que s'il tournoit là bas la rou' continuelle,
Ou s'il bailloit son cœur aux vautours à repaistre.

Maugré luy dans son ame à toute heure il sent naistre
Un joyeux déplaisir, qui douteux l'espointelle;
Quoy! l'espointelle! ainçois le gesne et le martelle.
Sa raison est vaincue et l'appetit est maistre.

Il ressemble à l'oiseau, lequel plus se remue
Captif dans les gluaux, et tant plus se renglue,
Se debatant en vain d'eschapper l'oiseleur.

Ainsi, tant plus l'amant les rets d'amour secoue,

---

1. Les dernières éditions portent, au lieu de: *une heure en cette ville*, *un quart d'heure à Bourgueil*. C'est que le sonnet fut fait à Blois et adressé primitivement à Cassandre. Il ne fut que plus tard appliqué à Marie.

SECOND LIVRE. 163

Plus à l'entour du col son destin les renoue,
Pour jamais n'eschapper d'un si plaisant malheur.

CHANSON (1).

Ma maistresse est toute angelette
Toute ma rose nouvelette,
Toute mon gracieux orgueil,
Toute ma petite brunette,
Toute ma douce mignonnette,
Toute mon cœur, toute mon œil;
   Toute ma muse et ma Charite,
Toute le gain de mon merite (*a*),
Toute mon tout, toute mon rien,
Toute ma maistresse Marie,
Toute ma douce tromperie,
Toute mon mal, toute mon bien.
   Toute mon miel et ma delice,
Toute ma gentille malice (*b*),
Toute ma joye et ma langueur,
Toute ma petite Angevine,
Ma toute simple et toute fine,
Toute mon ame et tout mon cœur.
   Encore un envieux me nie
Que je ne dois aimer Marie ;

---

a. Var. :

> *Toute mes jeux et mes blandices,*
> *Mes mignardises, mes delices.*

b. Var. :

> *Toute fiel, toute ma sucree,*
> *Toute ma belle Cytheree.*

1. Pris de Marulle :

> Tota est candida, tota munda, tota
> Succi plenula, tota mollicella, etc.

Mais quoy ! si ce sot envieux
Disoit que mes yeux je n'aimasse,
Voudriez-vous bien que je laissasse
Pour un sot à n'aimer mes yeux ?

CHANSON (1).

Si le ciel est ton pays et ton pere,
Si le nectar est ton vin savoureux,
Si Venus est ta delicate mere,
Si l'ambroisie est ton pain bien-heureux ;
   Pourquoy viens-tu te loger en la terre?
Pourquoy viens-tu te cacher en mon sein?
Pourquoy fais-tu contre mes os la guerre?
Pourquoy bois-tu mon pauvre sang humain?
   Pourquoy prens-tu de mon cœur nourriture?
O fils d'un tigre ! ô cruel animal !
Tu es un Dieu de meschante nature !
Je suis à toy, pourquoy me fais-tu mal ?

XVIII.

Mignonne, levez-vous, vous estes paresseuse,
  Ja la gaye alouette au ciel a fredonné,
Et ja le rossignol doucement jargonné,
Dessus l'espine assis, sa complainte amoureuse.
  Sus ! debout ! allons voir l'herbelette perleuse,
Et vostre beau rosier de boutons couronné,
Et vos œillets aimés ausquels aviez donné
Hier au soir de l'eau d'une main si soigneuse.
  Hier en vous couchant vous me fistes promesse
D'estre plutost que moy ce matin eveillée,
Mais le sommeil vous tient encor toute sillée.

---

1. Tout est de Marulle, commençant :

    Si cœlum patria est, puer, beatum,
    Si vero peperit Venus benigna.

Ha! je vous punirai du péché de paresse,
Je vay baiser vos yeux et vostre beau tetin
Cent fois, pour vous apprendre à vous lever matin (a).

XIX.

Je ne suis variable, et si ne veux apprendre
Le mestier d'inconstance, aussi ce n'est qu'esmoy ;
Je ne dy pas si Jane estoit prise de moy,
Que bientost n'oubliasse et Marie et Cassandre.
Je ne suis pas celuy qui veux Pâris reprendre
D'avoir manqué si tost à Pegasis de foy :
Plustost que d'accuser ce jeune enfant de Roy
D'avoir changé d'amour, je voudrois le defendre.
Il fist bien, il fist bien, de ravir cette Helene,
Cette Helene qui fut de tant de beautés pleine
Que du grand Jupiter on la disoit enfant.
L'amant est bien guidé d'une heure malheureuse (b),
Quand il trouve son mieux, si son mieux il ne prend,
Sans grisonner au sein d'une vieille amoureuse.

XX.

C'est grand cas que d'aimer : si je suis une année
Avecques ma maistresse à deviser tousjours,
Et à luy raconter quelles sont mes amours,

a. Var. :
Harsoir en vous couchant vous jurastes vos yeux
D'estre plustost que moy ce matin esveillée;
Mais le dormir de l'aube, aux filles gracieux,
Vous tient d'un doux sommeil encor les yeux sillée.
Ça ça, que je les baise, et vostre beau tetin,
Cent fois, pour vous apprendre à vous lever matin.

b. Var. :
Pour ne garder long temps sa sotte loyauté,
Il fit bien de ravir ceste jeune beauté,

L'an me semble plus court qu'une courte journée.
　　Si quelqu'un parle à moi (*a*), j'en ai l'âme gennée,
Ou je ne lui dis mot, ou mes propos sont lours ;
Au milieu du devis s'esgarent mes discours,
Et tout ainsi que moy ma langue est estonnée.
　　Mais, quand je suis auprès de celle qui me tient
Le cœur dedans les yeux, sans me forcer me vient
Un propos dessus l'autre, et jamais je ne cesse
　　De baiser, de taster, de rire et de parler (*b*) :
Car, pour estre cent ans auprès de ma maistresse,
Cent ans me sont trop courts, et ne m'en puis aller.

XXI.

Que ne suis-je insensible ? ou que n'est mon visage
　　De rides labouré ? ou que ne puis-je espandre,
Sans trespasser, le sang qui, chaud, subtil et tendre,
Bouillonnant dans mon cœur, me trouble le courage ?
　　Ou bien en mon erreur que ne suis-je plus sage ?
Ou pourquoy la raison, qui me devroit reprendre,
Ne commande à ma chair, sans, paresseuse, attendre
Qu'un tel commandement me soit enjoint par l'âge ?
　　Mais que pourray-je faire ? et, puisque ma maistresse,
Mes sens, mes ans, Amour et ma raison traistresse
Ont juré contre moy, las ! quand mon chef seroit

Bien qu'à sa propre ville elle fut malheureuse.
　　L'amant est bien novice, et son art il apprend.

　a. Var. :

　　Si quelque tiers survient.

　b. Var. :

　Mais, quand je suis tout seul auprès de mon plaisir,
Ma langue interpretant le plus de mon desir,
Alors de caqueter mon ardeur ne fait cesse ;
　　Je ne fais qu'inventer, que conter, que parler.

De vieillesse aussi blanc que la vieille Cumée,
Si est-ce que jamais le temps n'effaceroit
Ceste beauté que j'ay dans le cœur imprimée (a).

XXII.

Morfee (1), s'il te plaist de me représenter
Ceste nuict ma maistresse aussi belle et gentille
Que je la vy le soir que sa vive scintille
Par ne sçais quel regard vint mes yeux enchanter ;

Et s'il te plaist, ô Dieu, tant soit peu d'alenter
(Miserable souhait !) de sa feinte inutile
Le feu qu'Amour me vient de son aile subtile
Tout alentour du cœur sans repos eventer ;

Sur le haut de mon lit en vœu je t'appendray,
Devot, un saint tableau sur lequel je peindrai
L'heur que j'aurai receu de ta forme douteuse (a),

Et comme Jupiter à Troye fut deceu
Du Somme et de Junon, aprés avoir receu
De la simple Venus la ceinture amoureuse (2).

a. Var. :

Encor dans le tombeau mon mal ne cesseroit,
Tant l'astre eut contre moy son influence armée.

b. Var. :

J'appendray sur mon lict ta peinture plumeuse (2),
En la mesme façon que je t'auray conceu
La nuict par le plaisir de ta forme douteuse.

1. Morphee est un dieu couvert d'ailes et de plumes comme la Renommée, Amour et autres. (B.)
2. Jupiter fut deceu sur la montagne Idee par Junon et par le Somme, ayant Junon emprunté la ceinture de Venus pour se mettre en la bonne grace de son mary et le faire dormir, à fin qu'il n'aydast aux Troyens. Ce conte est dedans l'Iliade d'Homere. (B.)

XXIII.

Escumiere Venus, royne en Cypre puissante,
Mere des doux Amours, à qui tousjours se joint
Le Plaisir et le Jeu, qui tout animal point
A tousjours reparer sa race perissante ;

Sans toy, nymphe aime-ris, la vie est languissante,
Sans toy rien n'est de beau, de vaillant ny de coint,
Sans toy la Volupté joyeuse ne vient point,
Et des Graces sans toy la grace est desplaisante.

Ores qu'en ce printemps on ne sçauroit rien voir
Qui fiché dans le cœur ne sente ton pouvoir,
Sans plus une pucelle en sera-t'elle exente ?

Si tu ne veux du tout la traiter de rigueur,
Au moins que sa froideur en ce mois d'avril sente
Quelque peu du brasier qui m'enflame le cœur.

XXIV.

Cache pour ceste nuict ta corne, bonne lune ;
Ainsi Endymion soit tousjours ton amy,
Et sans se réveiller en ton sein endormy,
Ainsi nul enchanteur jamais ne t'importune !

Le jour m'est odieux, la nuict m'est opportune ;
Je crains de jour l'aguet d'un voisin ennemy ;
De nuict, plus courageux, je traverse parmy
Le camp des espions, defendu de la brune.

Tu sçais, Lune, que peut l'amoureuse poison :
Le Dieu Pan pour le prix d'une blanche toison
Peut bien flechir ton cœur. Et vous, astres insignes,

Favorisez au feu qui me tient allumé :
Car, s'il vous en souvient, la plus part de vous, signes,
N'a place dans le Ciel que pour avoir aimé.

CHANSON (1).

Bon jour, mon cœur; bon jour, ma douce vie;
Bon jour, mon œil; bon jour, ma chere amie;
    Hé! bon jour, ma toute belle,
    Ma mignardise, bon jour,
    Mes delices, mon amour,
Mon doux printemps, ma douce fleur nouvelle,
Mon doux plaisir, ma douce colombelle,
Mon passereau, ma gente tourterelle;
    Bon jour, ma douce rebelle.
Je veux mourir si plus on me reproche
Que mon service est plus froid qu'une roche,
    De t'avoir laissé maistresse,
    Pour aller suivre le roy
    Et chercher je ne sçay quoy
Que le vulgaire appelle une largesse.
Plustost perisse honneur, cour et richesse,
Que pour les biens jamais je te relaisse,
    Ma douce et belle deesse.

CHANSON (2).

Belle et jeune fleur de quinze ans,
    Qui sens encore ton enfance,
Mais bien qui caches au dedans

---

1. Tout est de Marulle :

    Salve, nequitiæ meæ, Neæra,
    Mi passercule, mi albe turturille.

2. Pris de Marulle :

    Puella mure delicatior Scytha,
      Foliive serici comis,
    Vel educata rure Pestano rosa

Un cœur rempli de decevance(a),
Celant sous ombre d'amitié
Une jeunette mauvaistié,
 Ren-moy (si tu as quelque honte)
Mon cœur, que tu m'as emmené,
Dont tu ne fais non-plus de conte
Que d'un prisonnier enchaisné,
Ou d'un valet, ou d'un forcere
Qui est esclave d'un corsaire(b).
 Une autre moins belle que toy,
Mais plus que toy courtoise et bonne,
Le veut de grace avoir de moy,
Me priant que je le luy donne.
Elle l'aura, puis qu'autrement
Il n'a de toy bon traitement.
 Mais non, j'aime trop mieux qu'il meure
Dedans la prison de tes mains,
J'aime trop mieux qu'il y demeure
Tourmenté de maux inhumains,
Qu'en te changeant, jouir de celle
Qui m'est plus douce et non si belle.

XXV.

Les villes et les bourgs me sont si odieux
Que je meurs si je voy quelque tracette humaine.
Seulet dedans les bois pensif je me promeine,
Et rien ne m'est plaisant que les sauvages lieux.
 Il n'y a dans ces bois sangliers si furieux,

a. Var. :

Fleur angevine de quinze ans,
Ton front monstre assez de simplesse;
Mais ton cœur ne cache au dedans
Sinon que malice et finesse.

b. Var. :

T'esjouissant de sa misere
Et te plaisant de luy desplaire.

Ny roc si endurcy, ny ruisseau, ny fontaine,
Ny arbre, tant soit sourd, qui ne sçache ma peine
Et qui ne soit marry de mon mal ennuyeux.
 Un penser qui renaist d'un autre m'accompagne
Avec un pleur amer qui tout le sein me baigne;
Travaillé de souspirs qui si tristes me font,
 Que si quelque passant me trouvoit au bocage,
Voyant mon poil rebours et l'horreur de mon front,
Ne me diroit pas homme, ains un monstre sauvage.

XXVI.

Amour (comme l'on dit) ne naist d'oisiveté.
S'il naissoit du loisir, il ne fust plus mon maistre.
Je cours, je vais, je viens, et si ne me dépestre
De son lien qui tient serve ma liberté.
 Je ne suis point oisif et ne l'ay point esté ;
Tousjours la harquebuze, ou la paume champestre,
Ou l'escrime, qui rend une jeunesse adextre,
Me retient en travail tout le jour arresté.
 Ore le chien couchant, ore la grande chasse,
Ore un ballon poussé sur une belle place,
Ore nager, luitter, voltiger et courir,
 M'amusent sans repos; mais plus je m'exercite,
Plus amour naist dans moy, et plus je sens nourrir
Son feu, qu'un seul regard au cœur me ressuscite (*a*).

XXVII.

Hé! que voulez-vous dire? Estes-vous si cruelle
De ne vouloir aimer? Voyez les passereaux
Qui demenent l'amour; voyez les colombeaux,
Regardez le ramier, voyez la tourterelle;

a. Var. :

> *Jamais à mon esprit de repos je ne baille,*
> *Et si ne puis Amour de mon cœur desloger,*
> *Plus je suis en affaire, et plus il me travaille.*

Voyez deçà, delà, d'une fretillante aile
Voleter par les bois les amoureux oiseaux;
Voyez la jeune vigne embrasser les ormeaux,
Et toute chose rire en la saison nouvelle.
 Icy la bergerette, en tournant son fuseau,
Desgoise ses amours, et là le pastoureau
Respond à sa chanson. Icy toute chose aime;
 Tout parle de l'amour, tout s'en veut enflammer;
Seulement vostre cœur, froid d'une glace extreme,
Demeure opiniastre et ne veut point aimer.

CHANSON (1).

Le printemps n'a point tant de fleurs,
L'automne tant de raisins meurs,
L'esté tant de chaleurs hâlées,
L'hyver tant de froides gelées,
Ny la mer n'a tant de poissons,
Ny la Beausse tant de moissons,
Ny la Bretaigne tant d'arenes,
Ny l'Auvergne tant de fontaines,
Ny la nuict tant de clairs flambeaux,
Ny les forests tant de rameaux,
Que je porte au cœur, ma maistresse,
Pour vous de peine et de tristesse.

CHANSON (2).

Demandes-tu, chere Marie,
Quelle est pour toy ma pauvre vie?
Je jure par tes yeux qu'elle est

1. Pris de Marulle :
   Non tot Attica mella, littus algas, etc.
2. De Marulle :
   Rogas quæ mea vita sit, Neæra, etc.

Telle qu'ordonner te la plaist,
  Pauvre, chetive, langoureuse,
Dolente, triste, malheureuse,
Et tout le plus fascheux esmoy
D'amour fascheux loge chez moy (a).
  Après, demandes-tu, Marie,
Quels compagnons suivent ma vie ?
Suivie en sa fortune elle est
De tels compagnons qu'il te plaist,
  Ennuy, travail, peine, tristesse,
Larmes, souspirs, sanglots, destresse;
Et tout le plus fascheux soucy
D'amour fascheux y loge aussi.
  Voyla comment par toy, Marie,
Je traine ma chetive vie,
Heureux du mal que je reçoy
Pour t'aimer cent fois plus que moy.

XXVIII.

J'aime la fleur de mars, j'aime la belle rose,
  L'une qui est sacrée à Venus la deesse,
L'autre qui a le nom de ma belle maistresse,
Pour qui ne nuit, ne jour, en paix je ne repose.
  J'aime trois oiselets(1), l'un qui sa plume arrose
De la pluye de may, et vers le ciel se dresse;
L'autre qui veuf au bois lamente sa détresse,
L'autre qui pour son fils mille versets compose.
  J'aime un pin de Bourgueil, où Venus appendit
Ma jeune liberté, quand pris elle rendit
Mon cœur, que doucement un bel œil emprisonne.

a. Var. :

Et tout le mal qui vient d'amour
Ne m'abandonne nuict ny jour.

1. L'alouette, la tourterelle et le rossignol. (B.)

J'aime un gentil laurier, de Phebus l'arbrisseau,
Dont ma belle maistresse, en tordant un rameau
Lié de ses cheveux, me fit une couronne.

XXIX.

Mars fut vostre parrein quand nasquites, Marie;
La Mer vostre marreine : un Dieu cruel et fier,
Une mer à laquelle on ne se doit fier;
Luy tousjours est colere; elle est toujours marrie.

Sous un tiltre d'honneur, ce guerrier nous convie
De hanter les combats, puis est nostre meurtrier;
La Mer, en se calmant, fait semblant de prier
Qu'on aille en son giron, puis nous oste la vie.

Vous tenez de ce Dieu, mais trop plus de la mer,
Qui fistes vos beaux yeux serenement calmer
Pour m'attirer chez vous par vos belles œillades.

Heureux et plus qu'heureux si je m'estois gardé
Et si j'eusse la mer du havre regardé,
Sans me faire presser en tant de Symplegades !

XXX.

S'il y a quelque fille, en toute une contrée,
Qui soit inexorable, inhumaine et cruelle,
Tousjours elle est de moy pour dame rencontrée,
Et tousjours le malheur me fait serviteur d'elle.

Mais si quelcune est douce, honneste, aimable et belle,
La prinse en est pour moy tousjours desesperée.
J'ay beau estre courtois, jeune, accort et fidele,
Elle sera tousjours d'un sot enamourée.

Voilà que c'est d'aimer : ceux qui ont merité
D'estre recompensez sont en douleur profonde,
Et le sot volontiers est toujours bien traicté.

Sous tel astre malin je nasquis en ce monde !
O traistre et lasche Amour, que tu es malheureux !
Malheureux est celuy qui devient amoureux.

CHANSON (1).

Amour, dy-moy, de grace (ainsi des bas humains
Et des Dieux soit tousjours l'empire entre tes mains)
    Qui te fournist de fleches,
Veu que tousjours colere en mille et mille lieux
Tu pers tes traits és cœurs des hommes et des dieux,
    Empennez de flammeches?
Mais je te pri', dy-moy, est-ce point le dieu Mars,
Quand il revient chargé du butin des soldars
    Occis à la bataille?
Ou bien si c'est Vulcan qui dedans ses fourneaux
Après les tiens perdus) t'en refait de nouveaux
    Et tousjours t'en rebaille?
Pauvret (respond Amour), et quoy! ignores-tu
La rigueur, la douceur, la force, la vertu
    Des beaux yeux de t'amie?
Plus je respan de traits sus hommes et sus dieux,
Et plus d'un seul regard m'en fournissent les yeux
    De ta belle Marie.

XXXI.

J'ay pour maistresse une estrange Gorgonne,
  Qui va passant les anges en beauté :
C'est un vray Mars en dure cruauté ;
En chasteté, la fille de Latonne.
  Quand je la voy, mille fois je m'estonne,
La larme à l'œil, ou que ma fermeté
Ne la flechit, ou que sa dureté
Ne me conduit d'où plus on ne retorne.
  De la nature un cœur je n'ay receu ;
Ainçois plustost, pour se nourrir en feu,

---

1. Tout est de Marulle :

    Cum tot tela die proterve spargas,
    Tot figas sine fine et hic et illic.

En lieu de luy j'ay une salamandre :
　Car, si j'avois de chair un cœur humain,
Long temps y a qu'il fust reduit en cendre,
Veu le brasier qui se cache en mon sein (*a*).

XXXII (1).

Si tost que tu as beu quelque peu de rosée,
Soit de nuict, soit de jour, ès feuilles d'un buisson,
Pendant les aisles bas, tu dis une chanson
D'une note rustique à ton gré composée.
　Las ! aussi comme toy j'ay la voix disposée
A chanter en ce bois, mais en autre façon :
Car tousjours en pleurant je dégoise mon son.
Aussi j'ay tousjours l'ame en larmes arrosée.
　Je te gaigne à chanter, d'autant que tu ne pleures ;
Sinon trois mois en l'an, et moy à toutes heures,
Navré d'une beauté qui me tient en servage.
　Mais, helas ! rossignol, ou bien à mes chansons
(Si quelque amour te poingt) accorde tes doux sons,
Ou laisse-moy tout seul pleurer en ce bocage.

XXXIII.

Belle, gentille, honneste, humble et douce Marie,
Qui mon cœur en vos yeux prisonnier detenez,
Et qui par monts, par vaux, comme esclave menez
De vostre blanche main ma prisonnière vie,
　He ! quantesfois le jour me prend-il une envie
De rompre vos liens ; mais plus vous me donnez

---

a. Var. :

　Mon corps n'est point ny de terre, ny d'eau,
Ny d'air leger ; il est fait d'un flambeau
Qui se consume, et n'est jamais en cendre.

1. Le commencement de ce sonnet est fait à l'imitation d'une ode d'Anacreon, de *la Cigalle*. (B.)

Espoir de liberté, plus vous m'emprisonnez
L'ame, qui languiroit sans vous estre asservie.
    Hà! je vous aime tant que je suis fol pour vous!
J'ay perdu ma raison, et ma langue debile
Au milieu des propos vous nomme à tous les coups,
    Vous, comme son suject, sa parole et son stile,
Et qui parlant ne fait qu'interpreter sinon
Mon esprit qui ne pense en rien qu'en vostre nom.

MADRIGAL (1).

Comment au departir adieu pourroy-je dire,
Duquel le souvenir tant seulement me pâme ?
Adieu, ma chere vie; adieu, ma seconde ame,
Adieu, mon cher souci, pour qui seul je souspire;
    Adieu le bel object de mon plaisant martyre,
Adieu, bel œil divin qui m'englace et m'enflame;
Adieu, ma douce glace; adieu, ma douce flame;
Adieu, par qui je vis et par qui je respire.
    Adieu, belle, humble, honneste et gentille maistresse;
Adieu les doux liens où vous m'avez tenu,
Maintenant en travail, maintenant en liesse.
Il est temps de partir, le jour en est venu (a).

a. Var. (trois vers ajoutés dans les éditions posthumes) :

Le besoin importun, non le desir, me presse.
Le desir ne sçauroit desloger de son lieu :
Le pied vous laisse bien, mais le cœur ne vous laisse.

1. L'autheur appelle madrigals les sonnets qui ont plus de quatorze lignes, comme cestuy-cy. C'est un mot italien qui vient de *mandra*, qui signifie troupeau. Ce sont chansons, sans contrainte de lignes ordonnées, que chantent les pasteurs à plaisir. [La plus grand part des madrigals dans les Italiens, qui en sont les maistres, sont de petits vers libres, meslez de grands quelquefois, et dont la plus part n'ont rien de commun au sonnet.] (B.)

Je vous conjure icy, par Amour nostre Dieu,
De prendre ce-pendant mon cœur. Tenez, maistresse,
Voy-le-là, baisez-moy, gardez-le, et puis, adieu.

XXXIV.

Quand je vous voy, ma gentille maistresse,
   Je deviens fol, sourd, muet et sans ame;
Dedans mon sein mon pauvre cœur se pâme,
Entre-surpris de joye et de tristesse.
   Par tout mon chef le poil rebours se dresse,
De glace froide une fiévre m'enflame
Veines et nerfs. En tel estat, ma Dame,
Je suis pour vous quand à vous je m'adresse.
   Mon œil craint plus les vostres qu'un enfant
Ne craint la verge, ou la fille sa mere,
Et toutesfois vous ne m'estes severe,
   Sinon au poinct que l'honneur vous defend.
Mais c'est assez, puis que de ma misere
La guarison d'autre part ne depend.

XXXV.

Mes souspirs, mes amis, vous m'estes agreables,
   D'autant que vous sortez pour un lieu qui le vaut.
Je porte dans le cœur des flames incurables;
Le feu pourtant m'agrée et du mal ne me chaut.
   Autant me plaist sentir le froid comme le chaud;
Plaisir et desplaisir me sont biens incroyables.
Bien-heureux je m'estime aimant en lieu si haut,
Et si veux estre mis au rang des miserables.
   Des miserables? non, mais au rang des heureux.
Un homme ne pourroit sans se voir amoureux
Sentir en doux tourment que valent tes liesses.
   Non, je ne voudrois pas pour l'or de l'univers
N'avoir souffert les maux qu'en aimant j'ay souffers
Pour l'attente d'un bien qui vaut mille tristesses.

XXXVI.

J'ay cent mille tourmens et n'en voudrois moins d'un,
Tant ils me sont plaisans, pour vous, belle maistres-
Un fascheux desplaisir me vaut une liesse, [se;
Et jamais vostre orgueil ne me fut importun.
Je suis bien asseuré que, si jamais aucun
Fut heureux en servant une humaine deesse,
Sur tous les amoureux heureux je me confesse,
Et ne veux point ceder en bon-heur à quelqu'un.
Tant plus je suis malade, et plus je suis dispos,
J'appelle mon travail un gracieux repos.
Amour m'apprend par cœur ce langage, et m'assure
Qu'il vaut trop mieux mourir pour si belle victoire
Que de gagner ailleurs; il le dit, il le jure
Par son arc et ses traits, et je le veux bien croire (a).

XXXVII.

Si quelque amoureux passe en Anjou par ourgueil,
Voye un pin eslevé par dessus le village,
Et là sur le sommet de son pointu fueillage,
Verra ma liberté qu'un favorable accueil
A pendu pour trophée aux graces d'un bel œil
Qui depuis quinze mois me detient en servage,
Mais servage si doux que la fleur de mon age

---

a. Var. :

> *Plus je suis abaissé, plus j'espere de gloire ;*
> *Plus je suis en l'obscur, plus j'espere de jour.*
> *Il vaut trop mieux mourir pour si belle victoire*
> *Que de gaigner ailleurs ce bon enfant Amour,*
> *Qui blanchit et noircit ma fortune à son tour ;*
> *Il jure par ses traits et je le veux bien croire.*

Est heureuse d'avoir le bien d'un si beau deuil (*a*).
Amour n'eust seu trouver un arbre plus aimé
Pour pendre ma despouille, en qui fut transformé
La jeune peau d'Atys (¹) sur la montagne Idée.
Mais entre Atys et moy il y a difference :
C'est qu'il fut amoureux d'une vieille ridée,
Et moy d'une beauté qui ne sort que d'enfance.

CHANSON.

Mais voyez, mon cher esmoy !
Voyez combien de merveilles
Vous parfaites dedans moy
Par vos beautez nompareilles.
De telle façon vos yeux,
Vostre ris et vostre grace,
Vostre front et vos cheveux,
Et vostre angélique face (*b*),
Me bruslent depuis le jour
Que j'en eu la cognoissance,
Desirant d'extreme amour
En avoir la jouissance,

a. Var. :

Verra ma liberté, trophée d'un bel œil,
Qu'Amour victorieux, qui se plaist de mon dueil,
Appendit pour sa pompe et mon servil hommage,
Afin qu'à tous passans elle fust tesmoignage
Que l'amoureuse vie est un plaisant cercueil.

b. Var. :

Où tousjours mon cœur s'en-vole,
Vostre front imperieux,
Vostre ris, vostre parole.

1. Atys, jeune et gaillard, estant entré en furie de l'amour qu'il portoit à Cybele, mere des dieux, fut transformé en un pin. (B.)

Que sans l'aide de mes pleurs,
Dont ma vie est arrosée,
Long-temps a que les chaleurs
D'amour l'eussent embrasée.
 Au contraire, vos beaux yeux
Vostre ris et vostre grace,
Vostre front et vos cheveux,
Et vostre angelique face
 Me gelent depuis le jour
Que j'en eu la cognoissance,
Desirant par grande amour
En avoir la jouissance ;
 Que sans l'aide des chaleurs
Dont mon ame est embrasée,
Long-temps a que par mes pleurs
En eau se fust espuisée.
 Voyez donc, mon doux esmoy !
Voyez combien de merveilles
Vous parfaites dedans moy
Par vos beautez nompareilles (1) !

1. Cette chanson est prise entierement de Marulle. Voy. l'epigramme :

 Sic me blanda tui, Neæra, ocelli etc.

LE VOYAGE DE TOURS

OU LES AMOUREUX

Thoinet et Perrot.

Au seigneur L'Huillier (1).

L'Huillier, à qui Phœbus, comme au seul de
    nostre age,   [tage,
A donné ses beaux vers et son luth en par-
En ta faveur icy je chante les amours
Que Perrot et Thoinet souspirerent à Tours,
L'un espris de Francine, et l'autre de Marie.
  Ce Thoinet est Baïf, qui doctement manie
Les mestiers d'Apollon ; ce Perrot est Ronsard,
Que la Muse n'a fait le dernier en son art.
  Si ce grand duc de Guyse, honneur de nostre France,
N'amuse point ta plume en chose d'importance,
Preste moy ton oreille, et t'en viens lire icy
L'amour de ces pasteurs et leur voyage aussy.

C'estoit en la saison que l'amoureuse Flore (2)
    Faisoit pour son amy les fleurettes esclore,
    Par les prez bigarrez d'autant d'esmail de
        fleurs,
Que le grand arc du ciel s'esmaille de couleurs ;
Lors que les papillons et les blondes avettes,
Les uns chargez au bec, les autres aux cuissettes,

---

  1. Cette dédicace du Voyage de Tours à L'Huillier, riche bourgeois de Paris, peut-être le père ou le grand-père de Chapelle, ne se trouve que dans l'edition de 1560.
  2. Il escrit en ce chant pastoral un voyage que Jean Anthoine de Baïf, poëte françois et gentilhomme de fort bonne part, et luy, firent à Tours pour voir leurs maistresses. Ce commencement est pris de la Thalysie de Theocrite. (B.)

Errent par les jardins, et les petits oiseaux,
Voletans par les bois de rameaux en rameaux,
Amassent la bechée, et parmy la verdure
Ont souci comme nous de leur race future.
 Thoinet, en ce beau temps, passant par Vendomois,
Me mena voir à Tours Marion, que j'aimois,
Qui aux nopces estoit d'une sienne cousine ;
Et ce Thoinet aussi alloit voir sa Francine,
Que la grande Venus, d'un trait plein de rigueur,
Luy avoit prés le Clain escrite dans le cœur.
 Nous partismes tous deux du hameau de Coustures (1);
Nous passasmes Gastine (2) et ses hautes verdures ;
Nous passasmes Marré (3), et vismes à mi-jour
Du pasteur Phelippot s'eslever la grand' tour
Qui de Beaumont la Ronce (4) honore le village,
Comme un pin fait honneur aux arbres d'un bocage.
 Ce pasteur, qu'on nommoit Phelippot le gaillard,
Courtois, nous festoya jusques au soir bien tard.
De là vinsmes coucher au gué de Lengenrie (5),
Sous des saules plantez le long d'une prairie ;
Puis, dés le poinct du jour redoublant le marcher,
Nous vismes en un bois s'eslever le clocher
De Sainct-Cosme (6), prés Tours, où la nopce gentille
Dans un pré se faisoit au beau milieu de l'isle.
 Là Francine dançoit, de Thoinet le souci ;
Là Marion balloit, qui fut le mien aussi ;
Puis, nous mettans tous deux en l'ordre de la dance,
Thoinet tout le premier ceste plainte commence :
 Ma Francine, mon cœur, qu'oublier je ne puis,
Bien que pour ton amour oublié je me suis,

---

1. Le lieu de la naissance de nostre autheur. Département de Loir-et-Cher, arrondissement de Vendôme. — 2. Le nom d'une forêt. (B.) — 3. Nom d'un village. Département d'Indre-et-Loire, arrondissement de Tours. — 4. Le nom d'un village. Département d'Indre-et-Loire, arrondissement de Tours. — 5. Petit village. — 6. Prieuré situé dedans une isle auprès de Tours. (B.)

Quand dure en cruauté tu passerois les ourses
Et les torrens d'hyver desbordez de leurs courses,
Et quand tu porterois en lieu d'humaine chair
Au fond de l'estomach pour un cœur un rocher;
Quand tu aurois succé le laict d'une lyonne,
Quand tu serois autant qu'une tigre felonne,
Ton cœur seroit encor de mes pleurs adouci,
Et ce pauvre Thoinet tu prendrois à mercy.

 Je suis, s'il t'en souvient, Thoinet qui, dés jeunesse,
Te voyant sur le Clain (1), t'appela sa maistresse,
Qui musette et flageol à ses lévres usa
Pour te donner plaisir; mais cela m'abusa,
Car, te pensant flechir comme une femme humaine,
Je trouvay ta poitrine et ton oreille pleine,
Helas! qui l'eust pensé? de cent mille glaçons,
Lesquels ne t'ont permis d'escouter mes chansons;
Et toutefois le temps, qui les prez de leurs herbes
Despouille d'an en an, et les champs de leurs gerbes,
Ne m'a point despouillé le souvenir du jour
Ny du mois où je mis en tes yeux mon amour,
Ny ne fera jamais, voire eussé-je avallée
L'onde qui court là bas (2) sous l'obscure vallée.

 C'estoit au mois d'avril, Francine, il m'en souvient,
Quand tout arbre florit, quand la terre devient
De vieillesse en jouvence, et l'estrange arondelle
Fait contre un soliveau sa maison naturelle;
Quand la limace, au dos qui porte sa maison,
Laisse un trac sur les fleurs; quand la blonde toison
Va couvrant la chenille, et quand parmy les prées
Volent les papillons aux ailes diaprées,
Lors que fol je te vy, et depuis je n'ay peu
Rien voir après tes yeux que tout ne m'ait despleu.

 Six ans sont jà passez, et si dedans l'oreille
J'entens encor le son de ta voix nompareille,

---

 1. Le Clain est la riviere qui passe par Poictiers, où premierement Baïf fut amoureux de Francine. (B.)
 2. L'eau de Lethés, l'eau qui fait perdre la memoire. (B.)

Qui me gaigna le cœur, et me souvient encor
De ta vermeille bouche et de tes cheveux d'or,
De ta main, de tes yeux, et si le temps qui passe
A depuis desrobé quelque peu de leur grace,
Si est-ce que de toi je ne suis moins ravy
Que je fus sur le Clain le jour que je te vy
Surpasser en beauté toutes les pastourelles
Que les jeunes pasteurs estimoient les plus belles ;
Car je n'ay pas esgard à cela que tu es,
Mais à ce que tu fus, tant les amoureux traits
Te graverent dans moy, voire de telle sorte
Que telle que tu fus telle au cœur je te porte.
 Dés l'heure que le cœur des yeux tu me perças,
Pour en sçavoir la fin je fis tourner le sas
Par une Janeton qui au bourg de Crotelles (1),
Soit du bien, soit du mal, disoit toutes nouvelles.
 Après qu'elle eut trois fois craché dedans son sein,
Trois fois esternué, elle prist du levain,
Le retaste en ses doigts, et en fit une image
Qui te sembloit de port, de taille et de visage ;
Puis, tournoyant trois fois et trois fois marmonnant,
De sa jartiere alla tout mon col entournant,
Et me dit : « Je ne tiens si fort de ma jartiere
Ton col, que ta vie est tenue prisonniere
Par les mains de Francine, et seulement la mort
Desnou'ra le lien qui te serre si fort ;
Et n'espere jamais de vouloir entreprendre
D'eschauffer un glaçon qui te doit mettre en cendre. »
Las ! je ne la creu pas, et, pour vouloir adonc
En estre plus certain, je fis coupper le jonc
La veille de sainct Jean ; mais je vy sur la place
Le mien, signe d'amour, croistre plus d'une brasse,
Le tien demeurer court, signe que tu n'avois
Soucy de ma langueur et que tu ne m'aimois,

1. Crotelles est un village près Poictiers, où l'on fait mille gentillesses, comme quenouilles peintes, boîtes et autres choses pareilles. (B.)

Et que ton amitié, qui n'est point asseurée,
Ainsi que le jonc court est courte demeurée.
　Je mis pour t'essayer encores devant-hier
Dans le creux de ma main des fueilles de coudrier;
Mais en tappant dessus nul son ne me rendirent,
Et, flasques, sans sonner sur la main me fanirent,
Vray signe que je suis en ton amour moqué,
Puis qu'en frapant dessus elles n'ont point craqué,
Pour monstrer par effet que ton cœur ne craquette,
Ainsi que fait le mien, d'une flame secrette.
　O ma belle Francine! ô ma fiere! et pourquoy (1),
En dansant, de tes mains ne me prens-tu le doy?
Pourquoy, lasse du bal, entre ces fleurs couchée,
N'ay-je sur ton giron ou la teste panchée,
Ou la main sous ta cotte, ou la levre dessus
Ton tetin, par lequel ton prisonnier je fus?
Te semblé-je trop vieil? Encor la barbe tendre
Ne fait que commencer sur ma joue à s'estendre,
Et ta bouche, qui passe en beauté le coral,
S'elle veut me baiser, ne se fera point mal;
Mais, ainsi qu'un lezard se cache sous l'herbette,
Sous ma blonde toison cacheras ta languette;
Puis, en la retirant, tu tireras à toy
Mon cœur, pour te baiser qui sortira de moy.
　Helas! prens donc mon cœur avecque ceste paire
De ramiers que je t'offre; ils sont venus de l'aire
De ce gentil ramier dont je t'avois parlé.
Margot m'en a tenu plus d'une heure accollé,
Les pensant emporter pour les mettre en sa cage;
Mais ce n'est pas pour elle, et demain davantage
Je t'en rapporteray, avecques un pinson
Qui desja sçait par cœur une belle chanson,
Que je fis l'autre jour dessous une aubespine,
Dont le commencement est Thoinet et Francine.

　1. Imité de Theocrite depuis ce vers icy jusques à la fin de la complainte de Thoinet, troisiesme eclogue, intitulée le Chevrier, ou Amarylle. (B.)

Hà! cruelle, demeure, et tes yeux amoureux
Ne destourne de moy. Hà! je suis malheureux,
Car je cognois mon mal, et si ai cognoissance
D'Amour et de sa mere, et quelle est leur puissance.
Leur puissance est cruelle, et n'ont point d'autre jeu
Sinon que de brusler nos cœurs à petit feu,
Ou de les englacer, comme ayant pris leur estre
D'une glace ou d'un feu qu'on ne sauroit cognoistre.
Hà! que ne suis-je abeille ou papillon! j'irois
Maugré toy te baiser, et puis je m'assirois
Sur tes tetins afin de succer de ma bouche
Ceste humeur qui te fait contre moy si farouche.
 O belle au doux regard! Francine au beau sourcy,
Baise-moy, je te prie, et m'embrasses ainsi
Qu'un arbre est embrassé d'une vigne bien forte.
 Souvent un vain baiser quelque plaisir apporte.
Je meurs! tu me feras despecer ce bouquet,
Que j'ay cueilly pour toy, de thym et de muguet,
Et de la rouge fleur qu'on nomme cassandrette(1),
Et de la blanche fleur qu'on appelle olivette,
A qui Bellot donna et la vie et le nom,
Et de celle qui prend de ton nom son surnom.
 Las! où fuis-tu de moy? Hà! ma fiere ennemie,
Je m'en vais despouiller jaquette et souquenie,
Et m'en courray tout nud au haut de ce rocher
Où tu vois ce garçon à la ligne pescher,
Afin de me lancer à corps perdu dans Loire

---

1. Nostre autheur, pour donner louange immortelle à sa premiere maistresse, a nommé du nom d'elle une belle fleur rouge qui communement s'appelle la gantelée. Du Bellay a fait le semblable, nommant une fleur blanche, qu'on souloit appeler la fleur de Nostre-Dame, qui vient au mois de fevrier, olivette, du nom de s'amie Olive. Il dit ainsi avoir nommé du nom de sa Francine une belle fleur, qui maintenant s'appelle francinette, auparavant appellée du nom grec anemone, ou coqueret. (B.)

Pour laver mon soucy, ou afin de tant boire
D'escumes et de flots, que la flamme d'aimer
Par l'eau contraire au feu se puisse consumer.
   Ainsi disoit Thoinet, qui se pasma sur l'herbe,
Presque transi de voir sa dame si superbe
Qui rioit de son mal, sans daigner seulement
D'un seul petit clin d'œil appaiser son tourment.
   J'ouvroy desja la lévre après Thoinet pour dire
De combien Marion estoit encores pire,
Quand j'avise sa mere en haste gagner l'eau,
Et sa fille emmener avec elle au bateau,
Qui, se jouant sur l'onde, attendoit ceste charge,
Lié contre le tronc d'un saule au feste large.
   Ja les rames tiroient le bateau bien pansu,
Et la voile, en enflant son grand reply bossu,
Emportoit le plaisir qui mon cœur tient en peine,
Quand je m'assis au bord de la premiere arene,
Et, voyant le bateau qui s'enfuyoit de moy,
Parlant à Marion, je chantay ce convoy :
   Bateau qui par les flots ma chere vie emportes,
Des vents en ta faveur les haleines soient mortes,
Et le banc perilleux qui se trouve parmy
Les eaux ne t'enveloppe en son sable endormy ;
Que l'air, le vent et l'eau favorisent ma dame,
Et que nul flot bossu ne destourbe sa rame ;
En guise d'un estang sans vague, paresseux,
Aille le cours de Loire, et son limon crasseux
Pour ce jourd'huy se change en gravelle menue,
Pleine de maint ruby et mainte perle esleue.
   Que les bords soient semez de mille belles fleurs
Representans sur l'eau mille belles couleurs,
Et le troupeau nymphal des gentilles Naiades
A l'entour du vaisseau face mille gambades,
Les unes balloyant des paumes de leurs mains
Les flots devant la barque, et les autres leurs seins
Descouvrant à fleur d'eau, et d'une main ouvriere
Conduisent le bateau du long de la riviere.

L'azuré martinet puisse voler devant
Avecques la mouette, et le plongeon (1), suivant
Son mal-heureux destin, pour le jourd'huy ne songe
En sa belle Hesperie, et dans l'eau ne se plonge;
Et le heron criard, qui la tempeste fuit,
Haut pendu dedans l'air, ne face point de bruit;
Ains tout gentil oiseau qui va cherchant sa proye
Par les flots poissonneux bien-heureux te convoye,
Pour seurement venir avec ta charge au port,
Où Marion verra peut-estre sur le bort
Une orme des longs bras d'une vigne enlassée,
Et, la voyant ainsi doucement embrassée,
De son pauvre Perrot se pourra souvenir,
Et voudra sur le bord embrassé le tenir.
 On dit au temps passé que quelques uns changerent (2)
En riviere leur forme, et eux-mesmes nagerent
Au flot qui de leur sang et de leurs yeux sailloit
Quand leur corps ondoyant peu à peu defailloit.
 Que ne puis-je muer ma ressemblance humaine
En la forme de l'eau qui ceste barque emmeine !
J'irois en murmurant sous le fond du vaisseau,
J'irois tout alentour, et mon amoureuse eau
Baiseroit or' sa main, ore sa bouche franche,
La suyvant jusqu'au port de la Chappelle blanche (3);
Puis, forçant mon canal pour ensuivre mon vueil,
Par le trac de ses pas j'irois jusqu'à Bourgueil,
Et là, dessous un pin couché sur la verdure,
Je voudrois revestir ma premiere figure.
 N'y a-t-il point quelque herbe en ce rivage icy

1. Æsacus, fils de Priam, fut mué, pour l'amour de s'amie Hesperie, en plongeon. Voy. l'onziesme livre de la Metamorphose. (B.)
2. Il voudroit estre mué en riviere, comme le satyre phrygien Marsye, à fin de pouvoir suyvre sa maistresse. (B.)
3. La Chappelle blanche est un port où abordent les bateaux de Loire, pres de Bourgueil, le lieu de la naissance de s'amie. (B.) Département d'Indre et-Loire, arrondissement de Loches.

Qui ayt le goust si fort qu'elle me puisse ainsi
Muer, comme fit Glauque, en aquatique monstre,
Qui, homme ny poisson, homme et poisson se montre ?
Je voudrois estre Glauque (1) et avoir dans mon sein
Les pommes qu'Hippomene eslançoit de sa main
Pour gagner Atalante. A fin de te surprendre,
Je les ru'rois sur l'eau, et te ferois apprendre
Que l'or n'a seulement sur la terre pouvoir,
Mais qu'il peut dessur l'eau les femmes decevoir.
Or cela ne peut estre, et ce qui se peut faire
Je le veux achever afin de te complaire ;
Je veux soigneusement ce coudrier arroser (2),
Et des chapeaux de fleurs sur ses fueilles poser ;
Et avecq' un poinçon je veux dessus l'escorce
Engraver de ton nom les six lettres à force,
Afin que les passans, en lisant : Marion,
Facent honneur à l'arbre entaillé de ton nom.

   Je veux faire un beau lict d'une verte jonchée,
De parvanche fueillue encontre bas couchée,
De thym qui fleure bon et d'aspic porte-epy (3),
D'odorant poliot contre terre tapy,
De neufard (4) tousjours-verd qui les tables imite,
Et de jonc qui les bords des rivieres habite.

   Je veux jusques au coude avoir l'herbe, et si veux
De roses et de lys couronner mes cheveux ;
Je veux qu'on me défonce une pippe angevine,
Et en me souvenant de ma toute divine,
De toy, mon doux soucy, espuiser jusqu'au fond
Mille fois ce jourd'huy mon gobelet profond,
Et ne partir d'icy jusqu'à tant qu'à la lie

---

1. Glauque fut mué en monstre marin.
2. C'est une imitation de Theocrite, en l'epithala d'Helene. (B.)
3. C'est ce que les Latins appellent *spica nardi*, vulgairement lavande. (B.)
4. Neufard, ou nenufard, est une herbe qui croist au milieu des estangs. (B.)

De ce bon vin d'Anjou la liqueur soit faillie.
Melchior Champenois et Guillaume Manceau,
L'un d'un petit rebec, l'autre d'un chalumeau,
Me chanteront comment j'eu l'ame despourveue
De sens et de raison si tost que je t'eu veue,
Puis chanteront comment, pour flechir ta rigueur,
Je t'appelay ma vie et te nommay mon cœur,
Mon œil, mon sang, mon tout ; mais ta haute pensée
N'a voulu regarder chose tant abbaissée.
Ains en me dedaignant tu aimas autre part
Un qui son amitié chichement te depart.
Voylà comme il te prend pour mespriser ma peine,
Et le rustique son de mon tuyau d'aveine.
Ils diront que mon teint, auparavant vermeil,
De crainte en te voyant se blanchit tout pareil
A la neige ou d'Auvergne ou des monts Pyrénées,
Qui se conserve blanche en despit des années (a),
Et que, depuis le mois que l'Amour me fit tien,
De jour en jour plus triste et plus vieil je devien.
Puis ils diront comment les garçons du village
Disent que ta beauté touche desja sur l'âge,
Et qu'au matin le coq, dés la pointe du jour,
Ne voirra plus sortir ceux qui te font l'amour.
Bien fol est qui se fie en sa belle jeunesse,
Qui si tost se desrobe et si tost nous delaisse.
La rose à la parfin devient un gratecu,
Et tout avecq' le temps par le temps est vaincu.
Quel passe-temps prens-tu d'habiter la vallée
De Bourgueil, où jamais la Muse n'est allée ?
Quitte-moy ton Anjou et vien en Vendomois.
Là s'eslevent au ciel les sommets de nos bois,

a. Var. :

> Ils diront que mon teint, vermeil auparavant,
> Se perd comme une fleur qui se fanit au vent ;
> Que mon poil devient blanc, et que la jeune grace
> De mon nouveau printemps de jour en jour s'efface ;

Là sont mille taillis et mille belles plaines,
Là gargouillent les eaux de cent mille fontaines,
Là sont mille rochers, où Echon à l'entour,
En resonnant mes vers, ne parle que d'Amour.
   Ou bien, si tu ne veux, il me plaist de me rendre
Angevin, pour te voir et ton langage apprendre ;
Et là, pour te flechir, les hauts vers que j'avois
En ma langue traduits du Pindare gregeois,
Humble je rediray en un chant plus facile
Sur le doux chalumeau du pasteur de Sicile.
   Là, parmy tes sablons, Angevin devenu,
Je veux vivre sans nom comme un pauvre incognu,
Et dés l'aube du jour avec toy mener paistre
Auprès du port Guyet(¹) nostre troupeau champestre ;
Puis sur le chaud du jour je veux en ton giron
Me coucher sous un chesne, où l'herbe à l'environ
Un beau lict nous fera de mainte fleur diverse
Où nous serons tournés tous deux à la renverse ;
Puis au soleil couchant nous mènerons nos bœufs
Boire sur le sommet des ruisselets herbeux,
Et les remènerons au son de la musette,
Puis nous endormirons dessus l'herbe mollette.
   Là, sans ambition de plus grands biens avoir,
Contenté seulement de t'aimer et de voir,
Je passeroy mon âge, et sur ma sepulture
Les Angevins mettroient ceste breve escriture :
   CELUY qui gist icy, touché de l'aiguillon
Qu'Amour nous laisse au cœur, garda comme Apollon
Les troupeaux de sa dame, et en ceste prairie
Mourut en bien-aimant une belle Marie ;
Et elle après sa mort mourut aussy d'ennuy,
Et sous ce verd tombeau repose avecques luy.
   A peine avois-je dit quand Thoinet se dépâme,
Et à soy revenu alloit après sa dame ;
Mais je le retiray, le menant d'autre part
Pour chercher à loger, car il estoit bien tard.

---

1. C'est une maison qui appartient à Marie.

Nous avions ja passé la sablonneuse rive
Et le flot qui bruyant contre le pont arrive,
Et ja dessus le pont nous estions parvenus,
Et nous apparoissoit le tombeau de Turnus(1),
Quand le pasteur Janot tout gaillard nous emmeine
Dedans son toict couvert de javelles d'aveine.

XXXVIII.

Sinope (2), de mon cœur vous emportez la clef,
La clef de mes pensers et la clef de ma vie ;
Et toutesfois (helas!) je ne leur porte envie,
Pourveu que vous ayez pitié de leur meschef.

Vous me laissez tout seul en un tourment si gref
Que je mourray de dueil, d'ire et de jalousie :
Tout seul, je le voudroy ; mais une compagnie
Vous me donnez de pleurs qui coulent de mon chef.

Que maudit soit le jour que la fleche cruelle
M'engrava dans le cœur vostre face si belle,
Vos cheveux, vostre front, vos yeux et vostre port.

Je devois mourir lors sans plus tarder une heure ;
Le temps que j'ay vescu depuis telle blesseure
Aussi bien n'a servi qu'à m'allonger la mort (a).

a. Var. :

Qui servent à ma vie et de fare et d'estoile !
  Je devois mourir lors sans plus craindre la mort,
Le despit m'eust servy pour me conduire au port,
Mes pleurs servy de fleuve, et mes souspirs de voile.

1. On dit que Turnus, qui fonda Tours, est enterré sous le chasteau de la ville, lavé des flots de Loire, près le pont en la muraille dudit chasteau. (B.)

2. Belleau donne, page 197, l'explication de ce nom de Sinope, appliqué à Marie. Dans l'éd. de 1560 il dit au contraire que ce nom cacheroit une dame d'illustre naissance, aimée par le poëte *d'une affection presque furieuse.*

XXXIX.

Quand je suis tout baissé sur vostre belle face,
Je voy dedans vos yeux je ne sçay quoy de blanc,
Je ne sçay quoy de noir, qui m'esmeut tout le sang,
Et qui jusques au cœur de veine en veine passe.
Je voy dedans Amour qui va changeant de place,
Ores bas, ores haut, tousjours me regardant,
Et son arc contre moy coup sur coup desbandant.
Las! si je faux, Raison, que veux-tu que j'y face?
Tant s'en-faut que je sois alors maistre de moy
Que je vendrois mon père et trahirois mon roy,
Mon païs et ma sœur, mes frères et ma mère;
Tant je suis hors de sens après que j'ay tasté
A longs traits amoureux de la poison amere,
Qui sort de ces beaux yeux dont je suis enchanté.

XL.

Je reçoy plus de bien à regarder vos yeux
Qu'à boire, qu'à manger, qu'à dormir, ny qu'à faire
Chose qui soit à l'ame ou au corps necessaire,
Tant de vostre regard je suis ambitieux.
Pource, ny froid hyver ny esté chaleureux
Ne me peut empescher que je n'aille complaire
A ce cruel plaisir, qui me rend tributaire
De vos yeux, qui me sont si doux et rigoureux.
Sinope, vous avez de vos lentes œillades
Gasté de mes deux yeux les lumieres malades,
Et si ne vous chaut point du mal que m'avez fait.
Au moins guarissez les, ou confessez l'offense;
Si vous la confessez, je seray satisfait,
Me donnant un baiser pour toute recompense.

XLI.

Si j'estois Jupiter, Sinope, vous seriez
Mon espouse Junon; si j'estois roy des ondes,
Vous seriez ma Tethys, royne des eaux profondes,
Et pour vostre maison l'Océan vous auriez.

Si la terre estoit mienne, avec moy vous tiendriez
L'empire de la terre aux mammelles fecondes,
Et, dessus une coche en belles tresses blondes,
Par le peuple en honneur deesse vous iriez.

Mais je ne suis pas Dieu, et si ne le puis estre :
Pour telles dignités le ciel ne m'a fait naistre;
Mais je voudrois avoir changé mon bonnet rond,

Et vous avoir chez moi pour ma chère espousée;
Tout ainsi que la neige au doux soleil se fond,
Je me fondrois en vous d'une douce rousée (*a*).

XLII.

Sinope, que je sers en trop cruel destin,
Quand d'un baiser d'amour vostre bouche me baise
Je suis tout esperdu, tant le cœur me bat d'aise.
Entre vos doux baisers puissé-je prendre fin !

Il sort de vostre bouche un doux flair qui le thym,
Le jasmin et l'œillet, la framboise et la fraise
Surpasse de douceur, tant une douce braise
Vient de la bouche au cœur par un nouveau chemin.

Il sort de vos tetins une odoreuse haleine,
(Je meurs en y pensant) de parfum toute pleine,
Digne d'aller au ciel embasmer Jupiter.

Mais, quand toute mon ame en plaisir se consomme
Mourant dessus vos yeux, lors, pour me despiter,
Vous fuyez de mon col pour baiser un jeune homme.

XLIII(1).

Sinope, baisez-moy : non, ne me baisez pas;
Mais tirez-moy le cœur de vostre douce haleine;

a. Var. :
Le ciel pour vous servir seulement m'a fait naistre,

1. Ce sonnet est des plus beaux qui se puissent trouver, pour estre tout plein de gentilles repetitions contraires. (B.)

Non, ne le tirez pas; mais hors de chaque veine
Succez-moy toute l'ame esparsè entre vos bras.
 Non, ne la succez pas : car après le trespas
Que serois-je, sinon une semblance vaine,
Sans corps desur la rive, où l'Amour ne demeine,
Comme il fait icy haut, qu'en feintes ses esbas?
 Pendant que nous vivons, entr'aimons-nous, Sinope;
Amour ne regne point sur la debile trope
Des morts, qui sont sillez d'un long somme de fer.
 C'est abus que Pluton ait aimé Proserpine :
Si doux soin n'entre point en si dure poitrine,
Amour regne en la terre, et non point en enfer.

XLIV.

Comme d'un ennemy je veux en toute place
M'eslongner de vos yeux, qui m'ont le cœur deceu,
Petits yeux de Venus par lesquels j'ay receu
Le coup mortel au sang qui d'outre en outre passe.
 Je voy toujours dans eux Amour qui me menasse;
Au moins, voyant son arc, je l'ay bien apperceu;
Mais remparer mon cœur contre luy je n'ay sceu,
Dont le trait fausseroit une forte cuirasse.
 Or, pour ne les voir plus, je veux aller bien loing
Vivre dessur le bord d'une mer solitaire;
Encore j'ay grand' peur de ne perdre le soing,
 Qui, hoste de mon cœur, y loge nuict et jour (*a*).
On peut bien sur la mer un long voyage faire,
Mais on ne peut changer ny de cœur ny d'amour.

De vous seule je pren mon sort avantureux.
 Vous estes tout mon bien, mon mal et ma fortune;
S'il vous plaist de m'aimer, je deviendray Neptune,
Tout Jupiter, tout roy, tout riche et tout heureux.

 a : Var., qui fait du sonnet un madrigal :
  Qui m'est par habitude un mal hereditaire,
  Tant il a pris en moy de force et de sejour.

XLV.

Astres, qui dans le ciel rouez vostre voyage,
D'où vient nostre destin de la Parque ordonné,
Si ma Muse autrefois vos honneurs a sonné,
Destournez (s'il vous plaist) mon malheureux presage.

Ceste nuict en dormant, sans faire aucun outrage
A l'anneau que Marie au soir m'avoit donné,
S'est rompu dans mon doigt, et, du fait estonné,
J'ay senty tout mon cœur bouillonner d'une rage.

Si ma dame parjure a peu rompre sa foy
Ainsi que cest anneau s'est rompu dans mon doy,
Astres, je veux mourir, envoyez-moy le somme,

Afin d'interpreter la doute de mon sort,
Et faites, s'il est vray, que mes yeux il assomme
Sans plus les réveiller, au dormir de la mort.

XLVI.

Vos yeux estoient blessez d'une humeur enflammée(1),
Qui m'ont gasté les miens d'une semblable humeur;
Et, pource que vos yeux aux miens ont fait douleur,
Je vous ay d'un nom grec Sinope surnommée.

Mais ceste humeur mauvaise au cœur est devallée,
Et là comme maistresse a pris force et vigueur,
Gastant mon pauvre sang d'une blesme langueur,
Qui ja par tout le corps lente s'est escoulée.

Mon cœur environné de ce mortel danger,
En voulant resister au malheur estranger,
A converty mon sang en larmes et en pluye,

Afin que par les yeux, autheurs de mon soucy,
Mon malheur fust noyé, ou que par eux aussi,
Fuyant devant le feu, j'espuisasse ma vie.

1. Marie avoit mal aux yeux, et le poëte ententivement la regardant, l'humeur des yeux offensez, entrant dans les siens, les fit malades. Et pour ce il a nommé Marie Sinope, qui veut dire perdant les yeux. (B.) Voir la note p. 193.

XLVII (1).

Hà! que je porte et de haine et d'envie
Au medecin qui vient soir et matin,
Sans nul propos, tastonner le tetin,
Le sein, le ventre et les flancs de m'amie !
　Las! il n'est pas si soigneux de sa vie
Comme elle pense; il est meschant et fin :
Cent fois le jour ne la vient voir qu'afin
De voir son sein, qui d'aimer le convie.
　Vous qui avez de sa fiévre le soin,
Je vous supply de me chasser bien loin
Ce medecin amoureux de Marie
　Qui fait semblant de la venir panser.
Que pleust à Dieu, pour l'en recompenser,
Qu'il eust mon mal et qu'elle fust guarie !

CHANSON (2).

Veu que tu es plus blanche que le lis,
　Qui t'a rougi la lévre vermeillette?
Pour l'embellir, qui est-ce qui t'a mis
Dessus ton sein cette couleur rougette?
　Qui t'a noircy les arcs de tes soucis?
Qui t'a noircy tes beaux yeux, ma maistresse?
O grand beauté subjet de mes soucis !
O grand beauté pleine de grand liesse !
　O douce, belle, honneste cruauté,
Qui doucement me contrains de te suivre !

---

1. Ce sonnet est pris de la lettre qu'Acontius escrit à Cydippé en Ovide :

　Me miserum quod non medicorum jussa ministro, etc.

2. Marulle :

　　Cum tu candida sis magis ligustro,
　　Quis genas minio Neæra tinxit?

O fiere, ingrate et fascheuse beauté,
Avecques toy je veux mourir et vivre!

XLVIII (1).

Chacun qui void ma couleur triste et noire,
Me dit : Ronsard, vous estes amoureux.
Mais ce bel œil qui me fait langoureux
Le sçait, le void, et si ne le veut croire.

Hé! que me sert que mon mal soit notoire
A un chacun, quand son trait rigoureux,
Par ne sçay quel desastre mal-heureux,
Me fait la playe, et si la prend à gloire?

J'ay beau pleurer, protester et jurer,
J'ay beau promettre et cent fois asseurer
Qu'autre jamais n'aura sur moy puissance,

Elle s'ébat de me voir en langueur,
Et plus de moy je luy donne asseurance,
Moins me veut croire, et m'appelle un moqueur.

CHANSON (2).

Quand je te veux raconter mes douleurs,
Et de quel mal en te servant je meurs,
Et quel venin dessèche ma mouelle,
Ma voix tremblotte et ma langue chancelle,
Mon cœur se pasme et le sang me tressaut;
En mesme instant j'endure froid et chaut,
Sur mes genoux se fond une gelée,
Jusqu'aux talons une sueur salée
De tout mon corps comme un fleuve se suit,

---

1. Ce sonnet est tiré d'un de Petrarque :

    Lasso, ch' io ardo, e altri non me'l crede, etc.

2. Traduction d'un epigramme de Marulle qui se commence ainsi :

    Væsanos quoties tibi furores, etc.

Et sur mes yeux nage une obscure nuit :
Tant seulement mes larmes abondantes
Sont les tesmoins de mes flames ardantes,
De mon amour et de ma foy aussy,
Qui sans parler te demandent mercy.

CHANSON (1).

Je suis tellement amoureux,
 Qu'au vray raconter je ne puis
Ny où je suis, ne qui je suis,
Ny combien je suis malheureux.
 J'ay pour mon hoste nuict et jour,
Comme un tigre, un cruel esmoy
Qui va pratiquant dessus moy
Toutes les cruautez d'Amour.
 Et si mon cœur ne peut s'armer
Contre l'œil qui le navre à tort :
Car, plus il me donne la mort,
Plus je suis contraint de l'aimer.

XLIX.

Si vous pensez que may et sa belle verdure
De vostre fiévre quarte effacent la langueur,
Vous estes bien trompée ; il faut premier mon cœur
Guarir du mal qu'il sent, duquel vous n'avez cure.
 Il faut premier guarir l'ancienne pointure
Que vos yeux dans le cœur me font par leur rigueur,
Et en me guarissant vous reprendrez vigueur
Du mal que vous souffrez et du mal que j'endure.
 Le mal que vous avez ne vient d'autre raison ;
Pour ce je fis à Dieu une juste oraison,
Pour me venger de vous, de vous faire malade.

---

1. Marulle :
 Lactor, dispereo, crucior, trahor huc miser atque huc, etc.

Hé ! vraiment c'est bien dit. Quoy ! voulez vous
Et si ne voulez pas vostre amant secourir,　　[guarir,
Que vous guaririez bien seulement d'une œillade !

L.

J'ay cent fois desiré et cent encores d'estre
Un invisible esprit, afin de me cacher
Au fond de vostre cœur, pour l'humeur rechercher
Qui vous fait contre moy si cruelle apparoistre.
Si j'estois dedans vous, au moins je serois maistre
De l'humeur qui vous fait encontre Amour fascher,
Et si n'auriez ny pouls ny nerfs dessous la chair
Que prompt je ne cherchasse afin de vous cognoistre.
Je sçaurois, maugré vous et vos complexions,
Toutes vos volontez et vos conditions,
Et chasserois si bien la froideur de vos veines
Que les flames d'amour vous y allumeriez ;
Puis, quand je les verrois de son feu toutes pleines,
Je redeviendrois homme, et lors vous m'aimeriez.

LI.

Tu as beau, Jupiter, l'air de flames dissoudre
Et faire galloper tes haut-tonnans chevaux,
Ronflans à longs esclairs par le creux des nuaux,
Et en cent mille esclats coup sur coup les descoudre.
Ce n'est pas moy qui crains tes esclairs ny ta foudre,
Comme les cœurs peureux des autres animaux :
Il y a trop long temps que les foudres jumeaux
Des yeux de ma maistresse ont mis le mien en poudre.
Je n'ay plus ny tendons, ny arteres, ny nerfs,
Veines, muscles, ny pouls ; les feux que j'ay soufferts
Au cœur pour trop aimer me les ont mis en cendre,
Et je ne suis plus rien (ô estrange meschef !)
Qu'un terme qui ne peut voir, n'ouir, ny comprendre,
Tant la foudre d'amour est cheute sur mon chef.

LII (1).

Veux-tu sçavoir, Brués (2), en quel estat je suis ?
Je te le conteray : d'un pauvre miserable
Il n'y a nul estat, tant soit-il pitoyable,
Que je n'aille passant d'un seul de mes ennuis.
　　Je tiens tout, je n'ay rien ; je veux, et si ne puis.
Je revy, je remeurs, ma playe est incurable.
Qui veut servir Amour, ce tyran execrable,
Pour toute recompense il reçoit de tels fruis.
　　Pleurs, larmes et souspirs accompagnent ma vie,
Langueur, douleur, regret, soupçon et jalousie,
Avecques un penser qui ne me laisse avoir
　　Un moment de repos ; et plus je ne sens vivre
L'esperance en mon cœur, mais le seul desespoir,
Qui me guide à la mort, et je le veux bien suivre.

LIII (3).

Quiconque voudra suivre Amour ainsy que moy,
Celuy se delibere en penible tristesse
Mourir ainsy que moy : il pleut à la deesse
Qui tient Cypre en ses mains d'ordonner telle loy.
　　Après avoir souffert maint deuil et maint emoy,
Il lui faudra mourir, et sa fiere maistresse,
Le voyant au tombeau, sautera de liesse
Sur le corps trespassé pour luy garder sa foy.
　　Allez donc maintenant faire service aux dames,

---

1. Pris d'un sonnet de Petrarque, qui commence :

　　Pace non trovo, e non ho da far guerra, etc.

2. Brués, savant en droit et en philosophie, auteur de dialogues. Dans des éditions plus récentes, ce sonnet est adressé à Binet. Claude Binet etoit, dit Belleau, homme fort docte et des mieux versez en la cognoissance du droict et de la poësie.

3. Addressé au sieur de Pardaillan, gentilhomme gascon.

Offrez-leur pour present et vos corps et vos ames,
Et vous en recevrez un salaire bien doux !
 Je croy que Dieu les feit à fin de nuire à l'homme ;
Il les feit, Pardaillan, pour nostre malheur comme
Les tigres, les lions, les serpens et les lous.

LIV (¹).

J'avois cent fois juré de jamais ne revoir
 (O serment d'amoureux !) l'angelique visage
Qui depuis quinze mois en penible servage
Emprisonne mon cœur, que je ne puis r'avoir.

 J'en avois fait serment ; mais je n'ay le pouvoir
D'estre seigneur de moy, car mon forcé courage,
Bien que soit maugré moy, surmonté de l'usage
D'Amour, tousjours m'y mène, abusé d'un espoir.

 Le Destin, Pardaillan, est une forte chose :
L'homme dedans son cœur ses affaires dispose,
Mais le Ciel fait tourner ses desseins au rebours.

 Je sçay bien que je fay ce que je ne doy faire,
Je sçay bien que je suy de trop folles amours ;
Mais quoy ! puis que le Ciel delibere au contraire.

LV.

Ne me suy point, Belleau, allant à la maison
 De celle qui me tient en douleur nompareille ;
Ignores-tu les vers chantez par la corneille
A Mopse, qui suivoit la trace de Jason (²) ?

---

1. Pris de Callimach, duquel l'exemplaire est maintenant depravé ; toutefois, le sens est aisé à conjecturer. (B.)
2. Au troisiesme livre des Argonautes, Apolloine Rhodien conte comme Jason, ayant deliberé un jour d'aller voir Medée, s'accompagna de Mopsus, grand augure. Toutesfois, Junon, qui favorisoit Jason, sçachant qu'il ne recevroit aucune courtoisie si Medée le trouvoit accompagné, suscita une corneille à laquelle elle fit chanter des vers grecs, à fin que Mopsus eust à se retirer. [L'autheur a usé de la semblable imitation dans la Franciade, lors que Francus va trouver Hyante.] (B.)

« Prophete, dit l'oiseau, tu n'as point de raison
De suivre cet amant qui tout seul s'appareille
D'aller voir ses amours; peu sage est qui conseille
Et qui suit un amant quand il n'en est saison. »
 Pour ton profit, Belleau, je ne veuil que tu voye
Celle qui par les yeux la playe au cœur m'envoye,
De peur que tu ne prenne un mal au mien pareil.
 Il suffit que sans toy je sois seul miserable;
Reste sain, je te pri', pour estre secourable
A ma douleur extreme et m'y donner conseil.

CHANSON (1).

Comme la cire peu à peu,
 Quand pres de la flâme on l'approche,
Se fond à la chaleur du feu,
 Ou comme au faiste d'une roche
La neige encores non foulée
Au soleil se perd escoulée;
 Quand tu tournes tes yeux ardans
Sur moy d'une œillade subtile,
Je sens tout mon cœur au dedans
 Qui se consomme et se distille,
Et ma pauvre ame n'a partie
Qui ne soit en feu convertie.
 Comme une rose qu'un amant
Cache au sein de quelque pucelle
Qu'elle enferme bien cherement
 Près de son tetin qui pomelle,
Puis chet fanie sur la place
Au soir quand elle se delace,

---

1. Pris de Marulle :

  Ignitos quoties tuos ocellos
  In me, vita, moves, repente qualis
  Cera destuit impotente flamma,
  Aut nix vere novo.

Et comme un lys par trop lavé
De quelque pluye printaniere
Panche à bas son chef aggravé
Dessus la terre nourriciere,
Sans que jamais il se releve,
Tant l'humeur pesante le gréve ;
 Ainsi ma teste à mes genoux
Me tombe, et mes genoux à terre ;
Sur moy ne bat veine ny pouls,
Tant la douleur le cœur me serre ;
Je ne puis parler, et mon ame
Engourdie en mon corps se pâme.
 Lors ainsy pasmé je mourrois
Si d'un seul baiser de ta bouche
Mon ame tu ne secourois
Et mon corps, froid comme une souche,
Me resouflant en chaque veine
La vie par ta douce haleine,
 Afin d'estre plus tourmenté
Et que plus souvent je remeure
Comme le cœur de Promethé,
Qui renaist cent fois en une heure,
Pour servir d'apast miserable
A son vautour insatiable.

LVI.

Si j'avois un haineux qui me voulust la mort,
Pour me venger de luy je ne voudrois luy faire
Que regarder les yeux de ma douce contraire,
Qui, si fiers contre moy, me font si doux effort.
 Ceste punition, tant son regard est fort,
Luy seroit une horreur, et se voudroit défaire ;
Ny le mesme plaisir ne luy sçauroit plus plaire,
Seulement au trespas seroit son reconfort.
 Le regard monstrueux de la Meduse antique
Au prix du sien n'est rien que fable poëtique :
Meduse seulement tournoit l'homme en rocher,

Mais ceste-cy en-roche, en-eauë, en-glace, en-foue(1),
Ceux qui de ses regards osent bien approcher,
Et si en les tuant la mignonne se joue (a).

LVII.

J'auray tousjours au cœur attachez les rameaux
Du lierre où ma dame osa premier escrire
L'amour qu'elle n'osoit de sa bouche me dire,
Pour crainte d'un seigneur, la cause de mes maux.
 Sur toy jamais hiboux, orfrayes ny corbeaux
Ne se viennent brancher ; jamais ne puisse nuire
Le fer à tes rameaux, et à toy soit l'empire,
O lierre amoureux, de tous les arbrisseaux.
 Non pour autre raison le grand fils de Semele
Environne de toy sa perruque immortelle
Que pour recompenser le bien que tu luy fis,
 Quand sur les bords de Die Ariadne laissée
Comme sur un papier luy trassa ses ennuis,
Escrivant dessus toy s'amour et sa pensée.

MADRIGAL.

Amour voulut le corps de ceste mouche prendre
Qui fait courir les bœufs en esté par les bois ;
Puis il choisit un trait sur tous ceux du carquois,
Qui piquant sçait le mieux dedans les cœurs descendre.
 Il eslongna ses mains et fit son arc estendre
En croissant qui se courbe aux premiers jours du mois,
Puis me lascha le trait, contre qui le harnois

---

 a. Var. : ..... enfoue, englace.....
  De quel monstre, lecteur, a-t-elle (2) pris sa race ?

 1. Tourne en roche, en eau, en glace, en feu. Mots nouveaux.
 2. En lieu de dire a-elle, pour eviter la cacophonie. Cette innovation de Ronsard a été conservée.

D'Achille ny d'Hector ne se pourroit defendre.
 Après qu'il m'eust blessé, en riant s'en-vola,
Et par l'air mon esprit avec luy s'en alla ;
Mais toutesfois au cœur me demoura la playe,
 Laquelle pour néant cent fois le jour j'essaye
De la vouloir guerir ; mais tel est son effort
Que je voy bien qu'il faut que maugré moy je l'aye,
Et que pour la guerir le remede est la mort (a).

CHANSON (1).

Voulant, ô ma douce moitié,
 T'asseurer que mon amitié
Jamais ne se verra faillie,
Je te fis, pour t'asseurer mieux,
Un serment juré par mes yeux,
Et par mon cœur, et par ma vie.
— Tu jures ce qui n'est à toy ;
Ton cœur et tes yeux sont à moy
D'une promessse irrévocable,
Ce me dis-tu. — Las ! pour le moins
Reçoy mes larmes pour tesmoins
Que ma parole est veritable !
 Alors, belle, tu me baisas,
Et doucement des-attisas
Le feu qui brusle mon courage ;
Puis tu fis signe de ton œil

---

a. Ces quatre vers remplacent les cinq derniers :

  Penser, va-t'en au ciel, la terre est trop commune.
    Adieu, Amour, adieu ! Adieu, penser, adieu !
  Ny l'un ny l'autre en moy vous n'aurez plus de lieu :
  Tousjours l'un me maistrise, et l'autre m'importune.

1. Pris de Marulle :

    Juravi fore me tuum perenne,
     Per me, per caput hoc, per hos ocellos.

Que tu recevois bien mon dueil
Et mes larmes pour tesmoignage.

LVIII.

A Phebus, mon Grevin (1), tu es du tout semblable
De face et de cheveux, et d'art et de sçavoir.
A tous deux dans le cœur Amour a fait avoir
Pour une belle dame une playe incurable.
  Ny herbe ny onguent ne t'est point secourable,
Car rien ne peut forcer de Venus le pouvoir;
Seulement tu peux bien par tes vers recevoir
A ta playe amoureuse un secours profitable.
  En chantant, mon Grevin, on charme le soucy;
Le cyclope ætnean se guerissoit ainsi,
Chantant sur son flageol sa belle Galatée.
  La peine descouverte allege nostre cœur;
Ainsi moindre devient la plaisante langueur
Qui vient de trop aimer, quand elle est bien chantée.

LIX.

Marie, tout ainsi que vous m'avez tourné
Ma raison, qui de libre est maintenant servile,
Ainsi m'avez tourné mon grave premier stile,
Qui pour chanter si bas n'estoit point ordonné.
  Au moins si vous m'aviez pour ma perte donné
Congé de manier vostre cuisse gentile,
Ou bien si vous estiez à mes desirs facile,
Je n'eusse regretté mon style abandonné.
  Las! ce qui plus me deult, c'est que vous n'estes pas

---

1. Jacques Grevin, auteur dramatique. Ronsard, s'étant fâché avec lui, dédia ensuite ce sonnet à Jean Patoillet, « l'un de nos meilleurs et plus fideles amis, dit Belleau, homme de grand jugement, de grande lecture, et des mieux versez en la cognoissance des langues, histoires et autres bonnes sciences. Ce commencement est tiré d'une eclogue de Theocrite. »

Contente de me voir ainsy parler si bas,
Qui soulois m'eslever d'une muse hautaine;
Mais, me rendant à vous, vous me manquez de foy,
Et si me traitez mal, et, sans m'oster de peine,
Tousjours vous me liez et triomphez de moy (a).

CHANSON.

Si je t'assauls, Amour, dieu qui m'es trop cognu,
En vain je te feray dans ton camp des alarmes:
Tu es un vieil routier, et bien appris aux armes,
Et moy jeune guerrier, mal-appris et tout nu.
Si je fuy devant toy, je ne sçaurois aller
En lieu que je ne sois devancé de ton aile;
Si je veux me cacher, l'amoureuse estincelle
Qui reluit en mon cœur me viendra deceler.
Si je veux m'embarquer, tu es fils de la mer;
Si je m'enleve au ciel, ton pouvoir y commande;
Si je tombe aux enfers, ta puissance y est grande;
Ainsi, maistre de tout, force m'est de t'aimer.
Or je t'aimeray donc, bien qu'envis de mon cœur,
Si c'est quelque amitié que d'aimer par contrainte.
Toutesfois (comme on dit), on voit souvent la crainte
S'accompagner d'amour, et l'amour de la peur.

a. Var.:

> Non un empire enflé de mainte riche ville,
> Mais un petit baiser, recompense facile,
> Je n'eusse regretté mon style abandonné.
>   Las! ce qui plus me deult, c'est que n'estes contante
> De voir que ma muse est si basse et si rampante,
> Qui souloit apporter aux François un effroy.
>   Mais vostre peu d'amour ma loyauté tourmente,
> Et, sans aucun espoir d'une meilleure attente,
> Tousjours vous me liez et triomphez de moy.

CHANSON (1).

Je suis un demy-dieu quand, assis vis-à-vis
 De toy, mon cher souci, j'escoute les devis,
Devis entre-rompus d'un gracieux sou-rire,
Souris qui me retient le cœur emprisonné :
Car, en voyant tes yeux, je me pasme estonné,
Et de mes pauvres flancs un seul vent je ne tire.

 Ma langue s'engourdit, un petit feu me court
Fretillant sous la peau ; je suis muet et sourd,
Et une obscure nuit dessus mes yeux demeure ;
Mon sang devient glacé, l'esprit fuit de mon corps,
Je tremble tout de crainte, et peu s'en faut alors
Qu'à tes pieds estendu sans ame je ne meure.

LX.

J'ay l'ame pour un lict de regrets si touchée
 Que nul, et fut-ce un roy, ne fera que j'approuche
Jamais de la maison, encor moins de la couche
Où je vy ma maistresse au mois de may couchée.

 Un somme languissant la tenoit my-panchée
Dessus le coude droit, fermant sa belle bouche,
Et ses yeux, dans lesquels l'archer Amour se couche,
Ayant tousjours la fleche à la corde encochée.

 Sa teste en ce beau mois sans plus estoit couverte
D'un riche escofion ouvré de soye verte,
Où les Graces venoyent à l'envy se nicher

 Et dedans ses cheveux choisissoient leur demeure.
J'en ay tel souvenir que je voudrois qu'à l'heure,
Pour jamais n'y penser, son œil m'eust fait rocher.

---

1. C'est une traduction d'une ode de l'amoureuse Sapphon.
Catulle l'a ainsi traduite :

   Ille mi par esse Deo videtur
   Ille (si fas est) superare divos, etc.

LXI.

Caliste (¹), pour aimer je crois que je me meurs;
Je sens de trop aimer la fiévre continue,
Qui de chaud, qui de froid, jamais ne diminue,
Ainçois de pis en pis rengrege mes douleurs.

Plus je veux refroidir mes bouillantes chaleurs,
Plus Amour les r'allume, et plus je m'esvertue
De reschauffer mon froid, plus la froideur me tue,
Pour languir au milieu de deux divers malheurs.

Un ardent appetit de jouyr de l'aimée
Tient tellement mon ame en pensers allumée,
Et ces pensers fiévreux me font rêver si fort,

Que diète, ne jus, ny section de veine,
Ne me sçauroient guarir, car de la seule mort
Depend, et non d'ailleurs, le secours de ma peine.

LXII.

Que dis-tu, que fais-tu, pensive Tourterelle, [te.
Dessus cet arbre sec? — T. Las! passant, je lamen-
R. Pourquoy lamentes-tu? — T. Pour ma compagne absente,
Plus chere que ma vie. — R. En quelle part est-elle?
— T. Un cruel oiseleur, par glueuse cautelle,
L'a prise et l'a tuée, et nuict et jour je chante
Son trespas dans ce bois, nommant la Mort meschante
Qu'elle ne m'a tuée avecques ma fidelle.

— R. Voudrois-tu bien mourir avecques ta compaigne?
— T. Aussi bien je languis en ce bois tenebreux,
Où tousjours le regret de sa mort m'accompaigne.

— R. O gentils oiselets, que vous estes heureux!

1. Caliste, fort docte, bien nay et bien versé en l'une et l'autre langue, fut tué à Paris, l'an mil cinq cens soixante deux. (B.)

Nature d'elle-mesme à l'amour vous enseigne,
Qui mourez et vivez fideles amoureux.

CHANSON (1).

Hier au soir que je pris maugré toy
Un doux baiser, accoudé sur ta couche,
Sans y penser, je laissay dans ta bouche
Mon ame, hélas! qui s'enfuït de moy.

Me voyant prest sur l'heure de mourir,
Et que mon ame, amusée à te suivre,
Ne revenoit mon corps faire revivre,
Je t'envoyay mon cœur pour la querir.

Mais mon cœur, pris de ton œil blandissant,
Aima trop mieux estre chez-toy, Madame,
Que retourner, et non plus qu'à mon ame
Ne luy chaloit de mon corps perissant.

Lors, si je n'eusse en te baisant ravy
De ton haleine une chaleur ardente,
Qui depuis seule (en lieu de l'ame absente
Et de mon cœur) de vie m'a servy,

Voulant hier mon tourment appaiser,
Par qui sans ame et sans cœur je demeure,
Je fusse mort entre tes bras à l'heure
Que maugré toy je te pris un baiser.

LXIII.

Bien que ton œil me face une dure écarmouche,
Moy restant le vaincu et luy tousjours vainqueur;
Bien que depuis trois ans sa cruelle rigueur
Me tienne prisonnier de ta beauté farouche;

1. Marulle:

    Suaviolum invitæ rapio dum casta Neæra,
      Imprudens vestris liqui animam in labiis.

Bien qu'Amour de son traict incessament me touche,
Si ne veux-je eschapper de si douce langueur
Ne vivre sans avoir ton image en mon cœur,
Tes mains dedans ma playe et ton nom en ma bouche.
    Si tu veux me tuer, tû-moi, je le veux bien :
Ma mort te sera perte et à moy très grand bien,
Et l'œuvre qu'à ton los je veux mettre en lumière
    Finira par ma mort, finissant mon emoi ;
Ainsi mort, je serai libre de peine, et toi,
Cruelle, de ton nom tu seras la meurdrière (a).

LXIV.

Amour, voyant du ciel un pescheur sur la mer,
Calla son aile bas sur le bord du navire,
Puis il dit au pescheur : Je te pri' que je tire
Ton reth, qu'au fond de l'eau le plomb fait abysmer.
    Un dauphin qui sçavoit le feu qui vient d'aimer,
Voyant Amour sur l'eau, à Tethys le va dire :
« Tethys, si quelque soin vous tient de nostre empire,
Secourez-le, ou bien tout il est prest d'enflammer. »
    Tethys laissa de peur sa caverne profonde,
Haussa le chef sur l'eau et vid Amour sur l'onde ;
Puis elle s'escria : Las ! Amour, mon nepveu,
    Ne bruslez de vos feux mes ondes, je vous prie.
Ma tante, dit Amour, n'ayez peur de mon feu,
Je le perdis hier dans les yeux de Marie.

a. Var. 1578 :

  Ce m'est extreme honneur de trespasser pour toy,
Qui passes de beauté la beauté la plus belle.
Un soldart, pour garder son enseigne et sa foy,
  Meurt bien sur le rempart d'une forte Rochelle(1)!
Je mourray bien-heureux s'il te souvient de moy :
La mort n'est pas grand mal, c'est chose naturelle.

1. Il entend parler du siege de La Rochelle, que Henri, duc d'Anjou, et depuis roy troisiesme du nom, tenoit contre ceux de la religion pretenduē. 1572. (B.)

CHANSON.

Quand j'estois libre, ains que l'amour cruelle
  Ne fust eprise encore en ma mouelle,
    Je vivois bien-heureux ;
Comme à l'envy, les plus accortes filles
Se travailloient, par leurs flames gentilles,
    De me rendre amoureux !
Mais, tout ainsi qu'un beau poulain farouche,
Qui n'a masché le frein dedans la bouche,
    Va seulet écarté,
N'ayant soucy sinon d'un pied superbe
A mille bonds fouler les fleurs et l'herbe,
    Vivant en liberté ;
Ores il court le long d'un beau rivage,
Ores il erre en quelque bois sauvage
    Ou sur quelque mont haut ;
De toutes parts les poutres (1) hennissantes
Luy font l'amour, pour neant blandissantes,
    A luy, qui ne s'en chaut ;
Ainsi j'allois desdaignant les pucelles
Qu'on estimoit en beauté les plus belles,
    Sans respondre à leur vueil ;
Lors je vivois amoureux de moy-mesme,
Content et gay, sans porter couleur blesme,
    Ny les larmes à l'œil.
J'avois escrite au plus haut de la face,
Avec la honte, une agreable audace
    Pleine d'un franc desir ;
Avec le pied marchoit ma fantaisie
De çà de là, sans peur ne jalousie,
    Vivant de mon plaisir.
Mais, aussi tost que par mauvais desastre
Je vey ton sein blanchissant comme albastre,
    Et tes yeux, deux soleils,
Tes beaux cheveux espanchez par ondées,

---

1. Juments.

Et les beaux lys de tes lévres bordées
    De cent œillets vermeils,
Incontinent j'appris que c'est service;
La liberté, de ma vie nourrice,
    Fuït ton œil felon
Comme la nue en temps serein poussée
Fuit à grands pas l'haleine courroucée
    De l'oursal Aquilon (*a*).
[Et lors tu mis mes deux mains à la chaisne,
Mon col au cep et mon cœur à la gesne,
    N'ayant de moy pitié,
Non plus, hélas! qu'un outrageux corsaire
(O fier Destin) n'a pitié d'un forcère
    A la chaisne lié.]
Tu mis après, en signe de conqueste,
Comme vainqueur, tes deux pieds sur ma teste,
    Et du front m'as osté
La jeune honte et l'audace premiere,
Accouardant mon ame prisonniere,
    Serve à ta volonté.
Vengeant d'un coup mille fautes commises
Et les beautez qu'à grand tort j'avois mises
    Par-avant à mespris,
Qui me prioyent, en lieu que je te prie.
Mais d'autant plus que merci je te crie,
    Tu es sourde à mes cris,
Et ne respons non plus que la fontaine
Qui de Narcis mira la forme vaine,
    Vengeant dessus son bord
Mille beautez des nymphes amoureuses
Que cet enfant, par mines desdaigneuses,
    Avoit mises à mort.

a. Var. :

    S'eschappa loin de moy;
Dedans tes rets ma premiere franchise,
Pour obeir à ton bel œil, fut prise
    Esclave sous ta loy.

LXV.

Je mourrois de plaisir voyant par ces bocages
  Les arbres enlacez de lierres espars,
Et la verde lambrunche errante en mille pars,
Es aubespins fleuris, près des roses sauvages.
  Je mourrois de plaisir oyant les doux ramages
Des hupes, des coqus et des ramiers rouhars,
Dessur un arbre verd bec en bec fretillars,
Et des tourtres aux bois voyant les mariages.
  Je mourrois de plaisir voyant en ces beaux mois
Débusquer un matin le chevreuil hors du bois
Et voyant fretiller dans le ciel l'alouette;
  Je mourrois de plaisir, où je meurs de soucy,
Ne voyant point les yeux d'une que je souhaite
Seule une heure en mes bras en ce bocage ici (*a*).

CHANSON (1).

Qui veut sçavoir Amour et sa nature,
  Son arc, ses feux, ses traits et sa pointure,
Que c'est qu'il est et que c'est qu'il desire,
Lise ces vers, je m'en-vay le descrire.
  C'est un plaisir tout remply de tristesse,
C'est un tourment tout confit de liesse,

a. Var.:

Absent de la beauté qu'en ce pré je souhaite;
Un demy-jour d'absence est un an de souci.

1. Cette chanson est prise de Bembo et du romant de la Rose. Il l'addresse, dans les dernieres editions, à monsieur Nicolas, secretaire du roy, personnage remarquable pour ses vertus, bontez et gentillesses d'esprit, et preud'hommie. (B.) Elle étoit primitivement dédiée au poëte Olivier de Magny; dans l'éd. de 1560 elle se trouve au 5e livre des poëmes, ainsi que les deux pièces suivantes.

Un desespoir où tousjours on espere,
Un esperer où l'on se desespere.
 C'est un regret de jeunesse perdue,
C'est dedans l'air une poudre espandue,
C'est peindre en l'eau, et c'est vouloir encore
Tenir le vent et desnoircir un More.
 [C'est une foy pleine de tromperie,
Où plus est seur celuy qui moins s'y fie;
C'est un marché qu'une fraude accompaigne,
Où plus y perd celuy qui plus y gaigne.]
 C'est un feint ris, c'est une douleur vraye,
C'est sans se plaindre avoir au cœur la playe,
C'est devenir valet en lieu de maistre,
C'est mille fois le jour mourir et naistre.
 C'est un fermer à ses amis la porte
De la raison, qui languit presque morte,
Pour en bailler la clef à l'ennemie,
Qui la reçoit sous ombre d'estre amie.
 C'est mille maux pour une seule œillade,
C'est estre sain et feindre le malade,
C'est en mentant se parjurer et faire
Profession de flater et de plaire.
 C'est un grand feu couvert d'un peu de glace,
C'est un beau jeu tout remply de fallace,
C'est un despit, une guerre, une tréve,
Un long penser, une parole bréve.
 C'est par dehors dissimuler sa joye,
Celant un cœur au dedans qui larmoye;
C'est un malheur si plaisant qu'on desire
Tousjours languir en un si beau martyre.
 C'est une paix qui n'a point de durée,
C'est une guerre au combat asseurée,
Où le vaincu reçoit toute la gloire,
Et le vainqueur ne gaigne la victoire.
 C'est une erreur de jeunesse, qui prise
Une prison trop plus que sa franchise;
C'est un penser qui jamais ne repose
Et si ne veut penser qu'en une chose.

Et bref, Magny, c'est une jalousie,
C'est une fiévre en une frenaisie.
Quel plus grand mal au monde pourroit estre
Que recevoir une femme pour maistre?
  Doncques, à fin que ton cœur ne se mette
Sous les liens d'une loy si sujette,
Si tu m'en crois, prens-y devant bien garde :
Le repentir est une chose tarde.

AMOURETTE.

Or' que l'hyver roidit la glace épesse,
Réchaufons-nous, ma gentille maistresse,
Non accroupis dans la fouyer cendreux,
Mais au plaisir des combats amoureux.
  Assisons-nous sur ceste molle couche;
Sus, baisez-moy de vostre belle bouche,
Pressez mon col de vos bras deliez,
Et maintenant vostre mere oubliez.
  Que de la dent vostre tetin je morde,
Que vos cheveux fil à fil je destorde;
Il ne faut point en si folastres jeux
Comme au dimanche arranger ses cheveux.
  Approchez-vous, tendez-moy vostre oreille :
Hà! vous avez la couleur plus vermeille
Que par avant; avez-vous point ouy
Quelque doux mot qui vous ait resjouy?
Je vous disois que la main j'allois mettre
Sur vos genoux; le voulez-vous permettre?
Vous rougissez, maistresse; je voy bien
A vostre front que je vous fais grand bien.
  Quoi! vous faut-il cognoistre à vostre mine?
Je jure Amour que vous estes si fine,
Que, pour mourir, de bouche ne diriez
Qu'on vous le fist, bien que le desiriez :
Car toute fille, encor' qu'elle ait envie
Du jeu d'aimer, desire estre ravie.

Tesmoin en est Helene, qui suivit
D'un franc vouloir Pâris, qui la ravit.
 Or je vay donc user d'une main forte
Pour vous avoir. Ha! vous faites la morte!
Sus, endurez ce doux je ne sais quoy!
Car autrement vous mocqueriez de moy
En vostre lict quand vous seriez seulette.
Or sus, c'est fait, ma gentille brunette;
Recommençons, à fin que nos beaux ans
Soyent réchauffez en combats si plaisants.

LA QUENOUILLE.

Quenouille, de Pallas la compagne et l'amie(1),
 Cher present que je porte à ma chere ennemie,
Afin de soulager l'ennuy qu'elle a de moy,
Disant quelque chanson en filant dessur toy,
Faisant pirouetter, à son huys amusée,
Tout le jour son rouet et sa grosse fusée.
 Sus! quenouille, suis moy, je te meine servir
Celle que je ne puis m'engarder de suivir.
Tu ne viendras és mains d'une pucelle oisive,
Qui ne fait qu'attifer sa perruque lascive,
Et qui perd tout le jour à mirer et farder
Sa face, à celle fin qu'on l'aille regarder;
Mais bien entre les mains d'une disposte fille
Qui devide, qui coust, qui mesnage et qui file
Avecque ses deux sœurs pour tromper ses ennuis,
L'hyver devant le feu, l'esté devant son huis.
 Aussi je ne voudrois que toy, quenouille gente,
Qui es de Vendomois (où le peuple se vante
D'estre bon ménager), allasses en Anjou
Pour demeurer oisive et te rouiller au clou.
Je te puis asseurer que sa main delicate

1. L'invention est de Theocrite, lequel donna pour present une quenoüille à la femme de Nicias, medecin, son hoste et son amy. (B.)

Filera dougément (1) quelque drap d'escarlate,
Qui si fin et si souef en sa laine sera
Que pour un jour de feste un roy le vestira.
　Suy-moy donc, tu seras la plus que bien-venue,
Quenouille, des deux bouts et greslette et menue,
Un peu grosse au milieu où la filace tient,
Estreinte d'un ruban qui de Montoire(2) vient,
Aime-laine, aime-fil, aime-estaim(3), maisonniere(4),
Longue, palladienne(5) enflée, chansonniere;
Suy-moy, laisse Cousture(6), et va droit à Bourgueil,
Où, quenouille, on te doit recevoir d'un bon œil,
Car le petit present qu'un loyal amy donne
Passe des puissans roys le sceptre et la couronne.

CHANSON (7).

Quand ce beau printemps je voy,
　　J'apperçoy
Rajeunir la terre et l'onde,

---

1. Subtilement, à filets prims et menus. Dougé est un mot d'Anjou et de Vendomois, propre aux filandières, qui filent le fil de leur fuseau tenu et menu. Il appert par cecy que sa Marie n'estoit pas de grande et riche famille (comme nous avons dit), car elle estoit fille d'une hostellerie. (B.)

2. Montoire est un bourg situé à trois petites lieues près du lieu de la naissance de l'autheur. (B.)

3. Ce sont mots nouveaux composez par l'autheur. Estaim est une espèce de laine escardée et preste à filer. (B.)

4. Pour ce que la quenouille ne bouge de la maison. (B.)

5. Pallas inventa la quenouille.

6. Cousture est un village assis en la Varenne du bas Vendomois, où nasquit le poëte, au pied d'un coustau tourné vers le septentrion, en un lieu qui de présent est nommé la Possonniere, chasteau appartenant aux ainez de la maison de Ronsard. Si toutes les dames qui se sont mocquées du simple et peu riche present du poëte à une belle et simple fille bien apprise, et non ocieuse, estoient aussi preudes-femmes qu'elle, nostre siecle en vaudroit mieux. (B.) Cousture et Montoire sont dans l'arrondissement de Vendôme (Loir-et-Cher. — 7. Imitation d'une des chansons de Pétrarque,

Et me semble que le Jour
    Et l'Amour
Comme enfans naissent au monde.
  Le jour qui plus beau se fait,
    Nous refait
Plus belle et verde la terre;
Et Amour, armé de traits
    Et d'attraits,
En nos cœurs nous fait la guerre.
  Il respand de toutes parts
    Feu et dards,
Et domte sous sa puissance
Hommes, bestes et oyseaux,
    Et les eaux
Luy rendent obeissance.
  Venus, avec son enfant
    Triomphant,
Au haut de sa coche assise,
Laisse ses cygnes voler
    Parmy l'air
Pour aller voir son Anchise.
  Quelque part que ses beaux yeux
    Par les cieux
Tournent leurs lumieres belles,
L'air, qui se monstre serein,
    Est tout plein
D'amoureuses estincelles.
  Puis, en descendant à bas,
    Sous ses pas
Croissent mille fleurs écloses;
Les beaux lyz et les œillets
    Vermeillets
Rougissent entre les roses.
  [Celuy vrayment est de fer
    Qu'eschaufer
Ne peut sa beauté divine,
Et en lieu d'humaine chair
    Un rocher

Porte au fond de la poitrine.]
    Je sens en ce mois si beau
        Le flambeau
D'Amour qui m'eschaufe l'ame,
Y voyant de tous costez
        Les beautez
Qu'il emprunte de ma dame.
    Quand je voy tant de couleurs
        Et de fleurs
Qui esmaillent un rivage,
Je pense voir le beau teint
        Qui est peint
Si vermeil en son visage.
    Quand je voy les grands rameaux
        Des ormeaux
Qui sont lacez de lierre,
Je pense estre pris és laz
        De ses bras,
Et que mon col elle serre.
    Quand j'enten la douce vois
        Par les bois
Du beau rossignol qui chante,
D'elle je pense jouyr
        Et ouyr
Sa douce voix qui m'enchante.
    [Quand zephyre meine un bruit
        Qui se suit
Au travers d'une ramée,
Des propos il me souvient
        Que me tient
Seule à seul ma bien aimée.]
    Quand je voy en quelque endroit
        Un pin droit
Ou quelque arbre qui s'esleve,
Je me laisse decevoir,
        Pensant voir
Sa belle taille et sa gréve.
    Quand je voy dans un jardin

Au matin
S'esclorre une fleur nouvelle,
J'accompare le bouton
Au teton
De son beau sein qui pommelle.
Quand le Soleil tout riant
D'orient
Nous monstre sa blonde tresse,
Il me semble que je voy
Devant moy
Lever ma belle maistresse.
Quand je sens, parmy les pre
Diaprez,
Les fleurs dont la terre est pleine,
Lors je fais croire à mes sens
Que je sens
La douceur de son haleine.
Bref, je fais comparaison
Par raison
Du printemps et de m'amie :
Il donne aux fleurs la vigueur,
Et mon cœur
D'elle prend vigueur et vie.
Je voudrois au bruit de l'eau
D'un ruisseau
Desplier ses tresses blondes,
Frizant en autant de nœus
Ses cheveux
Que je verrois friser d'ondes.
Je voudrois, pour la tenir,
Devenir
Dieu de ces forests desertes,
La baisant autant de fois
Qu'en un bois
Il y a de fueilles vertes.
Hà ! maistresse, mon soucy,
Vien icy,
Vien contempler la verdure !

Les fleurs de mon amitié
　　　Ont pitié,
Et seule tu n'en as cure.
　　Au moins leve un peu tes yeux
　　　Gracieux,
Et voy ces deux colombelles
Qui font naturellement,
　　　Doucement,
L'amour du bec et des ailes ;
　　Et nous, sous ombre d'honneur,
　　　Le bon-heur
Trahissons par une crainte ;
Les oyseaux sont plus heureux,
　　　Amoureux
Qui font l'amour sans contrainte.
　　Toutefois ne perdons pas
　　　Nos esbats
Pour ces loix tant rigoureuses ;
Mais, si tu m'en crois, vivons
　　　Et suyvons
Les colombes amoureuses.
　　Pour effacer mon esmoy,
　　　Baise-moy,
Rebaise-moy, ma déesse ;
Ne laissons passer en vain
　　　Si soudain
Les ans de nostre jeunesse.

LE CHANT DES SERENES (1).

Fameux Ulysse, honneur de tous les Grecs,
　　De nostre bord approche-toy plus près ;
Ne single point sans prester les oreilles
A nos chansons, et tu orras merveilles.

---

1. Elegie prise du douziesme livre de l'Odyssée. Elle est dediée à Amadis Jamyn, poëte excellent, lequel a traduit en vers l'Illiade d'Homere et partie de l'Odyssée. (B.)

Nul estranger de passer a soucy
Par ceste mer sans aborder icy,
Et sans contraindre un petit son voyage,
Pour prendre port à nostre beau rivage;
Puis tout joyeux les ondes va tranchant,
S'en retournant ravy de nostre chant,
Ayant appris de nous cent mille choses
Que nous portons en l'estomach encloses.
Nous sçavons bien tout cela qui s'est fait
Quand Ilion par les Grecs fut défait;
Nous n'ignorons une si longue guerre,
Ny tout cela qui se fait sur la terre.
Doncques retien ton voyage entrepris:
Tu apprendras, tant sois-tu bien appris.
 Ainsi disoit le chant de la sereine
Pour arrester Ulysse sur l'arene,
Qui, garroté au mast, ne voulut pas
Se laisser prendre à si friands appas;
Mais, en fuyant la voix voluptueuse,
Hasta son cours sur l'onde poissonneuse,
Sans par l'oreille humer ceste poison
Qui des plus grands offense la raison.
 Ainsi, Jamin, pour sauver ta jeunesse,
Suy le conseil du fin soldat de Grece;
N'aborde point au rivage d'Amour
Pour y vieillir sans espoir de retour.
L'amour n'est rien qu'ardante frenesie,
Qui de fumée emplit la fantaisie,
D'erreur, de vent et d'un songe importun:
Car le songer et l'amour, ce n'est qu'un.

CHANSON (1567).

Douce Maistresse, touche,
 Pour soulager mon mal,
Mes levres de ta bouche
 Plus rouge que coral;

Que mon col soit pressé
De ton bras enlassé.
   Puis, face dessus face,
Regarde-moy les yeux,
Afin que ton trait passe
En mon cœur soucieux,
Cœur qui ne vit sinon
D'amour et de ton nom.
   Je l'ay veu fiere et brave,
Avant que ta beauté
Pour estre son esclave
Doucement l'eust domté ;
Mais son mal luy plaist bien,
Pourveu qu'il meure tien.
   Belle par qui je donne
A mes yeux tant d'esmoy,
Baise-moy, ma mignonne,
Cent fois rebaise-moy.
Et quoy ! faut-il en vain
Languir dessus ton sein ?
   Maistresse, je n'ay garde
De vouloir t'éveiller,
Heureux quand je regarde
Tes beaux yeux sommeiller,
Heureux quand je les voy
Endormis dessous moy.
   Veux-tu que je les baise
Afin de les ouvrir ?
Ha ! tu fais la mauvaise
Pour me faire mourir.
Je meurs entre tes bras,
Et si ne t'en chaut pas !
   Hà ! ma chere ennemie,
Si tu veux m'appaiser,
Redonne-moy la vie
Par l'esprit d'un baiser.
Hà ! j'en ay la douceur
Senti jusques au cœur.

C'est une douce rage
Qui nous poinct doucement
Quand d'un mesme courage
On s'aime incessament (a).
Heureux sera le jour
Que je mourray d'amour.

XLV (1572).

En vain pour vous ce bouquet je compose,
En vain pour vous, ma deesse, il est fait :
Car vous serez le bouquet du bouquet (1),
La fleur des fleurs, la rose de la rose.
   Vous et les fleurs differez d'une chose,
C'est que l'hyver les fleurettes défait,
Vostre printemps, en ses graces parfait,
Ne craint des ans nulle metamorphose.
   Heureux bouquet, n'entre point au sejour
De ce beau sein, ce beau logis d'Amour ;
Ne touche point ceste pomme jumelle :
   Ton lustre gay se faniroit d'esmoy ;
Tu es, bouquet, digne de vivre, et moy
De mourir près des beautez de la belle (b).

---

a. Var. :

J'aime la douce rage
D'amour continuel,
Quand d'un mesme courage
Le soin est mutuel.

b. Var. :

Ton lustre gay d'ardeur se faniroit,
Et ta verdeur sans grace pourriroit,
Comme je suis fany pour l'amour d'elle.

1. Pris d'un epigramme grec. (B.)

ELEGIE A MARIE.

Marie, à celle fin que le siecle à venir
De nos jeunes amours se puisse souvenir,
Et que vostre beauté, que j'ay long temps aimée,
Ne se perde au tombeau, par les ans consumée,
Sans laisser quelque marque après elle de soy,
Je vous consacre icy le plus gaillard de moy,
L'esprit de mon esprit, qui vous fera revivre
Ou long temps, ou jamais, par l'âge de ce livre.

   Ceux qui liront les vers que j'ay chantez pour vous
D'un stile qui varie entre l'aigre et le doux,
Selon les passions que vous m'avez données,
Vous tiendront pour déesse; et tant plus les années
En volant s'enfuiront, et plus vostre beauté
Contre l'âge croistra, vieille en sa nouveauté.

   O ma belle Angevine! ô ma douce Marie!
Mon œil, mon cœur, mon sang, mon esprit et ma vie,
Dont la vertu me monstre un beau chemin aux cieux!
Je reçoy tant de bien quand je baise vos yeux,
Quand je languis dessus et quand je les regarde,
Que, sans une frayeur qui la main me retarde,
Je me serois occis de dueil que je ne peux
Vous monstrer par effect le bien que je vous veux.

   Or cela que je puis, pour vous je le veux faire :
Je veux, en vous chantant, vos louanges parfaire,
Et ne sentir jamais mon labeur engourdy
Que tout l'ouvrage entier pour vous ne soit ourdy.

   Si j'estois un grand roy, pour eternel exemple
De fidele amitié, je bastirois un temple
Dessus le bord de Loire, et ce temple auroit nom
Le temple de Ronsard et de sa Marion.
De marbre parien seroit vostre effigie,
Vostre robe seroit à plein fond eslargie

---

1. Cette elegie est presque toute des inventions de la dixiesme et douziesme eclogue de Theocrite. (B.)

De plis recamez d'or, et vos cheveux tressez
Seroient de filets d'or par ondes enlassez.
D'un crespe canelé seroit la couverture
De vostre chef divin, et la rare ouverture
D'un reth de soye et d'or, fait de l'ouvriere main
D'Arachne ou de Pallas, couvriroit vostre sein ;
Vostre bouche seroit de roses toute pleine,
Respandant par le temple une amoureuse haleine ;
Vous auriez d'une Hebé le maintien gracieux,
Et un essein d'Amours sortiroit de vos yeux ;
Vous tiendriez le haut bout de ce temple honorable,
Droicte sur le sommet d'un pilier venerable.
   Et moy, d'autre costé, assis au plus bas lieu,
Je serois remarquable en la forme d'un dieu ;
J'aurois, en me courbant, dedans la main senestre
Un arc demy-vouté, tel que l'on voit renaistre
Aux premiers jours du mois le reply d'un croissant,
Et j'aurois sur la corde un beau traict menassant,
Non le serpent Python, mais ce sot de jeune homme
Qui maintenant sa vie et son ame vous nomme,
Et qui seul, me fraudant, est roy de vostre cœur,
Qu'en fin en vostre amour vous trouverez mocqueur.
   Quiconque soit celuy, qu'en vivant il languisse,
Et de chacun hay luy-mesme se haysse ;
Qu'il se ronge le cœur, et voye ses dessains
Tousjours luy eschapper comme vent de ses mains,
Soupçonneux et réveur, arrogant, solitaire,
Et luy-mesme se puisse à luy-mesme desplaire.
   J'aurois dessur le chef un rameau de laurier,
J'aurois dessur le flanc un beau poignard guerrier ;
La lame seroit d'or, et la belle poignée
Ressembleroit à l'or de ta tresse peignée ;
J'aurois un cistre d'or, et j'aurois tout auprès
Un carquois tout chargé de flammes et de traits.
   Ce temple, frequenté de festes solennelles,
Passeroit en honneur celuy des immortelles,
Et par vœux nous serions invoquez tous les jours
Comme les nouveaux dieux des fidelles amours.

D'âge en âge suivant, au retour de l'année,
Nous aurions près le temple une feste ordonnée,
Non pour faire courir, comme les anciens,
Des chariots couplez aux jeux olympiens,
Pour saulter, pour lutter, ou de jambe venteuse
Franchir en haletant la carriere poudreuse;
Mais tous les jouvenceaux des pays d'alentour,
Touchez au fond du cœur de la fleche d'Amour,
Ayans d'un gentil feu les ames allumées,
S'assembleroient au temple avecques leurs aimées;
Et là celuy qui mieux sa lévre poseroit
Sur la lévre amoureuse, et qui mieux baiseroit,
Ou soit d'un baiser sec ou d'un baiser humide,
D'un baiser court ou long, ou d'un baiser qui guide
L'ame dessur la bouche, et laisse trespasser
Le baiseur, qui ne vit sinon que du penser,
Ou d'un baiser donné comme les colombelles,
Lors qu'elles font l'amour et du bec et des ailes;
Celuy qui mieux seroit en tels baisers appris
Sur tous les jouvenceaux emporteroit le prix,
Seroit dit le vainqueur des baisers de Cythere,
Et tout chargé de fleurs s'en-iroit à sa mere.
   Aux pieds de mon autel, en ce temple nouveau,
Luiroit le feu veillant d'un eternel flambeau,
Et seroient ces combats nommez, apres ma vie,
Les jeux que fit Ronsard pour sa belle Marie (1).
   O ma belle maistresse! hé! que je voudrois bien
Qu'Amour nous eust conjoints d'un semblable lien,
Et qu'après nos trespas, dans nos fosses ombreuses,
Nous fussions la chanson des bouches amoureuses;
Que ceux de Vendomois dissent tous d'un accord,
Visitant le tombeau sous qui je serois mort:
« Nostre Ronsard, quittant son Loir et sa Gastine,
A Bourgueil fut épris d'une belle Angevine »,
Et que ceux-là d'Anjou dissent tous d'une vois:

---

1. Les quatre vers précédents ont été ajoutés dans l'édition de 1584.

« Nostre belle Marie aimoit un Vendomois ;
Tous les deux n'estoient qu'un, et l'amour mutuelle,
Qu'on ne void plus icy, leur fut perpetuelle.
Leur siecle estoit vrayment un siecle bienheureux,
Où tousjours se voyoit contre-aimé l'amoureux ! »
    Puisse arriver, après l'espace d'un long âge,
Qu'un esprit vienne à bas, sous l'amoureux ombrage
Des myrtes, me conter que les âges n'ont peu
Effacer la clarté qui luist de nostre feu,
Mais que de voix en voix, de parole en parole,
Nostre gentille amour par la jeunesse vole,
Et qu'on apprend par cœur les vers et les chansons
Que j'ai tissus pour vous en diverses façons,
Et qu'on pense amoureux celuy qui rememore
Vostre nom et le mien et nos tombes honore !
    Or les dieux en feront cela qu'il leur plaira ;
Si est-ce que ce livre après mille ans dira
Aux hommes et au temps, et à la Renommée,
Que je vous ay six ans plus que mon cœur aimée.

XXXVII.

Cesse tes pleurs, mon livre : il n'est pas ordonné
  Du destin que, moy vif, tu reçoives la gloire ;
Avant que passé j'aye outre la rive noire,
L'honneur que l'on te doit ne te sera donné.
    Quelqu'un, apres mil ans, de mes vers estonné,
Voudra dedans mon Loir comme en Permesse boire,
Et, voyant mon pays, à peine voudra croire
Que d'un si petit champ tel poëte soit né.
    Pren, mon livre, pren cœur : la vertu precieuse
De l'homme, quand il vit, est tousjours odieuse.
Après qu'il est absent, chacun le pense un dieu.
    La rancueur nuit tousjours à ceux qui sont en vie ;
Sur les vertus d'un mort elle n'a plus de lieu,
Et la posterité rend l'honneur sans envie.

Fin de la première partie des Amours de Marie, Angevine.

SECONDE PARTIE

SUR LA MORT DE MARIE (¹).

Trajicit et fati littora magnus amor.
(Properce.)

I.

Je songeois, sous l'obscur de la nuict endor-
mie, [à moy;
Qu'un sepulchre entre-ouvert s'apparoissoit
La mort gisoit dedans toute pasle d'effroy;
Dessus estoit escrit : Le tombeau de Marie.
Espouvanté du songe, en sursault je m'escrie :
Amour est donc sujet à nostre humaine loy ?
Il a perdu son regne et le meilleur de soy,
Puis que par une mort sa puissance est perie.
Je n'avois achevé qu'au point du jour voicy
Un passant à ma porte, adeulé de soucy,
Qui de la triste mort m'annonça la nouvelle.
Pren courage, mon ame, il faut suyvre sa fin,

---

1. Les commentaires de cette seconde partie, par Nicolas Richelet, Parisien, advocat en la Cour, sont dediés à M. de la Bergerie, probablement Durand de la Bergerie, traducteur des Baisers de Jean Second. Le texte est donné d'après l'édition de 1578, Paris, Buon, sept tomes in-12.

Je l'enten dans le ciel comme elle nous appelle :
Mes pieds avec les siens ont fait mesme chemin.

STANCES(1).

Je lamente sans reconfort,
Me souvenant de ceste mort
Qui desroba ma douce vie ;
Pensant en ses yeux, qui souloient
Faire de moy ce qu'ils vouloient,
De vivre je n'ay plus d'envie.

Amour, tu n'as point de pouvoir ;
A mon dam tu m'as fait sçavoir
Que ton arc par tout ne commande :
Si tu avois quelque vertu,
La Mort ne t'eust pas devestu
De ta richesse la plus grande.

Tout seul tu n'as perdu ton bien ;
Comme toy j'ay perdu le mien :
Ceste beauté que je desire,
Qui fut mon thresor le plus cher ;
Tous deux contre un mesme rocher
Avons froissé nostre navire.

Souspirs, eschauffez son tombeau ;
Larmes, lavez-le de vostre eau ;
Ma voix si doucement se plaigne (a)
Qu'à la mort vous faciez pitié,
Ou qu'elle rende ma moitié,
Ou que ma moitié j'accompaigne (b).

Fol qui au monde met son cœur,

a. Var. :

Ma voix si doucement lamente.

b. Var. :

Ou bien que je la suive absente.

1. La meilleure part de ces stances est prise de la seconde partie de Petrarque. (R.)

Fol qui croit en l'espoir mocqueur
Et en la beauté tromperesse :
Je me suis tout seul offensé,
Comme celuy qui n'eust pensé
Que morte fust une deesse.

 Quand son ame au corps s'attachoit,
Rien, tant fust dur, ne me faschoit,
Ny destin, ny rude influence ;
Menaces, embusches, dangers,
Villes et peuples estrangers,
M'estoient doux pour sa souvenance.

 En quelque part que je vivois,
Tousjours en mes yeux je l'avois,
Transformé du tout en la belle ;
Si bien Amour à coups de trait
Au cœur m'engrava son pourtrait
Que mon tout n'estoit sinon qu'elle.

 Esperant luy conter un jour
L'impatience de l'amour
Qui m'a fait des peines sans nombre,
La mort soudaine m'a deceu ;
Pour le vray le faux j'ay receu,
Et pour le corps seulement l'ombre.

 Ciel, que tu es malicieux !
Qui eust pensé que ces beaux yeux
Qui me faisoient si douce guerre,
Ces mains, ceste bouche et ce front,
Qui prindrent mon cœur, et qui l'ont,
Ne fussent maintenant que terre ?

 Helas ! où est ce doux parler,
Ce voir, cet ouyr, cet aller,
Ce ris qui me faisoit apprendre
Que c'est qu'aimer ? Hà ! doux refus !
Ha ! doux desdains, vous n'estes plus,
Vous n'estes plus qu'un peu de cendre !

 Helas ! où est ceste beauté,
Ce printemps, ceste nouveauté
Qui n'aura jamais de seconde ?

Du ciel tous les dons elle avoit;
Aussi parfaite ne devoit
Long temps demeurer en ce monde.
　Je n'ay regret en son trespas,
Comme prest de suivre ses pas.
Du chef les astres elle touche,
Et je vy! et je n'ay sinon
Pour reconfort que son beau nom,
Qui si doux me sonne en la bouche,
　Amour, qui pleures avec moy,
Tu sçais que vray est mon esmoy
Et que mes larmes ne sont feintes;
S'il te plaist, renforce ma vois,
Et de pitié rochers et bois
Je feray rompre sous mes plaintes.
　Mon feu s'accroist plus véhément
Quand plus luy manque l'argument
Et la matière de se paistre;
Car son œil, qui m'estoit fatal,
La seule cause de mon mal,
Est terre qui ne peut renaistre.
　Toutesfois en moy je la sens
Encore l'objet de mes sens,
Comme à l'heure qu'elle estoit vive;
Ny mort ne me peut retarder,
Ny tombeau ne me peut garder,
Que par penser je ne la suive.
　Si je n'eusse eu l'esprit chargé
De vaine erreur, prenant congé
De sa belle et vive figure,
Oyant sa voix, qui sonnoit mieux
Que de coustume, et ses beaux yeux,
Qui reluisoyent outre mesure,
　Et son souspir, qui m'embrasoit,
J'eusse bien veu qu'elle disoit:
Or' soule-toy de mon visage,
Si jamais tu en eus souci:
Tu ne me verras plus ici,

Je m'en vay faire un long voyage.
　　J'eusse amassé de ses regars
Un magazin de toutes pars,
Pour nourrir mon ame estonnée
Et paistre long temps ma douleur,
Mais onques mon cruel malheur
Ne sceut prevoir ma destinée.
　　Depuis j'ay vescu de souci
Et de regret qui m'a transi,
Comblé de passions estranges.
Je ne desguise mes ennuis ;
Tu vois l'estat auquel je suis,
Du ciel, assise entre les anges.
　　Ha ! belle ame, tu es là haut
Auprès du bien qui point ne faut,
De rien du monde desireuse,
En liberté, moy en prison ;
Encore n'est-ce pas raison
Que seule tu sois bien-heureuse.
　　Le sort doit tousjours estre égal.
Si j'ay pour toy souffert du mal,
Tu me dois part de ta lumiere ;
Mais, franche du mortel lien,
Tu as seule emporté le bien,
Ne me laissant que la misere.
　　En ton âge le plus gaillard
Tu as seul laissé ton Ronsard,
Dans le ciel trop tost retournée,
Perdant beauté, grace et couleur,
Tout ainsi qu'une belle fleur
Qui ne vit qu'une matinée.
　　En mourant tu m'as sceu fermer
Si bien tout argument d'aimer
Et toute nouvelle entreprise
Que rien à mon gré je ne voy,
Et tout cela qui n'est pas toy
Me desplaist et je les mesprise.
　　Si tu veux, Amour, que je sois

Encore un coup dessous tes lois,
M'ordonnant un nouveau service,
Il te faut sous la terre aller
Flatter Pluton et r'appeller
En lumiere mon Eurydice.
  Ou bien va-t'en là haut crier
A la Nature, et la prier
D'en faire une aussi admirable;
Mais j'ay grand peur qu'elle rompit
Le moule alors qu'elle la fit,
Pour n'en tracer plus de semblable.
  Refay-moy voir deux yeux pareils
Aux siens, qui m'estoient deux soleils
Et m'ardoient d'une flamme extrème,
Où tu soulois tendre tes las,
Tes hameçons et tes appas,
Où s'engluoit la Raison mesme.
  Ren-moy ce voir et cet ouir,
De ce parler fay-moy jouir,
Si douteux à rendre responce;
Ren-moy l'objet de mes ennuis;
Si faire cela tu ne puis,
Va-t'en ailleurs, je te renonce.
  A la mort j'auray mon recours:
La mort me sera mon secours,
Comme le but que je desire;
Dessus la mort tu ne peus rien,
Puis qu'elle a desrobé ton bien,
Qui fut l'honneur de ton empire.
  Soit que tu vives près de Dieu
Ou aux Champs Elysez, adieu,
Adieu cent fois, adieu Marie;
Jamais Ronsard ne t'oublira,
Jamais la mort ne desli'ra
Le nœud dont ta beauté me lie.

II.

Terre, ouvre-moy ton sein, et me laisse reprendre
Mon thresor, que la Parque a caché dessous toy ;
Ou bien, si tu ne peux, ô terre ! cache-moy
Sous mesme sepulture avec sa belle cendre.

Le traict qui la tua devoit faire descendre
Mon corps auprès du sien pour finir mon esmoy ;
Aussi bien, veu le mal qu'en sa mort je reçoy,
Je ne sçaurois plus vivre, et me fasche d'attendre.

Quand ses yeux m'esclairoient et qu'en terre j'avois
Le bon-heur de les voir, à l'heure je vivois,
Ayant de leurs rayons mon ame gouvernée.

Maintenant je suis mort : la Mort, qui s'en all
Loger dedans ses yeux, en partant m'appella,
Et me feit de son soir (1) accomplir ma journée.

III (2).

Alors que plus Amour nourrissoit mon ardeur,
M'asseurant de jouir de ma longue esperance,
A l'heure que j'avois en luy plus d'asseurance,
La Mort a moissonné mon bien en sa verdeur.

J'esperois, par souspirs, par peine et par langueur,
Adoucir son orgueil. Las ! je meurs quand j'y pense ;
Mais, en lieu d'en jouir, pour toute recompense
Un cercueil tient enclos mon espoir et mon cœur.

Je suis bien mal-heureux, puis qu'elle, vive et morte,
Ne me donne repos, et que de jour en jour
Je sens par son trespas une douleur plus forte.

Comme elle je devrois reposer à mon tour ;
Toutefois je ne vois par quel chemin je sorte,
Tant la mort me rempestre au labyrinth' d'amour.

1. Le texte de 1578 porte *de ses pieds*.
2. Imité de Petrarque.

IIII.

Comme on void sur la branche au mois de may la rose
En sa belle jeunesse, en sa premiere fleur,
Rendre le ciel jaloux de sa vive couleur,
Quand l'aube de ses pleurs au poinct du jour l'arrose,
 La Grace dans sa fueille et l'Amour se repose,
Embasmant les jardins et les arbres d'odeur ;
Mais, batue ou de pluye ou d'excessive ardeur,
Languissante, elle meurt, fueille à fueille déclose.
 Ainsi, en ta premiere et jeune nouveauté,
Quand la terre et le ciel honoroient ta beauté,
La Parque t'a tuée, et cendre tu reposes.
 Pour obseques reçoy mes larmes et mes pleurs,
Ce vase plein de laict, ce pannier plein de fleurs,
A fin que, vif et mort, ton corps ne soit que roses.

V (1).

DIALOGUE.

LE PASSANT ET LE GENIE.

LE PASSANT.

Veu que ce marbre enserre un corps qui fut plus beau
Que celuy de Narcisse ou celuy de Clytie,
Je suis esmerveillé qu'une fleur n'est sortie,
Comme elle feit d'Ajax, du creux de ce tombeau.

LE GENIE.

L'ardeur qui reste encore et vit en ce flambeau
Ard la terre d'amour, qui si bien a sentie
La flamme, qu'en brasier elle s'est convertie,

---

1. La meilleure part est façonnée sur ces vers de Cotta :

> Cur non flosculus exeam requiris ;
> Tellus est nimis arida, ô viator, etc. (R.)

Et, seiche, ne peut rien produire de nouveau.
    Mais, si Ronsard vouloit sur sa Marie espandre
Des pleurs pour l'arrouser, soudain d'humide cendre
Une fleur du sepulchre enfanteroit au jour.

LE PASSANT.

A la cendre on cognoist combien, vive, estoit forte
La beauté de ce corps, quand mesmes estant morte
Elle enflamme la terre et la tombe d'amour.

VI.

Ha Mort, en quel estat maintenant tu me changes!
    Pour enrichir le ciel tu m'as seul appauvry,
Me ravissant (*a*) les yeux desquels j'estois nourry,
Qui nourrissent là haut les esprits et les anges.
    Entre pleurs et souspirs, entre pensers estranges,
Entre le desespoir tout confus et marry,
Du monde et de moy-mesme et d'Amour je me ry,
N'ayant autre plaisir qu'à chanter tes louanges.
    Helas! tu n'es pas morte, hé! c'est moy qui le suis!
L'homme est bien trespassé qui ne vit que d'ennuis,
Et des maux qui me font une eternelle guerre.
    Le partage est mal fait: tu possedes les cieux,
Et je n'ay, mal-heureux, pour ma part que la terre,
Les souspirs en la bouche et les larmes aux yeux.

VII.

Quand je pense à ce jour où je la vy si belle,
    Toute flamber d'amour, d'honneur et de vertu,
Le regret, comme un traict mortellement pointu,
Me traverse le cœur d'une playe eternelle.
    Alors que j'esperois la bonne grace d'elle,
Amour a mon espoir par la mort combattu,
La mort a mon espoir (*b*) d'un cercueil revestu,

---

a. Var. : *desrobant.*
b. Var. : *son beau corps.*

Dont j'esperois la paix de ma longue querelle.
   Amour, tu es enfant inconstant et leger ;
Monde, tu es trompeur, pipeur et mensonger,
Decevant d'un chacun l'attente et le courage.
   Malheureux qui se fie en l'Amour et en toy :
Tous deux comme la mer vous n'avez point de foy :
L'un fin, l'autre parjure et l'autre oiseau volage (a).

VIII.

Homme ne peut mourir par la douleur transi.
Si quelcun trespassoit d'une extréme tristesse,
Je fusse desja mort pour suivre ma maistresse,
Mais en lieu de mourir je vy par le souci.
   Le penser, le regret et la memoire aussi
D'une telle beauté, qui pour les cieux nous laisse,
Me fait vivre croyant qu'elle est ores deesse,
Et que du ciel là haut elle me voit ici.
   Elle se sou-riant du regret qui m'affole,
En vision la nuict sur mon lit je la voy
Qui mes larmes essuye et ma peine console,
   Et semble qu'elle a soin des maux que je reçoy.
Dormant ne me deçoit ; car je la recognoy
A la main, à la bouche, aux yeux, à la parole.

IX (1).

Deux puissants ennemis me combatoient alors
   Que ma dame vivoit : l'un, dans le ciel, se serre
De laurier triomphant ; l'autre, dessous la terre,
Un soleil d'occident, reluit entre les morts.

a. Var. :

La mer tousjours parjure, amour tousjours volage.

1. Tiré de Petrarque, au sonnet :

Due gran nemiche insieme erano aggiunte,
Bellezza e Castità...

C'estoit la Chasteté, qui rompoit les efforts
D'Amour et de son arc, qui tout bon cœur enferre,
Et la douce beauté qui me faisoit la guerre,
De l'œil par le dedans, du ris par le dehors.
    La Parque maintenant ceste guerre a desfaicte;
La terre aime le corps, et de l'ame parfaicte
Les anges de là-sus se vantent bien-heureux.
    Amour d'autre lien ne sçauroit me reprendre.
Ma flamme est un sepulchre, et mon cœur une cendre,
Et par la mort je suis de la mort amoureux.

ELEGIE.

Le jour que la beauté du monde la plus belle
Laissa dans le cercueil sa despouille mortelle
Pour s'en-voler parfaicte entre les plus parfaicts,
Ce jour Amour perdit ses flammes et ses traicts,
Esteignit son flambeau, rompit toutes ses armes,
Les jetta sur la tombe et l'arrousa de larmes;
Nature la pleura, le Ciel en fut fasché,
Et la Parque, d'avoir un si beau fil trenché.
    Depuis le jour couchant jusqu'à l'aube vermeille
Phenix en sa beauté, ne trouvoit sa pareille,
Tant de graces au front et d'attraits elle avoit;
Ou, si je me trompois, Amour me decevoit.
Si tost que je la vy, sa beauté fut enclose
Si avant en mon cœur, que depuis nulle chose
Je n'ay veu qui m'ait pleu, et si fort elle y est
Que toute autre beauté encore me desplaist.
    Dans mon sang elle fut si avant imprimée
Que tousjours en tous lieux de sa figure aimée
Me suivoit le pourtrait, et telle impression
D'une perpetuelle imagination
M'avoit tant desrobé l'esprit et la cervelle
Qu'autre bien je n'avois que de penser en elle,
En sa bouche, en son ris, en sa main, en son œil,
Qu'encor je sens au cœur bien qu'ils soyent au cercueil.

J'avois auparavant, vaincu de la jeunesse,
Autres dames aimé (ma faute je confesse),
Mais la playe n'avoit profondement saigné,
Et le cuir seulement n'estoit qu'esgratigné;
Quand Amour, qui les dieux et les hommes menace,
Voyant que son brandon n'eschauffoit point ma glace,
Comme rusé guerrier, ne me voulant faillir,
La print pour son escorte et me vint assaillir.
« Encor, ce me dit-il, que de maint· beau trofée
D'Horace, de Pindare, Hesiode et d'Orfée,
Et d'Homere, qui eut une si forte vois,
Tu as orné la langue et l'honneur des François,
Voy ceste dame icy : ton cœur, tant soit-il brave,
Ira sous son empire et sera son esclave. »
Ainsi dit, et, son arc m'enfonçant de roideur,
Ensemble dame et traict m'envoya dans le cœur.
Lors ma pauvre raison, des rayons esblouye
D'une telle beauté, se perd esvanouye,
Laissant le gouvernail au sens et au desir,
Qui depuis ont conduit la barque à leur plaisir.
Raison, pardonne-moy : un plus caut en finesse
S'y fust bien englué, tant une douce presse
De Graces et d'Amours la suivoient tout ainsy
Que les fleurs le printemps, quand il retourne icy (*a*).
De moy par un destin sa beauté fut cognue;
Son divin se vestoit d'une mortelle nue,
Qui mesprisoit le monde, et personne n'osoit
Luy regarder les yeux, tant leur flame luisoit.
Son ris et son regard et sa parole pleine
De merveilles n'estoient d'une nature humaine;
Son front ny ses cheveux, son aller ny sa main.
C'estoit une deesse en un habit humain,
Qui visitoit la terre, aussi tost enlevée

---

a. Var. :

. . . . *en volant la suivoient,*
Et de ses doux regards ainsi que moy vivoient.

Au ciel comme elle fut en ce monde arrivée,
Du monde elle partit au mois de son printemps,
Aussi toute excellence icy ne vit long temps.
 Bien qu'elle eust pris naissance en petite bourgade,
Non de riches parens ny d'honneurs ny de grade,
Il ne faut la blasmer; la mesme Deité
Ne desdaigna de naistre en trespauvre cité,
Et souvent sous l'habit d'une simple personne,
Se cache tout le mieux que le Destin nous donne (a).
 Vous qui veistes son corps, l'honorant comme moy,
Vous sçavez si je mens et si triste je doy
Regretter à bon droit si belle creature,
Le miracle du ciel, le mirouer de Nature.
 O beaux yeux, qui m'estiez si cruels et si doux
Je ne me puis lasser de repenser en vous,
Qui fustes le flambeau de ma lumiere unique,
Les vrais outils d'Amour, la forge et la boutique.
Vous m'ostastes du cœur tout vulgaire penser,
Et fistes mon esprit aux astres eslancer;
J'apprins à vostre eschole à réver sans mot dire,
A discourir tout seul, à cacher mon martire,
A ne dormir la nuit, en pleurs me consumer;
Et bref, en vous servant, j'apprins que c'est qu'aimer.
Car, depuis le matin que l'aurore s'éveille
Jusqu'au soir que le jour dedans la mer sommeille,
Et durant que la nuict par les pôles tournoit,
Tousjours pensant en vous, de vous me souvenoit.
 Vous seule estiez mon bien, ma toute et ma première,
Et le serez tousjours, tant la vive lumière
De vos yeux, bien que morts, me poursuit, dont je voy
Tousjours le simulachre errer autour de moy.
 Puis amour, que je sens par mes veines s'espandre,
Passe dessous la terre et r'atize la cendre
Qui froide languissoit dessous vostre tombeau,

---

 a. Var. :

  Le ciel cache les biens qu'aux princes il ne donne.

Pour r'allumer plus vif en mon cœur son flambeau,
Afin que vous soyez ma flame morte et vive
Et que par le penser en tous lieux je vous suive.
 Pourroy-je raconter le mal que je senty,
Oyant vostre trespas ? Mon cœur fut converty
En rocher insensible, et mes yeux en fonteines ;
Et si bien le regret s'escoula par mes veines
Que, pasmé, je me feis la proye du tourment,
N'ayant que vostre nom pour confort seulement.
 Bien que je resistasse, il ne fut pas possible
Que mon cœur, de nature à la peine invincible,
Peust cacher sa douleur : car, plus il la celoit,
Et plus dessus le front son mal estinceloit.
Enfin, voyant mon ame extremement attainte,
Je desliay ma bouche et feis telle complainte :
 Ah ! faux monde trompeur, que tu m'as bien deceu !
Amour, tu es enfant ; par toy j'avois receu
La divine beauté qui surmontoit l'envie,
Que maugré toy la mort en ton regne a ravie ;
Je desplais à moy-mesme et veux quitter le jour,
Puis que je voy la Mort triompher de l'Amour
Et luy ravir son mieux, sans faire resistance.
Malheureux qui le suit et vit sous son enfance (a) !
 Et toy, Ciel, qui te dis le pere des humains,
Tu ne devois tracer un tel corps de tes mains
Pour si tost le reprendre, et toy, mere Nature,
Pour mettre si soudain ton œuvre en sepulture.
 Maintenant à mon dam je cognois pour certain
Que tout cela qui vit sous ce globe mondain
N'est que songe et fumée et qu'une vaine pompe
Qui doucement nous rit et doucement nous trompe.
 Hà ! bien-heureux esprit, fait citoyen des cieux,
Tu es assis au rang des anges precieux
En repos eternel, loin de soin et de guerres ;

a. Var. :

Malheureux qui te croit et qui suit ton enfance !

Tu vois dessous tes pieds les hommes et les terres,
Et je ne voy qu'ennuis, que soucis et qu'esmoy,
Comme ayant emporté tout mon bien avec toy:
Je ne me trompe point; du ciel tu vois mes peines,
Si tu as soin là haut des affaires humaines.
 Que dois-je faire, Amour? Que me conseilles-tu?
J'irois, comme un sauvage, en noir habit vestu,
Volontiers par les bois, et mes douleurs non feintes
Je dirois aux rochers; mais ils sçavent mes pleintes.
Il vaut mieux d'un grand temple honorer son tombeau,
Et dedans eslever, d'artifice nouveau,
Cent autels dediez à la memoire d'elle,
Esclairez jour et nuit d'une lampe éternelle,
Et devant le portail, comme les anciens
Célébroient les combats aux jeux olympiens,
Sacrer en son honneur, au retour de l'année,
Une feste chomable, à la jouste ordonnée.
Là tous les jouvenceaux au combat mieux appris
Le funeste cyprès emporteront pour prix,
Et seront appelez longtemps après ma vie
Les jeux que fist Ronsard pour sa belle Marie (a).

(a) VAR. L'auteur a remplacé les douze vers qui precèdent
et qui offrent une grande ressemblance avec l'élégie à Marie
page 228 de ce volume), par les vers suivants :

Il vaut mieux que je meure au pied de ce rocher,
Nommant tousjours son nom, qui me sonne si cher,
Sans chercher par la peine après elle de vivre,
Gaignant le bruit d'ingrat de ne la vouloir suyvre.
Aussi toute la terre, où j'ay perdu mon bien,
Apres son fascheux vol ne me semble plus rien,
Sinon qu'horreur, qu'effroy, qu'une obscure poussiere.
Au ciel est mon soleil, au ciel est ma lumiere;
Le monde ny ses lacqs n'y ont plus de pouvoir;
Il faut haster ma mort, si je la veux revoir;
La mort en a la clef, et par sa seule porte
Je doy passer au jour qui ma nuict reconforte.

Puis, quand l'une des sœurs aura le fil coupé
Qui retient en mon corps l'esprit envelopé,
J'ordonne que mes os, pour toute couverture,
Reposent près des siens sous mesme sepulture ;
Que des larmes d'Amour le tombeau soit lavé,
Et tout à l'environ de ces vers engravé :
« Passant, de cest amant enten l'histoire vraye.
De deux traicts differens il receut double playe :
L'une, que fit Amour, ne versa qu'amitié ;
L'autre, que fit la Mort, ne versa que pitié.
Ainsi mourut navré d'une double tristesse,
Et tout pour aimer trop une jeune maistresse. »

X.

De ceste belle, douce, honneste chasteté,
Naissoit un froid glaçon, ains une chaude flame,
Qu'encores aujourd'huy, esteinte sous la lame,
Me reschauffe en pensant quelle fut sa clairté.
 Le traict que je receu n'eut le fer espointé :
Il fut des plus aigus qu'Amour nous tire en l'ame,
Qui, s'armant d'un trespas, par le penser m'entame,
Et sans jamais tomber se tient à mon costé.
 Narcisse fut heureux mourant sur la fontaine,
Abusé du miroir de sa figure vaine :
Au moins il regardoit je ne sçay quoy de beau.
 L'erreur le contentoit, voyant sa face aimée,
Et la beauté que j'aime est terre consumée.
Il mourut pour une ombre, et moy pour un tombeau.

XI.

Je voy tousjours le traict de ceste belle face
Dont le corps est en terre et l'esprit est aux cieux.
Soit que je veille ou dorme, Amour ingenieux
En cent mille façons devant moy le repasse.
 Elle qui n'a soucy de ceste terre basse,
Et qui boit du nectar assise entre les dieux,

Daigne souvent revoir mon estat soucieux
Et en songe appaiser la Mort, qui me menace.
   Je songe que la nuict elle me prend la main,
Se faschant de me voir si long-temps la survivre,
Me tire et fait semblant que de mon voile humain
   Veut rompre le fardeau pour estre plus delivre;
Mais, partant de mon lict, son vol est si soudain
Et si prompt vers le ciel, que je ne la puis suivre.

XII.

Aussi tost que Marie en terre fut venue,
Le ciel en fut marry et la voulut r'avoir;
A peine nostre siecle eut loisir de la voir
Qu'elle s'évanouit comme un feu dans la nue.
   Des presens de nature elle vint si pourveue,
Et sa belle jeunesse avoit tant de pouvoir
Qu'elle eust peu d'un regard les rochers esmouvoir,
Tant elle avoit d'attraits et d'amours en la veue.
   Ores la mort jouit des beaux yeux que j'aimois,
La boutique et la forge, Amour, où tu t'armois.
Maintenant de ton camp cassé je me retire.
   Je veux desormais vivre en franchise et tout mien :
Puisque tu n'as gardé l'honneur de ton empire,
Ta force n'est pas grande, et je le cognois bien.

EPITAPHE DE MARIE.

XIII.

Cy reposent les os de toy, belle Marie (a),
Qui me fis pour Anjou quitter mon Vendomois,
Qui m'eschaufas le sang au plus verd de mes mois,
Qui fus toute mon cœur, mon bien et mon envie.
   En ta tombe repose honneur et courtoisie,

---

a. Var. :

   . . . . *de la belle Marie.*

La vertu, la beauté, qu'en l'âme je sentois,
La grâce et les amours qu'aux regards tu portois
Tels qu'ils eussent d'un mort ressuscité la vie (a).
   Tu es, belle Angevine, un bel astre des cieux :
Les anges tous ravis se paissent de tes yeux,
La terre te regrette, o beauté sans seconde !
   Maintenant tu es vive, et je suis mort d'ennuy.
Ah ! siècle malheureux ! malheureux est celuy
Qui s'abuse d'Amour et qui se fie au monde (b)!

a. Var. :

   Et la jeune beauté qu'en l'ame je sentois,
   Et le flambeau d'Amour, ses traicts et son carquois,
   Et ensemble mon cœur, mes pensers et ma vie.

b. Var. :

   Mal-heureux qui se fie en l'attente d'autruy !
   Trois amis m'ont trompé, toy, l'Amour et le monde.

Fin de la seconde partie sur la mort de Marie.

LES VERS
D'EURYMEDON ET DE CALLIRÉE

POUR

LE ROY CHARLES IX ET Mlle D'ATRIE

de la maison d'Aquavive, depuis comtesse de Chasteauvillain

Commentez par P. DE MARCASSUS.

STANCES.

J'ay quitté le rempart si long temps defendu;
Je ne me puis trouver, tant je me suis perdu;
Amour traict dessus traict mon repos importune;
D'une flame il fait l'autre en mon cœur r'allumer;
Par trop aimer autruy, je ne me puis aimer;
De ma serve vertu triomphe la Fortune.

Ma puissance me nuit; je veux tout, et ne puis;
Je ne sçay que je fais, je ne sçay qui je suis;
En égale balance est ma mort et ma vie,
Le Destin me contraint, la raison m'a laissé;
Je suis, comme Telephe, estrangement blessé;
Je veux tout, et mon tout n'est qu'une seule envie.

Mon espoir est douteux, mon desir est certain;
Mon courage est couard, superbe est mon dessein;
Je ne suis resolu qu'à me faire la guerre.

Mes pensers au combat contre moy se sont mis ;
J'ay mon cœur pour suspect, mes yeux pour ennemis ;
Une main me délace, et l'autre me resserre (*a*).

L'astre qui commandoit au poinct que je fus né
De dangereux aspects estoit infortuné (*b*) ;
Sa face en lieu d'un jour d'une nuict estoit pleine.
Il renversa sur moy les rais de son malheur,
Du Ciel trop ennemy proceda ma douleur,
Condamnant du berceau ma jeunesse à la peine.

Il estoit par destin dans le ciel arresté
Qu'à vingt ans je devois perdre ma liberté
Pour servir une dame autant belle qu'honneste,
Charger mes yeux de pleurs, ma face de langueur ;
Qu'Amour devoit porter en triomphe mon cœur,
Et pendre ma jeunesse à son arc pour conqueste.

La chose est arrivée, il n'en faut plus douter ;
Le lien de mon col je ne sçaurois oster,
Il faut courir fortune. O belle Callirée,
Servez-moy de pilote, et de voile et de vent ;
Autre astre que vostre œil je ne vay poursuivant ;
Pource je vous invoque, et non pas Cytherée.

Si n'aimer rien que vous, tousjours en vous penser,
D'un penser qui s'acheve un autre commencer,
Ma nature changer et en prendre une neuve,
Ne donner aux soupirs ne tréves ny sejour ;
Madame, si cela se doit nommer Amour,
Plus parfait amoureux au monde ne se treuve.

Mon corps est plus leger que n'est l'esprit de ceux
Qui vivent en aimant grossiers et paresseux ;
Et, tout ainsi qu'on void s'evaporer mercure
Au feu d'un alchimiste et s'envoler en rien,
Ainsi dedans le ciel mon corps, qui n'est plus mien,
Alambiqué d'Amour, s'envole de nature.

a. Var. : *renferre*.
b. Var. :

    D'aspects malencontreux estoit infortuné.

Je ressemble au démon qui ne se veut charger
D'un corps ; ou, s'il a corps, ce n'est qu'un air leger,
Pareil à ces vapeurs subtiles et menues,
Que le soleil desseiche aux chauds jours de l'esté.
Le mien, du seul penser promptement emporté,
Distillé par l'amour, se perd dedans les nues.

Le peintre qui premier fit d'Amour le tableau,
Et premier le peignit plumeux comme un oyseau,
Cognut bien sa nature en luy baillant des ailes ;
Non pour estre inconstant, leger ne vicieux,
Mais comme nay du ciel pour retourner aux cieux
Et monter au sejour des choses les plus belles.

La matière de l'homme est pesante et ne peut
Suyvre l'esprit en hault lors que l'esprit le veut,
Si Amour, la purgeant de sa flame estrangere,
N'affine son mortel. Voilà, dame, pourquoy
Je cognoy par raison que n'aimez tant que moy :
Si vous aimiez autant, vous seriez plus legere.

Entre les dieux au ciel mon corps s'iroit asseoir,
Si vous suyviez mon vol qnand nous ballons au soir
Flanc à flanc, main à main, imitant l'Androgyne ;
Tous deux dançans la volte, ainsi que les jumeaux,
Prendrions place au sejour des astres les plus beaux,
Et serions dits d'Amour à jamais le beau signe.

Où par faute d'aimer vous demeurez à bas,
La terre maugré moy vous attache les pas ;
Vous estes paresseuse, et au ciel je m'envole.
Mais à moitié chemin je m'arreste, et ne veux
Passer outre sans vous ; sans y voler tous deux
Je ne voudrois me faire un citoyen du pole.

Las ! que feroy-je au ciel assis entre les dieux,
Sans plus voir les amours qui sortent de vos yeux,
Et les traits si poignans de vostre beau viságe,
Vos graces, qui pourroient un rocher esmouvoir ?
Sans vivre auprès de vous, maistresse, et sans vous voir,
Le ciel me sembleroit un grand desert sauvage.

Je veux en lieu des cieux en terre demeurer,
Pour vous aimer, servir, priser et honorer,

Comme une chose saincte et des vertus l'exemple.
Mainte mortelle dame a jadis merité
Autels et sacrifice, encens et deité,
Qui n'estoit tant que vous digne d'avoir un temple.
   Bref, je suis resolu de ne changer d'amour;
Le jour sera la nuict, la nuict sera le jour,
Les estoiles sans ciel et la mer mesurée,
Amour sera sans arc, sans traict et sans brandon,
Et tout sera changé, plustost qu'Eurymedon
Oublie les amours qu'il porte à Callirée.

STANCES.

De fortune Diane (1) et l'archerot Amour
En un mesme logis arriverent un jour.
L'un lassé de voler et l'autre de la chasse,
Destendirent leurs arcs, et, pour prendre repos,
Leurs carquois pleins de traicts deschargerent du dos,
Et les mirent ensemble en une mesme place.
   Amour jusqu'à midy paresseux sommeilla,
Diane au poinct du jour soigneuse s'éveilla,
Et pour tromper Amour usa de diligence:
Print son arc pour le sien, ses feux et son carquois,
Puis, se mocquant de luy, s'en alla par les bois,
Desireuse de faire une belle vengeance.
   « Je porte, disoit-elle, et l'arc et le brandon
Maintenant, pour blesser le cœur d'Eurymedon,
Qui, nouvel Acteon, de ses meutes tourmente

---

1. Notre poëte a imaginé les noms d'Eurymédon et Callirée tout à dessein, pour designer les personnes qu'il entendoit : et, en effet, Callirée est du mot κάλλος, qui signifie beauté, et ῥέω, qui signifie couler, ce qui peut s'accommoder à Aque-vives ; et puis Eurymedon est un mot purement grec Ευρυμέδων, *late regnans*, comme qui diroit grand roy.(Mar.)—Cette pièce est remplie de termes de chasse, dont l'explication se trouve dans du Fouilloux et autres livres qui traitent de la vénerie.

Le repos des forests, rend les buissons deserts,
Ensanglante les bois du meurtre de mes cerfs,
Et par la mort des miens ses victoires augmente.
    Je ne veux plus souffrir qu'il me vienne outrager.
Je bande l'arc qui peut d'un beau coup me venger.
Malheureux est celuy qui sans revanche endure !
Hercule, qui tua la biche au pied d'airain,
Ne m'injuria tant comme la jeune main
De cet Eurymedon à mes cerfs fait d'injure.
    Qu'est-il sinon de ceux que Nature a produit?
Mon sang des premiers dieux d'un long ordre se suit;
Je me pais de nectar, luy de viande humaine;
Sa demeure est la terre, et la mienne les cieux.
Le mortel ne se doit accomparer aux dieux;
Sans travail nous vivons, son partage est la peine.
    Bref je me veux venger et luy faire sentir
De combien de souspirs s'achete un repentir
Et le desir d'avoir la chasse trop apprise. »
Diane ainsi disoit. Le sang qui bouillonnoit,
Noirastre de courroux, son fiel aiguillonnoit,
Ardante d'achever si superbe entreprise.
    Eurymedon entroit aux jours de son printemps;
Son plaisir, son déduit, ses jeux, ses passe-temps,
Estoient par le travail d'honorer sa jeunesse;
Son corps estoit adroit, son esprit généreux,
Desdaignant, comme un prince actif et vigoureux,
De rouiller au logis ses beaux ans de paresse.
    C'estoit un Meleagre au mestier de chasser :
Il sçavoit par sur tous laisser-courre et lancer,
Bien démesler d'un cerf les ruses et la feinte,
Le bon temps, le vieil temps, l'essuy, le rembüscher,
Les gaignages, la nuict, le lict et le coucher,
Et bien prendre le droict et bien faire l'enceinte.
    Et, comme s'il fust né d'une nymphe des bois,
Il jugeoit d'un vieil cerf à la perche, aux espois,
A la meule, andouillers et à l'embrunisseure,
A la grosse perleure, aux goutieres, aux cors,
Aux dagues, aux broquars bien nourris et bien forts,

A la belle empaumeure et à la couronneure.
 Il sçavoit for-huer et bien parler aux chiens,
Faisoit bien la brisée, et le premier des siens
Cognoissoit bien le pied, la sole et les alleures,
Fumées, hardouers et frayoirs, et sçavoit
Sans avoir veu le cerf quelle teste il avoit,
En voyant seulement ses erres et fouleures.
 Un jour, sans y penser, poussé par le Destin,
Comme il mettoit à bout à l'égail du matin
La ruse d'un vieil cerf, Diane se transforme
En l'image d'Amour, et, pour mieux le blesser,
Luy feit en lieu d'un cerf devant les yeux passer
D'une nymphe des eaux le visage et la forme. [beau;
 Comme un printemps d'avril tout son corps estoit
Sebete (1) la conceut au milieu de son eau ;
Les voisins d'alentour l'appelloient Callirée.
Ses mestiers n'estoient pas de filer ne d'ordir ;
Mais, ne laissant son corps en paresse engourdir,
Suivoit tousjours Diane et fuyoit Cytherée.
 Au poinct qu'elle passa, Diane tout soudain
Print l'arc et le courba roidement en la main,
Puis blesse Eurymedon d'un traict tout plein de braise ;
Le traict siffle en la playe et le vint eschauffer,
Feit bouillonner le sang tout ainsi que le fer
Qu'on plonge tout ardant en l'eau d'une fournaise.
 Lors elle s'escria : « Voila mes cerfs vengez ;
Tes jeux, Eurymedon, seront bien tost changez :
D'une telle langueur mes ennemis je paye.
En lieu de chiens, de trompe et de bocages verds,
Il faudra mendier les Muses et les vers,
Pour soulager le mal qui naistra de ta playe. »
 De tels propos Diane en se jouant (a) parla ;

a. Var. : *en colère.*

1. C'est une fontaine près de Naples, de laquelle parle Stace :

Doctaque Parthenope Sebetide roscida lympha.

Et ce pendant l'ulcere au fond du cœur alla,
Passa de nerf en nerf, passa de veine en veine
Et feit par tout le corps le venin escouler,
Altera tout son sang, feit l'esprit chanceler,
N'ayant pour tout sujet autre bien que la peine.
 Il changea de nature, il devint en langueur
Comme ceux dont la fiévre est maistresse du cœur;
Il tiroit lentement de ses yeux une œillade :
Il changea de pensers, de mœurs et d'actions;
Il portoit en l'esprit nouvelles passions,
Et ne sçavoit pourtant qui le faisoit malade.
 Rien ne luy profita commander aux forests,
D'avoir mille piqueurs, mille espieux, mille rets,
Ny de mille chiens baux l'aboyante tempeste.
Amour, qui n'a souci de grandeurs ny d'honneurs,
Et qui, maistre, commande aux plus braves seigneurs,
Avoit de sa defaite enrichy sa conqueste (*a*).
 Il oublia soudain et meutes et limiers;
Souspirs dessus soupirs sortirent les premiers,
Signe de maladie; il avoit le courage
Tousjours en un penser fermement arresté,
Comme marry de voir sa douce liberté
Sur l'avril de ses ans ainsi mise en servage.
 Il vouloit aux rochers et aux forêts parler,
Mais il ne peut jamais sa langue demesler :
Amour ne le voulut, qui son esprit affolle.
Sur l'herbe se couchant, de rien ne luy souvint;
Il s'endormit de dueil, et la nuit qui survint
Luy desroba le jour, les pleurs et la parole.

 a. Var. :
  De ses pieds outrageux avoit foulé sa teste.

LE BAING DE CALLIRÉE.

EURYMEDON *parle.*

Je voudrois ce jourd'huy par bonne destinée
Me changer d'homme en femme, ainsi que fit Cæ-
Cænée qui, tournant par miracle sa peau,   [née(1),
Estoit tantost pucelle, et tantost jouvenceau :
Je verrois dans le baing la belle Callirée.
Je faux, mais je verrois la belle Cytherée,
Je verrois des beautez la parfaite beauté
Sans soupçon, comme femme, en toute privauté,
Beauté que les Amours en son baing accompagnent,
Et mignons en sa cuve ainsi qu'elle se bagnent.
L'un nage dessus l'eau, l'autre se joue au fond ;
L'un luy jette des fleurs à pleines mains au front,
L'autre luy tient la teste, et l'autre de son aile
L'évente doucement, et sa mere l'appelle.
Venus en est bien aise, et se sourit de voir
D'une si douce erreur ses fils se decevoir.
    L'eau, la cuve et le baing de flames elle allume,
Et l'air tout à l'entour d'odeurs elle parfume ;
Et jalouse, voyant de ce beau corps le traict,
S'imagine soy-mesme et conçoit son pourtrait.
    Si j'avois, pour jouir de chose tant aimée,
Pour ce jour ma nature en femme transformée,
Je pourrois sans vergongne à son baing me trouver,
La voir, l'ouyr, sentir, la toucher et laver,
Ministre bien-heureux d'une si douce estuve.
    Tantost je verserois de l'eau tiede en la cuve,

---

1. Cænée estoit une jeune fille de Thessalie qui pria Neptune de la changer en homme, ce que Neptune feit ; ayant demeuré quelque temps homme, elle reprit sa première nature, comme l'on peut voir au sixiesme livre de l'Eneide de Virgile, où il dict :
   Et comes, et juvenis quondam, nunc fœmina Cæneus,
   Rursus et in veterem fato revoluta figuram.   (Mar.)

Et tantost de la froide, et, d'un vase bouillant
L'eau chaude dans la froide ensemble démeslant,
Je laverois son corps, et dirois bien-heureuse
Telle eau, qui deviendroit de la belle amoureuse,
Et le feu amoureux, qui deviendroit plus chaud
Par l'autre de ses yeux, qui jamais ne defaut.
Le feu materiel se consomme en sa cendre
Si bois dessus du bois on cesse de respandre,
Dont la flame se paist ; mais celuy de ses yeux
Sans matière est nourry, comme celuy des cieux,
Et vit en ses regards de chaleur si extréme,
Que l'esclair qui en sort embrase le feu mesme.
  Que n'ay-je maintenant autant de loy qu'un dieu !
J'attacherois la cuve et la cruche au milieu
Des astres les plus beaux, et en ferois un signe,
Comme l'enfant troyen (1), des astres le plus digne.
  Tu te baignes en France, ô corps sebetien,
Et Pallas autrefois, honneur athenien,
En Argos se baigna, quand elle, valeureuse,
Retiroit des combats sa main toute poudreuse,
Et ses membres nerveux, victorieux et forts,
Lavoit d'huile d'olif, oincture de son corps,
De masle huile d'olif, riche fruit de la plante
Que la ville conceut qui de son nom se vante (2).
  Et quoy ! ma Callirée, après que ton brandon
A brulé moy, qui suis ton pauvre Eurymedon,
Après avoir ta main en mes veines mouillée,
Du nouvel homicide encor toute souillée,
Tu te baignes à fin de purger ton forfait ;
Mais tu ne peux laver le mal que tu m'as fait.
  Pourquoy veux-je à mon dam prendre la hardiesse
De voir le corps tout nud d'une telle deesse ?

---

  1. Jupiter, amoureux du frère de Laomedon, nommé Ganymède, le feit ravir par son aigle et le feit son echanson. (Mar.)

  2. Minerve (Ἀθηνῆ) donna son nom à Athènes et y fit naître le premier olivier.

L'exemple d'Actéon et du jeune Thebain (1),
Qui virent et Diane et Pallas dans le bain,
Me devroit faire sage et sagement m'apprendre
Que l'œil humain ne doit sur les dieux entreprendre.
Je veux, sans l'ignorer, ma deesse offenser.
Ces deux pauvres enfans virent, sans y penser,
Les fieres deitez dont la vengeance preste
A l'un osta les yeux, à l'autre sur la teste
Mit des cornes de cerf, et l'innocent erreur
Des deesses ne peut adoucir la fureur.
O bien-heureux enfans, vos fautes furent quittes
Pour des punitions legeres et petites !
La corne sur le front ne fait ny mal ny bien,
C'est l'esprit seul qui sent, la corne n'y sent rien ;
Et de perdre les yeux la perte est profitable
En amour, où la veue est tousjours dommageable.
S'il est vray que l'amour se face par les yeux,
Les yeux sont aux amans un mal pernicieux.
Qu'on me créve les miens pour ne voir plus ma dame.
Le regard m'est un feu qui me consomme l'ame,
Dont je ne puis guerir, et voudrois desormais,
Comme vous, estre aveugle et ne la voir jamais.

ELEGIE DU POËTE A EURYMEDON.

Prince, de qui le nom m'est venerable et sainct,
Amour ainsi que vous aux liens me contraint (a);
De penser en penser me fait nouvelle guerre,
A la chiorme amoureuse ainsi que vous m'enferre.
Nous sommes compagnons, bien-heureux quand je voy
Celuy qui est mon maistre esclave comme moy.
Amour, je t'aime bien, qui sans respect egales

---

a. Var. : *En servage m'estreint.*

1. Tiresias le devin, qui perdit la veue pour avoir veu
Pallas nue dans une fontaine. (Mar.)

Aux moindres qualitez les qualitez royales,
Et qui rens un chascun sujet à ta grandeur,
Aussi bien le seigneur comme le serviteur.
　　Les hommes ne sont faits de matières contraires ;
Nous avons comme vous des nerfs et des artères,
Nous avons de nature un mesme corps que vous,
Chair, muscles et tendons, cartilages et pouls,
Mesme cœur, mesme sang, poumons et mesme veines,
Et souffrons comme vous les plaisirs et les peines.
　　Un rocher n'aime point, un chesne ny la mer ;
Mais le propre sujet des hommes, c'est d'aimer.
Aimer, haïr, douter, avoir la fantasie
Tantost chaude d'amour, tantost de jalousie ;
Vouloir vivre tantost, tantost vouloir mourir ;
Resver, penser, songer, à par-soy discourir ;
Se donner, s'engager, se condamner soy-mesme ;
Se perdre, s'oublier, avoir la face blesme,
Vouloir ouvrir la bouche et n'oser proferer,
Esperer à credit et se desesperer ;
Cacher sous un glaçon des flames allumées,
S'alambiquer l'esprit, se paistre de fumées ;
Dessous un front joyeux avoir le cœur transi,
Avoir la larme à l'œil, s'amaigrir de souci ;
Voila les fruits qu'Amour de son arbre nous donne,
Dont ny fueilles, ny fleur, ny racine, n'est bonne ;
Le tige en est amer, qui corrompt nostre corps,
Amer par le dedans, amer par le dehors,
Et, bref, amer par tout, comme ayant son lignage
De la mer, et nourry dans un desert sauvage.
　　On dit, lors que Venus de son fils accoucha,
Que Jupiter au ciel contre elle se fascha,
Jugeant, à voir l'enfant seulement à la face,
Que bien tost il perdoit toute l'humaine race.
Venus, pour le sauver, le cacha dans les bois.
La renarde une fois, la louve une autre fois,
Et l'ourse l'alaitta, humant sa nourriture
Des bestes dont le laict est aigre de nature.
D'un vivre si amer cest enfant se repeut,

Gardant les qualitez du mesme laict qu'il beut.
  Or, si tost qu'il fut grand (un dieu ne tarde à croistre)
Et qu'il peut empoigner l'arc de la main senestre,
Luy-mesme, sans patron, allant par les forets,
Se feit un arc de fresne et des traicts de cyprés,
Et façonna ses mains, à tirer ignorantes,
Premier contre les cerfs et les biches errantes.
  Des bois vint aux citez tirer droict aux humains.
Ha! qu'il a maintenant bien certaines les mains!
Son arc n'est plus faultier, sa flèche est advisée,
Qui mire droict au cœur sans y prendre visée;
Son arc n'est plus de bois, ses traicts ny son carquois,
Il est d'or maintenant, dont il blesse les roys.
  Celuy, pour triompher d'une rare conqueste,
A mis, victorieux, ses pieds sur vostre teste;
Et, quand moins vous pensiez qu'il vous peust surmonter,
Desdaignant vos grandeurs, vous est venu donter.
  Rien ne vous a servy longuement vous defendre,
Ny vostre cœur revesche indocile à se rendre;
Rien ne vous ont servy Diane ny ses ars,
Qu'Amour ne vous enroolle au rang de ses soldars,
Et, suivant en son camp le chemin qu'il enseigne,
Ne vous face porter devant tous son enseigne.
  Celuy d'un beau desir le cœur vous anima,
En vos veines le soulfre amoureux alluma;
Celuy vous dérouilla (a) la honte de jeunesse,
Vous apprit ces beaux noms d'Aimer et de Maistresse,
Vous apprit à la fois à rougir et blesmir,
Passer les jours en pleurs et les nuicts sans dormir.
  Aussi pour recompense il vous donne une dame
Dont le corps si parfait sert de tesmoin que l'ame
Est parfaite et divine, et qu'elle a dans les cieux
Prise son origine entre les plus beaux dieux.
L'honneur, comme un soleil, son beau front environne,
Et toutes les vertus luy servent de couronne.
  Les astres de ses yeux, les roses de son teint,

---

a. Var. : *desvoila.*

Ses cheveux, mais des rets dont Amour vous estreint,
L'yvoire de ses mains, sa bouche toute pleine
De perles, de rubis et d'une douce haleine,
De sa beauté tout seul ne vous font desireux :
Un homme est un rocher s'il n'en est amoureux.

 Vous n'estes pas marry ny jaloux qu'on regarde
Au plus haut de l'esté le beau soleil qui darde
Ses rayons sur chacun : il a tant de clarté
Qu'il peut sur tout le monde espandre sa beauté,
Sans rien perdre en donnant, et plus il continue
A départir sa flame, et moins se diminue.

 Ainsi, Prince courtois, vous n'estes envieux
Si, voyant sa beauté, j'en contente mes yeux,
J'en derobe un rayon pour soustenir ma vie :
Car la voir seulement est toute mon envie.

 Les yeux de Cupidon d'un bandeau sont couverts,
Les vostres à choisir sont prompts et bien ouverts.
Vostre sain jugement vous a poussé d'eslire
La meilleure partie et refuser la pire ;
Entre mille beautez choisir vous avez sceu
Sur toutes la plus belle, et n'estes point deceu.

 O prudent jugement en un jeune courage !
Je m'asseurois tousjours, voyant vostre visage
Melancholique et plein d'imagination,
Que vous seriez heureux en vostre election.

 Je ne suis esbahi si en vostre jeunesse
Avez esté gaigné d'une telle princesse,
Quand moy, qui des amours ay passé la saison,
Qui ay morne le sang, le chef demy-grison,
Dés long temps j'en avois toute l'ame blessée,
Et le traict seulement vivoit en ma pensée.
J'estois de la servir soigneux et curieux :
Aussi bien que les roys les peuples ont des yeux.

 Ma fortune en bon-heur passe la vostre, Prince.
Que vous sert maintenant vostre riche province,
Que vous sert vostre sceptre et vostre honneur royal ?
Cela ne peut guerir en amour vostre mal,
Cela ne refroidit le feu qui vous allume,

Où je suis soulagé par le bien de ma plume,
Qui, deschargeant mon cœur de mille affections,
Emporte dans le vent toutes mes passions.
Elle est mon secretaire, et, sans mendier qu'elle,
Je luy dy mes secrets; je la trouve fidelle,
Et soulage mon mal de si douce façon
Que rien contre l'amour n'est bon que la chanson.
La Muse est mon confort, qui de sa voix enchante
(Tant son charme est puissant) l'Amour quand elle [chante.
  O germe de Venus! enfant idalien,
Soit que tu sois des dieux le dieu le plus ancien,
Que le ciel soit ton pere et la mer ta nourrice,
Que tu sois citoyen d'Amathonte ou d'Eryce,
Vien demeurer en France, et soulage l'ardeur
De mon Prince, qui vit sujet de ta grandeur.

CHANSON PAR STANCES.

Ah! belle Eau-Vive(1), ah! fille d'un rocher,
Qui fuis tousjours, pour ma peine fatale,
Ne souffre plus que je sois un Tantale,
Laisse ma soif en tes eaux estancher;
  Ou si tu n'as pitié de mon trespas,
De tant pleurer il me prend une envie
Qu'ainsi que toy je veux changer ma vie
En source d'eau pour mieux suivre tes pas.

  Eau devenu, en ton eau je vivray,
Faict par mes pleurs une eternelle source,
Et d'eau pareille et de pareille course
Plongé dans toy, tousjours je te suivray.
  Fils de Venus, enfant ingenieux,
Je te supply, pour alleger ma peine,
Que tout mon corps ne soit qu'une fontaine
Et que mon sang je verse par les yeux.

1. Parce que sa maistresse estoit de la maison d'Aqua-vive, il en parle comme d'une fontaine.

Si tu ne veux, ô nymphe, consentir
Que pour te suivre en eau je me transforme,
D'un feu bruslant je veux prendre la forme
Pour de mon mal te faire repentir.

Ainsi qu'Achille, insolent en desirs,
Brusla le fleuve en la plaine troyenne,
Face le ciel que flame je devienne
Pour consommer ton eau de mes souspirs.

Quand on ne peut par un remede égal
Avoir santé du tourment qui nous presse,
Desesperé de tout salut, maistresse,
D'un mal contraire il faut guarir son mal.

SONNET.

Callirée *parle contre la chasse.*

Celuy fut ennemy des deitez puissantes,
Et cruel viola de nature les lois,
Qui le premier rompit le silence des bois
Et les nymphes qui sont dans les arbres naissantes;

Qui premier de limiers et de meutes pressantes
De piqueurs, de veneurs, de trompes et d'abois,
Donna par les forests un passetemps aux roys
De la course et du sang des bestes innocentes.

Je n'aime ny piqueurs, ny filets, ny veneurs,
Ny meutes, ny forests, la cause de mes peurs :
Je doute qu'Artemis quelque sanglier n'appelle

Encontre Eurymedon pour voir ses jours finis,
Que le dueil ne me face une Venus nouvelle,
Que la mort ne le face un nouvel Adonis.

SONNETS ET MADRIGALS
POUR ASTRÉE.

(Texte de l'édition de 1578, Paris, Buon, 7 vol. in-18.)

I.

Dois-je voler (1), emplumé d'esperance,
Ou si je dois, forcé du desespoir,
Du haut du ciel en terre laisser choir
Mon jeune amour avorté de naissance ?
Non, j'aime mieux, leger d'outrecuidance,
Tomber d'enhaut et fol me decevoir,
Que voler bas, dussé-je recevoir
Pour mon tombeau toute une large France.
Icare fit de sa cheute nommer,
Pour trop oser, les ondes de la mer ;
Et moy je veux honorer ma contrée
De mon sepulchre, et dessus engraver :
RONSARD, VOULANT AUX ASTRES S'ELEVER,
FUT FOUDROYÉ PAR UNE BELLE ASTRÉE.

1. C'estoit une des plus grandes dames de la Cour. (M.) Selon Colletet, sous ce nom d'*Astrée* se cache une demoiselle *d'Estrées*. Un sonnet du poète (page 267) nous apprend qu'elle s'appeloit Françoise, et nous voyons plus loin (page 275) qu'elle avoit une sœur nommée Isabeau. Etoit-ce une des quatre aînées de la charmante Gabrielle, qui, à seize ans, fut vendue à Henry III, et qui, sans le poison, eût été épousée par Henry IV ?

II.

Le premier jour que j'avisay la belle
Ainsi qu'un astre esclairer à mes yeux,
Je discourois en esprit si les dieux
Au ciel là haut estoient aussi beaux qu'elle.

De son regard mainte vive estincelle
Sortoit menu comme flame des cieux,
Si qu'esblouy du feu victorieux,
Je fus vaincu de sa clarté nouvelle.

Depuis ce jour mon cœur, qui s'alluma,
D'aller au ciel sottement presuma,
En imitant des Geans le courage.

Cesse, mon cœur, la force te defaut;
Bellerophon te devroit faire sage :
Pour un mortel le voyage est trop haut.

III.

Belle Erigone (1), Icarienne race,
Qui luis au ciel et qui viens en la terre
Faire à mon cœur une si douce guerre,
De ma raison ayant gaigné la place ;

Je suis vaincu, que veux-tu que je face,
Sinon prier cest archer qui m'enferre
Que doucement mon lien il desserre,
Trouvant un jour pitié devant ta face ?

Puis que ma nef au danger du naufrage
Pend amoureuse au milieu de l'orage,
De mast, de voile, assez mal accoustrée ;

Vueilles du ciel en ma faveur reluire :
Il appartient aux astres, mon Astrée,
Luire, sauver, fortuner et conduire.

---

1. Il parle de sa maistresse Astrée comme d'Astrée, qui est dans le ciel un signe du zodiaque, qu'on nomme autrement Justice, ou Erigone, ou Vierge. (M.)

MADRIGAL I.

L'homme est bien sot qui aime sans cognoistre :
J'aime et jamais je ne vy ce que j'aime ;
D'un faux penser je me deçoy moy-mesme,
Je suis esclave et ne cognois mon maistre.
　L'imaginer seulement me fait estre
Comme je suis en une peine extreme.
L'œil peut faillir, l'aureille fait de mesme ;
Mais nul des sens mon amour n'a fait naistre.
　Je n'ay ny veu, ny ouï, ny touché ;
Ce qui m'offense à mes yeux est caché,
La playe au cœur à credit m'est venue.
　Ou nos esprits se cognoissoient aux cieux
Ains que d'avoir nostre terre vestue,
Qui vont gardant la mesme affection
Dedans les corps qu'au ciel ils avoient eue,
　Ou je suis fol. Encores vaut-il mieux
Aimer en l'air une chose incogneue
Que n'aimer rien, imitant Ixion,
Qui pour Junon embrassoit une nue.

IV.

Douce Françoise, ainçois douce framboise,
Fruict savoureux, mais à moy trop amer,
Tousjours ton nom, helas! pour trop aimer,
Vit en mon cœur, quelque part où je voise.
　Ma douce paix, mes tréves et ma noise,
Belle qui peux mes Muses animer,
Ton nom si franc devroit s'accoustumer
Mettre les cœurs en franchise françoise.
　Mais tu ne veux redonner liberté
Au mien captif, que tu tiens arresté,
Pris en ta chaisne estroittement serrée.
　Laisse la force, Amour le retiendra ;

Ou bien, maistresse, autrement il faudra
Que pour Françoise on t'appelle Ferrée.

MADRIGAL II.

De quoy te sert mainte agathe gravée,
Maint beau ruby, maint riche diamant?
Ta beauté seule est ton seul ornement,
Beauté qu'Amour en son sein a couvée.
Cache ta perle en l'Orient trouvée,
Tes graces soient tes bagues seulement;
De tes joyaux en toy parfaitement
Est la splendeur et la force esprouvée.
Dedans tes yeux reluisent leurs beautez,
Leurs vertus sont en toy de tous costez;
Tu fais sur moy tes miracles, ma dame;
Sans eux je sens que peut ta deité;
Tantost glaçon et tantost une flame,
De jalousie et d'amour agité,
Palle, pensif, sans raison et sans ame,
Ravy, transi, mort et resuscité.

V(1).

Jamais Hector aux guerres n'estoit lâche
Lors qu'il alloit combatre les Gregeois;
Tousjours sa femme attachoit son harnois,
Et sur l'armet luy plantoit son pennache.
Il ne craignoit la Pelienne hache
Du grand Achille, ayant deux ou trois fois
Baisé sa femme, et tenant en ses dois
Une faveur de sa belle Andromache.
Heureux cent fois, toy, chevalier errant,
Que ma deesse alloit hier parant,
Et qu'en armant baisoit, comme je pense.

---

1. En 1578, ce sonnet et le suivant se trouvent dans les Amours diverses.

De sa vertu procede ton honneur;
Que pleust à Dieu, pour avoir ce bon-heur,
Avoir changé mes plumes à ta lance.

VI.

Il ne falloit, maistresse, autres tablettes
Pour vous graver que celles de mon cœur,
Où de sa main Amour, nostre vainqueur,
Vous a gravée et vos graces parfaites.
   Là vos vertus au vif y sont pourtraites
Et vos beautez, causes de ma langueur,
L'honnesteté, la douceur, la rigueur,
Et tous les biens et maux que vous me faites.
   Là vos cheveux, vostre œil et vostre teint,
Et vostre front, s'y monstre si bien peint,
Et vostre face y est si bien enclose,
   Que tout est plein : il n'y a nul endroit
Vuide en mon cœur, et, quand l'Amour voudroit,
Plus ne pourroit y graver autre chose.

VII.

Au mois d'avril, quand l'an se renouvelle,
L'aube ne sort si belle (*a*) de la mer,
Ny hors des flots la deesse d'aimer
Ne vient à Cypre en sa conque si belle
   Comme je vy la beauté que j'appelle
Mon astre sainct au matin s'éveiller,
Rire le ciel, la terre s'émailler
Et les Amours voler à l'entour d'elle.
   Beauté (*b*), Jeunesse, et les Graces, qui sont
Filles du ciel, luy pendoient sur le front ;
Mais ce qui plus redoubla mon service,
   C'est qu'elle avoit un visage sans art.

---

a. Var. : *fresche.* — *b.* Var. : *Amour.*

La femme laide est belle d'artifice,
La femme belle est belle sans du fard.

MADRIGAL III.

Depuis le jour que je te vy, maistresse,
Tu as passé deux fois auprès de moy,
L'une muette et d'un visage coy,
Sans daigner voir quelle estoit ma tristesse ;
L'autre pompeuse en habit de déesse,
Belle pour plaire aux delices d'un roy,
Tirant de l'œil tout à l'entour de toy,
Dessous (a) ton voile, une amoureuse presse.
Je pensois voir Europe sur la mer
Et tous les vents en ton voile enfermer,
Tremblant de peur, en te voyant (b) si belle,
Que quelque dieu ne te ravist aux cieux
Et ne te fist une essence immortelle.
Si tu m'en crois, fuy l'or ambitieux,
Ne porte au chef une coiffure telle :
Le simple habit, ma dame, te sied mieux.

VIII.

L'astre divin qui d'aimer me convie
Tenoit du ciel la plus haute maison,
Le jour qu'Amour me mit en sa prison
Et que je vey ma liberté ravie.
Depuis ce temps j'ay perdu toute envie
De me ravoir, et veux que la poison
Qui corrompit mes sens et ma raison
Soit desormais maistresse de ma vie.
Je veux pleurer, sanglotter et gemir,
Passer les jours et les nuicts sans dormir,
Haïr moy-mesme et de tout me distraire,

---

a. Var. : *Pour voir.* — b. Var. : *te regardant.*

Et devenir un sauvage animal.
Que me vaudroit de faire le contraire,
Puis que mon astre est cause de mon mal?

IX.

Le premier jour que l'heureuse avanture
Conduit vers toy mon esprit et mes pas,
Tu me donnas pour mon premier repas
Mainte dragée et mainte confiture.
Jalouse après de si douce pasture,
En mauvais goust tu changeas tes appas,
Et pour du sucre, ô cruelle! tu m'as
Donné du fiel qui corrompt ma nature.
Le sucre doit pour sa douceur nourrir;
Le tien m'a fait cent mille fois mourir,
Tant il se tourne en fascheuse amertume.
Ce ne fut toy, ce fut le Dieu d'aimer,
Qui me deceut, poursuivant sa coustume
D'entre-mesler le doux avec l'amer.

X.

Adieu, cheveux, liens ambitieux,
Dont l'or frizé me retint en service,
Cheveux plus beaux que ceux que Bérénice
Loin de son chef envoya dans les cieux.
Adieu miroer, qui fais seul glorieux
Son cœur trop fier d'amoureuse malice;
Amour m'a dit qu'autre chemin j'apprisse,
Et pource, adieu, belle bouche et beaux yeux.
Trois mois entiers d'un desir volontaire
Je vous servy, et non comme forçaire
Qui par contrainte est sujet d'obeïr.
Comme je vins je m'en revais, maistresse;
Et toutesfois je ne te puis haïr :
Le cœur est bon, mais la fureur me laisse.

XI.

Quand tu portois l'autre jour sur ta teste
Un verd laurier, estoit-ce pour monstrer
Qu'homme si fort ne se peut rencontrer
Dont la victoire en tes mains ne soit preste,
 Ou pour monstrer ton heureuse conqueste
De m'avoir fait en tes liens entrer,
Dont je te pri' me vouloir despestrer?
Peu sert le bien que par force on acqueste
 Soit le laurier de ton front le sejour ;
Le rosmarin, hélas ! que l'autre jour
Tu me donnas me devoit faire saige (a).
 C'estoit congé que je pren maugré moy :
Car de vouloir resister contre toy,
Astre divin, c'est estre sacrilege.

XII.

Je haïssois et ma vie et mes ans ;
Triste, j'estois de moy-mesme homicide,
Mon cœur en feu, mon œil estoit humide,
Les cieux m'estoient obscurs et desplaisans ;
 Alors qu'Amour, dont les traits sont cuisans,
Me dit : « Ronsard (b), pour avoir un bon guide,
De l'astre sainct qui maistre te preside
Peins le pourtrait au milieu de tes gans.»
 Sans contredit à mon Dieu j'obey.
J'ay bien cogneu qu'il ne m'avoit trahy :
Car, dés le jour que je fey la peinture,
 Heureux je vey prosperer mes desseins.
Comment n'auroy-je une bonne aventure,
Quand j'ay tousjours mon astre entre les mains ?

a. Var. :
> Le laurier est aux victoires duisant,
> Le rosmarin dont tu m'as fait present
> Desesperé m'a fait lever le siege.

b. Var : *Amy.*

XIII (1).

Est-ce le bien que tu me rens d'avoir
Prins dessous moy ta docte nourriture?
Ingrat disciple et d'estrange nature,
Pour mon loyer me viens-tu decevoir?

Tu me devois garder à ton povoir
De n'avaller l'amoureuse pasture,
Et tu m'as fait sous douce couverture
Dedans le cœur la poison recevoir.

Tu me parlas le premier de ma dame ;
Tu mis premier le souffre dans ma flame,
Et le premier en prison tu me mis.

Je suis vaincu; que veux-tu que je face,
Puisque celuy qui doit garder la place
Du premier coup la rend aux ennemis ?

XIV.

A mon retour (hé! je m'en desespere)
Tu m'as receu d'un baiser tout glacé,
Froid, sans saveur, baiser d'un trespassé,
Tel que Diane en donnoit à son frere,

Tel qu'une fille en donne à sa grand' mere,
La fiancée en donne au fiancé,
Ny savoureux, ny moiteux, ny pressé.
Et quoy! ma lévre est-elle si amere ?

Hà! tu devrois imiter les pigeons,
Qui bec en bec de baisers doux et longs
Se font l'amour sur le haut d'une souche.

Je te suppli', maistresse, desormais,
Ou baise-moy la saveur en la bouche,
Ou bien du tout ne me baise jamais.

---

1. Il parle à son cœur. — Ce sonnet et le suivant se trouvent, en 1578, parmi les Amours diverses.

XV.

Pour retenir un amant en servage
 Il faut aimer, et non dissimuler ;
De mesme flame amoureuse brusler,
Et que le cœur soit pareil au langage ;
 Tousjours un ris, tousjours un bon visage,
Tousjours s'escrire et s'entre-consoler ;
Ou qui ne peut escrire ny parler
A tout le moins s'entre-voir par message.
 Il faut avoir de l'amy le pourtraict,
Cent fois le jour en rebaiser le traict ;
Que d'un plaisir deux ames soient guidées,
 Deux corps en un rejoincts en leur moitié.
Voila les poincts qui gardent l'amitié,
Et non pas vous, qui n'aimez qu'en idées.

XVI (1).

Si mon grand roy n'eust vaincu mainte armée,
 Son nom n'iroit comme il fait dans les cieux ;
Ses ennemis l'ont fait victorieux,
Et des vaincus il prend sa renommée.
 Si de plusieurs je te voy bien-aimée,
C'est mon trofée, et n'en suis envieux ;
D'un tel honneur je deviens glorieux,
Ayant choisi chose tant estimée.
 Ma jalousie est ma gloire de voir
Mesmes Amour soumis à ton pouvoir
Mais, s'il advient que de luy je me vange,
 Vous honorant d'un service constant,
Jamais mon Roy par trois fois combatant
N'eut tant d'honneur que j'auray de louange.

1 Ce sonnet fait partie des Amours diverses, dans l'éd. 1578.

ELEGIE DU PRINTEMPS
A LA SŒUR D'ASTRÉE.

Printemps, fils du Soleil, que la terre, arrousée
De la fertile humeur d'une douce rousée,
Au milieu des œillets et des roses conceut,
Quand Flore entre ses bras nourrice vous receut,
Naissez, croissez, Printemps, laissez-vous apparoistre ;
En voyant Isabeau, vous pourrez vous cognoistre.
Elle est vostre miroër, et deux lys assemblez
Ne se ressemblent tant que vous entre-semblez.
Tous les deux n'estes qu'un, c'est une mesme chose ;
La rose que voicy ressemble à ceste rose,
Le diamant à l'autre, et la fleur à la fleur ;
Le Printemps est le frere, Isabeau est la sœur.
  On dit que le Printemps, pompeux de sa richesse,
Orgueilleux de ses fleurs, enflé de sa jeunesse,
Logé comme un grand prince en ses vertes maisons,
Se vantoit le plus beau de toutes les saisons,
Et, se glorifiant, le contoit à Zephyre.
Le Ciel en fut marry, qui soudain le vint dire
A la mère Nature. Elle, pour r'abaisser
L'orgueil de cet enfant, va par tout ramasser
Les biens qu'elle serroit de mainte en mainte année.
  Quand elle eut son espargne en son moule ordonnée,
La fit fondre, et, versant ce qu'elle avoit de beau,
Miracle ! nous fit naistre une belle Isabeau,
Belle Isabeau de nom, mais plus belle de face,
De corps belle et d'esprit, des trois Graces la grace.
Le Printemps estonné, qui si belle la voit,
De vergongne la fiévre en son cœur il avoit ;
Tout le sang luy bouillonne au plus creux de ses veines ;
Il fit de ses deux yeux saillir mille fontaines,
Souspirs dessus souspirs comme feu luy sortoient,
Ses muscles et ses nerfs en son corps luy batoient ;
Il devint en jaunisse, et d'une obscure nue

La face se voila, pour n'estre plus cognuë.
 « Et quoy ! disoit ce dieu de honte furieux,
Ayant la honte au front et les larmes aux yeux,
Je ne sers plus de rien, et ma beauté première,
D'autre beauté vaincue, a perdu sa lumière ;
Une autre tient ma place, et ses yeux en tout temps
Font aux hommes sans moy tous les jours un printemps ;
Et mesme le Soleil plus longuement retarde
Ses chevaux sur la terre, à fin qu'il la regarde.
Il ne veut qu'à grand' peine entrer dedans la mer,
Et, se faisant plus beau, fait semblant de l'aimer.
Elle m'a desrobé mes graces les plus belles,
Mes œillets et mes lys et mes roses nouvelles,
Ma jeunesse, mon teint, mon fard, ma nouveauté ;
Et diriez, en voyant une telle beauté,
Que tout son corps ressemble une belle prairie
De cent mille couleurs au mois d'avril fleurie.
Bref, elle est toute belle, et rien je n'aperçoy
Qui la puisse égaler, seule semblable à soy.
 Le beau traict de son œil seulement ne me touche,
Je n'aime seulement ses cheveux et sa bouche,
Sa main, qui peut d'un coup et blesser et guarir ;
Sur toutes ses beautez son sein me fait mourir.
Cent fois ravy, je pense et si ne sçaurois dire
De quelle veine fut emprunté le porphyre
Et le marbre poli dont Amour l'a basti,
Ny de quels beaux jardins cest œillet est sorti
Qui donna la couleur à sa jeune mammelle,
Dont le bouton ressemble une fraize nouvelle,
Verdelet, pommelé, des Graces le sejour.
Venus et ses enfans volent tout à l'entour,
La douce Mignardise et les douces Blandices,
Et tout cela qu'Amour inventa de Delices.
Je m'en vay furieux sans raison ny conseil,
Je ne sçaurois souffrir au monde mon pareil. »
 Ainsi disoit ce dieu tout remply de vergogne.
Voila pourquoy de nous si long temps il s'élongne
Craignant vostre beauté, dont il est surpassé ;

Ayant quitté la place à l'Hyver tout glacé,
Il n'ose retourner. Retourne, je te prie,
Printemps, pere des fleurs! Il faut qu'on te marie
A la belle Isabeau, car vous apparier,
C'est aux mesmes beautez les beautez marier,
Les fleurs avec les fleurs; de si belle alliance
Naistra de siecle en siecle un Printemps en la France.
 Pour douaire certain tous deux vous promettez
De vous entre-donner vos fleurs et vos beautez,
Afin que vos beaux ans, en despit de vieillesse,
Ainsi qu'un renouveau soient tousjours en jeunesse;

LE PREMIER LIVRE
DES SONNETS
DE
P. DE RONSARD
POUR HELENE.

Les Commentaires de Nicolas Richelet, *Parisien, advocat en la Cour, sont dediés*

A M. MIRON, SEIGNEUR DU TREMBLAY

Conseiller du roy en ses conseils d'Estat et privé, et lieutenant civil en sa prevosté et vicomté de Paris.

AD HELENEN.

Nomen habes Helenes, et habes pro nomine formam,
   Et, nisi casta fores, jam quoque rapta fores.
Non Paris aut Theseus rueret, sed Juppiter in te,
   Factus olor, si te non generasset olor.
Stesichorus si te vidisset, non sua damnans
   Lumina rapta sibi, sed quereretur amans.
Certè non illo vates minor alter amando
   Lumina te queritur nuper adempta sibi.
Causa novi melior vatis cur lumina reddas.
   Huic sua reddere vis lumina, redde tua.

                      Jo. AURATUS.

AD NIC. RICHELETUM

Ronsardi Mariam et Helenam commentariis gallicis illustrantem

ODE G. DUPEYRATII LUGDUNENSIS.

Qui Sphings alta ænigmata dexteris
   Solvat Camœnis Œdipus en novus:
     Tu nempe Ronsardi tenebras
     Luce aperis, Richelete, cæcas.
Maiæ propago, nuncius aliger,
Sic fata pandit cælicolûm viris.
     Fertur et interpres Deorum,
     Vindocini velut es poëtæ.
Maria quàm te, quàmque Helena ardeat,
Si nunc opacos utraque cerneret
     Enucleantem sic suarum
     Versiculos monumenta laudum,
Quot te bearet mellifluis brevi
Nunc illa, nunc hæc basiolis dea!
     Ambæ quot (ô vates) repentè
     Laureolis caput impedirent!

LE PREMIER LIVRE
DES SONNETS
DE
P. DE RONSARD
POUR HELENE (1).

I.

Ce premier jour de may, Helene, je vous jure
Par Castor, par Pollux, vos deux freres jumeaux,
Par la vigne enlassée à l'entour des ormeaux,
Par les prez, par les bois herissez de verdure ;
Par le Printemps sacré, fils aisné de Nature,
Par le sablon qui roule au giron des ruisseaux ;
Par tous les rossignols, merveille des oyseaux,

---

1. Ces sonnets sont adressés à Hélène de Surgères, fille d'honneur de Catherine de Médicis. Il la confond poétiquement avec Hélène, sœur de Castor et de Pollux, qui, enlevée par Pâris à Ménélas, fut cause de la guerre de Troye.

Qu'autre part je ne veux chercher autre aventure (a).
  Vous seule me plaisez : j'ay par election,
Et non à la volée, aimé vostre jeunesse;
Aussi je prens en gré toute ma passion.
  Je suis de ma fortune autheur, je le confesse :
La vertu m'a conduit en telle affection (b).
Si la vertu me trompe, adieu, belle maistresse.

II (1).

Quand à longs traits je boy l'amoureuse estincelle
  Qui sort de tes beaux yeux, les miens sont es-
D'esprit ny de raison, troublé, je ne jouis, [blouis;
Et comme yvre d'amour tout le corps me chancelle.
  Le cœur me bat au sein, ma chaleur naturelle
Se refroidit de peur, mes sens évanouis
Se perdent dedans l'air, tant tu te réjouis
D'acquerir par ma mort le surnom de cruelle.
  Tes regards foudroyants me percent de leurs rais
Tout le corps, tout le cœur, comme poinctes de trais
Que je sens dedans l'ame ; et, quand je me veux plaindre
  Ou demander mercy du mal que je reçois,
Si bien ta cruauté me reserre la vois,
Que je n'ose parler, tant tes yeux me font craindre.

III

Ma douce Helene, non, mais bien ma douce haleine,
  Qui froide rafraischis la chaleur de mon cœur,

---

a. Var. :
>   Par le nouveau Printemps, fils aîné de Nature;
>   Par le cristal qui roule au giron des ruisseaux,
>   Et par les rossignols, miracle des oiseaux,
>   Que seule vous serez ma dernière aventure.

b. Var. :
>   La vertu qui vous pleige en est la caution.

1. Ce sonnet est presque tout d'un ode de Sapphon. (R.)

Je prens de ta vertu cognoissance et vigueur,
Et ton œil, comme il veut, à son plaisir me meine.
    Heureux celuy qui souffre une amoureuse peine
Pour un nom si fatal! heureuse la douleur,
Bien-heureux le tourment qui vient pour la valeur
Des yeux, non pas des yeux, mais des flammes (a) d'He-
    Nom malheur des Troyens, sujet de mon souci, [lene!
Ma sage Penelope (1) et mon Helene aussi,
Qui d'un soin amoureux tout le cœur m'envelope;
    Nom qui m'a jusqu'au ciel de la terre enlevé,
Qui eust jamais pensé que j'eusse retrouvé
En une mesme Helene une autre Penelope?

IV.

Tout ce qui est de saint, d'honneur et de vertu,
    Tout le bien qu'aux mortels la nature peut faire,
Tout ce que l'artifice icy peut contrefaire,
Ma maistresse en naissant dans l'esprit l'avoit eu.
    Du juste et de l'honneste à l'envy debatu
Aux escoles des Grecs, de ce qui peut attraire
A l'amour du vray bien, à fuir le contraire,
Ainsi que d'un habit son corps fut revestu.
    La chasteté, qui est des beautez ennemie,
(Comme l'or fait la perle) honore son printemps,
Un respect de l'honneur (b), une peur d'infamie,
    Un œil qui fait les dieux et les hommes contens.
La voyant si parfaite, il faut que je m'escrie :
Bien-heureux qui l'adore et qui vit de son temps!

a. Var. :

. . . . *mais de l'astre d'Helène.*

b. Var. :

    Une vertu parfaite . . . . .

1. Il veut dire que sa dame est aussi chaste comme elle est belle. (R.)

V.

Helene sceut charmer avecque son nepenthe (1)
Les pleurs de Telemaque. Helene, je voudroy
Que tu peusses charmer les maux que je reçoy
Depuis deux ans passez sans que je m'en repente.
Naisse de nos amours une nouvelle plante
Qui retienne nos noms pour éternelle foy
Qu'obligé je me suis de servitude à toy (a),
Et qu'à nostre contract la Terre soit presente.
O Terre, de nos oz en ton sein chaleureux
Naisse un arbre au printemps, propice aux amoureux,
Qui sur nos tombeaux croisse en un lieu solitaire.
O desir fantastiq, duquel je me deçoy !
Mon souhait n'adviendra, puisqu'en vivant je voy
Que mon amour me trompe, et qu'il n'a point de frère.

VI.

Poussé des flots d'amour, je n'ay point de support,
Je ne voy point de phare, et si je ne desire
O desir trop hardy !) sinon que ma navire
Après tant de perils puisse gaigner le port.
Las ! devant que payer mes vœux dessus le bord,
Naufragé je mourray, car je ne vois reluire
Qu'une flame sur moy, qu'une Helene qui tire
Entre mille rochers ma navire à la mort.
Je suis seul, me noyant, de ma vie homicide,
Choisissant un enfant, un aveugle, pour guide,
Dont il me faut de honte et pleurer et rougir

---

a. Var. :

Qui conserve nos noms en escrit dessus soy,
Les porte entre-lassez d'une eternelle foy.

1. Au 4e livre de l'Odyssée, Helene, pour faire passer la melancholie de Telemach, lui verse du nepenthe, sorte de drogue qui charme la douleur. (R.)

Je ne crains point la mort, mon cœur n'est point si las-
Je suis trop généreux; seulement il me fasche (a) [che,
De voir un si beau port et n'y pouvoir surgir.

CHANSON.

Quand je devise assis auprès de vous,
    Tout le cœur me tressaut;
Je tremble tout de nerfs et de genous,
    Et le pouls me defaut.
Je n'ay ny sang, ny esprit, ny haleine
Qui ne se trouble en voyant mon Helene,
    Ma chere et douce peine.
Je deviens fol, je pers toute raison;
    Cognoistre je ne puis
Si je suis libre, ou captif en prison (b).
    Plus en moy je ne suis;
En vous voyant, mon œil perd cognoissance;
Le vostre altère et change mon essence,
    Tant il a de puissance.
Vostre beauté me faict en mesme temps
    Souffrir cent passions,
Et toutesfois tous mes sens sont contens,
    Divers d'affections.
L'œil vous regarde, et d'autre part l'aureille
Oyt vostre voix, qui n'a point de pareille,
    Du monde la merveille.
Voyla comment vous m'avez enchanté,
    Heureux de mon mal-heur;
De mon travail je me sens contenté,

a. Var. :
    Je ne sçay si mes sens ou si ma raison tasche
    De conduire ma nef, mais je sçay qu'il me fasche.
b. Var. :
    . . . . . . *ou mort ou en prison.*

Tant j'aime ma douleur ;
Et veux tousjours que le souci me tienne,
Et que de vous tousjours il me souvienne,
Vous donnant l'ame mienne.
Donc ne cherchez de parler au devin,
Qui sçavez tout charmer :
Vous seule auriez un esprit tout divin
Si vous pouviez aimer.
Que pleust à Dieu, ma moitié bien-aimée,
Qu'Amour vous eust d'une fleche enflamée
Autant que moy charmée.
En se jouant il m'a de part en part
Le cœur outre-percé ;
A vous, s'amie, il n'a monstré le dard
Duquel il m'a blessé.
De telle mort heureux je me confesse,
Et ne veux point que le soucy me laisse
Pour vous, belle maistresse.
Dessus ma tombe engravez mon soucy
En lettres grossement :
Le Vendômois lequel repose icy
Mourut en bien aimant (*a*).
Comme Pâris là bas faut que je voise,
Non pour l'amour d'une Helene gregeoise,
Mais d'une saintongeoise.

VII.

Amour, abandonnant les vergers de Cytherès,
D'Amathonte et d'Eryce, en la France passa ;
Et, me monstrant son arc, comme dieu, me tança

---

a. Var. :

En memorable escrit :
D'un Vendomois le corps repose icy,
Sous les myrthes (1) *l'esprit.*

1. Sejour des ames amoureuses après leur mort. (R.)

Que j'oubliois, ingrat, ses loix et ses mysteres.
Il me frappa trois fois de ses ailes legeres ;
Un traict le plus aigu dans les yeux m'eslança ;
La playe vint au cœur, qui chaude me laissa
Un ardeur de chanter les honneurs de Surgeres.
   Chante (me dit Amour) sa grace et sa beauté,
Sa bouche, ses beaux yeux, sa douceur, sa bonté ;
Je la garde pour toy, le sujet de ta plume.
   Un sujet si divin ma Muse ne poursuit.
Je te feray l'esprit meilleur que de coustume :
L'homme ne peut faillir quand un Dieu le conduit.

VIII.

Tu ne dois en ton cœur superbe devenir
Pour me tenir captif : cela vient de fortune ;
A tout homme mortel la misère est commune (a) ;
Tel eschappe souvent qu'on pense bien tenir.
   Tousjours de Nemesis il te faut souvenir,
Qui fait nostre adventure ore blanche, ore brune ;
Aux tigres, aux lyons appartient la rancune ;
Comme ton serf conquis tu me dois maintenir.
   Les guerres et l'amour sont une mesme chose :
Le vainqueur du vaincu bien souvent est batu,
Qui paravant fuyoit de honte à bouche close.
   Soit que je sois captif sans force ni vertu,
Un superbe trophée au cœur je me propose (b),
D'avoir contre tes yeux si long temps combatu.

a. Var. :

> Ny braver mon malheur, accident de fortune.
> La misere amoureuse à chacun est commune.

b. Var. :

> L'amant desesperé souvent reprend vertu ;
> Pource un nouveau trophée à mon mal je propose.

IX.

L'autre jour que j'estois sur le haut d'un degré,
Passant tu m'advisas, et, me tournant la veuë,
Tu m'esblouis les yeux, tant j'avois l'ame esmeuë
De me voir en sursaut de tes yeux rencontré.

Ton regard dans le cœur, dans le sang, m'est entré,
Comme un esclat de foudre alors qu'il fend la nue;
J'eus de froid et de chaud la fiévre continue,
D'un si poignant regard mortellement outré.

Et, si ta belle main passant ne m'eust fait signe,
Main blanche qui se vante estre celle d'un cygne (1),
Je fusse mort, Helene, aux rayons de tes yeux;

Mais ton signe retint l'ame presque ravie,
Ton œil se contenta d'estre victorieux,
Ta main se réjouit de me donner la vie.

X.

Le siecle où tu nasquis ne te cognoist, Helene;
S'il sçavoit tes vertus, tu aurois en la main
Un sceptre à commander dessus le genre humain,
Et de ta majesté la terre seroit pleine.

Mais luy, tout embourbé d'avarice vilaine,
Qui met comme ignorant les vertus à desdain,
Ne te cognut jamais; je te cognu soudain
A ta voix, qui n'estoit d'une personne humaine.

Ton esprit, en parlant, à moy se descouvrit;
Et ce-pendant Amour l'entendement m'ouvrit,
Pour te faire à mes yeux un miracle apparoistre.

Je tiens (je le sens bien) de la divinité,
Puis que seul j'ay cogneu que peut ta déité,
Et qu'un autre avant moy ne l'avoit peu cognoistre.

1. Jupiter, sous la feinte d'un cygne, communiqua avec la mere d'Helene : de là vient que sa main retient la naïfve blancheur de l'oyseau duquel elle est fille. (R.)

XI.

Le soleil l'autre jour se mit entre nous deux,
Ardent de regarder tes yeux par la verrière ;
Mais luy, comme esblouy de ta vive lumière,
Ne pouvant la souffrir, s'en alla tout honteux.

Je te regarday ferme, et devins glorieux
D'avoir vaincu ce dieu qui se tournoit arrière,
Quand, regardant vers moy, tu me dis, ma guerrière :
Ce soleil est fascheux, je t'aime beaucoup mieux.

Une joye en mon cœur incroyable s'en-vole
Pour ma victoire acquise et pour telle parole ;
Mais longuemeut cest aise en moy ne trouva lieu.

Arrivant un mortel de plus fresche jeunesse
(Sans esgard que j'avois triomphé d'un grand dieu),
Tu me laissas tout seul pour luy faire caresse.

XII.

Deux Venus en avril de mesme deïté
Nasquirent, l'une en Cypre et l'autre en la Saintonge.
La Venus cyprienne est des Grecs le mensonge,
La chaste Saintongeoise est une verité.

L'avril se réjouist de telle nouveauté ;
Et moy, qui jour et nuict d'autre dame ne songe,
Qui le fil amoureux de mon destin allonge
Ou l'accourcist ainsi qu'il plaist à sa beauté ;

Je suis trois fois un dieu (a) d'estre nay de son âge.
Si tost que je la vey, je fus mis en servage
De ses yeux, que j'estime un sujet plus qu'humain.

Ma raison sans combattre abandonna la place,
Et mon cœur se vid pris comme un poisson à l'hain.
Si j'ay failly, ma faute est bien digne de grace.

a. Var. :

    Je me sens bien heureux. . . . . .

XIII.

Soit que je sois haï de toy, ma Pasithée,
Sois que j'en sois aimé, je veux suivre mon cours ;
J'ay joué comme aux dés mon cœur et mes amours ;
Arrive bien ou mal, la chance en est jettée.
  Si mon ame, et de glace et de feu tourmentée,
Peut deviner son mal, je voy que sans secours,
Passionné d'amour, je doy finir mes jours,
Et que devant mon soir se clorra ma nuictée.
  Je suis du camp d'Amour pratique chevalier ;
Pour avoir trop souffert, le mal m'est familier ;
Comme un habillement j'ay vestu le martire.
  Donques je te défie et toute ta rigueur ;
Tu m'as déjà tué, tu ne sçaurois m'occire
Pour la seconde fois, car je n'ay plus de cœur.

XIV.

Trois ans sont ja passez que ton œil me tient pris,
  Et si ne suis marry de me voir en servage ;
Seulement je me deuls des ailes de mon âge,
Qui me laissent le chef semé de cheveux gris.
  Si tu me vois ou palle ou de fiévre surpris,
Quelquefois solitaire, ou triste de visage,
Tu devrois d'un regard soulager mon dommage :
L'Aurore ne met point son Tithon à mespris.
  Si tu es de mon mal seule cause première,
Il faut que de mon mal tu sentes les effets :
C'est une sympathie aux hommes coustumière.
  Je suis (j'en jure Amour) tout tel que tu me fais ;
Tu es mon cœur, mon sang, ma vie et ma lumière :
Seule je te choisi, seule aussi tu me plais.

XV.

De vos yeux tout divins, dont un Dieu se paistroit
  Si un dieu se paissoit de quelque chose en terre),
Je me paissois hier, et Amour, qui m'enferre,

Ce pendant sur mon cœur ses flesches racoustroit.
    Mon œil dedans le vostre esbahy rencontroit
Cent beautez qui me font une si douce guerre,
Et la mesme vertu qui toute se resserre
En vous d'aller au ciel le chemin me monstroit.
    Je n'avois ny esprit, ny penser, ny oreille,
Qui ne fussent ravis de crainte et de merveille,
Tant, d'aise transportez, mes sens estoient contens.
    J'estois dieu, si mon œil vous eust veu d'avantage ;
Mais le soir, qui survint, cacha vostre visage,
Jaloux que les mortels le veissent si long temps.

XVI (¹).

Te regardant assise aupres de ta cousine,
    Belle comme une aurore, et toy comme un soleil,
Je pensois voir deux fleurs d'un mesme teint pareil,
Croissantes en beauté, l'une à l'autre voisine.
    La chaste, saincte, belle et unique Angevine
Viste comme un esclair, sur moy jetta son œil ;
Toy, comme paresseuse et pleine de sommeil,
D'un seul petit regard tu ne m'estimas digne.
    Tu t'entretenois seule au visage abaissé,
Pensive toute à toy, n'aimant rien que toy-mesme,
Desdaignant un chascun d'un sourcil ramassé, [l'aime.
    Comme une qui ne veut qu'on la cherche ou qu'on
J'eu peur de ton silence, et m'en allay tout blesme,
Craignant que mon salut n'eust ton œil offensé.

XVII.

De toy, ma belle Grecque, ainçois belle Espagnole,
    Qui tires tes ayeuls du sang iberien,
Je suis tant serviteur qu'icy je ne voy rien

---

1. Binet, qui a sceu familierement l'intention du poëte, dit que la primitive conception de ce sonnet a esté dressée pour la comtesse de Mansfeld, fille aisnée du mareschal de Brissac. Depuis il l'a accommodée à ses Amours. (R.)

Qui me plaise, sinon tes yeux et ta parole.

Comme un mirouer ardent ton visage m'affole,
Me perçant de ses rais, et tant je sens de bien,
En t'oyant deviser, que je ne suis plus mien,
Et mon ame fuitive à la tienne s'envole.

Puis, contemplant ton œil, du mien victorieux,
Je voy tant de vertus que je n'en sçay le conte,
Esparses sur ton front comme estoiles aux cieux.

Je voudrois estre Argus ; mais je rougis de honte
Pour voir tant de beautez que je n'ay que deux yeux,
Et que tousjours le fort le plus foible surmonte.

XVIII (1).

Cruelle! il suffisoit de m'avoir poudroyé,
Outragé, terrassé, sans m'oster l'espérance,
Tousjours du malheureux l'espoir et l'asseurance :
L'amant sans esperance est un corps foudroyé.

L'espoir va soulageant l'homme demy-noyé ;
L'espoir au prisonnier annonce delivrance ;
Le pauvre par l'espoir allege sa souffrance ;
Rien meilleur que l'espoir du ciel n'est envoyé (*a*).

Ny d'yeux, ny de semblant, vous ne m'estes cruelle ;
Mais, par l'art cauteleux d'une voix qui me gelle,
Vous m'ostez l'espérance et dérobez mon jour.

O belle cruauté, des beautez la première (*b*),
Qu'est-ce parler d'Amour sans point faire l'amour,
Sinon voir le soleil sans aimer sa lumière ?

a. Var. :

> *Pandore au genre humain a ce bien octroyé.*

b. Var. :

> *O douce tromperie aux dames coustumiere !*

1. Ce sonnet et les sept suivants font partie des Amours diverses dans l'édition de 1578.

XIX.

Tant de fois s'appointer, tant de fois se fascher,
  Tant de fois rompre ensemble et puis se renouer,
Tantost blasmer Amour et tantost le louer,
Tant de fois se fuïr, tant de fois se chercher,
  Tant de fois se monstrer, tant de fois se cacher,
Tantost se mettre au joug, tantost le secouer,
Advouer sa promesse et la desadvouer,
Sont signes que l'Amour de près nous vient toucher.
  L'inconstance amoureuse est marque d'amitié.
Si donc tout à la fois avoir haine et pitié,
Jurer, se parjurer, serments faicts et desfaicts,
  Espérer sans espoir, confort sans reconfort,
Sont vrais signes d'amour, nous entr'-aimons bien fort,
Car nous avons tousjours ou la guerre ou la paix.

XX.

Quoy, me donner congé de servir toute femme
  Et mon ardeur esteindre au premier corps venu,
Ainsi qu'un vagabond, sans estre retenu,
Abandonner la bride au vouloir de ma flame!
  Non, ce n'est pas aimer : l'Archer ne vous entame
Qu'un peu le haut du cœur d'un traict foible et menu ;
Si d'un coup bien profond il vous estoit cognu,
Ce ne seroit que soulphre et braise de vostre ame.
  En soupçon de vostre ombre en tous lieux vous seriez ;
A toute heure, en tout temps, jalouse me suivriez,
D'ardeur et de fureur et de crainte allumée.
  Amour au petit pas, non au gallop, vous court
Et vostre amitié semble à celle de la Court,
Où peu de feu se trouve et beaucoup de fumée.

XXI.

Je t'avois despitée, et ja trois mois passez
  Se perdoient, temps ingrat (a), que je ne t'avois veue,

---

a. Var. :
  Fuyoient sans retourner.

Quand, détournant sur moy les esclairs de ta veue,
Je senty la vertu de tes yeux offensez.
   Puis, tout aussi soudain que les feux eslancez
Qui par le ciel obscur s'esclattent de la nue,
Rasserenant l'ardeur de ta colere esmeue,
Sou-riant tu rendis mes pechez effacez.
   J'estois vraiment un sot de te prier, maistresse;
Des dames je ne crains l'orage vengeresse.
En liberté tu vis, en liberté je vy (*a*).
   Dieu peut avec raison mettre son œuvre en poudre;
Mais je ne suis ton œuvre ou sujet de ta foudre :
Tu m'as très mal payé pour avoir bien servy (*b*).

XXII.

Puis qu'elle est toute hyver, toute la mesme glace,
   Toute neige et son cœur tout armé de glaçons,
Qui ne m'aime sinon pour avoir mes chansons,
Pourquoy suis-je si fol que je ne m'en délace ?
   De quoy me sert son nom, sa grandeur et sa race,
Que d'honneste servage et de belles prisons ?
Maistresse, je n'ay pas les cheveux si grisons
Qu'une autre de bon cœur ne prenne vostre place.
   Amour, qui est enfant, ne cele verité;
Vous n'estes si superbe, ou si riche en beauté,
Qu'il faille desdaigner un bon cœur qui vous aime.
   R'entrer en mon avril desormais je ne puis;
Aimez-moy, s'il vous plaist, grison comme je suis,
Et je vous aimeray quand vous serez de mesme.

a. Var. :

> *J'estois sot d'appaiser par souspirs et par larmes*
> *Ton cœur, qui me fait vivre au milieu des alarmes*
> *D'amour, et que six ans n'ont pu jamais ployer.*

b. Var. :

> *Qui sert bien sans parler demande son loyer.*

XXIII.

Someillant sur (a) ta face, où l'honneur se repose,
Tout ravy je humois et tirois à longs traicts
De ton estomach sainct un millier de secrets,
Par qui le ciel en moy ses mysteres expose.
　J'appris en tes vertus n'avoir la bouche close,
J'appris tous les secrets des Latins et des Grecs;
Tu me fis un oracle, et, m'éveillant après,
Je devins un démon sçavant en toute chose.
　J'appris que c'est Amour, du Ciel le fils aisné.
O bon Endymion, je ne suis estonné
Si, dormant près la Lune en un sommeille extréme,
　La Lune te fit Dieu! Tu es un froid amy :
Si j'avois près ma dame un quart d'heure dormy,
Je serois non pas Dieu, je ferois les dieux mesme.

XXIV.

Je liay d'un filet de soye cramoisie
Vostre bras l'autre jour, parlant avecques vous;
Mais le bras seulement fut captif de mes nouds
Sans vous pouvoir lier ny cœur ny fantaisie.
　Beauté que pour maistresse unique j'ay choisie,
Le sort est inegal : vous triomphez de nous;
Vous me tenez esclave, esprit, bras et genous,
Et Amour ne vous tient ny prinse ny saisie.
　Je veux parler, maistresse, à quelque vieil sorcier,
Afin qu'il puisse au mien vostre vouloir lier (b),

---

a. Var. :

　Estant près de......

b. Var. :

　　*Je veux parler, maistresse, à quelque vieux char-
　　　meur,　　　　　　　　　　　　　　[meur,
　Pour vous rendre amoureuse et changer vostre hu-*

Et qu'une mesme playe à nos cœurs soit semblable.
   Je faux : l'amour qu'on charme est de peu de sejour;
Estre beau, jeune, riche, eloquent, agreable,
Non les vers enchantez, sont les sorciers d'amour.

XXV.

D'un profond pensement j'avois si fort troublée
L'imagination, qui toute en vous estoit,
Que mon ame à tous coups de mes lévres sortoit
Pour estre en me laissant à la vostre assemblée.
   J'ay cent fois la fuitive au logis r'appelée,
Qu'Amour me desbauchoit; ores elle escoutoit,
Et ores sans m'ouyr le frein elle emportoit
Comme un jeune poulain qui court à la vollée.
   La tançant, je disois : Tu te vas decevant;
Si elle nous aimoit nous aurions plus souvent
Course, poste, message ou lettre accoustumée.
   Elle a de nos chansons, et non de nous, souci.
Mon ame, sois plus fine; il nous faut, tout ainsi
Qu'elle nous paist de vent, la paistre de fumée.

XXVI.

Je fuy les pas frayez du meschant populaire (a)
Et les villes où sont les peuples amassez :
Les rochers, les forests, déja sçavent assez
Quelle trempe a ma vie estrange et solitaire.
   Si ne suis-je si seul qu'Amour, mon secretaire,
N'accompagne mes pieds debiles et cassez,
Qu'il ne conte mes maux et presens et passez
A ceste voix sans corps, qui rien ne sçauroit taire.
   Souvent, plein de discours, pour flatter mon esmoy,
Je m'arreste et je dy : Se pourroit-il bien faire
Qu'elle pensast, parlast ou se souvinst de moy;

a. Var. :
   Je fuy les grands chemins frayez du populaire.

Qu'à sa pitié mon mal commençast à déplaire?
Encor que je me trompe, abusé du contraire,
Pour me faire plaisir, Helene, je le croy.

XXVII.

Chef, escole des arts, le sejour de science,
Où vit un intellect qui foy du ciel nous fait,
Une heureuse memoire, un jugement parfait,
D'où Pallas reprendroit sa seconde naissance;
　Chef, le logis d'honneur, de vertu, de prudence,
Ennemy capital du vice contrefait;
Chef, petit univers, qui monstres par effet
Que tu as du grand tout parfaicte cognoissance;
　Et toy, divin esprit, qui du ciel es venu,
En ce chef comme au ciel saintement retenu,
Simple, sans passions, comme icy bas ne sommes;
　Mais tout prompt et subtil, tout rond et tout en
Puis que tu es divin, ayes pitié de moy :　[toy(a);
Il appartient aux dieux d'avoir pitié des hommes.

XXVIII.

Si j'estois seulement en vostre bonne grace
Par l'erre d'un baiser doucement amoureux,
Mon cœur au départir ne seroit langoureux,
En espoir d'eschauffer quelque jour vostre glace.
　Si j'avois le pourtraict de vostre belle face,
Las! je demande trop, ou bien de vos cheveux,
Content de mon malheur, je serois bien-heureux
Et ne voudrois changer aux celestes ma place.
　Mais je n'ay rien de vous que je puisse emporter
Qui soit cher à mes yeux pour me reconforter,

---

a. Var. :
　　Dedans un autre ciel où tu es retenu
　　Simple, rond et parfait, comme icy nous ne sommes,
　　　Où tout est embrouillé sans ordre ny sans loy.

Ne qui me touche au cœur d'une douce memoire.
　　Vous dites que l'Amour entretient ses accords
Par l'esprit seulement ; je ne sçaurois le croire :
Car l'esprit ne sent rien que par l'ayde du corps.

XXIX.

De vos yeux, le mirouer du ciel et de nature,
　　La retraite d'Amour, la forge de ses dards,
D'où coule une douceur que versent vos regards
Au cœur, quand un rayon y survient d'aventure,
　　Je tire pour ma vie une douce pasture,
Une joye, un plaisir, que les plus grands Cesars,
Au milieu du triomphe, entre un camp de soudars,
Ne sentirent jamais ; mais courte elle me dure.
　　Je la sens distiller goutte à goutte en mon cœur,
Pure, saincte, parfaite, angelique liqueur,
Qui m'eschauffe le sang d'une chaleur extreme.
　　Mon ame la reçoit avec un tel plaisir
Que, tout esvanouy, je n'ay pas le loisir
Ny de gouster mon bien, ny penser à moy-mesme.

XXX.

L'arbre qui met à croistre a la plante asseurée ;
　　Celuy qui croist bien tost ne dure pas long temps,
Il n'endure des vents les souflets inconstans ;
Ainsi l'amour tardive est de longue durée.
　　Ma foy du premier jour ne vous fut pas donnée ;
L'Amour et la Raison, comme deux combatans,
Se sont escarmouchez l'espace de quatre ans ;
A la fin j'ay perdu, vaincu par Destinée.
　　Il estoit destiné par sentence des cieux.
Que je devois servir, mais adorer vos yeux :
J'ay comme les geans au ciel fait resistance ;
　　Aussi je suis comme eux maintenant foudroyé ;
Pour resister au bien qu'ils m'avoient octroyé,
Je meurs, et si ma mort m'est trop de recompense.

XXXI.

Ostez vostre beauté, ostez vostre jeunesse,
Ostez ces rares dons que vous tenez des cieux,
Ostez ce docte esprit, ostez-moy ces beaux yeux,
Cet aller, ce parler digne d'un deesse.
    Je ne vous seray plus, d'une importune presse,
Fascheux comme je suis ; vos dons si precieux
Me font, en les voyant, devenir furieux,
Et par le desespoir l'ame prend hardiesse.
    Pource, si quelquefois je vous touche la main,
Par courroux vostre teint n'en doit devenir blesme ;
Je suis fol, ma raison n'obeyt plus au frein,
    Tant je suis agité d'une fureur extreme.;
Ne prenez, s'il vous plaist, mon offence à desdain ;
Mais, douce, pardonnez mes fautes à vous mesme.

XXXII.

De vostre belle, vive, angelique lumiere,
Le beau logis d'amour, de douceur, de rigueur,
S'eslance un doux regard qui, me navrant le cœur,
Desrobe loin de moy mon ame prisonniere.
    Je ne sçay ny moyen, remede ny maniere
De sortir de vos rets, où je vis en langueur ;
Et, si l'extreme ennuy traine plus en longueur,
Vous aurez de mon corps la despouille derniere.
    Yeux qui m'avez blessé, yeux mon mal et mon bien,
Guarissez vostre playe : Achille le peût bien ;
Vous estes tous divins, il n'estoit que pur homme.
    Voyez, parlant à vous, comme le cœur me faut !
Helas ! je ne me deuls du mal qui me consomme ;
Le mal dont je me deuls, c'est qu'il ne vous en chaut.

XXXIII.

Nous promenans tous seuls, vous me distes, maistresse,
Qu'un chant vous desplaisoit s'il n'estoit doucereux ;

Que vous aimiez les plaints des chétifs amoureux,
Toute voix lamentable et pleine de tristesse.
 « Et pource (disiez-vous), quand je suis loin de presse,
Je choisis vos sonnets qui sont plus douloureux;
Puis d'un chant qui est propre au sujet langoureux
Ma nature et Amour veulent que je me paisse. »
 Vos propos sont trompeurs. Si vous aviez souci
De ceux qui ont un cœur larmoyant et transi,
Je vous ferois pitié par une sympathie;
 Mais vostre œil cauteleux, trop finement subtil,
Pleure en chantant mes vers, comme le crocodil,
Pour mieux me dérober par feintise la vie.

XXXIV.

Cent et cent fois le jour l'orange je rebaise,
 Et le palle citron qui viennent de ta main (a),
Doux present amoureux que je loge en mon sein
Pour leur faire sentir combien je sens de braise.
 Quand ils sont demy-cuits, leur chaleur je r'appaise,
Versant des pleurs dessus, dont triste je suis plein;
Et de ta nonchalance avec eux je me plain,
Qui, cruelle, te ris de me voir en mal-aise.
 Oranges et citrons sont symboles d'amour;
Ce sont signes muets que je puis quelque jour
T'arrester, comme fit Hippomene Atalante.
 Mais je ne le puis croire : Amour ne le veut pas,
Qui m'attache du plomb pour retarder mes pas,
Et te donne à fuïr des ailes à la plante.

XXXV.

Tousjours pour mon sujet il faut que je vous aye :
 Je meurs sans regarder (b) vos deux astres jumeaux,

a. Var. :
 Et le citron qui part de vostre belle main
b. Var. :
 En peinture, pour voir.....

Vos yeux, mes deux soleils, qui m'esclairent si beaux
Qu'à trouver autre jour autre-part je n'essaye.
 Le chant du rossignol m'est le chant d'une orfraye,
Roses me sont chardons, torrens me sont ruisseaux,
La vigne mariée à l'entour de ormeaux,
Et le printemps sans vous m'est une dure playe.
 Mon plaisir en ce mois c'est de voir les coloms
S'emboucher bec à bec de baisers doux et longs
Dés l'aube jusqu'au soir que le soleil se plonge.
 O bien-heureux pigeons, vray germe cyprien,
Vous avez par nature et par effect le bien
Que je n'ose espérer tant seulement en songe.

XXXVI.

Vous me distes, maistresse, estant à la fenestre,
 Regardant vers Mont-martre et les champs d'a-
« La solitaire vie et le desert sejour   [lentour :
Valent mieux que la Cour ; je voudrois bien y estre.
 A l'heure mon esprit de mes sens seroit maistre,
En jeusne et oraisons je passerois le jour,
Je desfi'rois les traicts et les flames d'Amour ;
Ce cruel de mon sang ne pourroit se repaistre. »
 Quand je vous respondy : « Vous trompez de penser
Qu'un feu ne soit pas feu pour se couvrir de cendre ;
Sus les cloistres sacrez la flame on void passer,
 Amour dans les deserts comme aux villes s'engendre.
Contre un dieu si puissant, qui les dieux peut forcer,
Jeusnes ny oraisons ne se peuvent defendre.

XXXVII.

Voicy le mois d'avril, où nasquit la merveille
 Qui fait en terre foy de la beauté des cieux,
Le mirouer de vertu, le soleil de mes yeux,
Qui vit comme un phenix, au monde sans pareille (a).

a. Var. :
 Seule phenix d'honneur, qui les ames réveille.

Les œillets et les lys et la rose vermeille
Servirent de berceau ; la Nature et les dieux
La regarderent naistre en ce mois gracieux ;
Puis Amour la nourrit des douceurs d'une abeille (a).
    Les Muses, Apollon et les Graces estoient
Tout à l'entour du lict, qui à l'envy jettoient
Des fleurs sur l'angelette. Ah ! ce mois me convie
    D'eslever un autel, et, suppliant Amour,
Sanctifier d'avril le neufiesme jour,
Qui m'est cent fois plus cher que celuy de ma vie.

XXXVIII.

D'autre torche mon cœur ne pouvoit s'allumer
    Sinon de tes beaux yeux, où l'Amour me convie ;
J'avois desja passé le meilleur de ma vie,
Tout franc de passion, fuyant le nom d'aimer.
    Je soulois maintenant ceste dame estimer,
Et maintenant ceste autre, où me portoit l'envie ;
Sans rendre ma franchise à quelqu'une asservie,
Rusé, je ne voulois dans les rets m'enfermer.
    Maintenant je suis pris, et si je prens à gloire
D'avoir perdu le camp, frustré de la victoire :
Ton œil vaut un combat de dix ans d'Ilion.
    Amour, comme estant dieu, n'aime pas les superbes ;
Sois douce à qui te prie, imitant le lion.
La foudre abat les monts, non les petites herbes.

XXXIX.

Agathe, où du soleil le signe est imprimé
    (L'ecrevisse marchant, comme il fait, en arrière),
Cher present que je donne à toy, chere guerrière,

---

a. Var. :

    La regarderent naistre, et d'un soin curieux
    Amour, enfant comme elle, alaicta sa pareille.

Mon don pour le soleil est digne d'estre aimé.
　Le soleil va tousjours de flames allumé,
Je porte au cœur le feu de ta belle lumière ;
Il est l'ame du monde, et ma force première
Dépend de ta vertu, dont je suis animé.
　O douce, belle, vive, angelique Sereine,
Ma toute Pasithée, essence sur-humaine,
Merveille de nature, exemple sans pareil,
　D'honneur et de beauté l'ornement et le signe,
Puis que rien icy bas de ta vertu n'est digne,
Que te puis-je donner, sinon que le soleil ?

XL.

Puis que tu sçais, hélas ! qu'affamé je me pais
　Du regard de tes yeux, dont, larron, je retire
Des rayons pour nourrir ma douleur qui s'empire,
Pourquoy me caches-tu l'œil par qui tu me plais ?
　Tu es deux fois venue à Paris, et tu fais
Semblant de n'y venir, afin que mon martyre
Ne s'allege en voyant ton œil, que je desire,
Ton œil, qui me nourrit par l'objet de ses rais (*a*).
　Tu vas bien à Hercueil (1) avecque ta cousine
Voir les prez, les jardins et la source voisine
De l'antre (2) où j'ay chanté tant de divers accords (3).
　Tu devois m'appeler, oublieuse maistresse :
Dans ton coche porté, je n'eusse fait grand presse (*b*),
Car je ne suis plus rien qu'un fantôme sans corps.

a. Var.

　Dont la vive vertu me nourrit de ses rais.

b. Var. :

　Ton coche n'eust courbé sous une masse espesse.

1. Arcueil, village auprès de Paris. (R.)
2. De la grotte de Meudon. (R.)
3. Lisez ses Eclogues. (R.)

XLI (¹).

Comme je regardois ces yeux, mais ceste foudre,
Dont l'esclat amoureux ne part jamais en vain,
Sa blanche, charitable et delicate main
Me parfuma le chef et la barbe de poudre,
 Poudre l'honneur de Cypre, actuelle à resoudre
L'ulcere qui s'encharne au plus creux de mon sein.
Depuis telle faveur j'ay senty mon cœur sain,
Ma playe se reprendre et mon mal se dissoudre.
 Poudre, atomes sacrez, qui sur moy voletoient,
Où toute Cypre, l'Inde et leurs parfums estoient,
Je vous sens dedans l'ame, ô poudre souhaitée.
 En parfumant mon chef vous avez combatu
Ma douleur et mon cœur; je faux : c'est la vertu
De ceste belle main qui vous avoit jettée.

XLII.

Cet amoureux desdain, ce nenny gracieux,
Qui, refusant mon bien, me réchaufent l'envie,
Par leur fiere douceur, d'assujettir ma vie
Où sont desja sujets mes pensers et mes yeux,
 Me font transir le cœur, quand trop impetueux
A baiser vostre main le desir me convie,
Et vous, la retirant, feignez d'estre marrie,
Et m'appelez, honteuse, amant presomptueux.
 Mais sur tout je me plains de vos douces menaces,
De vos lettres, qui sont toutes pleines d'audaces;
De moy-mesme, d'Amour, de vous et de vostre art,
 Qui si doucement farde et succre sa harangue
Qu'escrivant et parlant, vous n'avez trait de langue,
Qui ne me soit au cœur la pointe d'un poignart.

---

1. Ce sonnet, en 1578, est parmi les Amours diverses.

XLIII.

J'avois, en regardant tes beaux yeux, enduré
Tant de flames au cœur, qu'une aspre seicheresse
Avoit cuitte ma langue en extreme destresse (a),
Ayant de trop parler tout le corps alteré.
 Lors tu fis apporter en ton vase doré
De l'eau froide d'un puits, et la soif qui me presse
Me fit boire à l'endroit où tu bois, ma maistresse,
Quand ton vaisseau se void de ta lévre honoré.
 Mais le vase, amoureux de ta bouche qu'il baise,
En réchaufant ses bords du feu qu'il a receu,
Le garde en sa rondeur comme en une fournaise.
 Seulement au toucher je l'ay bien apperceu.
Comme pourroy-je vivre un quart d'heure à mon aise,
Quand je sens contre moy l'eau se tourner en feu ?

XLIV.

Comme une belle fleur assise entre les fleurs,
Mainte herbe vous cueillez en la saison plus tendre
Pour me les envoyer, et pour, soigneuse, apprendre
Leurs noms et qualitez, espèces et valeurs.
 Estoit-ce point afin de guarir mes douleurs,
Ou de faire ma playe amoureuse reprendre ?
Ou bien s'il vous plaisoit par charmes entreprendre
D'ensorceler mon mal, mes flames et mes pleurs ?
 Certes, je croy que non : nulle herbe n'est maistresse
Contre le coup d'Amour envieilly par le temps.
C'estoit pour m'enseigner qu'il faut de la jeunesse,
 Comme d'un usufruict, prendre son passetemps ;
Que pas à pas nous suit l'importune vieillesse,
Et qu'Amour et les fleurs ne durent qu'un printemps.

a. Var. :

 . . . . . que, plein de seicheresse,
 Ma langue estoit reduite en extresme destresse.

XLV.

Doux desdains, douce amour d'artifice cachée,
Doux courroux enfantin, qui ne garde son cœur,
Doux d'endurer passer un long temps en longueur,
Sans me voir, sans m'escrire et faire la faschée;

Douce amitié, souvent perdue et recherchée,
Doux de tenir d'entrée une douce rigueur,
Et sans me saluer me tuer en langueur (a),
Et feindre qu'autre part on est bien empeschée;

Doux entre le despit et entre l'amitié,
Dissimulant beaucoup, ne parler qu'à moitié.
Mais m'appeler volage et prompt de fantaisie,

Craindre ma conscience et douter de ma foy,
M'est un reproche amer qu'à grand tort je reçoy (b);
Car douter de ma foy, c'est crime d'heresie.

XLVI.

Pour voir d'autres beautez mon desir ne s'appaise,
Tant du premier assaut vos yeux m'ont surmonté;
Tousjours à l'entour d'eux vole ma volonté,
Yeux qui versent en l'ame une si chaude braise.

Mais vous embellissez de me voir en mal-aise,
Tigre, roche de mer, la mesme cruauté,
Comme ayant le desdain si joint à la beauté
Que de plaire à quelqu'un semble qu'il vous desplaise.

Desja par longue usance aimer je ne sçaurois,
Sinon vous, qui sans pair à soy-mesme ressemble;
Si je changeois d'amour, de douleur je mourrois.

Seulement quand je pense au changement je tremble,
Car tant dedans mon cœur tout de vous je reçois
Que d'aimer autre part c'est haïr, ce me semble.

a. Var. :
. . . . me tenir en langueur.

b. Var. :
Injure plus mordante au cœur je ne reçoy.

XLVII.

Coche cent fois heureux, où ma belle maistresse
  Et moy nous promenons, raisonnans de l'amour;
Jardin cent fois heureux, des Nymphes le sejour,
Qui l'adorent de loin ainsi que leur déesse (*a*).
  Bien-heureuse l'eglise où je pris hardiesse
De contempler ses yeux, qui des miens sont le jour,
Qui ont chauds les regards, qui ont tout à l'entour
Un petit camp d'Amours qui jamais ne les laisse!
  Heureuse la magie et les cheveux brulez,
Le murmure, l'encens et les vins escoulez
Sur l'image de cire! O bien-heureux servage!
  O! moy, sur tous amans le plus avantureux,
D'avoir osé choisir la vertu de nostre âge,
Dont la terre est jalouse et le ciel amoureux.

XLVIII.

Ton extreme beauté par ses rais me retarde
  Que je n'ose mes yeux sur les tiens asseurer;
Debile, je ne puis leurs regards endurer.
Plus le soleil esclaire et moins on le regarde.
  Helas! tu es trop belle, et tu dois prendre garde
Qu'un Dieu si grand tresor ne puisse desirer,
Qu'il ne t'en-vole au ciel pour la terre empirer.
La chose precieuse est de mauvaise garde.
  Les dragons, sans dormir, tous pleins de cruauté,
Gardoient les pommes d'or pour leur seule beauté;
Le visage trop beau n'est pas chose trop bonne.
  Danaé le sceut bien, dont l'or se fit trompeur (*b*);

a. Var. :
  Qui pensent, la voyant, voir leur mesme deesse.
b. Var. :
  . . . . *qui sentit l'or trompeur.*

Mais l'or, qui domte tout, devant tes yeux s'estonne,
Tant ta chaste vertu le fait trembler de peur(1).

XLIX.

D'un solitaire pas je ne marche en nul lieu
Qu'Amour, bon artisan, ne m'imprime l'image
Au profond du penser de ton gentil visage,
Et des mots gracieux (a) de ton dernier adieu.

Plus fermes qu'un rocher, engravez au milieu
De mon cœur je les porte, et si n'y a rivage,
Fleur, antre, ny rocher, ny forest, ny bocage,
A qui je ne les conte, à nymphe, ny à Dieu.

D'une si rare et douce ambrosine viande
Mon esperance vit, qui n'a voulu depuis
Se paistre d'autre apast, tant elle en est friande.

Ce jour de mille jours m'effaça les ennuis,
Car tant opiniastre en ce plaisir je suis
Que mon ame pour vivre autre bien ne demande.

L.

Bien que l'esprit humain s'enfle par la doctrine
De Platon, qui le chante influxion des cieux,
Si est-ce sans le corps qu'il seroit ocieux
Et auroit beau vanter sa celeste origine.

Par les sens l'ame void, ell' oyt, ell' imagine
Ell' a ses actions du corps officieux;
L'esprit, incorporé, devient ingenieux;
La matiere le rend plus parfait et plus digne.

Or vous aimez l'esprit, et, sans discretion,
Vous dites que des corps les amours sont pollues.
Tel dire n'est sinon qu'imagination

a. Var. :
   Et des propos douteux. . . . . .

1. Danaë séduite, par Jupiter, changé en pluïe d'or.

Qui embrasse le faux pour les choses cognues;
Et c'est renouveler la fable d'Ixion(1),
Qui se paissoit de vent et n'aimoit que des nues.

LI

Amour a tellement ses flesches enfermées
En mon ame, et ses coups y sont si bien enclos,
Qu'Helene est tout mon cœur, mon sang et mes propos,
Tant j'ay dedans l'esprit ses beautez imprimées.

Si les François avoient les ames allumées
D'amour ainsi que moy, nous serions à repos;
Les champs de Montcontour n'eussent pourry nos os,
Ny Dreux, ny Jazeneuf(2) n'eussent veu nos armées.

Venus, va mignarder les moustaches de Mars;
Conjure ton guerrier, par tes benins regards,
Qu'il nous donne la paix, et de tes bras l'enserre.

Pren pitié des François, race de tes Troyens,
A fin que nous facions en paix la mesme guerre
Qu'Anchise te faisoit sur les monts Ideens.

LII.

Dessus l'autel d'Amour(3), planté sur vostre table
Vous me fistes serment, et je le fis aussi,
Que d'un cœur mutuel, à s'aimer endurcy,
Nostre amitié promise iroit inviolable.

Je vous juray ma foy, vous feistes le semblable,
Mais vostre cruauté, qui des dieux n'a soucy,

---

1. Ixion, amoureux de Junon, embrassa une nue que Jupiter avoit faite à l'image de cette déesse.

2 Lieux de la France remarquez par la misere de nos guerres civiles. (R.)

3. Helene et luy avoient faict serment de s'entr'-aimer d'amour inviolable. Binet m'a dit que ce serment fut juré sur une table tapissée de lauriers, symbole d'eternité, pour remarquer la mutuelle liaison de leur amitié procedante de la Vertu, qui est immortelle. (R.)

Me promettoit de bouche, et me trompoit ainsi.
Cependant vostre esprit demeuroit immuable.
    O jurement fardé sous l'espece d'un bien !
O perjurable autel ! ta deïté n'est rien.
O parole d'amour, non jamais asseurée !
    J'ay pratiqué par vous le proverbe des vieux ;
Jamais des amoureux la parole jurée
N'entra (pour les punir) aux oreilles des dieux.

LIII.

J'errois à la volée, et sans respect des lois ;
  Ma chair, dure à donter, me commandoit à force,
Quand tes sages propos despouillerent l'escorce
De tant d'opinions que frivoles j'avois.
    En t'oyant discourir d'une si saincte vois,
Qui donne aux voluptez une mortelle entorce,
Ta parole me fit, par une douce amorce,
Contempler le vray bien, duquel je m'esgarois.
    Tes mœurs et ta vertu, ta prudence et ta vie,
Tesmoignent que l'esprit tient de la deïté,
Tes raisons de Platon, et ta philosophie,
    Que le vieil Promethée est une verité,
Et qu'en ayant la flamme à Jupiter ravie (*a*),
Il maria la Terre à la Divinité.

LIIII.

Bien-heureux fut le jour où mon ame sujette
  Rendit obeissance à ta douce rigueur,
Quand d'un traict de ton œil tu me perças le cœur,
Qui ne veut endurer qu'un autre luy en jette.
    La raison pour neant au chef fit sa retraitte,
Et se mit au dongeon, comme au lieu le plus seur.
D'esperance assaillie et prise de douceur,

---

a Var. :
    Et qu'après que du ciel la flame il eut ravie.

Rendit ma liberté, qu'en vain je resouhaite.
　Le ciel le veut ainsi, qui, pour mieux offenser
Mon cœur, le baille en garde à la foy du penser,
Lequel trahit mon camp, desloyal sentinelle,
　Ouvrant l'huis du rempart aux soudars des Amours (a).
J'auray sans cesse en l'ame une guerre eternelle :
Mes pensers et mon cœur me trahissent tousjours.

LV.

Je sens de veine en veine une chaleur nouvelle,
　Qui me trouble le sang et m'augmente le soing.
Adieu ma liberté, j'en appelle à tesmoing
Ce mois qui du beau nom d'Aphrodite s'appelle.
　Comme les jours d'Avril mon mal se renouvelle ;
Amour, qui tient mon astre et ma vie en son poing,
M'a tant seduit l'esprit que de près et de loing
Tousjours à mon secours en vain je vous appelle.
　Je veux rendre la place, en jurant vostre nom
Que le premier article, avant que je la rende,
C'est qu'un cœur amoureux ne veut de compagnon.
　L'Amant non plus qu'un Roy de rival ne demande.
Vous aurez en mes vers un immortel renom ;
Pour n'avoir rien de vous, la recompense est grande.

MADRIGAL.

Si c'est aimer, Madame, et de jour et de nuit
　Rever, songer, penser le moyen de vous plaire,
Oublier toute chose et ne vouloir rien faire

a. Var.:
　Trahit ma liberté, tant elle est indiscrette.
　　Mon destin le permet, qui, pour mieux m'offenser,
　Baille mon cœur en garde à la foy du Penser,
　Qui trompe son seigneur, desloyal sentinelle,
　　Vendant de nuict mon camp et mon cœur aux Amours.

Qu'adorer et servir la beauté qui me nuit;
   Si c'est aimer de suivre un bon-heur qui me fuit,
De me perdre moy-mesme et d'estre solitaire,
Souffrir beaucoup de mal, beaucoup craindre et me taire,
Pleurer, crier mercy, et m'en voir esconduit;
   Si c'est aimer de vivre en vous plus qu'en moy-mesme,
Cacher d'un front joyeux une langueur extreme,
Sentir au fond de l'ame un combat inegal,
Chaud, froid, comme la fiévre amoureuse me traitte,
Honteux, parlant à vous, de confesser mon mal;
   Si cela est aimer, furieux je vous aime,
Je vous aime et sçay bien que mon mal est fatal.
Le cœur le dit assez, mais la langue est muette.

LVI.

Amour est sans milieu, c'est une chose extréme,
Qui ne veut (je le sçay) de tiers ny de moytié;
Il ne faut point trancher en deux une amitié.
Un est nombre parfait, imparfait le deuxiéme.
   J'aime de tout mon cœur, je veux aussi qu'on m'aime;
Le desir, au desir d'un nœud ferme lié,
Par le temps ne s'oublie et n'est point oublié,
Il est tousjours son tout, contenté de soy-mesme.
   Mon ombre me fait peur, et, jaloux, je ne puis
Avoir un compagnon, tant amoureux je suis,
Et tant je m'essencie en la personne aimée.
   L'autre amitié ressemble a quelque vent qui court,
Et, vraiment, c'est aimer comme on aime à la court (a),
Où le feu contrefait ne rend qu'une fumée.

LVII.

Ma fiévre croist tousjours, la vostre diminue;
Vous le voyez, Helene, et si ne vous en chaut.

---

a. Var. :
   L'autre amitié ressemble aux enfans sans raison :
   C'est se feindre une flame, une vaine prison.

Vous retenez le froid et me laissez le chaud ;
La vostre est à plaisir, la mienne est continue.
   Vous avez telle peste en mon cœur respandue
Que mon sang s'est gasté, et douloir il me faut
Que ma foible raison dés le premier assaut,
Pour craindre trop vos yeux, ne s'est point defendue.
   Je n'en blasme qu'Amour, seul autheur de mon mal,
Qui, me voyant tout nud (1), comme archer desloyal,
De mainte et mainte playe a mon ame entamée,
   Gravant à coups de fleche en moy vostre pourtrait,
Et à vous, qui estiez contre nous deux armée,
N'a monstré seulement la poincte de son trait.

LVIII.

Je sens une douceur à conter impossible,
  Dont ravy je jouys par le bien du penser,
Qu'homme ne peut escrire ou langue prononcer,
Quand je baise ta main contre amour invincible.
   Contemplant tes beaux yeux, ma pauvre ame passible
En se pasmant se perd ; lors je sens amasser
Un sang froid sur mon cœur, qui garde de passer
Mes esprits, et je reste une image insensible.
   Voilà que peut ta main et ton œil, où les trais
D'Amour sont si serrez, si chauds et si espais,
Au regard medusin qui en rocher me mue.
   Main, bien que mon malheur procede de les voir,
Je voudrois mille mains et autant d'yeux avoir (a),
Pour voir et pour toucher leur beauté qui me tue.

a. Var. :

   Je voudrois et mille yeux et mille mains avoir,

1. Imité de Petrarque.

   Trovommi amor del tutto disarmato, etc.

LIX.

Ne romps point au mestier par le milieu la trame
Qu'Amour en ton honneur m'a commandé d'ourdir ;
Ne laisses au traveil mes poulces engourdir,
Maintenant que l'ardeur à l'ouvrage m'enflame.

Ne verse point de l'eau sur ma bouillante flame :
Il faut par ta douceur mes Muses enhardir ;
Ne souffre de mon sang le bouillon refroidir,
Et tousjours de tes yeux aiguillonne-moy l'ame.

Dés le premier berceau n'estoufe point ton nom :
Pour bien le faire croistre, il ne le faut sinon
Nourrir d'un doux espoir pour toute sa pasture.

Tu le verras au Ciel de petit s'eslever.
Courage, ma maistresse, il n'est chose si dure
Que par longueur de temps on ne puisse achever.

LX (1).

J'attachay des bouquets de cent mille couleurs,
De mes pleurs arrosez, harsoir dessus ta porte :
Les larmes sont les fruicts que l'Amour nous apporte,
Les soupirs en la bouche et au cœur les douleurs.

Les pendant je leur dy : « Ne perdez point vos fleurs
Que jusques à demain que la cruelle sorte ;
Quand elle passera, tombez de telle sorte
Que son chef soit mouillé de l'humeur de mes pleurs.

Je reviendray demain. Mais, si la nuict, qui ronge
Mon cœur, me la donnoit par songe entre mes bras,
Embrassant pour le vray l'idole du mensonge,

Soulé d'un faux plaisir, je ne reviendrois pas !
Voyez combien ma vie est pleine de trespas,
Quand tout mon reconfort ne depend que du songe ! »

---

1. La meilleure part est prise de ces vers d'Angerian :
 Ante fores madidæ sic pendete corollæ, etc.

LXI.

Madame se levoit un beau matin d'esté,
Quand le Soleil attache à ses chevaux la bride;
Amour estoit present avec sa trousse vuide,
Venu pour la remplir des traits de sa clarté.
　J'entre-vy dans son sein deux pommes de beauté,
Telles qu'on ne void point au verger hesperide;
Telles ne porte point la deesse de Gnide,
Ny celle qui a Mars des siennes allaité.
　Telle enflure d'yvoire en sa voute arrondie,
Tel relief de porphyre, ouvrage de Phidie,
Eut Andromede alors que Persée passa,
　Quand il la vid liée à des roches marines,
Et quand la peur de mort tout le corps luy glaça,
Transformant ses tetins en deux boules marbrines.

LXII.

Je ne veux point la mort de celle qui arreste
Mon cœur en sa prison; mais, Amour, pour venger
Mes larmes de six ans, fay ses cheveux changer (¹),
Et seme bien espais des neiges sur sa teste.
　Si tu veux, la vengeance est déja toute preste :
Tu accourcis les ans, tu les peux allonger;
Ne souffres en ton camp ton soldat outrager;
Que vieille elle devienne, octroyant ma requeste.
　Elle se glorifie en ses cheveux frisez,
En sa verde jeunesse, en ses yeux aiguisez,
Qui tirent dans les cœurs mille poinctes encloses.
　Pourquoy te braves-tu de cela qui n'est rien?
La beauté n'est que vent, la beauté n'est pas bien :
Les beautez en un jour s'en vont comme les roses.

1. **Ainsi Petrarque :**
　　E i cape' d'oro fin, farsi d'argento.

LXIII.

Si j'ay bien ou mal dit en ces sonnets, Madame,
Et du bien et du mal vous estes cause aussi;
Comme je le sentois j'ay chanté mon soucy,
Taschant à soulager les peines de mon ame.
    Hà! qu'il est mal-aisé, quand le fer nous entame,
S'engarder de se plaindre et de crier merci!
Tousjours l'esprit joyeux porte haut le sourci,
Et le melancholique en soy-mesme se pâme.
    J'ay, suyvant vostre amour, le plaisir poursuivy,
Non le soin, non le dueil, non l'espoir d'une attente.
S'il vous plaist, ostez-moy tout argument d'ennuy;
    Et lors j'auray la voix plus gaillarde et plaisante
Je ressemble au mirouer, qui tousjours represente
Tout cela qu'on luy monstre et qu'on fait devant luy.

Fin du premier livre des Sonnets pour Helene.

LE SECOND LIVRE
DES SONNETS
DE
P. DE RONSARD
POUR HELENE

Commentez par Nicolas Richelet, Parisien
advocat en la cour.

I.

Soit qu'un sage amoureux, ou soit qu'un sot me lise,
Il ne doit s'esbahir, voyant mon chef grison,
Si je chante d'Amour : tousjours un vieil ti- [son
Cache un germe de feu dessous la cendre grise.
Le bois verd à grand' peine en le souflant s'attise,
Le sec sans le soufler brusle en toute saison.
La Lune se gaigna d'une blanche toison,
Et son vieillard Tithon l'Aurore ne mesprise.
Lecteur, je ne veux estre escolier de Platon,

Qui la vertu nous presche, et ne fait pas de mesme (a);
Ny volontaire Icare ou lourdaut Phaethon,
   Perdus pour attenter une sottise extrême;
Mais sans me contrefaire ou voleur ou charton (1),
De mon gré je me noye et me brusle moy-mesme.

II.

Afin qu'à tout jamais (b) de siecle en siecle vive
La parfaite amitié que Ronsard vous portoit,
Comme vostre beauté la raison luy ostoit,
Comme vous enchaisniez sa liberté captive;
   Afin que d'âge en âge à nos nepveux arrive
Que toute dans mon sang vostre figure estoit,
Et que rien sinon vous mon cœur ne souhaittoit,
Je vous fais un present de ceste sempervive (2).
   Elle vit longuement en sa jeune verdeur;
Long temps après la mort je vous feray revivre,
Tant peut le docte soin d'un gentil serviteur,
   Qui veut en vous servant toutes vertus ensuivre.
Vous vivrez et croistrez comme Laure en grandeur,
Au moins tant que vivront les plumes et le livre.

III (3).

Amour, qui as ton regne en ce monde si ample,
Voy ta gloire et la mienne errer en ce jardin;

a. Var. :
   Qui, pour trop contempler, a tousjours le teint blesme.

b. Var. : *qu'en renaissant.*

1. Charton, conducteur de voitures.
2. Sorte de simple qui prend son nom de sa nature. Et ce n'est pas sans cause qu'il luy fait ce present, la sempervive est d'une habitude à faire aimer. C'est pourquoy on l'attachoit anciennement aux portes des maisons, pour en chasser toutes haines et inimitiez. (R.)
3. Imité de ce sonnet de Petrarque :
   Stiamo amor à veder la gloria nostra.

Voy comme son bel œil, mon bel astre divin,
Reluit comme une lampe ardente dans un temple (a).
   Voy son corps, des beautez le pourtrait et l'exemple,
Qui resemble une aurore au plus beau du matin :
Voy son esprit, seigneur du sort et du destin,
Qui passe la nature en qui Dieu se contemple.
   Regarde-la marcher toute pensive à soy (b),
T'emprisonner de fleurs et triompher de toy ;
Voy naistre sous ses pieds les herbes bien-heureuses ;
   Voy sortir un printemps des rayons de ses yeux ;
Et voy comme à l'envy ses flames amoureuses
Embellissent la terre et serenent les cieux.

IV.

Tandis que vous dancez et ballez à vostre aise,
   Et masquez vostre face ainsi que vostre cœur,
Passionné d'amour, je me plains en langueur
Ore froid comme neige, ore chaud comme braise.
   Le carnaval vous plaist ; je n'ay rien qui me plaise
Sinon ce souspirer contre vostre rigueur,
Vous appeler ingrate, et blasmer la longueur,
Du temps que je vous sers sans que mon mal s'appaise.
   Maistresse, croyez-moy, je ne fay que pleurer,
Lamenter, souspirer et me desesperer ;
Je desire la mort, et rien ne me console.
   Si mon front, si mes yeux, ne vous en sont tesmoins,
Ma plainte vous en serve, et permettez au moins
Qu'aussi bien que le cœur je perde la parole.

  a. Var. :

   Surmonte la clarté des lampes de ton temple.

  b. Var. :

   Voy son front, mais un ciel seigneur de mon destin,
   Où comme en un mirouer Nature se contemple.
     Voy-la marcher pensive, et n'aimer rien que soy.

V.

N'oubliez, mon Helene, aujourd'huy qu'il faut prendre
Des cendres sur le front, qu'il n'en faut point chercher
Autre part qu'en mon cœur, que vous faites seicher,
Vous riant du plaisir de le tourner en cendre.

Quel pardon pensez-vous des Celestes attendre ?
Le meurtre de vos yeux ne se sçauroit cacher ;
Leurs rayons m'ont tué, ne pouvant estancher
La playe qu'en mon sang leur beauté fait descendre.

La douleur me consume ; ayez de moy pitié,
Vous n'aurez de ma mort ny profit ny louange :
Cinq ans meritent bien quelque peu d'amitié.

Vostre volonté passe, et la mienne ne change.
Amour, qui void mon cœur, void vostre mauvaistié ;
Il tient l'arc en la main, gardez qu'il ne se vange.

VI.

ANAGRAMME.

Tu es seule mon cœur, mon sang et ma deesse,
Ton œil est le filé et le ré (1) bien-heureux
Qui prend, quand il lui plaist, les hommes genereux,
Et se prendre des sots jamais il ne se laisse.

L'honneur, la chasteté, la vertu, la sagesse,
Logent en ton esprit, lequel rend amoureux
Tous ceux qui de nature ont un cœur desireux
D'honorer les beautez d'une docte maistresse.

Les noms (a dit Platon) ont très grande vertu (*a*) :
Je le voy par le tien, lequel m'a combatu,

---

a. Var. :

Les noms ont efficace et puissance et vertu.

1. Le ré pour le *ret*, le filet et le réseau.

Et l'esprit et le corps par armes non legeres.
  Sa deïté causa mon amoureux soucy (a).
Voila comme de nom, d'effect tu es aussi
LE RÉ DES GENEREUX, Elene de Surgeres.

VII.

Ha que ta loy fut bonne et digne d'estre apprise,
  Grand Moyse, grand prophete et grand Minos de Dieu,
Qui, sage, commandas au vague peuple Hebrieu
Que la liberté fust après sept ans remise (b)!
  Je voudrois, grand guerrier, que celle que j'ay prise
Pour dame, et qui se sied de mon cœur au milieu,
Voulust qu'en mon endroit ton ordonnance eust lieu,
Et qu'au bout de sept ans m'eust remis en franchise.
  Sept ans sont ja passez qu'en servage je suis;
Servir encor sept ans de bon cœur je la puis,
Pourveu qu'au bout du temps de son corps je jouisse.
  Mais ceste grecque Helene, ayant peu de souci
De la loy des Hebrieux, d'un courage endurci,
Contre les loix de Dieu n'affranchit mon service.

VIII.

Je plante en ta faveur cet arbre de Cybelle,
  Ce pin, où tes honneurs se liront tous les jours :
J'ay gravé sur le tronc nos noms et nos amours,
Qui croistront à l'envy de l'escorce nouvelle.
  Faunes, qui habitez ma terre paternelle (1),

a. Var. :
   Sa force à moy fatale a causé mon soucy.
b. Var. :
   Qui, grand legislateur, commandas à l'Hebrieu
   Qu'après sept ans passez liberté fust acquise.

1. Le Vendomois.

Qui menez sur le Loir (1) vos danses et vos tours,
Favorisez la plante et luy donnez secours,
Que l'esté ne la brusle et l'hyver ne la gelle.

Pasteur qui conduiras en ce lieu ton troupeau,
Flageollant une eclogue en ton tuyau d'aveine,
Attache tous les ans à cest arbre un tableau

Qui tesmoigne aux passans mes amours et ma peine;
Puis, l'arrosant de laict et du sang d'un agneau,
Dy : « Ce pin est sacré, c'est la plante d'Helene. »

IX.

Ny la douce pitié, ny le pleur lamentable,
Ne t'ont baillé ton nom (2) : Helene vient d'oster,
De ravir, de tuer, de piller, d'emporter
Mon esprit et mon cœur, ta proye miserable.

Homere, en se jouant, de toy fit une fable,
Et moy l'histoire au vray. Amour, pour te flater,
Comme tu fis à Troye (3), au cœur me vient jetter
Ton feu, qui de mes os se paist insatiable.

La voix que tu feignois (4) à l'entour du cheval
Pour decevoir les Grecs, me devoit faire sage;
Mais l'homme, de nature, est aveugle à son mal,

Qui ne peut se garder ny prevoir son dommage.

1. Fleuve du Vendomois.
2. C'est-à-dire que le nom qu'elle a ne luy est pas donné pour douceur qui soit en elle, comme venant du mot ἐλεεῖν, mais plustost de ἑλεῖν, ἐλινύειν, ἐλίσσειν, ἕλκειν, qui sont tous vocables de ruine et de dommage. (R.)
3. Car ce fut elle qui donna le signal aux Grecs, avec Sinon.
4. Après que les Grecs eurent, du conseil de Minerve, mis leur cheval dans Troye, Venus, cognoissant leur ruse et voulant la faire voir aux Troyens, s'en vint de nuit en habit de vieille vers Helene luy donner avis de ce cheval, dans lequel, entr'autres, estoit son mary Menelas. A ce rapport, aussi tost elle sauta du lict, s'en vint vers ce cheval, parla aux Grecs, qui estoient cachez, ce qui les ferut si fort que cela les cuida mettre en danger. (R.)

Au pis aller, je meurs pour ce beau nom fatal,
Qui mit toute l'Asie et l'Europe en pillage.

X.

Adieu, belle Cassandre, et vous, belle Marie,
Pour qui je fu trois ans en servage à Bourgueil;
L'une vit, l'autre est morte, et ores de son œil
Le ciel se réjouit, dont la terre est marrie (*a*).
 Sur mon premier avril, d'une amoureuse envie
J'adoray vos beautez, mais vostre fier orgueil
Ne s'amollit jamais pour larmes ny pour dueil,
Tant d'une gauche main la Parque ourdit ma vie.
 Maintenant, en automne encores malheureux,
Je vy comme au printemps, de nature amoureux,
Afin que tout mon âge aille au gré de la peine.
 Et, ore que je deusse estre exempt du harnois (1),
Mon colonnel m'envoye à grands coups de carquois,
Rassieger Ilion (2) pour conquerir Heleine.

XI (3).

Trois jours sont ja passez que je suis affamé
 De vostre doux regard, et qu'à l'enfant je semble
Que sa nourrice laisse, et qui crie et qui tremble

---

a. Var. En 1578, il y a :

. . . . . *dans la terre est Marie.*

Comme le nom se trouve ainsi deux fois répété à la rime je crois que c'est une faute d'impression.

1. De la guerre d'amour :

 Habet sua castra Cupido.   (Ovid.)

2. La ville de Troye, où estoit retenue Helene. Il parle en plusieurs lieux de ces amours comme si sa maistresse estoit ceste Helene de la Grece qui a tant excité de guerres. Ainsi Petrarque discourt de sa Laure comme de cette Daphné dont fut amoureux Apollon. (R.)

3. Ce sonnet et les deux suivants font partie des Amours diverses en 1578.

De faim en son berceau, dont il est consommé.

 Puis que mon œil ne void le vostre tant aimé,
Qui ma vie et ma mort en un regard assemble,
Vous deviez pour le moins m'escrire, ce me semble;
Mais vous avez le cœur d'un rocher enfermé.

 Fiere, ingrate beauté, trop hautement superbe (*a*),
Vostre courage dur n'a pitié de l'amour,
Ny de mon palle teint ja flestri comme une herbe.

 Si je suis sans vous voir deux heures à sejour,
Par espreuve je sens ce qu'on dit en proverbe,
L'amoureux qui attend se vieillit en un jour.

XII.

Prenant congé de vous, dont les yeux m'ont domté,
 Vous me distes un soir, comme passionnée :
« Je vous aime, Ronsard, par seule destinée;
Le Ciel à vous aimer force ma volonté,

 Ce n'est vostre sçavoir (*b*), ce n'est vostre beauté,
Ny vostre âge, qui fuit vers l'automne inclinée.
Ja cela s'est perdu comme une fleur fanée;
C'est seulement du Ciel l'injuste cruauté.

 Vous voyant, ma raison ne s'est pas defendue.
Vous puissé-je oublier comme chose perdue.
Helas! je ne sçaurois, et je le voudrois bien.

 Le voulant, je rencontre une force au contraire.
Puis qu'on dit que le Ciel est cause de tout bien,
Je n'y veux resister, il le faut laisser faire. »

XIII.

Quand je pense à ce jour, où, prés d'une fontaine,
 Dans le jardin royal (1), ravy de ta douceur,

---

a. Var. :
 Fiere, ingrate et rebelle, à mon dam trop superbe.

b. Var. :
 Ce n'est pas vostre corps. . . . .

1. Les Tuilleries.

Amour te descouvrit les secrets de mon cœur,
Et de combien de maux j'avois mon ame pleine,
   Je me pasme de joye, et sens de veine en veine
Couler ce souvenir, qui me donne vigueur,
M'aguise le penser, me chasse la langueur,
Pour esperer un jour une fin à ma peine.
   Mes sens de toutes parts se trouverent contents,
Mes yeux en regardant la fleur de ton printemps,
L'oreille en t'escoutant, et, sans ceste compagne
   Qui tousjours nos propos tranchoit par le milieu,
D'aise au ciel je volois et me faisois un Dieu ;
Mais tousjours le plaisir de douleur s'accompagne.

XIV.

A l'aller, au parler, au flamber de tes yeux,
Je sens bien, je voy bien, que tu es immortelle ;
La race des humains en essence n'est telle ;
Tu es quelque demon ou quelque ange des cieux.
   Dieu, pour favoriser ce monde vicieux,
Te fit tomber en terre, et dessus la plus belle
Et plus parfaite idée il traça le modelle
De ton corps, dont il fut luy-mesmes envieux.
   Quand il fit ton esprit, il se pilla soy-mesme ;
Il print le plus beau feu du ciel le plus suprême
Pour animer ta masse, ainçois ton beau printemps.
   Hommes, qui la voyez de tant d'honneur pourveue,
Tandis qu'elle est çà bas, soulez-en vostre veue :
Tout ce qui est parfait ne dure pas long-temps.

XV.

Je ne veux comparer tes beautez à la lune :
La lune est inconstante, et ton vouloir n'est qu'un ;
Encor moins au soleil : le soleil est commun,
Commune est sa lumière, et tu n'es pas commune.
   Tu forces par vertu l'envie et la rancune ;
Je ne suis, te louant, un flateur importun ;

Tu sembles à toy-mesme, et n'as pourtrait aucun ;
Tu es toute ton Dieu, ton astre et ta fortune.
 Ceux qui font de leur dame à toy comparaison
Sont ou presomptueux, ou perclus de raison ;
D'esprit et de sçavoir de bien loin tu les passes.
 Ou bien quelque demon de ton corps s'est vestu,
Ou bien tu es pourtrait de la mesme vertu,
Ou bien tu es Pallas, ou bien l'une des Graces.

XVI.

Si vos yeux cognoissoient leur divine puissance,
Et s'ils se pouvoient voir ainsi que je les voy,
Ils ne s'estonneroient, se cognoissant, de quoy,
Divins, ils ont vaincu une mortelle essence.
 Mais, par faute d'avoir d'eux-mesmes cognoissance,
Ils ne peuvent juger du mal que je reçoy ;
Seulement mon visage en tesmoigne pour moy :
Le voyant si desfait, ils voyent leur puissance.
 Yeux, où devroit loger une bonne amitié,
Comme vous regardez tout le ciel et la terre,
Que ne penetrez-vous mon cœur par la moitié,
 Ainsi que de ses rais le soleil fait le verre ?
Si vous le pouviez voir, vous en auriez pitié,
Et aux cendres d'un mort vous ne feriez la guerre.

XVII (1).

Si de vos doux regards je ne vais me repaistre
A toute heure, et tousjours en tous lieux vous chercher,
Helas ! pardonnez-moy : j'ay peur de vous fascher,
Comme un serviteur craint de desplaire à son maistre.
 Puis, je crains tant vos yeux que je ne sçaurois estre
Une heure en les voyant sans le cœur m'arracher,
Sans me troubler le sang ; pource il faut me cacher,

---

1. Imité de Petrarque, au sonnet :
 Io temo si di begli occhi l'assalto.

Afin de ne mourir pour tant de fois renaistre.
J'avois cent fois juré de ne les voir jamais,
Me parjurant autant qu'autant je le promets :
Car soudain je retourne à r'engluer mon aile.
 Ne m'appellez donc plus dissimulé ne feint ;
Aimer ce qui fait mal et revoir ce qu'on craint,
Est le gage certain d'un service fidele.

XVIII.

Je voyois, me couchant, s'esteindre une chandelle,
Et je disois, au lict, bassement à par moy :
« Pleust à Dieu que le soin, que la peine et l'esmoy
Qu'Amour m'engrave au cœur, s'esteignissent comme elle !
 Un mastin enragé, qui de sa dent cruelle
Mord un homme, il luy laisse une image de soy
Qu'il void tousjours en l'eau (1); ainsi tousjours je voy,
Soit veillant ou dormant, le portrait de ma belle.
 Mon sang chaud en est cause. Or, comme on void sou-
L'esté moins bouillonner que l'automne suivant, [vent
Mon septembre est plus chaud que mon juin, de fortune.
 Helas! pour vivre trop, j'ay trop d'impression.
Tu es mort une fois, bien-heureux Ixion,
Et je meurs mille fois pour n'en mourir pas une ! »

XIX.

Bon jour, ma douce vie; autant remply de joye
Que triste, je vous dis au départir : Adieu !
En vostre bonne grace, hé ! dites-moy quel lieu
Tient mon cœur que captif devers vous je renvoye;
 Ou bien si la longueur du temps et de la voye
Et l'absence des lieux ont amorty le feu

---

1. Et de là ceste maladie s'appelle πάϑος ὑδροφοϐικὸν, à cause que les lymphatiques qui sont touchez de ce mal craignent l'eau, pour l'object du chien que l'eau tousjours leur represente. (R.)

Qui commençoit en vous à se monstrer un peu.
Au moins, s'il n'est ainsi, trompé je le pensoye.
 Par espreuve je sens que les amoureux traits
Blessent plus fort de loin qu'à l'heure qu'ils sont prés,
Et que l'absence engendre au double le servage.
 Je suis content de vivre en l'estat où je suis ;
De passer plus avant, je ne dois ny ne puis :
Je deviendrois tout fol où je veux estre sage.

XX.

Amour, qui tiens tout seul de mes pensers la clef,
Qui ouvres de mon cœur les portes et les serres,
Qui d'une mesme main me guaris et m'enferres,
Qui me fais trespasser et vivre derechef ;
 Tu distilles ma vie en si pauvre mechef,
Qu'herbes, drogues, ny jus, ny puissance de pierres,
Ne pourroient m'alleger, tant d'amoureuses guerres
Sans tréves tu me fais, du pied jusques au chef.
 Oiseau comme tu es, fais-moy naistre des ailes,
Afin de m'en-voler pour jamais ne la voir :
En volant je perdray les chaudes estincelles
 Que ses yeux sans pitié me firent concevoir.
Dieu nous vend cherement les choses qui sont belles,
Puis qu'il faut tant de fois mourir pour les avoir.

XXI (1).

Amour, tu es trop fort, trop foible est ma raison
Pour soustenir le camp d'un si rude adversaire ;
Va, badine Raison (a), tu te laisses desfaire ;
Dés le premier assaut on te meine en prison.
 Je veux, pour secourir mon chef demi-grison,

---

 a. Var. :

  Trop tost, sotte Raison. . . . . .

 1. Dans les Amours diverses, en 1578, ainsi que les seize suivants.

Non la philosophie ou les loix, au contraire,
Je veux ce deux-fois-nay, ce Thebain, ce bon-père,
Lequel me servira d'une contre-poison.
　Il ne faut qu'un mortel un immortel assaille ;
Mais, si je prens un jour cet Indien pour moy,
Amour, tant sois-tu fort, tu perdras la bataille,
　Ayant ensemble un homme et un Dieu contre toy.
La Raison contre Amour ne peut chose qui vaille :
Il faut contre un grand prince opposer un grand roy.

XXII.

Cusin, monstre à double aile, au mufle elephantin (1),
Canal à tirer sang, qui, voletant en presse,
Sifles d'un son aigu, ne picque ma maistresse,
Et la laisse dormir du soir jusqu'au matin.
　Si ton corps d'un atome et ton nez de mastin
Cherche tant à picquer la peau d'une déesse,
En lieu d'elle, Cusin, la mienne je te laisse :
Que mon sang et ma peau te soient comme un butin.
　Cusin, je m'en desdy : hume-moy de la belle
Le sang, et m'en apporte une goutte nouvelle
Pour gouster quel il est. Hà ! que le sort fatal
　Ne permet à mon corps de prendre ton essence !
Repiquant ses beaux yeux, elle auroit cognoissance
Qu'un rien qu'on ne voit point fait souvent un grand
　　　　　　　　　　　　　　　　　[mal (a).

XXIII.

Aller en marchandise aux Indes precieuses,
Sans acheter ny or, ny parfum, ny joyaux ;
Hanter sans avoir soif les sources et les eaux,

---

a. Var. :

　　Ne permet à mon corps que le tien il peut estre !
　　Boivant son tiède sang, je luy ferois cognoistre
　　Qu'un petit ennemy fait souvent un grand mal.

1. Moucheron qui bruit ou vole, sous les serées de l'esté.
(R.) Nous dirions aujourd'hui cousin.

Frequenter sans bouquets les fleurs delicieuses ;
Courtiser et chercher les dames amoureuses,
Estre tousjours assise au milieu des plus beaux,
Et ne sentir d'amour ny fleches ny flambeaux,
Ma dame, croyez-moy, sont choses monstrueuses.

C'est se tromper soy-mesme ; aussi toujours j'ay creu
Qu'on pouvoit s'eschaufer en s'approchant du feu,
Et qu'en prenant la glace et la neige on se gelle.

Puis il est impossible, estant si jeune et belle,
Que vostre cœur gentil d'amour ne soit esmeu,
Sinon d'un grand brasier, au moins d'une estincelle.

XXIV.

Amour je pren congé de ta menteuse escole,
Où j'ay perdu l'esprit, la raison et le sens,
Où je me suis trompé, où j'ay gasté mes ans,
Où j'ay mal employé ma jeunesse trop folle.

Mal-heureux qui se fie en un enfant qui vole,
Qui a l'esprit soudain, les effects inconstans,
Qui moissonne nos fleurs avant nostre printans,
Qui nous paist de créance et d'un songe frivole.

Jeunesse l'allaicta, le sang chaud le nourrit,
Cuider l'ensorcela, Paresse le pourrit,
Tout enflé de desseins, de vents et de fumées (a).

Cassandre me ravit, Marie me tint pris,
Ja grison à la Cour d'une autre je m'espris.
Si elles m'ont aimé, je les ai bien aimées (b).

XXV.

Le mois d'aoust bouillonnoit d'une chaleur esprise,
Quand j'allay voir ma dame assise auprés du feu ;

---

a. Var. :
Entre les voluptez vaines comme fumées.

b. Var. :
Le feu d'amour ressemble aux pailles allumées.

Son habit estoit gris, duquel je me despleu,
La voyant toute pasle en une robbe grise.
  Que plaignez-vous, disoy-je, en une chaire assise?
Je tremble, et la chaleur reschauffer ne m'a peu,
Tout le corps me fait mal, et vivre je n'ay peu
Saine depuis six ans (a), tant l'ennuy me tient prise.
  Si l'esté, la jeunesse et le chaud n'ont pouvoir
D'eschaufer vostre sang, comment pourroy-je voir
Sortir un feu d'une ame en glace convertie?
  Mais, corps, ayant souci de me voir en esmoy,
Serois-tu point malade en langueur comme moy,
Tirant à toy mon mal par une sympathie?

XXVI.

Au milieu de la guerre, en un un siecle sans foy,
Entre mille procez, est-ce pas grand'folie
D'escrire de l'amour? De manotes on lie
Des fols qui ne sont pas si furieux que moy.
  Grison et maladif r'entrer dessous la loy
D'Amour, ô quelle erreur! Dieux, merci je vous crie;
Tu ne m'es plus Amour, tu m'es une furie (1),
Qui me rends fol, enfant, et sans yeux comme toy.
  Voir perdre mon pays, proye des adversaires,
Voir en nos estendards les fleurs de liz contraires,
Voir une Thebaïde (2), et faire l'amoureux!
  Je m'en vais au palais; adieu, vieilles sorcieres.
Muses, je prends mon sac : je seray plus heureux
En gaignant mes procez qu'en suivant vos rivieres (3).

a. Var. :

    Saine comme j'estois. . . . .

1. Les anciens, pour monstrer ces furieuses passions des amoureux, ont feint qu'Amour avoit aimé une Furie. (R.)
2. Une guerre de frere à frere, comme celle des enfants d'Œdipe devant Thèbes.
3. Qu'elles aiment, comme aussi tous lieux reclus et solitaires. (R.)

XXVII.

Le juge m'a trompé ; ma maistresse m'enserre
Si fort en sa prison que j'en suis tout transi ;
La guerre est à mon huys. Pour charmer mon souci,
Page, verse à longs traits du vin dedans mon verre.
 Au vent aille l'amour, le procez et la guerre,
Et la melancholie au sang froid et noirci.
Adieu, rides, adieu ; je ne vy plus ainsi :
Vivre sans volupté, c'est vivre sous la terre.
 La nature nous donne assez d'autres malheurs
Sans nous en acquerir. Nud je vins en ce monde,
Et nud je m'en iray. Que me servent les pleurs,
 Sinon de m'attrister d'une angoisse profonde ?
Chasson avec le vin le soin et les malheurs ;
Je combats les soucis quand le vin me seconde.

XXVIII.

La peine me contente, et prens en patience
La douleur que je sens, puis qu'il vous plaist ainsi,
Et que daignez avoir souci de mon souci
Et prendre par mon mal du vostre experience.
 Je nouriray mon feu d'une douce esperance,
Puis que vostre desdain vers moy s'est adouci,
Pour resister au mal mon cœur s'est endurci,
Tant la force d'amour me donne d'asseurance.
 Aussi, quand je voudrois, je ne pourrois celer
Le feu dont vos beaux yeux me forcent de brusler.
Je suis soulfre et salpestre, et vous n'estes que glace.
 De parole et d'escrit je monstre ma langueur ;
La passion du cœur m'apparoist sur la face ;
La face ne ment point, c'est le miroer du cœur.

XXIX.

Vous triomphez de moy, et pource je vous donne
Ce lierre qui coule et se glisse à l'entour

Des arbres et des murs, lesquels, tour dessus tour,
Plis dessus plis il serre, embrasse et environne.
 A vous de ce lierre appartient la couronne ;
Je voudrois, comme il fait, et de nuict et de jour,
Me plier contre vous, et, languissant d'amour,
D'un nœud ferme enlacer vostre belle colonne.
 Ne viendra point le temps que dessous les rameaux,
Au matin où l'aurore éveille toutes choses,
En un ciel bien tranquille, au caquet des oiseaux,
 Je vous puisse baiser à lèvres demy-closes,
Et vous conter mon mal, et de mes bras jumeaux
Embrasser à souhait vostre yvoire et vos roses ?

XXX.

Voyez comme tout change (hé! qui l'eust esperé ?)
Vous me souliez donner, maintenant je vous donne
Des bouquets et des fleurs. Amour vous abandonne,
Qui seul dedans mon cœur est ferme demeuré.
 Des dames le vouloir n'est jamais mesuré,
Qui d'une extreme ardeur tantost se passionne,
Tantost d'une froideur extreme s'environne,
Sans avoir un milieu longuement asseuré.
 Voilà comme Fortune en se jouant m'abaisse.
Vostre plus grande gloire un temps fut de m'aimer,
Maintenant je vous aime et languis de tristesse,
 Et me voy sans raison de douleur consumer.
Pour me venger de vous il est une déesse :
Vous la cognoissez bien, je n'ose la nommer (a).

(a) Var. : Les vers suivants, remplaçant les deux derniers tercets du sonnet, en ont fait un madrigal dans les éditions posthumes :

 Voila comme Fortune en se jouant m'abaisse :
 Vostre apprehension et vostre seul penser
 Un temps furent à moy, or' vostre amour me laisse :
 Le temps peut toute chose à la fin effacer.
  Ne vous mocquez pourtant du lien qui me presse ;

XXXI.

Ma dame beut à moy, puis me bailla sa tasse,
Beuvez, dit-ell', ce reste, où mon cœur j'ay versé,
Et alors le vaisseau des lévres je pressay,
Qui, comme un batelier, son cœur dans le mien passe.

Mon sang, renouvelé, tant de forces amasse,
Par la vertu du vin qu'elle m'avoit laissé,
Que trop chargé d'esprits et de cœur, je pensay
Mourir dessous le faix, tant mon ame estoit lasse.

Ah! dieux, qui pourroit vivre avec telle beauté
Qui tient tousjours Amour en son vase arresté?
Je ne devois en boire, et m'en donne le blâme.

Ce vase me lia tous les sens dés le jour
Que je beu de son vin, mais plustost une flame,
Mais plustost un venin, qui m'en-yvra d'amour.

XXXII.

J'avois esté saigné, ma dame me vint voir
Lorsque je languissois d'une humeur froide et lente.
Se tournant vers mon sang, comme toute riante,
Me dit en se jouant : « Que vostre sang est noir! »

Le trop penser en vous a peu si bien mouvoir
L'imagination que l'ame obeïssante,
A laissé la chaleur naturelle impuissante
De cuire, de nourrir, de faire son devoir.

Ne soyez plus si belle, et devenez Médée (1),
Colorez d'un beau sang ma face ja ridée,

Soyez douce à mon cœur, sans tant le reblesser.
Dieu, pour punir l'orgueil, commet une deesse (2);
Son sein vous esclouit(3), *gardez de l'offenser.*

1. Qui rajeunit par sa magie la vieillesse d'Æson.
2. Nemesis. — 3. Nemesis, ayant esté deflorée par Jupiter, delivra d'un œuf, duquel est issue Helene. (R.) *Vous esclouit* : vous fit éclore.

Et d'un nouveau printemps faites-moy r'animer.
Æson vit rajeunir son escorce ancienne,
Nul charme ne sçauroit renouveller la mienne :
Si je veux rajeunir, il ne faut plus aimer.

XXXIII(1).

Si la beauté se perd, fais-en part de bonne heure,
Tandis qu'en son printemps tu la vois fleuronner;
Si elle ne se perd, ne crain point de donner
A tes amis le bien qui tousjours te demeure.

Venus, tu devrois estre en mon endroit meilleure,
Et non dedans ton camp ainsi m'abandonner.
Tu me laisses, toy-mesme, esclave emprisonner
Es mains d'une cruelle, où il faut que je meure.

Tu as changé mon aise et mon doux en amer;
Que devois-je esperer de toy, germe de mer,
Sinon toute tempeste; et de toy, qui es femme

De Vulcan, que du feu; de toy, garce de Mars,
Que couteaux, qui sans cesse environnent mon ame
D'orages amoureux, de flames et de dars ?

XXXIV.

Amour, seul artisan de mes propres malheurs,
Contre qui sans repos au combat je m'essaye,
M'a fait dedans le cœur une mauvaise playe,
Laquelle en lieu de sang ne verse que des pleurs.

Le meschant m'a fait pis : choisissant les meilleurs
De ses traits, ja trempez aux vaines de mon faye,
La langue m'a navrée, afin que je begaye
En lieu de raconter à chacun mes douleurs.

Phebus, qui sur Parnasse aux Muses sers de guide,
Pren l'arc, revenge-moy contre mon homicide;
J'ay la langue et le cœur percés de part en part(a).

a. Var.:
  J'ay la langue et le cœur percez, t'ayant suivy.
1. Pris d'un epigramme de Meleager. (R.)

Voy comme l'un et l'autre en begayant me saigne.
Phebus, dés le berceau j'ay suivy ton enseigne,
Le capitaine doit défendre son soudart (a).

XXXV.

Cythere entroit au bain, et, te voyant près d'elle,
Son ceste elle te baille afin de le garder.
Ceinte de tant d'amours tu me vins regarder,
Me tirant de tes yeux une fleche cruelle.

Muses, je suis navré; ou ma playe mortelle
Guarissez, ou cessez de plus me commander.
Je ne suy vostre escole afin de demander
Qui fait la lune vieille, ou qui la fait nouvelle.

Je ne vous fais la cour comme un homme ocieux,
Pour apprendre de vous le mouvement des cieux,
Que peut la grande eclipse, ou que peut la petite,

Ou si Fortune ou Dieu ont fait cet univers.
Si je ne puis flechir Helene par mes vers,
Cherchez autre escolier, Deesses, je vous quitte.

XXXVI.

J'ay honte de ma honte, il est temps de me taire,
Sans faire l'amoureux en un chef si grison.
Il vaut mieux obeir aux loix de la raison
Qu'estre plus desormais en l'amour volontaire.

Je l'ay juré cent fois, mais je ne le puis faire.
Les roses pour l'hyver ne sont plus de saison.
Voicy le cinquiesme an de ma longue prison,
Esclave entre les mains d'une belle corsaire.

Maintenant je veux estre importun amoureux
Du bon pere Aristote, et d'un soin genereux

---

a. Var. :
Conserve les outils qui t'ont si bien servy.

Courtiser et servir la beauté de sa fille (a) (1).
　Il est temps que je sois de l'Amour deslié :
Il vole comme un dieu ; homme, je vais à pié ;
Il est jeune, il est fort ; je suis gris et debile.

XXXVII.

Maintenant que l'hyver de vagues empoulées
　Orgueillit les torrens, et que le vent, qui fuit,
Fait ores esclatter les rives d'un grand bruit,
Et ores des forests les testes effueillées ;
　Je voudrois voir d'Amour les deux ailes gelées,
Voir ses traits tous gelez, desquels il me poursuit,
Et son brandon gelé, dont la chaleur me cuit
Les veines, que sa flame a tant de fois bruslées.
　L'hyver est tousjours fait d'un gros air espessi,
Pour le soleil absent, ny chaud, ny esclairci ;
Et mon ardeur se fait des rayons d'une face,
　Laquelle me nourrit d'imagination.
Tousjours dedans le sang j'en ay l'impression,
Qui force de l'hyver les neiges et la glace.

XXXVIII.

Une seule vertu, tant soit parfaicte et belle,
　Ne pourroit jamais rendre un homme vertueux ;
Il faut le nombre entier, en rien defectueux :
Le printemps ne se fait d'une seule arondelle.
　Toute vertu divine, acquise et naturelle,
Se loge en ton esprit. La nature et les cieux
Ont versé dessus toy leurs dons à qui mieux mieux (b) ;
Puis, pour n'en faire plus, ont rompu leur modelle.
　Icy à ta beauté se joint la chasteté,

---

a. Var. :
　Courtizer un Platon à nostre vie utile.

b. Var. : *leurs dons plus précieux.*

1. Sa fille la Philosophie.

Icy l'honneur de Dieu, icy la pieté,
La crainte de mal-faire et la peur d'infamie ;
　Icy un cœur constant, qu'on ne peut esbranler.
Pource, en lieu de mon cœur, d'Helene et de ma vie,
Je te veux desormais ma Pandore appeler (*a*).

XXXVIII.

Yeux, qui versez en l'ame, ainsi que deux planettes,
　Un esprit qui pourroit ressusciter les morts,
Je sçay de quoy sont faits tous les membres du corps,
Mais je ne puis sçavoir quelle chose vous estes.
　Vous n'estes sang ny chair, et toutesfois vous faictes
Des miracles en moy, par vos regards si forts (*b*) ;
Si bien qu'en foudroyant les miens par le dehors,
Dedans vous me tuez de cent mille sagettes.
　Yeux, la forge d'Amour, Amour n'a point de traits
Que les poignans esclairs qui sortent de vos rais,
Dont le moindre à l'instant toute l'ame me sonde.
　Je suis, quand je les sens, de merveille ravy ;
Quand je ne les sens plus en mon corps, je ne vy :
Ils ont en moy l'effect qu'a le soleil au monde (*c*).

XXXIX.

Comme un vieil combatant qui ne veut plus s'armer,
　Ayant le corps chargé de coups et de vieillesse,
Regarde en s'esbatant l'olympique jeunesse
Pleine d'un sang bouillant aux joustes escrimer ;
　Ainsi je regardois du jeune dieu d'aimer,

a. Var. :
　Je te devrois plustost mon destin appeler.

b. Var. : *tant vos regards sont forts.*

c. Var. :
　　Sans les sentir je meurs ; soudain je suis refait
　Quand je les sens au cœur, ayans le mesme effect
　En moy, par leur chaleur, qu'a le soleil au monde.

Dieu qui combat tousjours par ruse et par finesse,
Les gaillards champions, qui d'une chaude presse
Se veulent en l'arene amoureuse enfermer;
  Quand tu fis reverdir mon escorce ridée
De l'esclair de tes yeux (a), ainsi que fit Medée
Par herbes et par jus le pere de Jason.
  Je n'ay contre ton charme opposé ma defense;
Toutesfois je me deuls de r'entrer en enfance,
Pour perdre tant de fois l'esprit et la raison.

XL.

Laisse de Pharaon la terre egyptienne,
Terre de servitude, et vien sur le Jourdain;
Laisse moy ceste cour et tout ce fard mondain,
Ta Circe, ta Sereine et ta magicienne.
  Demeure en ta maison pour vivre toute tienne,
Contente-toy de peu : l'âge s'enfuit soudain.
Pour trouver ton repos n'atten point à demain;
N'atten point que l'hyver sur les cheveux te vienne.
  Tu ne vois à la cour que feintes et soupçons;
Tu vois tourner une heure en cent mille façons;
Tu vois la vertu fausse et vraye la malice.
  Laisse ces honneurs pleins d'un soin ambitieux;
Tu ne verras aux champs que nymphes et que dieux,
Je seray ton Orphée, et toy mon Eurydice.

XLI.

Ces longues nuicts d'hyver, où la Lune ocieuse
Tourne si lentement son char tout à l'entour,
Où le coq si tardif nous annonce le jour,
Où la nuict est année à l'ame soucieuse,
  Je fusse mort d'ennuy sans ta forme douteuse,
Qui vient, ô doux remede, alleger mon amour,
Et, faisant toute nue entre mes bras sejour,
Rafraichit ma chaleur, bien qu'elle soit menteuse.

a. Var. : *De ta charmante voix.*

Vraye, tu es farouche et fiere en cruauté ;
On jouyst de ta feinte en toute privauté.
Près d'elle je m'endors, près d'elle je repose (a) (1).
 Rien ne m'est refusé. Le bon sommeil ainsi
Abuse par le faux mon amoureux souci.
S'abuser en amour n'est pas mauvaise chose.

XLII.

Quand vous serez bien vieille, au soir, à la chandelle,
 Assise auprès du feu, devidant (b) et filant,
Direz, chantant mes vers, et vous esmerveillant :
Ronsard me celebroit du temps que j'estois belle.
 Lors vous n'aurez servante oyant telle nouvelle,
Desja sous le labeur à demy sommeillant,
Qui, au bruit (c) de Ronsard, ne s'aille réveillant,
Benissant vostre nom de louange immortelle.
 Je seray sous la terre, et, fantosme sans os,
Par les ombres myrteux je prendray mon repos ;
Vous serez au fouyer une vieille accroupie,
 Regrettant mon amour et vostre fier desdain.
Vivez, si m'en croyez, n'attendez à demain ;
Cueillez dés aujourd'huy les roses de la vie (2).

XLIII (3)

Genévres herissez, et vous, houx espineux,
 L'un hoste des deserts, et l'autre d'un bocage ;

---

a. Var. :
 On jouyst de toy fausse en toute privauté.
 Près ton mort je m'endors, près de luy je repose.
b. Var. : *devisant.* — c. Var. : *au nom.*

1. Le texte et la variante sont presque aussi obscurs l'un que l'autre. On voit cependant que par *ton mort, ta feinte,* il entend l'apparence produite par le visage.
2. Béranger avoit-il lu ce sonnet quand il chantoit :
 Vous vieillirez, ô ma belle maîtresse !
3. En 1578, aux Amours diverses.

Lierre, le tapis d'un bel antre sauvage,
Sources qui bouillonnez d'un surgeon sablonneux ;
   Pigeons, qui vous baisez d'un baiser savoureux,
Tourtres qui lamentez d'un éternel veufvage,
Rossignols ramagers, qui d'un plaisant langage
Nuict et jour rechantez vos versets amoureux.
   Vous, à la gorge rouge, estrangere arondelle,
Si vous voyez aller ma nymphe en ce printemps
Pour cueillir des bouquets par ceste herbe nouvelle,
   Dites-luy pour neant que sa grace j'attens,
Et que, pour ne souffrir le mal que j'ay pour elle,
J'ay mieux aimé mourir que languir si long-temps.

XLIV.

Celle de qui l'amour vainquit la fantasie (1),
Que Jupiter conceut sous un cygne emprunté ;
Ceste sœur des Jumeaux, qui fit par sa beauté
Opposer toute Europe aux forces de l'Asie,
   Disoit à son miroüer, quand elle veit saisie
Sa face de vieillesse et de hideuseté :
« Que mes premiers maris insensez ont esté
De s'armer pour joüir d'une chair si moisie !
   Dieux, vous estes cruels, jaloux de nostre temps !
Des dames sans retour s'envole le printemps (a) ;
Aux serpens tous les ans vous ostez la vieillesse. »
   Ainsi disoit Helene en remirant son teint.
Cest exemple est pour vous, cueillez vostre jeunesse :
Quand on perd son avril, en octobre on s'en plaint.

a. Var. :

> *Dieux, vous estes jaloux et pleins de cruauté !*
> *Des dames sans retour s'en-vole la beauté.*

1. Il entend Helene des Grecs, qui ravit mesme ceux lesquels par ouy dire avoient conceu une imagination et fantasie de sa beauté. (R.)

XLV.

Ha! que je suis marry que la mort nous dérobe
Celuy qui le premier me fit voir ton attrait (a)!
Je le vy de si loin que la poincte du trait
Demeura, sans entrer, dans les plis de ma robe (1).

Mais, ayant de plus près entendu ta parole
Et veu ton œil ardant, qui de moy m'a distrait,
Au cœur tomba la fleche avecque ton pourtrait,
Heureux d'estre l'autel (b) de ce dieu qui m'affole.

Esblouy de ta veue, où l'Amour fait son ny,
Claire comme un soleil en flames infiny,
Je n'osois t'aborder, craignant de ne plus vivre.

Je fu trois mois retif; mais l'Archer, qui me vit,
Si bien à coups de traits ma crainte poursuivit
Que, batu de son arc, m'a forcé de te suivre (2).

XLVI.

Lettre, je te reçoy, que ma déesse en terre
M'envoye pour me faire ou joyeux ou transi,
Ou tous les deux ensemble, ô lettre, tout ainsi
Que tu m'apportes seule ou la paix ou la guerre.

Amour, en te lisant, de mille traits m'enferre;
Touche mon sein, à fin qu'en retournant d'ici,
Tu contes à ma dame en quel piteux souci

---

a. Var. :

   Heureux le chevalier que la mort nous desrobe
   Qui premier me fit voir de ta grace l'attrait.

b. Var. :

   Mais plustost le pourtrait. . . . . . .

1. Ainsi Petrarque :
    . . . . . *Sentendo suo strale*
    Non essermi passato oltra la gonna.

2. Ceste fin est d'Anacreon.

Je vy pour sa beauté, tant j'ay le cœur en serre!
 Touche mon estomac pour sentir mes chaleurs,
Approche de mes yeux pour recevoir mes pleurs,
Que torrent sur torrent ce faux amour assemble (a);
 Puis, voyant les effects d'un si contraire esmoy,
Dy que Deucalion et Phaëton chez moy (1),
L'un au cœur, l'autre aux yeux, se sont logez ensemble.

XLVII.

Lettre, de mon ardeur veritable interprete,
 Qui parle sans parler les passions du cœur,
Poste des amoureux, va conter ma langueur
A ma dame, et comment sa cruauté me traite.
 Comme une messagere et accorte et secrette
Contemple, en la voyant, sa face et sa couleur,
Si elle devient gaye ou palle de couleur,
Ou d'un petit souspir si elle me regrette.
 Fais office de langue; aussi bien je ne puis
Devant elle parler, tant vergongneux je suis,
Tant je crains l'offenser; et faut que le visage
 Tout seul de ma douleur luy rende tesmoignage (b).
Tu pourras en trois mots luy dire mes ennuis:
Le silence parlant vaut un mauvais langage.

XLVIII.

Le soir qu'Amour vous fit en la salle descendre
 Pour danser d'artifice un beau ballet d'amour,

a. Var.:

> . . . . . *pour voir tomber mes pleurs*
> *Que larme dessus larme Amour toujours m'assemble.*

b. Var.:

> *Blesme de ma douleur, en rende tesmoignage.*

1. Par Deucalion, qui fut sauvé du déluge, et Phaéton, qui conduisit si mal le char du soleil, il entend l'eau et le feu.

Vos yeux, bien qu'il fust nuict, ramenerent le jour,
Tant ils sceurent d'esclairs par la place respandre.
 Le ballet fut divin, qui se souloit reprendre,
Se rompre, se refaire, et tour dessus retour
Se mesler, s'escarter, se tourner à l'entour,
Contr'imitant le cours du fleuve de Meandre.
 Ores il estoit rond, ores long, or' estroit,
Or' en poincte, en triangle, en la façon qu'on voit
L'escadron de la Grue evitant la froidure.
 Je faux, tu ne dansois, mais ton pied voletoit
Sur le haut de la terre; aussi ton corps s'estoit
Transformé pour ce soir en divine nature.

XLIX (1).

Je voy mille beautez, et si n'en voy pas une
 Qui contente mes yeux; seule vous me plaisez;
Seule, quand je vous voy, mes sens vous appaisez;
Vous estes mon Destin, mon Ciël et ma Fortune,
 Ma Venus, mon Amour, ma Charite, ma brune,
Qui tous bas pensemens de l'esprit me rasez
Et de hautes vertus l'estomac m'embrasez,
Me soulevant de terre au cercle de la lune.
 Mon œil de vos regards goulument se repaist;
Tout ce qui n'est pas vous luy fasche et luy desplaist,
Tant il a par usance accoustumé de vivre
 De vostre unique, douce, agreable beauté.
S'il peche contre vous, affamé de vous suivre,
Ce n'est de son bon gré, c'est par necessité.

L.

Ces cheveux, ces liens dont mon cœur tu enlasses,
 Gresles, primes, subtils, qui coulent aux talons,

---

1. Le commencement est fait sur ces vers de Bembe :
  . . . . Soave sguardo
  Che quant' io vidi poi,
  Vago, amoroso, et pellegrin fra noi,
  Rimembrando di lor, tenni ombre et fumi.

Entre noirs et chastains, bruns, deliez et longs,
Tel que Venus les porte, et ses trois belles Graces,
 Me tiennent si estraint, Amour, que tu me passes
Au cœur, en les voyant, cent poinctes d'aiguillons,
Dont le moindre des nœuds pourroit des plus felons,
En leur plus grand courroux, arrester les menaces.
 Cheveux non acheptez, empruntez ny fardez,
Qui vostre naturel sans feintise gardez,
Que vous me semblez beaux ! permettez que j'en porte
 Un lien à mon col, à fin que sa beauté,
Me voyant prisonnier lié de telle sorte,
Se puisse tesmoigner quelle est sa cruauté.

LI (1).

Je suis esmerveillé que mes pensers ne sont
 Las de penser en vous, y pensant à toute heure ;
Me souvenant de vous, or' je chante, or' je pleure,
Et d'un penser passé cent nouveaux se refont.
 Puis, legers comme oyseaux, ils volent et s'en vont,
M'abandonnant tout seul, devers vostre demeure ;
Et, s'ils sçavoient parler, souvent vous seriez seure
Du mal que mon cœur cache, et qu'on lit sur mon front.
 Or sus venez, Pensers, pensons encor en elle,
De tant y repenser je ne me puis lasser ;
Pensons en ses beaux yeux et combien elle est belle,
 Elle pourra vers nous les siens faire passer.
Venus non seulement nourrit de sa mammelle
Amour, son fils aisné, mais aussi le Penser.

LII.

Belle gorge d'albastre, et vous, chaste poictrine,
Qui les Muses cachez en un rond verdelet (2),

---

1. Petrarque :
    Io son gia stancho di pensar si come
    I miei pensier in voi stanchi non sono.
2. Non encore meur. (R.)

Tertres d'agathe(1) blanc, petits gazons de laict,
Des Graces le sejour, d'Amour et de Cyprine;
　Sein de couleur de liz et de couleur rosine,
De veines marqueté(2), je vous vey par souhait
Lever l'autre matin comme l'Aurore fait ;
Quand vermeille elle sort de sa chambre marine.
　Je vy de tous costez le Plaisir et le Jeu,
Venus, Amour, la Grace, armez d'un petit feu,
Voler ainsi qu'enfans par vos cousteaux d'yvoire,
　M'esblouyr, m'assaillir et surprendre mon fort;
Je vy tant de beautez que je ne les veux croire.
Un homme ne doit croire aux tesmoins de sa mort.

LIII.

Lorsque le Ciel te fit(a), il rompit le modelle
Des vertus, comme un peintre efface son tableau,
Et, quand il veut refaire une image du beau,
Il te va retracer pour en faire une telle.
　Tu apportas d'enhaut la forme la plus belle,
Pour paroistre en ce monde un miracle nouveau,
Que couleur, ny outil, ny plume, ny cerveau,
Ne sçauroient egaler, tant tu es immortelle.
　Un bon-heur te defaut : c'est qu'en venant ça bas
Couverte de ton voile, on ne t'admira pas,
Tant fut ton excellence à ce monde incogneue,
　Qui n'osa regarder les rayons de tes yeux ;
Seul je les adoray comme un thresor des cieux,
Te voyant en essence (3), et les autres en nue (4).

a. Var. :
　　Quand le Ciel te fist naistre.......

1. Voila la perfection d'un tetin, qu'il soit rond, moyen, ferme et blanc. (R.)
2. Meslé de petits ruisseaux pourprins qui se voyent à travers la delicate peau. (R.)
3. En réalité. — 4. En apparence.

LIV.

Je te voulois nommer pour Helene Ortygie (1),
Renouvelant en toy d'Ortyge (2) le renom.
Le tien est plus fatal : Helene est un beau nom,
Helène, honneur des Grecs, la terreur de Phrygie.
  Si pour sujet fertil Homère t'a choisie,
Je puis, suivant son train, qui va sans compagnon,
Te chantant m'honorer, et non pas toy, sinon
Qu'il te plaise estimer ma rude poesie.
  Tu passes en vertu les dames de ce temps
Aussi loin que l'hyver est passé du printemps,
Digne d'avoir autels, digne d'avoir empire.
  Laure ne te veincroit de gloire ny d'honneur
Sans le Ciel, qui luy donne un plus digne sonneur (3),
Et le mauvais destin te fait present du pire.

LV.

J'errois en mon jardin, quand au bout d'une allée
Je vy contre l'hyver boutonner un soucy ;
Ceste herbe et mon amour fleurissent tout ainsi :
La neige est sur ma teste, et la sienne est gelée.
  O bien-heureuse amour en mon ame escoulée
Pour celle qui n'a point de parangon icy,
Qui m'a de ses rayons tout l'esprit esclaircy,
Qui devroit des François Minerve estre appellée ;
  En prudence Minerve, une Grace en beauté,
Junon en gravité, Diane en chasteté,
Qui sert aux mesmes dieux comme aux hommes d'exem-
  Si tu fusses venue au temps que la vertu   [ple.
S'honoroit des humains, tes vertus eussent eu
Vœuz, encens et autels, sacrifices et temple.

1. Diane, à raison de la chasteté de sa dame.
2. De Delos.
3. Petrarque.

LVI.

De myrte et de laurier, fueille à fueille enserrez,
Helene, entrelassant une belle couronne,
M'appella par mon nom : « Voila que je vous donne;
De moy seule, Ronsard, l'escrivain vous serez. »
  Amour, qui l'escoutoit, de ses traits acerez
Me pousse Helene au cœur et son chantre m'ordonne :
« Qu'un sujet si fertil vostre plume n'estonne :
Plus l'argument est grand, plus cygne (1) vous mourrez. »
  Ainsi me dit Amour, me frappant de ses ailes;
Son arc fit un grand bruit, les feuilles eternelles
Du myrte je senty sur mon chef tressaillir.
  Adieu, Muses, adieu ! vostre faveur me laisse;
Helene est mon Parnasse (2); ayant telle maistresse
Le laurier est à moy, je ne sçaurois faillir.

LVII.

Seule, sans compagnie, en une grande salle
Tu logeois l'autre jour, pleine de majesté,
Cœur vrayment genereux, dont la brave beauté
Sans pareille ne treuve une autre qui l'egalle.
  Ainsi seul en son ciel le Soleil se devalle,
Sans autre compagnon en son char emporté;
Ainsi loin de ces dieux en son palais vouté
Jupiter a choisi sa demeure royale.
  Une ame vertueuse a tousjours un bon cœur;
Le lievre fuit tousjours, la biche a tousjours peur;
Le lyon de soy-mesme asseuré se hazarde.
  Cela qu'au peuple fait la crainte de la loy,

---

1. Meilleur poete.
2. Ceux qui vouloient devenir poëtes alloient dormir dans ceste montagne. (R.)

La naïve vertu sans peur le fait en toy (a).
La loy ne sert de rien quand la vertu nous garde.

LVIII.

Qu'il me soit arraché des tetins de sa mère,
Ce jeune enfant Amour, et qu'il me soit vendu :
Il ne faut plus qu'il croisse ; il m'a desjà perdu (b) !
Vienne quelque marchand, je le mets à l'enchère.
D'un si mauvais garçon la vente n'est pas chère ;
J'en feray bon marché. Ah ! j'ay trop attendu.
Mais voyez comme il pleure ! il m'a bien entendu.
Appaise-toy, mignon, j'ay passé ma cholère,
Je ne te vendray point ; au contraire, je veux
Pour page t'envoyer à ma maistresse Helene,
Qui toute te ressemble et d'yeux et de cheveux,
Aussi fine que toy, de malice aussi pleine.
Comme enfans vous croistrez et vous jourez tous deux ;
Quand tu seras plus grand, tu me payras ma peine.

LIX.

Passant dessus la tombe où Lucrece (1) repose,
Tu versas dessus elle une moisson de fleurs ;
L'eschaufant de souspirs et l'arrousant de pleurs,
Tu monstras qu'une mort tenoit ta vie enclose.
Si tu aimes le corps dont la terre dispose,
Imagine ta force et conçoy tes rigueurs ;

---

a. Var. :

La peur qui sert au peuple et de frein et de loy
Ne sçauroit estonner ny ta vertu ny toy.

b. Var. :

Il ne fait que de naistre, et m'a desja perdu.

1. Ceste Lucrece estoit mademoiselle de Bacqueville, jeune, belle, sçavante, des plus parfaictes de la Cour, et qui estoit des meilleures amies d'Helene. (R.)

Tu me verras, cruelle, entre mille langueurs
Mourir, puis que la mort te plaist sur toute chose.
C'est acte de pitié d'honorer un cercueil,
Mespriser les vivans est un signe d'orgueil.
Puis que ton naturel les fantômes embrasse,
Et que rien n'est de toy, s'il n'est mort, estimé,
Sans languir tant de fois, esconduit de ta grace,
Je veux du tout mourir pour estre mieux aimé.

LX (1).

Je suis pour vostre amour diversement malade,
Maintenant plein de froid, maintenant de chaleurs;
Dedans le cœur pour vous autant j'ay de douleurs
Comme il y a de grains dedans vostre grenade.
Yeux qui fistes sur moy la premiere embuscade,
Desattisez ma flamme et desseichez mes pleurs.
Je faux, vous ne pourriez : car le mal dont je meurs,
Est si grand qu'il ne peut se guarir d'une œillade.
Ma dame, croyez-moy, je trespasse pour vous;
Je n'ay artere, nerf, tendon, veine ny pouls
Qui ne sente d'Amour la fievre continue.
L'Amour à la grenade en symbole estoit joint.
Ses grains en ont encor la force retenue,
Que de signe et d'effect vous ne cognoissiez point (*a*).

LXI.

Ma Dame, je me meurs, abandonné d'espoir;
La playe est jusqu'à l'os; je ne suis celuy mesme

a. Var. :

La grenade est d'Amour (2) *le symbole parfait :*
Ses grains en ont encor la force retenue,
Que vous ne cognoissez de signe ny d'effait.

1. En 1578, ce sonnet et les trois qui suivent sont dans les Amours diverses.
2. Comme aussi sont toutes pommes; mais celle cy, à cause

Que j'estois l'autre jour, tant la douleur extréme,
Forçant la patience, a dessus moy pouvoir.
 Je ne puis ny toucher, gouster, n'ouyr, ny voir ;
J'ay perdu tous mes sens, je suis une ombre blesme ;
Mon corps n'est qu'un tombeau. Malheureux est qui [ayme !
Malheureux qui se laisse à l'Amour decevoir !
 Devenez un Achille aux playes qu'avez faites :
Un Telephe je suis, lequel s'en va perir ;
Monstrez-moy par pitié vos puissances parfaites
 Et d'un remède prompt daignez-moy secourir.
Si vostre serviteur, cruelle, vous defaites,
Vous n'aurez le laurier pour l'avoir fait mourir.

LXII.

Voyant par les soudars ma maison saccagée
Et tout mon pays estre image de la mort (a),
Pensant en ta beauté, tu estois mon support,
Et soudain ma tristesse en joye estoit changée.
 Resolu, je disois : « Fortune s'est vengée,
Elle emporte mon bien, et non mon reconfort. »
Hà ! que je suis trompé ! tu me fais plus de tort
Que n'eust fait une armée en bataille rangée.
 Les soudars m'ont pillé, tu as ravy mon cœur ;
Tu es plus grand voleur, j'en demande justice :
Tu es plus digne qu'eux de cruelle rigueur (b).
 Tu saccages ma vie en te faisant service :
Encores te mocquant tu braves ma langueur,
Qui me fait plus de mal que ne fait tà malice.

a. Var. :
 Et mon pays couvert de Mars et de la Mort.
b. Var. :
 Aux dieux qui n'oseroient chastier ta rigueur.

de la ferme et quasi amoureuse liaison de ses grains, plus
parfaictement represente l'amour et la concorde. (R.)

LXIII.

Vous estes le bouquet de vostre bouquet mesme,
 Et la fleur de sa fleur, sa grace et sa verdeur ;
De vostre douce haleine il a pris son odeur ;
Il est, comme je suis, de vostre amour tout blesme.
 Ma dame, voyez donc, puis qu'un bouquet vous aime,
Indigne de juger que peut vostre valeur,
Combien doy-je sentir en l'ame de douleur,
Qui sers par jugement vostre excellence extréme.
 Mais ainsi qu'un bouquet se flestrit en un jour,
J'ay peur qu'un mesme jour flestrisse vostre amour :
Toute amitié de femme est soudain effacée.
 Advienne le destin comme il pourra venir,
Il ne peut de vos yeux m'oster le souvenir :
Il faudroit m'arracher le cœur et la pensée.

LXIV (1).

Je ne serois marry, si tu comptois ma peine,
 De compter tes degrez recomptez tant de fois ;
Tu loges au sommet du palais de nos rois ;
Olympe n'avoit pas la cyme si hautaine.
 Je pers à chaque marche et le pouls et l'haleine ;
J'ay la sueur au front, j'ay l'estomach penthois,
Pour ouyr un ennuy, un refus, une vois
De desdain, de froideur et d'orgueil toute pleine.
 Tu es, comme déesse, assise en très-haut lieu ;
Pour monter en ton ciel je ne suis pas un Dieu.
Je feray des degrez (*a*) ma plainte coustumiere,
 T'envoyant jusqu'en haut mon cœur devotieux.
Ainsi les hommes font à Jupiter priere :
Les hommes sont en terre et Jupiter aux cieux.

a. Var. : *de la cour.*

1. Il y a une epigramme de ce subject dans Martial.
 Mane domi si te merui voluique videre, etc.

LXV.

Mon ame mille fois m'a predit mon dommage;
Mais la sotte qu'elle est, après l'avoir predit,
Maintenant s'en repent, maintenant s'en desdit,
Et, voyant ma maistresse, elle aime davantage.
Si l'ame, si l'esprit qui sont de Dieu l'ouvrage,
Deviennent amoureux, à grand tort on mesdit
Du corps qui suit les sens, non brutal comme on dit,
S'il se trouve esblouy des rais d'un beau visage.
Le corps ne languiroit d'un amoureux souci
Si l'ame, si l'esprit, ne le vouloient ainsi;
Mais du premier assaut l'ame se tient rendue (*a*),
Conseillant comme royne au corps d'en faire autant.
Ainsi le citoyen trahi du combatant (*b*)
Se rend aux ennemis quand la ville est perdue.

LXVI (¹).

Il ne faut s'esbahir, disoient ces bons vieillars
Dessus le mur troyen, voyans passer Helene,
Si pour telle beauté nous souffrons tant de peine :
Nostre mal ne vaut pas un seul de ses regars.
Toutesfois il vaut mieux, pour n'irriter point Mars
La rendre à son espoux, afin qu'il la remmeine,
Que voir de tant de sang nostre campagne pleine,
Nostre havre gaigné, l'assaut à nos rampars.
Peres, il ne falloit, à qui la force tremble,
Par un mauvais conseil les jeunes retarder;
Mais, et jeunes et vieux, vous deviez tous ensemble
Pour elle corps et biens et ville hazarder.

a. Var. : *est toute esperdue.*
b. Var. : *sans soldars combattant.*

1. Ce sonnet est fait sur ces vers du 3. de l'Iliade.
Οὐ νέμεσις Τρῶας καὶ ἐυκνημῖδας Ἀχαιοὺς, etc.

Menelas fut bien sage et Pâris, ce me semble,
L'un de la demander, l'autre de la garder.

LXVII.

Ah! belle liberté, qui me servois d'escorte,
Quand le pied me portoit où libre je voulois!
Ah! que je te regrette! Helas! combien de fois
Ay-je rompu le joug que malgré-moy je porte!
 Puis je l'ay rattaché, estant nay de la sorte
Que sans aimer je suis et du plomb et du bois.
Quand je suis amoureux, j'ay l'esprit et la vois,
L'invention meilleure et la Muse plus forte (1).
 Il me faut donc aimer pour avoir bon esprit,
Afin de concevoir des enfans (2) par escrit,
Pour allonger mon nom aux dépens de ma peine.
 Quel sujet plus fertil sçauroy-je mieux choisir
Que le sujet qui fut d'Homère le plaisir,
Cette toute divine et vertueuse Helène (a)?

LXVIII.

Tes freres, les Jumeaux (3), qui ce mois verdureux
Maistrisent, et qui sont tous deux liez ensemble,
Te devroient enseigner, au moins comme il me semble,
A te joindre ainsi qu'eux d'un lien amoureux.
 Mais ton corps nonchalant, revesche et rigoureux,

---

a. Var. :

 Prolongeant ma memoire aux despens de ma vie.
  Je ne veux m'enquerir s'on sent après la mort ;
 Je le croy, je perdroy d'escrire toute envie :
 Le bon nom qui nous suit est nostre reconfort.

1. Platon, en son *Banquet*, dit que l'Amour est un fort bon poëte.
2. Des livres, generation spirituelle.
3. Les Gémeaux, frères d'Helène.

Qui jamais nulle flamme amoureuse n'assemble (a),
En ce beau mois de may, malgré tes ans, ressemble
(O perte de jeunesse!) à l'hyver froidureux.
　Tu n'es digne d'avoir les deux Jumeaux pour frères;
A leur gentille humeur les tiennes sont contraires,
Venus t'est desplaisante et son fils odieux.
　Au contraire, par eux la terre est toute pleine
De Grâces et d'Amours. Change ce nom d'Helene (b);
Un autre plus cruel te convient beaucoup mieux.

LXIX.

Ny ta simplicité, ny ta bonne nature,
Ny mesme ta vertu, ne t'ont peu garantir
Que la Cour, ta nourrice, escole de mentir,
N'ayt depravé tes mœurs d'une fausse imposture.
　Le proverbe dit vray : « Souvent la nourriture
Corrompt le naturel. » Tu me l'as fait sentir,
Qui, fraudant ton serment, m'avois au departir
Promis de m'honorer de ta belle figure.
　Menteuse contre Amour, qui vengeur te poursuit,
Tu as levé ton camp pour t'enfuir de nuict,
Accompagnant ta Royne (ô vaine couverture!),
　Trompant pour la faveur ta promesse et ta foy.
Comment pourroy-je avoir quelque faveur de toi,
Quand tu ne peux souffrir que je t'aime en peinture?

LXX.

Ceste fleur de vertu pour qui cent mille larmes
Je verse nuict et jour, sans m'en pouvoir souler,

a. Var. :

Qui jamais en son cœur le feu d'Amour n'assemble.

b. Var. :

Au contraire, par eux tout est plein d'allegresse,
De Graces et d'Amours ; change de nom, maistresse.

Peut bien sa destinée à ce Grec (1) esgaler,
A ce fils de Thetis, à l'autre fleur des armes.

  Le ciel malin borna ses jours de peu de termes;
Il eut courte la vie, ailée à s'en aller (2);
Mais son nom, qui a fait tant de bouches parler,
Luy sert contre la mort de pilliers et de termes (3).

  Il eut pour sa prouesse un excellent sonneur;
Tu as pour tes vertus en mes vers un honneur
Qui malgré le tombeau suivra ta renommée.

  Les dames de ce temps n'envient ta beauté,
Mais ton nom tant de fois par les Muses chanté,
Qui languiroit d'oubly si je ne t'eusse aimée.

LXXI.

Maistresse, quand je pense aux traverses d'Amour,
Qu'ore chaude, ore froide, en aimant tu me donnes;
Comme sans passion mon cœur tu passionnes,
Qui n'a contre son mal ny tréve ny sejour,

  Je souspire la nuict, je me complains le jour
Contre toy, ma Raison, qui mon fort abandonnes,
Et, pleine de discours, confuse, tu t'estonnes
Dés le premier assaut sans defendre ma tour (4).

  Non, si forts ennemis n'assaillent nostre place
Qu'ils ne fussent vaincus si tu tournois la face;
Encores que mon cœur trahist ce qui est mien.

  Une œillade, une main, un petit ris, me tue;
De trois foibles soudars ta force est combattue;
Que te dira divine il ne dira pas bien.

---

1. Achille.
2. Prompte à fuir.
3. Termes, ou plustost Hermès, sont figures d'hommes et de femmes sans bras et sans jambes, finissans en pointe par en bas. (R.)
4. Il entend ceste faculté de l'ame, dont la raison est premiere et principale, qui regle l'intelligence et la volonté. (R.)

LXXII.

Afin que ton honneur coule parmy la plaine (a)
Autant qu'il monte au ciel engravé dans un pin,
Invoquant tous les dieux et respandant du vin,
Je consacre à ton nom ceste belle fontaine.
 Pasteurs, que vos troupeaux frisez de blanche laine
Ne paissent à ces bords ; y fleurisse le thyn
Et la fleur (1) dont le maistre eut si mauvais destin (b),
Et soit dite à jamais la fontaine d'Helene.
 Le passant en esté s'y puisse reposer,
Et, assis dessus l'herbe, à l'ombre composer
Mille chansons d'Helene, et de moy luy souvienne.
 Quiconques en boira, qu'amoureux il devienne,
Et puisse, en la humant, une flame puiser
Aussi chaude qu'au cœur je sens chaude la mienne.

STANCES

SUR LA FONTAINE D'HELENE

Pour chanter ou reciter à trois personnes (2).

LE PREMIER.

Ainsi que ceste eau coule et s'enfuit parmy l'herbe,
Ainsi puisse couler en ceste eau le souci
Que ma belle maistresse, à mon mal trop superbe,
Engrave dans mon cœur sans en avoir mercy.

a. Var. :

 Afin que ton renom s'estende par la plaine.

b. Var. :

 Et tant de belles fleurs qui s'ouvrent au matin.

1. Probablement le narcisse.
2. Imité en partie de Theocrite, Idyl. 2.

LE SECOND.
Ainsi que dans ceste eau de l'eau mesme je verse,
Ainsi de veine en veine Amour, qui m'a blessé,
Et qui tout à la fois son carquois me renverse,
Un breuvage amoureux dans le cœur m'a versé.

LE PREMIER.
Je voulois de ma peine esteindre la memoire;
Mais Amour, qui avoit en la fontaine beu,
Y laissa son brandon, si bien qu'au lieu de boire
De l'eau pour l'estancher, je n'ay beu que du feu.

LE SECOND.
Tantost ceste fontaine est froide comme glace,
Et tantost elle jette une ardante liqueur;
Deux contraires effets je sens quand elle passe,
Froide dedans ma bouche, et chaude dans mon cœur.

LE PREMIER.
Vous qui rafraichissez ces belles fleurs vermeilles,
Petits freres ailez, Favones et Zephyrs,
Portez vers ma maistresse aux ingrates oreilles,
En volant parmy l'air, quelqu'un de mes souspirs.

LE SECOND.
Vous, enfans de l'Aurore, allez baiser ma dame,
Dites-luy que je meurs, contez-luy ma douleur,
Et qu'Amour me transforme en un rocher sans ame,
Et non, comme Narcisse, en une belle fleur.

LE PREMIER.
Grenouilles qui jasez quand l'an se renouvelle,
Vous, gressets, qui servez aux charmes, comme on dit,
Criez en autre part vostre antique querelle;
Ce lieu sacré vous soit à jamais interdit.

LE SECOND.
Philomele en avril ses plaintes y jargonne,
Et ses bords sans chansons ne se puissent trouver;

L'arondelle l'esté, le ramier en automne,
Le pinson en tout temps, la gadille en hyver.

LE PREMIER.

Cesse tes pleurs, Hercule, et laisse ta Mysie;
Tes pieds de trop courir sont ja foibles et las :
Icy les nymphes ont leur demeure choisie,
Icy sont tes amours, icy est ton Hylas.

LE SECOND.

Que ne suis-je ravy comme l'enfant Argive ?
Pour revenger ma mort, je ne voudrois sinon
Que le bord, le gravois, les herbes et la rive
Fussent tousjours nommez d'Helene et de mon nom.

LE PREMIER.

Dryades, qui vivez sous les escorces sainctes,
Venez et tesmoignez combien de fois le jour
Ay-je troublé vos bois par le cry de mes plaintes,
N'ayant autre plaisir qu'à soupirer d'amour.

LE SECOND.

Echo, fille de l'Air, hostesse solitaire
Des rochers, où souvent tu me vois retirer,
Dy quantes fois le jour, lamentant ma misere,
T'ay-je fait souspirer en m'oyant souspirer ?

LE PREMIER.

Ny cannes ny roseaux ne bordent ton rivage,
Mais le gay poliot, des bergeres amy;
Tousjours au chaud du jour le dieu de ce bocage,
Appuyé sur sa fleute, y puisse estre endormy.

LE SECOND.

Fontaine, à tout jamais ta source soit pavée
Non de menus gravois, de mousses ny d'herbis
Mais bien de mainte perle à bouillons enlevée,
De diamans, saphyrs, turquoises et rubis.

Le Premier.

Le pasteur en tes eaux nulle branche ne jette,
Le bouc de son ergot ne te puisse fouler;
Ains, comme un beau crystal tousjours tranquille et nette,
Puisses-tu par les fleurs eternelle couler.

Le Second.

Les nymphes de ces eaux et les hamadryades,
Que l'amoureux satyre entre les bois poursuit,
Se tenans main à main, de sauts et de gambades
Aux rayons du croissant y dansent toute nuict.

Le Premier.

Si j'estois grand monarque, un superbe edifice
Je voudrois te bastir, où je ferois fumer
Tous les ans à ta feste autels et sacrifice,
Te nommant pour jamais la Fontaine d'aimer.

Le Second.

Il ne faut plus aller en la forest d'Ardeine (1)
Chercher l'eau dont Regnault estoit si desireux :
Celuy qui boit à jeun trois fois à la fonteine,
Soit passant ou voisin, il devient amoureux.

Le Premier.

Lune, qui as ta robe en rayons estoilée,
Garde ceste fontaine aux jours les plus ardans;
Defen-la pour jamais de chaud et de gelée;
Remply-la de rosée et te mire dedans.

Le Second.

Advienne après mille ans qu'un pastoureau desgoise
Mes amours, et qu'il conte aux nymphes d'icy près
Qu'un Vandomois mourut pour une Saintongeoise,
Et qu'encores son ame erre entre ces forests.

---

1. L'Arioste, au 1er chant, dit qu'en ceste forest il y a deux fontaines si diverses d'effects que qui boit de l'une devient amoureux, et de l'autre perd son amour.

Le Poete.

Garçons, ne chantez plus : jà Vesper nous commande
De serrer nos troupeaux ; les loups sont jà dehors.
Demain à la frescheur, avec une autre bande,
Nous reviendrons danser à l'entour de ces bords.
   Fontaine, cependant, de ceste tasse pleine
Reçoy ce vin sacré que je renverse en toy ;
Sois ditte pour jamais la Fontaine d'Helene,
Et conserve en tes eaux mes amours et ma foy.

LXXIII.

Il ne suffit de boire en l'eau que j'ay sacrée
A ceste belle Grecque à fin d'estre amoureux ;
Il faut aussi dormir dedans un antre ombreux
Qui a, joignant sa rive, en un mont son entrée.
   Il faut d'un pied dispos danser dessus la prée
Et tourner par neuf fois autour d'un saule creux ;
Il faut passer la planche, il faut faire des vœux
Au père Sainct Germain, qui garde la contrée.
   Cela fait, quand un cœur seroit un froid glaçon,
Il sentira le feu d'une estrange façon
Enflammer sa froideur. Croyez ceste escriture :
   Amour, du rouge sang des geans tout souillé,
Essuyant en ceste eau son beau corps despouillé,
Y laissa pour jamais ses feux et sa teinture.

LXXIV.

Adieu, cruelle, adieu ! je te suis ennuyeux ;
C'est trop chanté d'Amour sans nulle recompense
Te serve qui voudra, je m'en vais, et je pense
Qu'un autre serviteur ne te servira mieux.
   Amour en quinze mois m'a fait ingenieux,
Me jettant au cerveau de ces vers la semence ;
La raison maintenant me r'appelle et me tanse,
Je ne veux si long temps devenir furieux.

Il ne faut plus nourrir cest enfant qui me ronge,
Qui les credules prend comme un poisson à l'hain,
Une plaisante farce¹, une belle mensonge,
Un plaisir pour cent maux qui s'en-vole soudain ;
Mais il se faut resoudre et tenir pour certain
Que l'homme est malheureux qui se repaist d'un songe.

ELEGIE.

Six ans estoient coulez, et la septiesme année
Estoit presques entière en ses pas retournée,
Quand, loin d'affection, de desir et d'amour,
En pure liberté je passois tout le jour,
Et, franc de tout soucy qui les ame devore,
Je dormois dès le soir jusqu'au poinct de l'aurore :
Car, seul maistre de moy, j'allois, plein de loisir,
Où le pied me portoit, conduit de mon desir,
Ayant tousjours és mains, pour me servir de guide,
Aristote ou Platon, ou le docte Euripide,
Mes bons hostes muets qui ne fachent jamais ;
Ainsi que je les prens, ainsi je les remais.
O douce compagnie et utile et honneste !
Un autre en caquetant m'estourdiroit la teste.
  Puis, du livre ennuyé, je regardois les fleurs,
Fueilles, tiges, rameaux, especes et couleurs,
Et l'entrecoupement de leurs formes diverses,
Peintes de cent façons, jaunes, rouges et perses,
Ne me pouvant saouler, ainsi qu'en un tableau,
D'admirer la nature et ce qu'elle a de beau,
Et de dire, en parlant aux fleurettes escloses :
« Celuy est presque Dieu qui cognoist toutes choses,
Esloigné du vulgaire et loin des courtizans,
De fraude et de malice impudens artizans. »
Tantost j'errois seulet par les forests sauvages,
Sur les bords enjonchez des peinturez rivages,
Tantost par les rochers reculez et deserts,
Tantost par les taillis, verte maison des cerfs.

J'aimois le cours suivy d'une longue riviere,
Et voir onde sur onde allonger sa carriere,
Et flot à l'autre flot en roulant s'attacher,
Et, pendu sur le bord, me plaisoit d'y pescher,
Estant plus resjouy d'une chasse muette
Troubler des escaillez la demeure secrette,
Tirer avecq' la ligne en tremblant emporté
Le credule poisson prins à l'haim apasté,
Qu'un grand prince n'est aise ayant pris à la chasse
Un cerf qu'en haletant tout un jour il pourchasse.
Heureux si vous eussiez d'un mutuel esmoy
Prins l'apast amoureux aussi bien comme moy,
Que tout seul j'avallay, quand, par trop desireuse,
Mon ame en vos yeux beut la poison amoureuse.
  Puis, alors que Vesper vient embrunir nos yeux,
Attaché dans le ciel, je contemple les cieux,
En qui Dieu nous escrit en notes non obscures
Les sorts et les destins de toutes creatures ;
Car luy, en desdaignant (comme font les humains)
D'avoir encre et papier et plume entre les mains,
Par les astres du ciel, qui sont ses caracteres,
Les choses nous predit et bonnes et contraires ;
Mais les hommes, chargez de terre et du trespas,
Mesprisent tel escrit et ne le lisent pas.
  Or le plus de mon bien, pour decevoir ma peine,
C'est de boire à longs traits les eaux de la fontaine
Qui de vostre beau nom se brave, et, en courant
Par les prez, vos honneurs va tousjours murmurant,
Et la royne se dit des eaux de la contrée :
Tant vaut le gentil soin d'une muse sacrée
Qui peut vaincre la mort et les sorts inconstans,
Sinon pour tout jamais, au moins pour un long temps.
Là, couché dessus l'herbe, en mes discours je pense
Que pour aimer beaucoup j'ay peu de recompense,
Et que mettre son cœur aux dames si avant,
C'est vouloir peindre en l'onde et arrester le vent ;
M'asseurant toutefois qu'alors que le vieil âge
Aura comme un sorcier changé vostre visage,

Et lors que vos cheveux deviendront argentez,
Et que vos yeux d'Amour ne seront plus hantez,
Que tousjours vous aurez, si quelque soin vous touche,
En l'esprit mes escrits, mon nom en vostre bouche.
 Maintenant que voicy l'an septiéme venir,
Ne pensez plus, Helene, en vos laqs me tenir :
La raison m'en delivre et vostre rigueur dure.
Puis il faut que mon âge obeïsse à nature.

LXXV.

Je m'enfuy du combat, mon armée est desfaite
 J'ay perdu contre Amour la force et la raison.
Ja dix lustres passez, et ja mon poil grison,
M'appellent au logis et sonnent la retraitte.
 Si, comme je voulois, ta gloire n'est parfaite,
N'en blasme point l'esprit, mais blasme la saison :
Je ne suis ny Pâris, ny desloyal Jason ;
J'obeïs à la loy que la Nature a faite.
 Entre l'aigre et le doux, l'esperance et la peur,
Amour dedans ma forge a poly cest ouvrage.
Je ne me plains du mal, du temps ny du labeur,
 Je me plains de moy-mesme et de ton faux courage.
Tu t'en repentiras, si tu as un bon cœur ;
Mais le tard repentir n'amende le dommage.

LXXVI (¹).

Vous ruisseaux, vous rochers, vous antres solitaires,
 Vous chesnes, heritiers du silence des bois,
Entendez les souspirs de ma derniere vois,
Et de mon testament soyez presents notaires.
 Soyez de mon mal-heur fideles secretaires,
Gravez-le en vostre escorce, à fin que tous les mois
Il croisse comme vous ; cependant je m'en-vois

---

1. Je n'ai trouvé ce sonnet et le suivant que dans les éditions posthumes.

Là bas privé de sens, de veines et d'artères.
　Je meurs pour la rigueur d'une fiere beauté
Qui vit sans foy, sans loy, amour ne loyauté,
Qui me succe le sang comme un tigre sauvage.
　Adieu, forests, adieu! Adieu le verd sejour
De vos arbres, heureux pour ne cognoistre Amour
Ny sa mère, qui tourne en fureur le plus sage.

DIALOGUE

DE L'AUTHEUR ET DU MONDAIN.

LXXVII.

Est-ce tant que la mort? est-ce si grand mal-heur
Que le vulgaire croit? Comme l'heure premiere
Nous fait naistre sans peine, ainsi l'heure derniere,
Qui acheve la trame, arrive sans douleur.　　[leur
　— Mais tu ne seras plus! — Et puis?.. quand la pal-
Qui blesmist nostre corps sans chaleur ne lumiere
Nous perd le sentiment! quand la main filandiere
Nous oste le desir, perdans nostre chaleur!
　— Tu ne mangeras plus. — Je n'auray plus envie
De boire ne manger: c'est le corps qui sa vie
Par la viande allonge et par refection;
　L'esprit n'en a besoin. — Venus, qui nous appelle
Aux plaisirs, te fuira. — Je n'auray soucy d'elle:
Qui ne desire plus n'a plus d'affection.

LXXVIII.

Helas! voicy le jour que mon maistre on enterre(1);
　Muses, accompagnez son funeste convoy.
Je voy son effigie, et au dessus je voy
La Mort, qui de ses yeux la lumiere luy serre.
　Voilà comme Atropos les majestez atterre

---

1. Charles IX mourut le 30 mai 1574.

Sans respect de jeunesse, ou d'empire, ou de foy.
CHARLES, qui fleurissoit nagueres un grand roy,
Est maintenant vestu d'une robbe de terre.
 Hé ! tu me fais languir par cruauté d'amour ;
Je suis ton Promethée, et tu es mon vautour.
La vengeance du ciel n'oubliera tes malices.
 Un mal au mien pareil puisse un jour t'advenir ;
Quand tu voudras mourir, que mourir tu ne puisses.
Si justes sont les dieux, je t'en verray punir.

LXXIX.

Je chantois ces sonnets, amoureux d'une Helene,
En ce funeste mois que mon prince mourut.
Son sceptre, tant fut grand, CHARLES ne secourut
Qu'il ne payast la dette à la nature humaine.
 La Mort fut d'une part, et l'Amour, qui me meine,
Estoit de l'autre part, dont le traict me ferut,
Et si bien la poison par les veines courut
Que j'oubliay mon maistre, atteint d'une autre peine.
 Je senty dans le cœur deux diverses douleurs :
La rigueur de ma dame, et la tristesse enclose
Du Roy, que j'adorois pour ses rares valeurs.
 La vivante et le mort tout malheur me propose ;
L'un aime les regrets, et l'autre aime les pleurs,
Car l'Amour et la Mort n'est qu'une mesme chose.

Fin du second livre des sonnets pour Helene.

LES AMOURS DIVERSES

A TRÈS VERTUEUX SEIGNEUR

NICOLAS DE NEUFVILLE

Seigneur de Villeroy, Secretaire d'Estat de Sa Majesté.

Ja du prochain hyver je prevoy la tempeste,
Ja cinquante et six ans ont neigé sur ma teste,
Il est temps de laisser les vers et les amours
Et de prendre congé du plus beau de mes jours.
J'ay vescu (Villeroy) si bien que nulle envie
En partant je ne porte aux plaisirs de la vie;
Je les ay tous goustez, et me les suis permis
Autant que la raison me les rendoit amis,
Sur l'eschaffaut mondain jouant mon personnage
D'un habit convenable au temps et à mon âge.

J'ay veu lever le jour, j'ay veu lever le soir;
J'ay veu gresler, tonner, esclairer et pleuvoir;
J'ay veu peuples et roys, et depuis vingt années
J'ay veu presque la France au bout de ses journées;
J'ay veu guerres, debats, tantost tréves et paix,
Tantost accords promis, redéfais et refais,
Puis défais et refais; j'ay veu que sous la lune
Tout n'estoit que hazard et pendoit de Fortune.

Pour neant la prudence est guide des humains ;
L'invincible Destin luy enchaisne les mains,
La tenant prisonniere, et tout ce qu'on propose
Sagement la Fortune autrement en dispose.
 Je m'en-vais saoul du monde, ainsi qu'un convié
S'en-va saoul du banquet de quelque marié,
Ou du festin d'un roy, sans renfrongner sa face
Si un autre après luy se saisist de sa place.
 J'ay couru mon flambeau sans me donner esmoy,
Le baillant à quelqu'un s'il recourt après moy ;
Il ne faut s'en fascher, c'est la loy de Nature,
Où s'engage en naissant chacune creature.
 Mais avant que partir je me veux transformer
Et mon corps fantastiq de plumes enfermer,
Un œil sous chaque plume et veux avoir en bouche
Cent langues en parlant ; puis, d'où le jour se couche
Et d'où l'aurore naist, déesse aux belles mains,
Devenu Renommée, annoncer aux humains
Que l'honneur de ce siecle aux astres ne s'envole,
Pour avoir veu sous luy la navire espagnolle
Descouvrir l'Amerique, et fait voir en ce temps
Des hommes dont les cœurs, à la peine constans (a)
Ont veu l'autre Neptune inconnu de nos voiles
Et son pole marqué de quatre grand's estoiles,
Ont veu diverses gens, et, par mille dangers,
Sont retournez chargez de lingots estrangers.
 Mais de t'avoir veu naistre, ame noble et divine,
Qui, d'un cœur genereux, loges en ta poitrine
Les errantes vertus, que tu veux soulager
En cest âge où chacun refuse à les loger ;
En ceste saison, dis-je, en vice monstrueuse,
Où la mer des malheurs d'une onde impetueuse
Sur nous s'est debordée, où vivans avons veu
Le mal que nos ayeulx n'eussent pensé ny creu.

a. Var. :

 . . . . *et fait naistre des cœurs*
 Masles, cœurs de rochers, dont les nobles labeurs.

En ce temps la comete en l'air est ordinaire,
En ce temps on a veu le double luminaire
Du ciel en un mesme an s'eclipser par deux fois;
Nous avons veu mourir en jeunesse nos rois,
Et la peste infectée, en nos murs enfermée,
Le peuple moissonner d'une main affamée.
   Qui pis est, ces devins qui contemplent les tours
Des astres et du ciel l'influence et le cours,
Predisent qu'en quatre ans (Saturne estant le guide)
Nous verrons tout ce monde une campaigne vuide;
Le peuple carnassier la noblesse tuer,
Et des princes l'estat s'alterer et muer,
Comme si Dieu vouloit nous punir en son ire,
Faire un autre chaos et son œuvre destruire
Par le fer, par la peste, et embraser le sein
De l'air pour estouffer le pauvre genre humain.
   Toutefois en cet âge, en ce siecle de boue,
Où de toute vertu la Fortune se joue,
Sa divine clemence, ayant de nous soucy,
T'a fait, ô Villeroy, naistre en ce monde icy
Entre les vanitez, la paresse et le vice,
Et les seditions, qui n'ont soint de justice;
Entre les nouveautez, entre les courtizans,
De fraude et de mensonge impudens artizans,
Entre le cry du peuple et ses plaintes funebres,
Afin que ta splendeur esclairast aux tenebres,
Et ta vertu parust, par ce siecle eshonté,
Comme un soleil sans nue au plus clair de l'esté
   Je diray davantage à la tourbe amassée
Que tu as ta jeunesse au service passée
Des roys, qui t'ont choisi, ayant eu ce bonheur
D'estre employé par eux aux affaires d'honneur,
Soit pour flechir le peuple, ou soit pour faire entendre
Aux princes qu'il ne faut à ton maistre se prendre (*a*),

---

a. Var. :

> *Soit pour flechir le peuple, ou pour faire paroistre*
>   *Aux princes estrangers la grandeur de ton maistre.*

Par ta peine illustrant ta maison et ton nom.
　　Ainsi qu'au camp des Grecs le grand Agamemnon
Envoyoit par honneur en ambassade Ulysse,
Qui, faisant à son prince et au peuple service,
Soy-mesme s'honoroit et les rendoit contens,
Estimé le plus sage et facond de son temps.
　　Il fut, comme tu es, amoureux de sa charge
(Dont le roy se despouille et sur toy se descharge),
Car tu n'as point en l'ame un plus ardant desir
Qu'accomplir ton estat, seul but de ton plaisir,
Te tuant pour ton prince en la fleur de ton âge,
Tant le travail actif eschauffe ton courage.
　　Je diray, sans mentir, encore que tu sois
Hautement eslevé par les honneurs françois,
Tu ne dédaignes point d'un haussebec de teste,
Ny d'un sourcy hagard, des petits la requeste,
Reverant sagement la Fortune, qui peut
Nous hausser et baisser, tout ainsi qu'elle veut.
Mais, comme départant ta faveur et ta peine
A tous également, tu sembles la fontaine
Qu'un riche citoyen, par liberalité,
Fait en larges canaux venir en sa cité,
Laquelle verse après, sans difference aucune
De grands et de petits, ses eaux à la commune.
　　Puis je veux devaller soubs la terre là bas
Où commande Pluton, la Nuict et le Trespas,
Et là, me promenant sous les ombres myrtines,
Chercher ton Morvillier et tes deux Ausbespines,
Deux morts en leur vieillesse, et l'autre à qui la main
De la Parque trop tost trancha le fil humain,
Tous trois grans ornemens de nostre republique.
　　Puis, ayant salüé ceste bande heroïque,
Dont les fronts sont tousjours de lauriers revestus,
Je leur diray comment tu ensuis leurs vertus,
Et comme après leur mort ton ame genereuse
Ne voulut endurer que leur tumbe poudreuse
Demeurast sans honneur, faisant faire à tous trois
Des epitaphes grecs et latins et françois,

Gage de ton amour, à fin que la memoire
De ces trois demy-dieux à jamais fust notoire,
Et que le temps, subtil à couler et passer,
Par siecles infinis ne la peust effacer.
   Ces trois nobles esprits, oyans telle nouvelle,
Danseront un péan dessus l'herbe nouvelle,
Et en frapant des mains feront un joyeux bruit,
Dequoy sans fourvoyer Villeroy les ensuit.
   Or, comme un endebté de qui proche est le terme
De payer à son maistre ou l'usure ou la ferme,
Et, n'ayant ny argent ny biens pour secourir
Sa misere au besoin, desire de mourir;
Ainsi, ton obligé, ne pouvant satisfaire
Aux biens que je te doibs, le jour ne me peut plaire;
Presque à regret je vy et à regret je voy
Les rayons du soleil s'estendre dessus moy.
Pource je porte en l'ame une amere tristesse
Dequoy mon pied s'avance aux faux-bourgs de vieil-
Et voy (quelque moyen que je puisse essayer) [lesse,
Qu'il faut que je desloge avant que te payer,
S'il ne te plaist d'ouvrir le ressort de mon coffre,
Et prendre ce papier que pour acquit je t'offre,
Et ma plume, qui peut, escrivant verité,
Tesmoigner ta louange à la posterité.
   Reçois donc mon present, s'il te plaist, et le garde
En ta belle maison de Conflant (1), qui regarde
Paris, sejour des roys, dont le front spacieux
Ne void rien de pareil sous la voute des cieux;
Attendant qu'Apollon m'eschauffe le courage
De chanter tes jardins, ton clos et ton bocage,
Ton bel air, ta riviere et les champs d'alentour,
Qui sont toute l'année eschauffez d'un beau jour;
Ta forest d'orangers, dont la perruque verte
De cheveux eternels en tout temps est couverte,
Et tousjours son fruict d'or de ses fueilles defend

---

1. Conflant est situé au-dessus de Paris, vers l'endroit où la Marne se jette dans la Seine.

Comme une mere fait de ses bras son enfant.
 Pren ce livre pour gage et luy fais, je te prie,
Ouvrir en ma faveur ta belle librairie,
Où logent sans parler tant d'hostes estrangers :
Car il sent aussi bon que font tes orangers. (1584.)

A LUY-MESME.

I. (1584.)

Vous estes grand, je suis bas et commun,
 Et toutefois je ne suis inutile :
Tous les mestiers d'une excellente ville
Ont divers prix et ne sont pas tous un.
 Le ciel nous fait le sort blanc et le brun
Comme il luy plaist, et la nature habile
Fait l'un puissant et fait l'autre débile,
Et mesmes biens ne départ à chacun.
 D'un très haut roy vous maniez l'affaire,
Du peuple bas je suis le secretaire ;
Peuples et roys ne sont qu'un mesme corps.
 C'est de Nature et du Ciel la coustume ;
Ainsi, du monde imitant les accors,
Vous honorant, vous honorez ma plume.

A LUY-MESME

Luy donnant sa Franciade.

II. (1578.)

Quand Villeroy nasquit en ce monde pour estre
 L'Hercule chasse-mal des bons esprits françois,
Ainsi que Geryon pour un chef en eut trois,
Et homme monstrueux Nature le fit estre.
 Il n'auroit au labeur la cervelle si preste
D'escrire en tant de lieux en un jour tant de fois,
De servir au public, aux princes et aux rois,
S'il n'avoit qu'un cerveau, s'il n'avoit qu'une teste.

Travailler nuict et jour en sa charge on le void;
Sa *ville* est superflue, à bon droit il devoit
Estre *roy* par effect comme il est de naissance.
   Doncques, luy presenter, pour me servir d'appuy,
Mon livre plein de roys, tout royal comme luy,
C'est à son nom de roy donner les rois de France.

A LUY-MESME.

III. (1584.)

Encor que vous soyez tout seul vostre lumiere,
Je vous donne du feu, non pas feu proprement,
Mais matiere qui peut s'allumer promptement,
La cire, des liqueurs en clairté la premiere.
   Secondant tous les soirs vostre charge ordinaire,
Elle sera tesmoin que delicatement
Vous ne passez les nuicts, mais que soigneusement
Vous veillez jusqu'au poinct que le jour vous esclaire.
   Circe tenoit tousjours des cedres allumez
Pour ces flambeaux de nuit; vos yeux, accoustumez
A veiller, pour du cedre auront ceste bougie.
   Recevez, Villeroy, de bon cœur ce present
Qui ja se réjouist et bien heureux se sent
De perdre en vous servant sa matiere et sa vie.

A LUY-MESME.

IV. (1578.)

Les anciens souloient après souper
Verser du vin en l'honneur de Mercure,
Pour effacer (durant la nuict obscure)
Les songes vains qui nous viennent tromper.
   Et moy je veux tout le pavé tremper
D'un vin versé, signe de bon augure,
Que mon grand roy par sa gloire future
Doit de son chef les estoiles frapper.

C'est mon soleil, vous estes mes estoiles ;
C'est luy qui rompt les tenebreuses voiles
De mon esprit par son jour nompareil (a) ;
    Et toutefois les astres je regarde.
Le bon pilote aux estoiles prend garde
Plus volontiers qu'il ne fait au soleil.

V. (1560.)

Dieux, si au ciel demeure la pitié,
    En ma faveur que maintenant on jette
Du feu vengeur la meurtriere sagette,
Pour d'un mauvais punir la mauvaistié,
    Qui seul m'espie, et seul mon amitié
Va detraquant, lors que la nuict secrette
Et mon ardeur honteusement discrette
Guident mes pas où m'attend ma moitié.
    Accablez, Dieux, d'une juste tempeste
L'œil espion de sa parjure teste,
Dont le regard toutes les nuicts me suit ;
    Ou luy donnez l'aveugle destinée
Qui aveugla le malheureux Phinée
Pour ne voir rien qu'une éternelle nuict.

VI. (1578.)

Ce Chasteau-neuf (1), ce nouvel edifice,
    Tout enrichy de martre et de porphyre,
Qu'Amour bastit chasteau de son empire,
Où tout le ciel a mis son artifice,
    Est un rempart, un fort contre le vice,
Où la vertu maistresse se retire,
Que l'œil regarde et que l'esprit admire,
Forçant les cœurs à luy faire service.
    C'est un chasteau fee de telle sorte

---

a. Var. :
    De mon esprit delivré du sommeil.

1. Allusion au nom d'une demoiselle de Chasteauneuf.

Que nul ne peut approcher de la porte
Si de grands roys il n'a tiré sa race.
　Victorieux, vaillant et amoureux,
Nul chevalier, tant soit avantureux,
Sans estre tel ne peut gaigner la place.

VII. (1572.)

Ce jour de may, qui a la teste peinte
　D'une gaillarde et gentille verdeur,
Ne doit passer sans que ma vive ardeur
De vostre grace un peu ne soit esteinte.
　De vostre part, si vous estes atteinte
Autant que moy d'amoureuse langueur,
D'un feu pareil soulageons nostre cœur.
Qui aime bien ne doit point avoir crainte.
　Le temps s'enfuit ; cependant ce beau jour
Nous doit apprendre à demener l'amour,
Et le pigeon qui sa femelle baise.
　Baisez-moy donc, et faisons tout ainsi
Que les oyseaux, sans nous donner souci :
Après la mort on ne void rien qui plaise.

VIII. (1560.)

En escrimant, le malheur eslança
　Sur mon bras gauche une arme rabatue,
Qui de sa pointe entre mousse et pointue
Jusques à l'os le coude m'offença.
　Jà tout le bras à saigner commença,
Quand par pitié la beauté qui me tue
De l'estancher soigneuse s'évertue,
Et de ses doigts ma playe elle pença.
　Las ! dy-je lors, si tu as quelque envie
De soulager les playes de ma vie
Et luy donner sa premiere vigueur,
　Non ceste-cy, mais de ta pitié sonde

L'aspre tourment d'une autre plus profonde
Que vergogneux je céle dans mon cœur (a).

IX. A PHŒBUS [1560.] (1).

Sois medecin, Phœbus, de la maistresse
Qui tient mon cœur en servage si doux :
Vole à son lict et luy taste le pouls :
Il faut qu'un Dieu guarisse une déesse.

   Mets en effect ton mestier, et ne cesse
De la penser et luy donner secours,
Ou autrement le regne des amours
Sera perdu, si le mal ne la laisse.

   Ne souffre point qu'une blesme langueur
De son beau teint efface la vigueur,
Ny de ses yeux, où l'Amour se repose.

   Exauce-moy, Phœbus aux beaux cheveux ;
D'un mesme coup tu en guariras deux :
Deux cœurs en un n'est qu'une mesme chose.

X. (1560.)

Ode nepenthe et de liesse pleine,
Chambrette heureuse, ou deux heureux flambeaux
De deux beaux yeux plus que les astres beaux
Me font escorte après si longue peine !

   Or' je pardonne à la mer inhumaine,
Aux flots, aux vents, mon naufrage et mes maux,
Puis que par tant et par tant de travaux

---

a. Var. :

   L'autre qu'amour m'engrave si profonde
   Par tes beaux yeux au milieu de mon cœur !

1. Ce sonnet avoit été fait, dans l'origine, pour quelque prince. Au 2e vers il y avoit : *qui tient mon prince*, et au dernier : *Elle et mon duc n'est qu'une mesme chose.*

Une main douce à si doux port me meine.
  Adieu tormente, adieu tempeste, adieu,
Vous, flots cruels, ayeux du petit dieu
Qui dans mon sang a sa fleche souillée;
  Ores ancré dedans le sein du port,
En vœu promis j'appan dessus le bort
Aux dieux marins ma despouille mouillée.

XI. (1560.)

Mon Des-Autels, qui avez dés enfance
Puisé de l'eau qui coule sur le mont
Où les neuf Sœurs dedans un antre font
Seules à part leur saincte demeurance;
  Si autresfois l'amoureuse puissance
Vous a planté le myrte sur le front,
En-amouré de ces beaux yeux qui sont
Par vos escrits l'honneur de nostre France,
  Ayez pitié de ma pauvre langueur,
Et de vos sons adoucissez le cœur
D'une qui tient ma franchise en contrainte.
  Si quelquefois en Bourgongne je suis,
Je flechiray par mes vers, si je puis,
La cruauté de vostre belle Saincte.

CHANSON I. (1560.)

Petite nymphe folâtre,
  Nymphette que j'idolatre,
Ma mignonne, dont les yeux
Logent mon pis et mon mieux;
Ma doucette, ma sucrée,
Ma Grace, ma Cytherée,
Tu me dois, pour m'appaiser,
Mille fois le jour baiser.
[Tu m'en dois au matin trente
Puis après disner cinquante,
Et puis vingt après souper.

Et quoy ! me veux-tu tromper ?(1)]
  Avance mes quartiers, belle,
Ma tourtre, ma colombelle ;
Avance-moy les quartiers
De mes paymens tous entiers.
  Demeure ; où fuis-tu, maistresse ?
Le desir qui trop me presse
Ne sçauroit arrester tant
S'il n'est payé tout contant.
  Revien, revien, mignonnette,
Mon doux miel, ma violette,
Mon œil, mon cœur, mes amours
Ma cruelle, qui tousjours
Trouves quelque mignardise,
Qui d'une douce feintise
Peu à peu mes forces fond,
Comme on void dessus un mont
S'escouler la neige blanche,
Ou comme la rose franche
Perd le vermeil de son teint,
Des rais du soleil atteint.
  Où fuis-tu, mon angelette,
Mon diamant, ma perlette ?
Là reviens, mon sucre doux,
Sur mon sein, sur mes genoux,
Et de cent baisers appaise
De mon cœur la chaude braise.
  Donne-m'en bec contre bec,
Or' un moite, ores un sec,
Or' un babillard, et ores
Un qui soit plus long encores
Que ceux des pigeons mignars,
Couple à couple fretillars.
  Hà là ! ma douce guerrière,
Tire un peu ta bouche arrière :

---

1. Les quatre vers qui précèdent se trouvent pour la première fois dans l'edition de 1578.

Le dernier baiser donné
A tellement estonné
De mille douceurs ma vie
Qu'il me l'a presque ravie,
Et m'a fait voir à demy
Le nautonnier ennemy
Et les plaines où Catulle,
Et les rives où Tibulle,
Pas à pas se promenant,
Vont encores maintenant
De leurs bouchettes blesmies
Rebaisottans leurs amies.

XII. (1578.)

Doux cheveux, doux present de ma douce maistresse,
Doux liens qui liez ma douce liberté,
Doux filets où je suis doucement arresté,
Qui pourriez adoucir d'un Scythe la rudesse;
  Cheveux, vous ressemblez à ceux de la princesse(1),
Qui eurent pour leur grace un astre merité;
Cheveux dignes d'un temple et d'immortalité,
Et d'estre consacrez à Venus la deesse.
  Je ne cesse, cheveux, pour mon mal appaiser,
De vous voir et toucher, baiser et rebaiser,
Vous parfumer de musc, d'ambre gris et de bâme,
  Et de vos nœuds crespez tout le col m'enserrer,
Afin que, prisonnier, je vous puisse asseurer
Que les liens du col sont les liens de l'ame.

XIII. (1584.)

Celuy qui, le premier, d'un art ingenieux,
Peignit Amour, il sceut les causes naturelles,
Non luy baillant du feu, non luy baillant des ailes,
Mais d'un bandeau de crespe enveloppant ses yeux.
  Amour hait la clarté, le jour m'est odieux;

1. Bérénice.

J'ay, qui me sert de jour, mes propres estincelles,
Sans qu'un soleil jaloux, de ses flammes nouvelles,
S'amuse si longtemps à tourner dans les cieux.
 Argus regne en esté, qui d'une œillade espesse
Espie l'amoureux parlant à sa maistresse;
Le jour est de l'amour ennemy dangereux.
 Soleil, tu me desplais, la nuict est trop meilleure;
Pren pitié de mon mal, cache-toy de bonne heure:
Tu fus, comme je suis, autrefois amoureux.

XIV. (1578.)

D'autant que l'arrogance est pire que l'humblesse,
Que les pompes et fards sont tousjours desplaisans,
Que les riches habits d'artifice pesans
Ne sont jamais si beaux que la pure simplesse;
 D'autant que l'innocente et peu caute jeunesse
D'une vierge vaut mieux, en la fleur de ses ans,
Qu'une dame espousée abondante en enfans,
D'autant j'aime ma vierge, humble et jeune maistresse.
 J'aime un bouton vermeil entr'esclos au matin,
Non la rose du soir, qui au soleil se lâche,
J'aime un corps de jeunesse en son printemps fleury;
 J'aime une jeune bouche, un baiser enfantin
Encore non souillé d'une rude moustache,
Et qui n'a point senty le poil blanc d'un mary.

CHANSON II. (1578.)

Quiconque soit le peintre qui a fait
  Amour oyseau et luy a feint des ailes,
Celuy n'avoit auparavant pourtrait,
Comme je croy, sinon des arondelles;
 Voire, et pensoit en peignant ses tableaux,
Quand à l'ouvrage il avoit la main preste,
Qu'hommes et dieux n'estoient que des oiseaux,
Aussi legers comme il avoit la teste.
 L'Amour, qui tient serve ma liberté,

N'est point oiseau : constante est sa demeure ;
Il a du plomb qui le tient arresté
Ferme en mon cœur jusqu'à tant que je meure.
   Il est sans plume, il n'a le dos ailé,
Et tel le peindre il faut que je le face :
S'il estoit prompt, de moy s'en fust volé
Depuis cinq ans, pour trouver autre place.

XV. (1560.)

Amour, tu me fis voir pour trois grandes merveilles
Trois sœurs allans au soir se pourmener sur l'eau,
Qui croissoient à l'envy, ainsi qu'au renouveau
Croissent dans un pommier trois pommettes pareilles.
   Toutes les trois estoient en beauté nompareilles ;
Mais la plus jeune avoit le visage plus beau,
Et sembloit une fleur voisine d'un ruisseau
Qui mire dans ses eaux ses richesses vermeilles.
   Ores je souhaittois la plus vieille en mes vœux,
Et ores la moyenne, et ores toutes deux ;
Mais tousjours la plus jeune estoit en ma pensée ;
   Et priois le Soleil de n'emmener le jour,
Car ma veue en trois ans n'eust pas esté lassée
De voir ces trois soleils qui m'enflamoient d'amour.

XVI. (1578.)

Chacun me dit : Ronsard, ta maistresse n'est telle
Comme tu la descris. Certes, je n'en sçay rien :
Je suis devenu fol, mon esprit n'est plus mien,
Je ne puis discerner la laide de la belle.
   Ceux qui ont en amour et prudence et cervelle,
Et jugent des beautés, ne peuvent aimer bien :
Le vray amant est fol et ne peut estre sien,
S'il est vray que l'amour une fureur s'apelle.
   Souhaiter la beauté que chacun veut avoir,
Ce n'est humeur de sot, mais d'homme de sçavoir,
Qui, prudent et rusé, cherche la belle chose.
   Je ne sçaurois juger, tant la fureur me suit ;

Je suis aveugle et fol, un jour m'est une nuit,
Et la fleur d'un chardon m'est une belle rose.

XVII. (1578.)

Quand l'esté dans ton lict tu te couches malade,
Couverte d'un linceul de roses tout semé,
Amour, d'arc et de trousse et de fleches armé,
Caché sous ton chevet se tient en embuscade.

Personne ne te void qui d'une couleur fade
Ne retourne au logis ou malade ou pasmé,
Qu'il ne sente d'amour tout son cœur entamé,
Ou ne soit esbloüy des rais de ton œillade.

C'est un plaisir de voir tes cheveux arrangez
Sous un scofion peint d'une soye diverse,
Voir deçà, voir delà, tes membres allongez,

Et ta main, qui le lict nonchalante traverse,
Et ta voix, qui me charme et ma raison renverse
Si fort que tous mes sens en deviennent changez.

XVIII (1).

Voulant tuer le feu dont la chaleur me cuit
Les muscles et les nerfs, les tendons et les veines,
Et cherchant de trouver une fin à mes peines,
Je vy bien à tes yeux que j'estois esconduit.

D'un refus asseuré tu me payas le fruit
Que j'esperois avoir : ô esperances vaines !
O fondement assis sur debiles arenes !
Mal-heureux qui l'amour d'une dame poursuit (a) !

O beauté sans merci, ta fraude est descouverte;
J'aime mieux estre sage après quatre ans de perte
Que plus long temps ma vie en langueur desseicher.

Je ne veux point blasmer ta beauté, que j'honore

a. Var. :
Malheureux qui soy-mesme abuse et se seduit !

1. Dans l'éd. de 1578, ce sonnet est adressé à Helène.

Je ne suis mesdisant comme fut Stesichore,
Mais je veux de mon col les liens destacher.

CHANSON III. (1578.)

Plus estroit que la vigne à l'ormeau se marie
    De bras souplement forts,
Du lien de tes mains, maistresse, je te prie,
    Enlace-moy le corps,
Et, feignant de dormir, d'une mignarde face,
    Sur mon front penche-toy ;
Inspire, en me baisant, ton haleine et ta grace
    Et ton cœur dedans moy ;
Puis, appuyant ton sein sur le mien, qui se pâme,
    Pour mon mal appaiser,
Serre plus fort mon col et me redonne l'ame
    Par l'esprit d'un baiser.
Si tu me fais ce bien, par tes yeux je te jure,
    Serment qui m'est si cher,
Que de tes bras aimez jamais nulle avanture
    Ne pourra m'arracher ;
Mais, souffrant doucement le joug de ton empire,
    Tant soit-il rigoureux,
Dans les Champs Elysez une mesme navire
    Nous passera tous deux.
Là, morts de trop aimer, sous les branches myrtines,
    Nous verrons tous les jours
Les heros près de nous avec les heroïnes (a)
    Ne parler que d'amours.
Tantost nous dancerons par les fleurs des rivages
    Sous maints accords divers,
Tantost, lassez du bal, irons sous les ombrages
    Des lauriers tousjours verds,
Où le mollet Zephyre en haletant secoue

---

a. Var. :
    Les anciens heros auprès des heroïnes

De souspirs printaniers.
Ores les orangers, ores, mignard, se joue
Parmy les citronniers.
Là du plaisant avril la saison immortelle
Sans eschange le suit,
La terre sans labeur, de sa grasse mamelle,
Toute chose y produit.
D'enbas la troupe sainte autrefois amoureuse,
Nous honorant sur tous,
Viendra nous saluer, s'estimant bien-heureuse
De s'accointer de nous ;
Puis, nous faisant asseoir dessus l'herbe fleurie,
De toutes au milieu,
Nulle, et fût-ce Procris, ne sera point marrie
De nous quitter son lieu :
Non celle qu'un taureau sous une peau menteuse
Emporta par la mer ;
Non celle qu'Apollon vid, vierge despiteuse,
En laurier se former ;
Ny celles qui s'en vont toutes tristes ensemble,
Artemise et Didon ;
Ny ceste belle Grecque à qui ta beauté semble,
Comme tu fais de nom.

XIX.

C'est honneur, ceste loy (*a*), sont noms pleins d'impos-
Que vous alleguez tant, sottement inventez [ture
De nos peres rêveurs, par lesquels vous ostez
Et forcez les presens les meilleurs de Nature.

Vous trompez vostre sexe et luy faites injure ;
D'un frein imaginé faussement vous dontez
Vos plaisirs, vos desirs, vous et vos volontez,
Vous servant de la loy pour vaine couverture.

Cest honneur, ceste loy, sont bons pour un lourdaut
Qui ne cognoist soy-mesme et les plaisirs qu'il faut

---

a. Var. : *La constance et l'honneur.*

Pour vivre heureusement, dont Nature s'esgaye.
Vostre esprit est trop bon pour ne le sçavoir pas ;
Vous prendrez, s'il vous plaist, les sots à tels appas ;
Je ne veux pour le faux tromper la chose vraye.

XX. (1572.)

Que me servent mes vers et les sons de ma lyre,
Quand nuict et jour je change et de mœurs et de peau
Pour aimer sottement un visage trop beau ?
Mal-heureux est celuy qui pour l'amour souspire !
Je pleure, je me deuls, je suis plein de martyre,
Je fais mille sonnets, je me romps le cerveau,
Et si je suis hay : un amoureux nouveau
Gaigne tousjours ma place, et je ne l'ose dire.
Ma dame en toute ruse a l'esprit bien appris,
Qui me hait maintenant que d'elle suis espris.
O dure cruauté ! Avant que je l'aimasse,
Elle n'aimoit que moy ; mais ores à mespris
Me met comme un esclave, et s'encourt à la chasse
Pour en reprendre un autre ainsi qu'elle m'a pris (a).

VŒU A VENUS

Pour garder Cypre contre l'armée du Turc.

XXI. (1572.)

Belle déesse, amoureuse Cyprine,
Mère du Jeu, des Graces et d'Amour,
Qui fais sortir tout ce qui vit au jour,
Comme du tout le germe et la racine ;

---

a. Var. :

Qui tousjours cherche un autre après qu'elle m'a pris.
Quand d'elle je bruslois, son feu devenoit moindre ;
Mais ores que je feins n'estre plus enflamé,
Elle brusle de moy. Pour estre bien aimé,
Il faut aimer bien peu, beaucoup promettr' et feindre.

Idalienne, Amathonte, Erycine,
Defens des Turcs Cypre, ton beau sejour;
Baise ton Mars, et tes bras à l'entour
De son col plie, et serre sa poictrine.
   Ne permets point qu'un barbare seigneur
Perde ton isle et souille ton honneur;
De ton berceau chasse autre-part la guerre.
   Tu le feras : car d'un trait de tes yeux
Tu peux flechir les hommes et les dieux,
Le ciel, la mer, les enfers et la terre.

XXII. (1578.)

Je faisois ces sonnets en l'antre Pieride,
   Quand on vid les François sous les armes suer,
Quand on vid tout un peuple en fureur se ruer,
Quand Bellonne sanglante alloit devant pour guide :
   Quand, en lieu de la loy, le vice, l'homicide,
L'impudence, le meurtre, et se sçavoir muer
En Glauque et en Protée et l'Estat remuer,
Estoient tiltres d'honneur, nouvelle Thebaïde.
   Pour tromper les soucis d'un temps si vicieux,
J'escrivois en ces vers ma complainte inutile.
Mars aussi bien qu'Amour de larmes est joyeux.
   L'autre guerre est cruelle, et la mienne est gentille
La mienne finiroit par un combat de deux,
Et l'autre ne pourroit par un camp de cent mille.

Fin des Amours diverses.

LE RECUEIL

DES

SONNETS ET CHANSONS

Retranchés aux editions precedentes des Amours

DE P. DE RONSARD

Gentilhomme vendomois

Les pièces qui suivent sont la première partie du volume publié par les éditeurs posthumes de Ronsard, dans le but de compléter ses œuvres, sous le titre de :

Le Recueil des sonnets, odes, hymnes, élégies, fragments et autres pièces retranchées aux éditions précédentes des œuvres de P. de Ronsard, gentilhomme vendomois, avec quelques autres non-imprimées ci-devant Paris, Buon, 1609 et 1617, in-12).

PIECES RETRANCHÉES DES AMOURS.

I (1560).

Las! pleust à Dieu n'avoir jamais tâté
Si follement le tetin de m'amie! [vie
Sans ce malheur, l'autre plus grande en-
Jamais, helas! ne m'eust le cœur tenté.
Comme un poisson, pour s'estre trop hâté,
Par un appast, suit la fin de sa vie,
Ainsi je vais où la mort me convie,
D'un beau tetin doucement apâté.
Qui eust pensé que le cruel destin
Eust enfermé sous un si beau tetin
Un si grand feu, pour m'en faire la proye?
Avisez donc quel seroit le coucher
Entre ses bras, puis qu'un simple toucher
De mille morts innocent me foudroye!

II (1560).

J'ay cent fois espreuvé les remedes d'Ovide,
Cent fois je les espreuve encore tous les jours,
Pour voir si je pourray de mes vieilles amours,
Qui trop m'ardent le cœur, avoir l'estomach vuide.
Mais cet amadoueur, qui me tient à la bride,
Me voyant approcher du lieu de mon secours,
Maugré moy tout soudain fait vanoyer mon cours,
Et d'où je vins mal-sain malade il me reguide.

Hà! poëte romain, il te fut bien-aisé,
Quand d'une courtizane on se voit embrasé,
Donner quelque remede à fin qu'on s'en dépestre :
   Mais l'homme accort qui voit les yeux de mon soleil,
Qui n'a de chasteté ni d'honneur son pareil,
Plus il est son esclave et plus il le veut estre.

III (1560).

A ton frere Pâris (1) tu sembles en beauté,
A ta sœur Polyxene en chaste conscience,
A ton frere Helenin en prophete science,
A ton parjure ayeul en peu de loyauté;
   A ton pere Priam en brave royauté,
Au vieillard Antenor en mielleuse eloquence,
A ta tante Antigone en superbe arrogance,
A ton grand frere Hector en fiere cruauté.
   Neptune n'assit onc une pierre si dure
Dedans le mur Troyen que toy, pour qui j'endure
Un million de morts, ny Ulysse vainqueur
   N'emplit tant Ilion de feux, de cris et d'armes,
De souspirs et de pleurs, que tu combles mon cœur
De brasiers et de morts, de sanglots et de larmes.

IV (1560).

Entre tes bras, impatient Roger
(Pipé du fard de magique cautelle),
Pour refroidir ta chaleur immortelle,
Au soir bien tard Alcine vint loger (2).
   Opiniastre à ton feu soulager,
Ore planant, ore nouant sus elle,
Dedans le gué d'une beauté si belle

---

1. Il confond poétiquement sa Cassandre avec la Cassandre troyenne.
2. Roger, dés qu'il arriva au chasteau de la belle magicienne Alcine, obtint d'icelle ce que les amans souhaitent le plus. (Mur.)

Toute une nuit tu appris à nager (a).
　En peu de temps le gracieux Zephyre,
D'un vent heureux empoupant ton navire,
Te fit surgir dans le port amoureux.
　Mais quand ma nef de s'aborder est preste,
Tousjours plus loin quelque horrible tempeste
La single en mer, tant je suis mal-heureux.

V (1560).

Petit nombril, que mon penser adore,
　Et non mon œil, qui n'eut oncques le bien
De te voir nud, et qui merites bien
Que quelque ville on te bastisse encore;
　Signe divin qui divinement ore
Retient encor l'androgyne lien,
Combien et toi, mon mignon, et combien
Ton embonpoint folastrement j'honore.
　Ny ce beau chef, ny ces yeux, ny ce front,
Ni ce doux ris, ni cette main qui fond
Mon cœur en source et de pleurs me fait riche,
　Ne me pourroient la douleur alenter
Sans esperer quelque jour de taster
Ton compagnon, où mon plaisir se niche (b).

VI (1567).

Ny ce coral, qui double se compasse
　Sur mainte perle entée doublement,

---

a. Var. (1584):
　　Entre les bras d'une dame si belle,
　　Tu sceus d'Amour et d'elle te vanger.

b. Var. (1578):
　　Ny ce beau sein où les fleches se font,
　　Que les beautez diversement se forgent,
　　　Ne me pourroient la douleur conforter
　　Sans esperer quelque jour de taster
　　Ton compagnon, où les Amours se logent.

Ny ceste bouche, où vit fertilement
Un mont d'odeurs qui le Liban surpasse;
   Ny ce bel or qui frisé s'entrelasse
En mille nouds crespez folastrement,
Ny ces œillets égalez uniment
Au blanc des lis encharnez dans sa face;
   Ny de ce front le beau ciel esclarcy,
Ny le double arc de ce double sourcy,
N'ont à la mort ma vie abandonnée :
   Seuls vos beaux yeux (où le certain archer,
Pour me tuer, d'aguet se vint cacher)
Devant le soir finissent ma journée.

VII (1560).

Le seul penser, qui me fait devenir
   Brave d'espoir, est si doux que mon ame,
Desja gaignée, impuissante se pâme,
Yvre du bien qui me doit advenir.
   Sans mourir donc pourray-je soustenir
Le doux combat que me garde ma dame,
Puis qu'un penser si brusquement l'entame
Du seul plaisir d'un si doux souvenir?
   Helas! Venus, que l'escume feconde
Non loin de Cypre enfanta dessus l'onde,
Si de fortune en ce combat je meurs,
   Reçoy ma vie, ô déesse, et la guide
Par les odeurs de tes plus belles fleurs
Dans les vergers du paradis de Gnide.

VIII (1560).

Quand en songeant ma folastre j'accole,
   Laissant mes flancs sus les siens s'alonger,
Et que d'un branle habilement leger
En sa moitié ma moitié je recole,
   Amour adonc si follement m'affole,
Qu'un tel abus je ne voudroy changer,
Non au butin d'un rivage estranger,

Non au sablon qui jaunit en Pactole.
   Mon Dieu, quel heur et quel contentement
M'a fait sentir ce faux recolement,
Changeant ma vie en cent metamorphoses !
   Combien de fois, doucement agité,
Suis-je ore mort, ore resuscité,
Entre cent lis et cent vermeilles roses !

IX (1560).

J'iray tousjours et rêvant et songeant
   En ceste prée où je vy l'angelette
Qui d'esperance et de crainte m'alaitte
Et dans ses yeux mes destins va logeant.
   Quel or ondé en tresses s'allongeant
Frappoit ce jour sa gorge nouvelette !
De quelle rose et de quelle fleurette
Sa face alloit comme Iris se changeant !
   Ce n'estoit point une mortelle femme
Que je vy lors, ny de mortelle dame
Elle n'avoit ny le front ny les yeux.
   Donques, mon cœur, ce ne fut chose étrange
Si je fu pris : c'étoit vrayment un ange
Qui pour nous prendre estoit venu des cieux.

X (1560).

Ayant par mort mon cœur des-allié
   De son subjet, et l'estincelle esteinte,
J'allois chantant, et la corde desceinte
Qui si long temps m'avoit ars et lié.
   Puis je disois : « Hé ! quelle autre moitié,
Après la mort de ma moitié si sainte,
D'un nouveau feu et d'une neuve estrainte
Ardra, noûra, ma seconde amitié ! »
   Quand je senty le plus froid de mon ame
Se rembraser d'une nouvelle flame,
Prinse és filets des reths idaliens.

Amour reveult, pour eschaufer ma glace,
Qu'autre œil me brusle et qu'autre main m'enlasse :
O flame heureuse, ô plus qu'heureux liens !

XI (1560).

Au mesme lict où pensif je repose,
Presque en langueur ma dame trespassa
Au mois de juin, quand la fiévre effaça
Son teint d'œillets et sa lévre de rose.
  Une vapeur avec sa fiévre esclose,
Entre les draps son venin délaissa,
Qui par destin, diverse, m'offensa
D'une autre fiévre en mes veines enclose.
  L'un après l'autre elle avoit froid et chaut :
Ne l'un ne l'autre à mon mal ne defaut,
Et, quand l'un croist, l'autre ne diminue.
  L'âpre tourment tousjours ne la tentoit,
De deux jours l'un sa fiévre s'alentoit.
Las ! mais la mienne est tousjours continue.

XII (1560).

Veufve maison des beaux yeux de ma dame,
Qui près et loin me paissent de douleur,
Je t'acompare à quelque pré sans fleur,
A quelque corps orfelin de son ame.
  L'honneur du ciel, est-ce pas ceste flame
Qui donne aux dieux et lumière et chaleur ?
Ton ornement, est-ce pas la valeur
De son bel œil, qui tout le monde enflame ?
  Soient tes buffets chargez de masse d'or
Et soient tes murs empeinturés encor
De mainte histoire en fils d'or enlassée ;
  Cela, maison, ne me peut réjoüir,
Sans voir chez toy ceste dame et l'oüir,
Que j'oy tousjours et voy dans ma pensée.

XIII (1560).

De toy, PASCHAL (1), il me plaist que j'escrive,
Qui, de bien loin le peuple abandonnant,
Vas des Romains les tresors moissonnant
Le long des bors où la Garonne arrive.
    Haut d'une langue eternellement vive,
Son cher PASCHAL Tholose aille sonnant,
PASCHAL! PASCHAL! Garonne (2) resonnant,
Rien que PASCHAL ne responde sa rive.
    Si ton DURBAN (3), l'honneur de nostre temps,
Lit quelquefois ces vers par passe-temps,
Di-luy, Paschal (ainsi l'aspre secousse
    Qui m'a fait cheoir ne te puisse émouvoir):
« Ce pauvre amant estoit digne d'avoir
Une maistresse ou moins belle ou plus douce. »

XIV (1567).

Amour, tu semble' au phalange (4) qui point,
Luy de sa queue et toy de ta quadrelle (5):
De tous deux est la pointure mortelle,
Qui rampe au cœur, et si n'apparoist point.
    Sans souffrir mal tu me conduis au point
De la mort dure, et si ne voy par quelle
Playe je meurs, ny comme ta cruelle
Poison autour de mon ame se joint.
    Ceux qui se font saigner le pié dans l'eau

---

1. Pierre Paschal, gentil-homme natif du bas pays de Languedoc, homme savant et d'une telle eloquence latine que mesme le senat de Venise s'en est quelquefois émerveillé. (Mur.)

2. Fleuve passant à Tholose, là où Paschal fait sa residence. (Mur.)

3. Michel Pierre de Mauleon, protonotaire de Durban, conseiller en Parlement à Tholose. (Mur.)

4. Phalanges, insectes dont la piqûre est mortelle, ainsi que dit Nicandre.

5. Quadrelle, flèche.

Meurent sans mal, pour un crime nouveau
Fait à leur roy par traitreuse cautelle.
  Je meurs comme eux, voire et si je n'ay fait
Encontre Amour ny trayson ny forfait,
Si trop aymer un crime ne s'appelle.

XV (1560).

Celuy qui boit, comme a chanté Nicandre,
De l'aconite, il a l'esprit troublé,
Tout ce qu'il voit luy semble estre doublé
Et sur ses yeux la nuit se vient espandre.
  Celuy qui boit de l'amour de Cassandre,
Qui par ses yeux au cœur est écoulé,
Il perd raison, il devient affolé;
Cent fois le jour la Parque le vient prendre.
  Mais la chaux vive, ou la roüille, ou le vin,
Ou l'or fondu, peuvent bien mettre fin
Au mal cruel que l'aconite donne;
  La mort sans plus a pouvoir de guarir
Le cœur de ceux que ma dame empoisonne;
Mais bien-heureux qui peut ainsi mourir!

XVI (1560).

Foudroye-moy le corps ainsi que Capanée (1),
O père Jupiter, et de ton feu cruel
Esteins-moy l'autre feu qu'Amour continuel
Tousjours m'allume au cœur d'une flame obstinée.
  Eh! ne vaut-il pas mieux qu'une seule journée
Me despouille soudain de mon fardeau mortel
Que de souffrir tousjours en l'ame un tourment tel
Que n'en souffre aux enfers l'ame la plus damnée!
  Ou bien, si tu ne veux, Père, me foudroyer,
Donne le desespoir, qui me meine noyer,

---

1. Capanée, contempteur des dieux, fut foudroyé par Jupiter sur les murs de Thebes. (B.)

M'élançant du sommet d'un rocher solitaire,
    Puis qu'autrement, par soin, par peine et par labeur,
Trahy de la Raison, je ne me puis défaire
D'Amour, qui maugré-moy tient fort dedans mon cœur.

XVII (1560).

Je vous envoye un bouquet que ma main
    Vient de trier de ces fleurs épanies ;
Qui ne les eust à ce vespre cueillies,
Cheutes à terre elles fussent demain.
    Cela vous soit un exemple certain
Que vos beautez, bien qu'elles soient fleuries,
En peu de temps seront toutes flaitries,
Et, comme fleurs, periront tout soudain.
    Le temps s'en va, le temps s'en va, ma dame ;
Las ! le temps non, mais nous nous en-allons,
Et tost serons estendus sous la lame.
    Et des amours desquelles nous parlons,
Quand serons morts, n'en sera plus nouvelle.
Pour ce aymez-moy ce pendant qu'estes belle.

XVIII (1560).

Vous ne le voulez pas ? Et bien ! j'en suis content,
    Contre vostre rigueur Dieu me doint patience,
Devant qu'il soit vingt ans j'en auray la vengeance,
Voyant ternir vos yeux, qui me travaillent tant.
    On ne voit amoureux au monde si constant
Qui ne perdist le cœur, perdant sa recompence ;
Quant à moy, si ne fust la longue experience
Que j'ay de ma douleur, je mourrois à l'instant.
    Toutesfois, quand je pense un peu dans mon courage
Que je ne suis tout seul des femmes abusé
Et que de plus accorts en ont receu dommage,
    Je pardonne à moy-mesme et m'ay pour excusé ;
Puis vous qui me trompez en estes coustumière,
Et, qui pis est, sur toute en beauté la première.

XIX (1560).

Je ne suis seulement amoureux de Marie,
Anne (1) me tient aussi dans les liens d'Amour;
Ore l'une me plaist, ore l'autre à son tour.
Ainsi Tibulle aymoit Nemesis et Delie.

Un loyal me dira que c'est une folie
D'en aymer, inconstant, deux ou trois en un jour,
Voire, et qu'il faudroit bien un homme de sejour
Pour, gaillard, satisfaire à une seule amie.

Je respons, mon Choiseul (2), que je suis amoureux,
Et non pas jouissant de ce bien doucereux,
Que tout amant souhaitte avoir à sa commande.

Quant à moy, seulement je leur baise la main,
Les yeux, le front, le col, les levres et le sein,
Et rien que ces biens-là, mon Choiseul, ne deman

CHANSON (1572).

Je te hay bien (croy-moy), maistresse
Je te hay bien, je le confesse,
Et te devrois encor plus fort
Hayr que je ne fais la mort.
  Toutesfois il faut que je t'ayme
Plus que ma vie et que moy mesme:
Car plus ta fiere cruauté
Me rejette, plus ta beauté
(Pour mourir et vivre avec elle)
A ton service me rappelle.

XX (1572).

Marie, vous passez en taille et en visage,
En grace, en ris, en yeux, en sein et en teton

---

1. Anne etoit sœur de Marie des Marquets.
2. Christophle de Choiseul. Ce sonnet fut plus tard dédié à Cherouvrier, l'un des meilleurs amis de l'auteur.

Vostre plus jeune sœur, d'autant que le bouton
D'un rosier franc surpasse une rose sauvage.
 Je ne sçaurois nier qu'un rosier de bocage
Ne soit plaisant à l'œil et qu'il ne sente bon;
Aussi je ne dy pas que vostre sœur Annon
Ne soit belle. Mais quoy! vous l'estes davantage.
 Je sçais bien qu'après vous elle a le premier prix,
Et que facilement on deviendroit épris
De son jeune en-bon-point si vous estiez absente.
 Mais, quand vous paroissez, lors sa beauté s'enfuit,
Ou morne elle devient, par la vostre presente
Comme les astres font quand la lune reluit.

XXI (1560).

Bien que vous surpassiez en grace et en richesse
Celles de ce pays et de toute autre part,
Vous ne devez pourtant, et fussiez-vous princesse,
Jamais vous repentir d'avoir aymé Ronsard.
 C'est luy, dame, qui peut avecque son bel art
Vous affranchir des ans et vous faire déesse;
Il vous promet ce bien, car rien de luy ne part
Qui ne soit bien poli, son siecle le confesse.
 Vous me responderez qu'il est un peu sourdaut,
Et que c'est déplaisir en amour parler haut;
Vous dites verité, mais vous celez après
 Que luy, pour vous ouyr, s'approche à vostre oreille,
Et qu'il baise à tous coups vostre bouche vermeille,
Au milieu des propos, d'autant qu'il en est près.

XXII (1560).

Mon amy puisse aimer une femme de ville,
Belle, courtoise, honeste et de doux entretien;
Mon haineux puisse aimer au village une fille
Qui soit badine, sote, et qui ne sçache rien.
 Tout ainsi qu'en amour le plus excellent bien
Est d'aimer une femme et sçavante et gentille,

Aussi le plus grand mal à ceux qui aiment bien,
C'est d'aimer une femme indocte et mal-habille.
   Une gentille dame entendra de nature
Quel plaisir c'est d'aimer; l'autre n'en aura cure,
Se peignant un honneur dedans son esprit sot.
   Vous l'aurez beau prescher et dire qu'elle est belle;
Froide comme un rocher, vous entendra prés d'elle
Parler un jour entier et ne respondra mot.

XIII (1560).

Je croy que je mourroy si ce n'estoit la Muse
   Qui deçà, qui de là, fidele, m'accompaigne,
Sans se lasser, par bois, par champs, et par montaigne,
Et de ses beaux presens tous mes soucis abuse.
   Si je suis ennuyé, je n'ay point autre ruse
Pour me desennuyer, que Clion ma compaigne;
Si tost que je l'invoque elle ne me dédaigne
Me venir saluer, et jamais ne s'excuse.
   Des presens des neuf Sœurs soit en toute saison
Pleine toute ma chambre et pleine ma maison,
Car la rouille jamais à leurs beaux dons ne touche.
   Le thym ne fleurit pas aux abeilles si doux,
Comme leurs beaux presens me sont doux à la bouche,
Desquels les bons esprits ne furent jamais saouls.

XXIV (1560).

Baïf, il semble à voir tes rymes langoureuses
   Que tu sois seul amant en France langoureux,
Et que tes compagnons ne sont point amoureux,
Mais déguisent leurs vers sous plaintes malheureuses.
   Tu te trompes, Baïf; les peines doloreuses
D'amour autant que toy nous rendent doloreux,
Sans nous feindre un tourment; mais tu es plus heureux
Que nous à raconter tes peines amoureuses.
   Quant à moy, si j'estois ta Francine chantée,
Je ne serois jamais de ton vers enchantée

Qui, se feignant un dueil, se fait pleurer soy-mesme.
  Non, celuy n'aime point, ou bien il aime peu,
Qui peut donner par signe à cognoistre son feu,
Et qui peut raconter le quart de ce qu'il aime.

XXV (1560).

Hé! que me sert, Pasquier, ceste belle verdure
  Qui rit parmy les prez, et d'ouïr les oiseaux,
D'ouïr en-contre-val le gazouillis des eaux,
Et des vents printanniers le gracieux murmure,
  Quand celle qui me blesse et de mon mal n'a cure
Est absente de moy, et, pour croistre mes maux,
Me cache la clarté de ses astres jumeaux,
De ses yeux, dont mon cœur prenoit sa nourriture?
  J'aimeroy beaucoup mieux qu'il fust hyver tousjours:
Car l'hyver n'est si propre à nourrir les amours
Comme est le renouveau, qui d'aimer me convie;
  Ainçois de me hair, puis que je n'ay pouvoir
En ce beau mois d'avril entre mes bras d'avoir
Celle qui dans ses yeux tient ma mort et ma vie.

XXVI (1560).

O toy qui n'es de rien en ton cœur amoureuse
  Que d'honneur et vertu qui te font estimer,
Quoy! en glace et en feu voirras-tu consommer
Toujours mon pauvre cœur sans luy estre piteuse!
  Bien que vers-moy tu sois ingrate et dédaigneuse,
Fiere, dure, rebelle et nonchalant' d'aimer,
Encor je ne me puis engarder de nommer
La terre où tu nasquis sur toutes bien-heureuse.
  Je ne te puis hair, quoy que tu me sois fière,
Mais bien je hay celuy qui me mena de nuit
Prendre de tes beaux yeux l'accointance premiere.
  Celuy, sans y penser, à la mort m'a conduit,
Celuy seul me tua. Hé, mon Dieu! n'est-ce pas
Tuer que de conduire un homme à son trespas?

XXVII (1572).

Autre (j'en jure Amour) ne se sçauroit vanter
D'avoir part en mon cœur, vous seule en estes,
Vous seule gouvernez les brides de mon ame [dame,
Et seuls vos yeux me font ou pleurer ou chanter.

Ils m'ont sceu tellement d'un regard enchanter,
Que je ne puis ardoir d'autre nouvelle flamme ;
Quand j'aurois devant moy toute nue une femme,
Encores sa beauté ne me sçauroit tenter.

Si vous n'estes d'un lieu si hautain que Cassandre,
Je ne sçaurois qu'y faire ; Amour m'a fait descendre
Jusques à vous aimer ; Amour, qui n'a point d'yeux,

Qui tous les jours transforme en cent sortes nouvelles,
Aigle, cygne, taureau, ce grand maistre des dieux,
Pour le rendre amoureux de nos femmes mortelles.

XXVIII (1560).

Las ! pour vous trop aimer je ne vous puis aimer ;
Car il faut en aimant avoir discretion,
Helas ! je ne l'ay pas, car trop d'affection
Me vient trop follement tout le cœur enflammer.

D'un feu desesperé vous faites consommer
Mon cœur, que vous bruslez sans intermission,
Et si bien la fureur nourrit ma passion
Que la raison me faut, dont je me deusse armer.

Ah ! guarissez-moy donc de ma fureur extreme,
Afin qu'avec raison honorer je vous puisse,
Ou pardonnez au moins mes fautes à vous-mesmes,

Et le peché commis en tastant vostre cuisse :
Car je n'eusse touché en lieu si deffendu
Si pour trop vous aimer mon sens ne fust perdu.

XXIX (1560).

O ma belle Maistresse ! à tous le moins prenez
De moy vostre servant ce rossignol en cage ;
Il est mon prisonnier, et je vis en servage

De vous, qui sans mercy en prison me tenez.
  Allez donc, Rossignol, en sa chambre, et sonnez
Mon dueil à son aureille avec vostre ramage,
Et, s'il vous est possible, émouvez son courage
A me faire mercy, puis vous en revenez.
  Non, non, ne venez point, que feriez-vous chez-moy?
Sans aucun reconfort, vous languiriez d'esmoy:
Un prisonnier ne peut un autre secourir.
  Je n'ay pas, rossignol, sur vostre bien envie;
Seulement je me hay et me plains de ma vie,
Qui languit en prison, et si n'y peut mourir.

XXX (1560).

L'an se rajeunissoit en sa verte jouvence,
  Quand je m'épris de vous, ma Sinope cruelle;
Seize ans estoit la fleur de votre âge nouvelle,
Et vostre teint sentoit encores son enfance.
  Vous aviez d'une infante encor la contenance,
La parolle et les pas; vostre bouche estoit belle,
Vostre front et vos mains dignes d'une immortelle,
Et vostre œil, qui me fait trespasser quand j'y pense.
  Amour, qui ce jour-là si grandes beautez vit,
Dans un marbre, en mon cœur, d'un trait les escrivit;
Et si, pour le jourd'huy, vos beautez si parfaites
  Ne sont comme autrefois, je n'en suis moins ravy,
Car je n'ay pas égard à cela que vous estes,
Mais au doux souvenir des beautez que je vy.

XXXI (1560).

Avant vostre partir je vous fais un present
  (Bien que sans ce present impossible est de vivre):
Marie, c'est mon cœur qui brusle de vous suivre;
Mettez-l'en vostre coche, il n'est pas si pesant.
  Il vous sera fidele, humble et obeïssant,
Comme un qui de son gré à vous servir se livre;
Il est de toute amour, fors la vostre, delivre,

Mais la vostre le tue, et taist le mal qu'il sent.
　Mais plus vous le tuez, et plus vostre se nomme,
Et dit que pour le moins il vaut le gentil-homme
Qui d'amour vous enflamme et n'en est enflamé.
　O merveilleux effets de l'inconstance humaine!
Celuy qui aime bien languit tousjours en peine;
Celuy qui n'aime point est toujours bien aimé.

XXXII (1560).

Ma Sinope, mon cœur, ma vie et ma lumière,
Autant que vous passez toute jeune pucelle
En grace et en beauté, autant vous estes celle
Qui m'estes à grand tort inconstante et legère.
　Pardon si je l'ay dit : las! plus vous m'estes fière,
Plus vous me decevez, plus vous me semblez belle,
Plus vous m'estes volage, inconstante et rebelle,
Et plus je vous estime, et plus vous m'estes chère.
　Or de vostre inconstance accuser je me doy,
Vous fournissant d'amy qui fut plus beau que moy,
Plus jeune et plus dispos, mais non d'amour si forte.
　Doncques je me condamne et vous absous du fait;
Car c'est bien la raison que la peine je porte,
Sinope, et non pas vous, du peché que j'ay fait.

XXXIII (1560).

D'un sang froid, noir et lent, je sens glacer mon cœur, [touche;
Quand quelcun parle à vous, ou quand quelcun vous
Une ire autour du cœur me dresse l'escarmouche,
Jaloux contre celuy qui reçoit tant d'honneur.
　Je suis (je ne mens point) jaloux de vostre sœur,
De mon ombre, de moy, de mes yeux, de ma bouche;
Ainsi ce petit Dieu qui la raison me bouche
Me tient tousjours en doute, en soupçon et en peur.
　Je ne puis les aimer, mais je les hay bien fort.
Les roys ni les amans ne veulent point ensemble

Avoir de compagnons. Hélas! je leur ressemble:
Plus tost que d'en avoir, je desire la mort (a).

XXXIV [1560] (1).

C'est trop aimé, pauvre RONSARD; delaisse
D'estre plus sot, et le temps despendu
A pourchasser l'amour d'une maistresse,
Comme perdu pense l'avoir perdu.

Ne pense pas, si tu as pretendu
En trop haut lieu une haute déesse,
Que pour ta peine un bien te soit rendu:
Amour ne paist les siens que de tristesse.

Je cognois bien que ta Sinope t'aime,
Mais beaucoup mieux elle s'aime soy-mesme,
Qui seulement amy riche desire.

Le bonnet rond, que tu prens maugré toy,
Et des puinez la rigoureuse loy,
La font changer, et (peut-estre) à un pire.

XXXV (1560).

Je ne sçaurois aimer autre que vous,
Non, dame, non, je ne sçaurois le faire;
Autre que vous ne me sçauroit complaire,
Et fust Venus descendue entre nous.

Vos yeux me sont si gracieux et dous,
Que d'un seul clin ils me peuvent défaire,

---

a. Var. (1578):

> *Je ne puis aimer ceux à qui vous faites chère,*
> *Fussent-ils mes cousins, mes oncles, ou mon père;*
> *Je maudis leurs faveurs, j'abhorre leur bon-heur.*
>   *Les amans et les rois de compagnon ne veulent;*
> *S'ils en ont de fortune, en armes ils s'en deulent.*
> *Avoir un compagnon, c'est avoir un seigneur.*

1. Tiré de Catulle, qui dit:
> Miser Catulle, desinas ineptire,
> Et quod vides periisse, perditum ducas.

D'un autre clin tout soudain me refaire,
Me faisant vivre ou mourir en deux coups.

Quand je serois cinq cens mille ans en vie,
Autre que vous, ma mignonne, m'amie,
Ne me feroit amoureux devenir.

Il me faudroit refaire d'autres veines;
Les miennes sont de vostre amour si pleines,
Qu'un autre amour n'y sçauroit plus tenir.

XXXVI (1560).

Pour aimer trop une fiere beauté,
Je suis en peine, et si ne sçaurois dire
D'où ny comment me survint mon martire,
Ny à quel jeu je perdy liberté.

Si sçay-je bien que je suis arresté
Au lacs d'Amour; et si ne m'en retire,
Ny ne voudrois, car plus mon mal empire,
Et plus je veux y estre mal-traitté.

Je ne ay pas, s'elle vouloit un jour
Entre ses bras me guarir de l'amour,
Que son vouloir bien à gré je ne prinse.

Hé, Dieu du ciel! he, qui ne le prendroit!
Quand seulement de son baiser un prince,
Voire un grand Dieu, bien-heureux se tiendroit.

XXXVII (1560).

Dictes, maistresse, hé que vous ay-je fait?
Hé pourquoy, las! m'estes-vous si cruelle?
Ay-je failly de vous estre fidelle,
Ay-je envers vous commis quelque forfait(1)?

Dictes, maistresse, he! que vous ay-je fait?
Hé pourquoy, las! m'estes-vous si cruelle?
Ay-je failly de vous estre fidelle,

---

1. Il répète les quatre premiers vers, d'une mignardise qui n'a point mauvaise grâce, encore que la loi du sonnet ne le permette. (B.)

Ay-je envers vous commis quelque forfait ?
　Certes, nenny, car plustost que de faire
Chose qui deust tant soit peu vous desplaire,
J'aimerois mieux le trespas encourir.
　Mais je voy bien que vous bruslez d'envie
De me tuer : faictes-moy donc mourir,
Puis qu'il vous plaist, car à vous est ma vie.

XXXVIII (1560).

Plus que jamais je veux aimer, maistresse,
　Vostre bel œil, qui me detient ravy
Mon cœur chez luy du jour que je le vy,
Tel, qu'il sembloit celuy d'une déesse.
　C'est ce bel œil qui me paist de liesse ;
Liesse, non, mais d'un mal dont je vy ;
Mal, mais un bien qui m'a tousjours suivy,
Me nourrissant de joye et de tristesse.
　Déjà deux ans évanouis se sont
Que vos beaux yeux, en me riant, me font
La playe au cœur, et si ne me soucie
　Quand je mourrois d'un mal si gracieux,
Car rien ne part de vous ny de vos yeux
Qui ne me soit trop plus cher que la vie.

XXXIX (1560).

Gentil barbier, enfant de Podalire (1),
　Je te supply, saigne bien ma maistresse,
Et qu'en ce mois, en saignant, elle laisse
Le sang gelé dont elle me martire.
　Encore un peu dans la palette tire
De son sang froid, ains de sa glace espesse,
Afin qu'après en sa place renaisse
Un sang plus chaud, qui de m'aimer l'inspire.
　Ha ! comme il sort ! c'estoit ce sang si noir

---

1. Podalire estoit fils d'Esculape et frere de Machaon, tous deux celebres pour avoir excellé en l'art de medecine. (B.)

Que je n'ay peu de mon chant émouvoir
En souspirant pour elle mainte année.
    Ha! c'est assez, cesse, gentil barbier.
Ha, je me pasme! et mon ame estonnée
S'évanouist en voyant son meurtrier.

XL (1560).

Hé! Dieu du ciel, je n'eusse pas pensé
    Qu'un seul depart eust causé tant de peine!
Je n'ay sur moy nerf, ny tendon, ny veine,
Foye, ny cœur, qui n'en soit offensé.
    Helas! je suis à demy trespassé,
Ains du tout mort; las! ma douce inhumaine,
Avecques elle, en s'en-allant, emmeine
Mon pauvre cœur, de ses beaux yeux blessé.
    Que pleust à Dieu ne l'avoir jamais veue!
Son œil si beau ne m'eust la flame esmeue
Par qui me faut un tourment recevoir,
    Tel, que ma main m'occiroit à cette heure
Sans un penser que j'ay de la revoir,
Et ce penser garde que je ne meure.

XLI (1560).

D'une belle Marie en une autre Marie,
    BELLEAU, je suis tombé, et dire ne te puis
De laquelle des deux plus amoureux je suis,
Car j'en aime bien l'une, et l'autre est bien m'amie!
    Plus mon affection en amour est demie,
Et plus ceste moitié me consomme d'ennuis:
Car au lieu d'une à part, deux au coup j'en poursuis,
Et, pour en aimer une, une autre je n'oublie.
    Or tousjours l'amitié plus est enracinée,
Plus long-temps elle est ferme, et plus est obstinée
A souffrir de l'amour l'orage vehement.
    Hé! sçais-tu pas, BELLEAU, que deux ancres jettées,
Quand les vents ont plus fort les ondes agitées,
Tiennent mieux une nef qu'une ancre seulement?

XLII (1560).

Quand je serois un Turc, un Arabe, ou un Scythe,
Pauvre, captif, malade, et d'honneur devestu,
Laid, vieillard, impotent, encor' ne devrois-tu
Estre, comme tu es, envers moy si dépite.

Je suis bien asseuré que mon cœur ne merite
D'aimer en si bon lieu, mais ta seule vertu
Me force de ce faire; et plus je suis batu
De ta fiere rigueur, plus ta beauté m'incite.

Si tu penses trouver un serviteur qui soit
Digne de ta beauté, ton penser te deçoit,
Car un dieu (tant s'en-faut un homme) n'en est digne.

Si tu veux donc aimer, il faut changer de cœur :
Ne sçais-tu que Venus (1) (bien qu'elle fust divine)
Jadis pour son amy choisit bien un pasteur ?

XLIII (1560).

Dame, je ne vous puis offrir à mon depart
Sinon mon pauvre cœur; prenez-le, je vous prie.
Si vous me le prenez, autre nouvelle amie
(J'en jure par vos yeux) jamais n'y aura part.

Je le sens déjà bien, comme joyeux il part
Hors de mon estomach, peu soigneux de ma vie,
Pour vous aller servir, et rien ne le convie
D'y aller (ce dit-il) que vostre doux regard.

Or, si vous le chassez, je ne veux qu'il revienne
Dedans mon estomach en sa place ancienne,
Comme celuy qui hait ce qui vous desplaira.

Il m'aura beau conter sa peine et son malaise,
Car, bien qu'il soit à moy, plus mien il ne sera,
Pour ne voir rien chez-moy (Dame) qui vous desplaise.

---

1. La fin de ce sonnet est prise des Hymnes d'Homere, en celle de Venus où il dit qu'elle devint amoureuse d'Anchise :

Ἀγχίσεω δ᾽ ἄρα οἱ γλυκὸν ἵμερον ἔμβαλε θυμῷ. (B.)

XLIV (1560).

Rossignol, mon mignon, qui dans ceste saulaye
Vas seul de branche en branche à ton gré voletant,
Et chantes à l'envy de moy qui vais chantant
Celle qu'il faut tousjours que dans la bouche j'aye,

Nous souspirons tous deux : ta douce voix s'essaye
De sonner les amours d'une qui t'aime tant,
Et moy, triste, je vais la beauté regrettant
Qui m'a fait dans le cœur une si aigre playe.

Toutefois, Rossignol, nous differons d'un poinct :
C'est que tu es aimé, et je ne le suis point,
Bien que tous deux ayons les musiques pareilles.

Car tu fléchis t'amie au doux bruit de tes sons,
Mais la mienne, qui prent à dépit mes chansons,
Pour ne les escouter se bouche les aureilles.

XLV (1560).

Pource que tu sçais bien que je t'aime trop mieux,
Trop mieux dix mille fois que je ne fais ma vie,
Que je ne fais mon cœur, ma bouche, ny mes yeux,
Plus que le nom de mort tu fuis le nom d'amie.

Si je faisois semblant de n'avoir point envie
D'estre ton serviteur, tu m'aimerois trop mieux,
Trop mieux dix mille fois que tu ne fais ta vie,
Que tu ne fais ton cœur, ta bouche ni tes yeux.

C'est d'amour la coustume, alors que plus on aime,
D'estre tousjours haï : je le sçay par moy-mesme,
Qui suis tousjours banny du meilleur de tes graces,

Quand je t'aime sur toute. Helas ! que doy-je faire ?
Si je pensois guarir mon mal par son contraire,
Je te voudrois haïr, à fin que tu m'aimasses.

XLVI (1560).

Quand je vous dis adieu, Dame, mon seul appuy,
Je laissay dans vos yeux mon cœur pour sa demeure
En gaige de ma foy ; et si ay, depuis l'heure

Que je vous le laissay, tousjours vescu d'ennuy.
  Mais, pour Dieu, je vous pry me le rendre aujourd'huy
Que je suis retourné, de peur que je ne meure ;
Ou bien que d'un clin d'œil vostre beauté m'asseure
Que vous me donnerez le vostre en lieu de luy.
  Las ! donnez-le moy doncq, et de l'œil faites signe
Que vostre cœur est mien, et que vous n'avez rien
Qui ne soit fort joyeux, vous laissant, de me suivre.
  Ou bien, si vous voyez que je ne sois pas digne
D'avoir chez-moy le vostre, au moins rendez le mien,
Car sans avoir un cœur je ne sçaurois plus vivre.

CHANSON [1560] (1).

Plus tu connois que je brusle pour toy,
    Plus tu me fuis, cruelle ;
Plus tu connois que je vis en esmoy,
    Et plus tu m'es rebelle.
Te laisseray-je ? helas ! je suis trop tien ;
    Mais je beniray l'heure
De mon trespas, au-moins s'il te plaist bien
    Qu'en te servant je meure.

XLVII (1560).

Doncques pour trop aimer il faut que je trespasse !
La mort de mon amour sera donc le loyer ?
L'homme est bien mal-heureux qui se veut employer,
En servant, meriter d'une ingrate la grace.
  Mais, je te pri', dy moy, que veux-tu que je face ?
Quelle preuve veux-tu afin de te ployer ?
Las ! cruelle, veux-tu que je m'aille noyer,
Ou que de ma main propre (helas !) je me déface ?

---

1. Marulle :
    Quo te depereo magis magisque,
    Odisti magis et magis, Neæra.

Es-tu quelque Busire, ou Cacus inhumain,
Pour te souler ainsi du pauvre sang humain ?
Fiere, ne crains-tu point Nemesis la deesse,
   Qui te demandera mon sang versé à tort ?
Ne crains-tu point des Sœurs la troupe vengeresse,
Qui puniront là bas ton crime après la mort ?

XLVIII (1560).

Ne me dy plus, IMBERT (1), que je chante d'Amour,
Ce traistre, ce méchant ; comment pourroy-je faire
Que mon esprit voulust louer son adversaire,
Qui ne donne à ma peine un moment de sejour !
   S'il m'avoit fait, IMBERT, seulement un bon tour,
Je l'en remercirois, mais il ne se veut plaire
Qu'à rengreger mon mal, et, pour mieux me défaire,
Me met devant les yeux ma dame nuit et jour.
   Bien que Tantale soit miserable là-bas,
Je le passe en mal-heur : car, s'il ne mange pas
Le fruict qui pend sur luy, toutesfois il le touche,
   Et le baise, et s'en joue ; et moy, bien que je sois
Auprès de mon plaisir, seulement de la bouche
Ny des mains tant soit peu toucher ne l'oserois.

XLIX (1560).

Dame, je meurs pour vous, je meurs pour vous, Madame ;
Dame, je meurs pour vous, et si ne vous en chaut ;
Je sens pour vous au cœur un brasier si treschaut
Que, pour le refroidir, je veux bien rendre l'ame.
   Vous aurez pour jamais un scandaleux diffame
Si vous me meurdrissez sans vous faire un defaut.
Ha ! que voulez-vous dire ? est-ce ainsi comme il faut
Par une cruauté vous honorer d'un blasme ?

---

1. Imbert, l'un de ses bons amis, bien appris en la langue grecque et latine. (B.)

Non, vous ne me pouvez reprocher que je sois
Un effronté menteur : car mon teint et ma vois,
Et mon chef ja grison, vous servent d'asseurance,
 Et mes yeux trop enflez, et mon cœur plein d'émoy.
Hé ! que feray-je plus, puis que nulle creance
Il ne vous plaist donner aux témoins de ma foy ?

L (1560).

Il ne sera jamais, soit que je vive en terre,
 Soit qu'aux enfers je sois, ou là haut dans les cieux,
Il ne sera jamais que je n'aime trop mieux
Que myrte ou que laurier la fueille de lierre.
 Sur elle ceste main qui tout le cœur me serre
Trassa premierement de ses doigts gracieux
Les lettres de l'amour que me portoient ses yeux
Et son cœur, qui me faict une si douce guerre.
 Jamais si belle fueille à la rive Cumée
Ne fut par la Sibylle en lettres imprimée,
Pour bailler par escrit aux hommes leur destin,
 Comme ma dame a peint d'une espingle poignante
Mon sort sur le lierre. Hé ! Dieu, qu'Amour est fin !
Est-il rien qu'en aimant une dame n'invente ?

LI (1560).

Je veux lire en trois jours l'Iliade d'Homère,
 Et pour ce, Corydon, ferme bien l'huis sur moy ;
Si rien me vient troubler, je t'asseure ma foy,
Tu sentiras combien pesante est ma colère.
 Je ne veux seulement que nostre chambrière
Vienne faire mon lit, ton compagnon ny toy ;
Je veux trois jours entiers demeurer à requoy,
Pour follastrer après une sepmaine entiere.
 Mais, si quelqu'un venoit de la part de Cassandre,
Ouvre-luy tost la porte, et ne le fais attendre,
Soudain entre en ma chambre et me vien accoustrer.
 Je veux tant seulement à luy seul me monstrer ;

Au reste, si un dieu vouloit pour moy descendre
Du ciel, ferme la porte, et ne le laisse entrer.

LII [1560] (1).

A pas mornes et lents seulet je me promeine,
Nonchalant de moy-mesme, et, quelque part que j'aille,
Un penser importun me livre la bataille,
Et ma fiere ennemie au devant me rameine.

Penser! un peu de treve. Hé! permets que ma peine
Se soulage un petit, et tousjours ne me baille
Argument de pleurer pour une qui travaille
Sans relasche mon cœur, tant elle est inhumaine.

Or, si tu ne le fais, je te tromperay bien;
Je t'asseure, Penser, que tu perdras ta place
Bien-tost, car je mourray pour abatre ton fort.

Puis, quand je seray mort, plus ne sentiray rien
(Tu m'auras beau navrer) que ta rigueur me face,
Ma dame, ny Amour : car rien ne sent un mort.

LIII (1567).

Las! je ne veux ny ne me puis desfaire
De ce beau reth où Amour me tient pris;
Et, puis que j'ay tel voyage entrepris,
Je veux mourir, ou je le veux parfaire.

J'oy la raison qui me dit le contraire,
Et qui retient la bride à mes esprits;
Mais j'ay le cœur de vos yeux si épris
Que d'un tel mal je ne me puis distraire.

Tay-toy, Raison ; on dit communément :
Belle fin fait qui meurt en bien aimant;
De telle mort je veux suyvre la trace.

Ma foy ressemble au rocher endurcy,
Qui, sans avoir de l'orage soucy,
Plus est batu et moins change de place.

---

1. Pris d'Anacreon.

LIV (1567).

Si jamais homme en aimant fut heureux,
Je suis heureux, icy je le confesse,
Fait serviteur d'une belle maistresse
Dont les beaux yeux ne me font mal-heureux.
   D'un autre bien je ne suis desireux;
Honneur, beauté, vertus et gentillesse,
Ainsi que fleurs honorent sa jeunesse,
De qui je suis sainctement amoureux.
   Donc, si quelqu'un veut dire que sa grace
Et sa beauté toutes beautez n'efface,
Et qu'en amour je ne vive contant,
   Devant Amour au combat je l'appelle,
Pour luy prouver que mon cœur est constant
Autant qu'elle est sur toutes la plus belle.

LV (1567).

Las! sans espoir je languis à grand tort
Pour la rigueur d'une beauté si fière,
Qui, sans ouïr mes pleurs ny ma prière,
Rid de mon mal si violent et fort.
   De la beauté dont j'esperois support,
Pour mon service et longue foy première
Je ne reçoy que tourment et misère,
Et pour secours je n'attens que la mort.
   Mais telle dame est si sage et si belle
Que, si quelqu'un la veut nommer cruelle
En me voyant traitté cruellement,
   Vienne au combat, icy je le deffie :
Il cognoistra qu'un si dur traittement
Pour ses vertus m'est une douce vie.

NEUF SONNETS DE P. DE RONSARD

POUR HELENE DE SURGERES

Imprimez pour la première fois en 1609.

LVI.

Maistresse, embrasse-moy, baise-moy, serre-moy,
Haleine contre haleine, échauffe-moy la vie,
Mille et mille baisers donne-moy, je te prie;
Amour veut tout sans nombre, Amour n'a point de loy.
   Baise et rebaise-moy; belle bouche, pourquoy
Te gardes-tu, là-bas, quand tu seras blesmie,
A baiser de Pluton ou la femme ou l'amie,
N'ayant plus ny couleur, ny rien semblable à toy?
   En vivant presse-moy de tes lévres de roses;
Begaye, en me baisant, à lévres demy-closes
Mille mots tronçonnez, mourant entre mes bras.
   Je mourray dans les tiens, puis, toy resuscitée,
Je resusciteray; allons ainsi là bas;
Le jour, tant soit-il court, vaut mieux que la nuitée.

LVII.

La mere des amours j'honore dans les cieux
Pour avoir trois beautez, trois graces avec elle;
Mais tu as une laide et sotte damoyselle,
Qui te fait deshonneur; le change vaudroit mieux.
   Jamais le chef d'Argus, fenestré de cent yeux,
Ne garda si soigneux l'Inachide pucelle,
Que sa rude paupière, à veiller eternelle,
Te regarde, t'espie et te suit en tous lieux.
   Je ne suis pas un Dieu pour me changer en pluye;
Dessous un cygne blanc mes flames je n'estuye:
C'estoient de Jupiter les jeux malicieux.

Je prens de tes beaux yeux ma pasture et ma vie.
Pourquoy de tes regards me portes-tu envie ?
On voit sur les autels les images des Dieux.

LVIII.

J'ay reçeu vos cyprez et vos orangers verds ;
Le cyprez est ma mort, l'oranger signifie
(Ou Phebus me deçoit) qu'après ma courte vie
Une gentille odeur sortira de mes vers.

Recevez ces pavots que le somme a couvers
D'un oubly stygien ; il est temps que j'oublie
L'Amour qui sans profit depuis six ans me lie,
Sans alenter la corde ou desclouer mes fers.

Pour plaisir, en passant, d'une lettre bien grosse
Les quatre vers suyvans engrave sur ma fosse :
« Une Espagnolle prit un tudesque en ses mains ;
  Ainsi le sot Hercule estoit captif d'Iole.
La finesse appartient à la race espagnolle,
Et la simple nature appartient aux Germains. »

LIX.

Mon page, Dieu te gard'! Que fait nostre maistresse ?
Tu m'apportes tousjours ou mon mal ou mon bien.
Quand je te voy je tremble et je ne suis plus mien,
Tantost chaud d'un espoir, tantost froid de tristesse.

Çà, baille-moy la lettre, et pourtant ne me laisse ;
Contemple bien mon front, par qui tu pourras bien
Cognoistre, en le fronçant ou défronçant, combien
Sa lettre me contente ou donne de détresse.

Mon page, que ne suis-je aussi riche qu'un roy !
Je feroy de porphyre un beau temple pour toy,
Tu serois tout semblable à ce Dieu des voyages ;
Je peindrois une table où l'on verroit pourtraits
Nos sermens, nos accords, nos guerres et nos paix,
Nos lettres, nos devis, tes tours et tes messages.

LX.

Quand au commencement j'admiray ton merite,
   Tu vivois à la cour sans louange et sans bruit ;
Maintenant un renom par la France te suit,
Egallant en grandeur la royalle Hippolyte.
   Liberal, j'envoyay les Muses à ta suite,
Je fey loin de ton chef évanouir la nuict,
Je fey flamber ton nom comme un astre qui luit,
J'ay dans l'azur du ciel ta louange décrite.
   Je n'en suis pas marry ; toutesfois je me deuls
Que tu ne m'aymes pas ; qu'ingrate, tu ne veux
Me payer que de ris, de lettres et d'œillades.
   Mon labeur ne se paye en semblables façons ;
Les autres pour parade ont cinq ou six chansons
Au front de quelque livre, et toy des Iliades.

LXI.

L'enfant contre lequel ny targue ny salade
   Ne pourroient resister, d'un trait plein de rigueur
M'avoit de telle sorte ulceré tout le cœur
Et bruslé tout le sang, que j'en devins malade.
   J'avoy dedans le lict un teint jaunement fade,
Quand celle qui pouvoit me remettre en vigueur,
Ayant quelque pitié de ma triste langueur,
Me vint voir, guarissant mon mal de son œillade.
   Encores aujourd'huy les miracles se font ;
Les sainctes et les saincts les mesmes forces ont
Qu'aux bons siecles passez : car, sitost que ma saincte
   Renversa la vertu de ses rayons luisans
Sur moy qui languissois, ma fiévre fut esteinte ;
Un mortel medecin ne l'eust faict en dix ans.

LXII.

Je n'ayme point les Juifs : ils ont mis en la croix
   Ce CHRIST, ce MESSIAS qui noz pechez efface
Des prophetes occis ensanglanté la place,

Murmuré contre DIEU, qui leur donna les loix.
　Fils de Vespasian, grand Tite, tu devois,
Destruisant leur cité, en destruire la race,
Sans leur donner ny temps, ny moment, ny espace
De chercher autre part autres divers endroits.
　Jamais Leon Hebrieu des juifs n'eust prins naissance,
Leon Hebrieu, qui donne aux dames cognoissance
D'un amour fabuleux, la mesme fiction ; 　　　[tuce.
　Faux, trompeur, mensonger, plein de fraude et d'as-
Je croy qu'en luy coupant la peau de son prepuce
On luy coupa le cœur et toute affection.

LXIII.

Je trespassois d'amour assis auprès de toy,
　Cherchant tous les moyens de voir ma flame es-
Accorde, ce disoy-je, à la fin ma complainte, [teinte;
Si tu as quelque soin de mon mal et de moy.
　Ce n'est (ce me dis-tu) le remors de la loy
Qui me fait t'éconduire, ou la honte ou la crainte,
Ny la frayeur des dieux, ou telle autre contrainte ;
C'est qu'en tes passe-temps plaisir je ne reçoy.
　D'une extrême froideur tout mon corps se compose,
Je n'aime point Venus, j'abhorre telle chose,
Et les presens d'Amour me sont une poison ;
　Puis je ne le veux pas. O sublime deffaite !
Ainsi parlent les rois, defaillant la raison :
« Il me plaist, je le veux, ma volonté soit faite. »

LXIV.

Si jamais homme en aimant fut heureux,
　Je suis heureux, icy je le confesse,
Fait serviteur d'une belle maistresse
Dont les beaux yeux ne me sont mal-heureux.
　D'un autre bien je ne suis desireux ;

Honneur, beauté, vertus et gentillesse
Ainsi que fleurs honorent sa jeunesse,
De qui je suis sainctement amoureux.
 Donc si quelqu'un veut dire que sa grace
Et sa beauté toutes beautez n'efface,
Et qu'en amour je ne vive contant,
 Devant Amour au combat je l'appelle,
Pour luy prouver que mon cœur est constant,
Autant qu'elle est sur toutes la plus belle.

LXV (1).

Plus que mes yeux j'aime tes beaux cheveux,
 Liens d'Amour que l'or mesme accompaigne,
Et suis jaloux du bon-heur de ton peigne,
Qui au matin desmesle leurs beaux nœuds.
 En te peignant il se fait riche d'eux,
Il les desrobe, et l'Amour, qui m'enseigne
D'estre larron, commande que je preigne
Part au butin, assez grand pour tous deux.
 Mais je ne puis, car le peigne fidelle
Garde sa proye, et puis ta damoiselle
Serre le reste, et me l'oste des doigts.
 O cruautez! ô beautez trop iniques!
Le pellerin touche bien aux reliques
Par le travers d'une vitre ou d'un bois.

LXVI.

Mon ame vit en servage arrestée;
 Il adviendra, dame, ce qu'il pourra;
Le cœur vivra te servant, et mourra;
Ce m'est tout un, la chance en est jettée.

---

1. Ce sonnet et le suivant se trouvent dans l'éd. de 1578, parmi les sonnets pour Astrée.

Je suis joyeux dequoy tu m'as ostée
La liberté, et mon esprit sera
D'autant heureux que serf il se verra
De ta beauté, des astres empruntée.
 Il est bien vray que de nuict et de jour
Je me complains des embusches d'Amour,
Qui d'un penser un autre fait renaistre.
 C'est mon seigneur, je ne le puis haïr;
Vueille ou non vueille, il faut luy obeïr.
Le serviteur est moindre que son maistre.

LXVII (1).

Helene fut occasion que Troye
Se vit brusler d'un feu victorieux;
Vous me bruslez du foudre de vos yeux,
Et aux amours vous me donnez en proye.
 En vous servant vous me monstrez la voye
Par vos vertus de m'en-aller aux cieux,
Ravy du nom qu'Amour malicieux
Me tire au cœur, quelque part que je soye.
 Nom tant de fois par Homere chanté,
Seul tout le sang vous m'avez enchanté,
O beau visage engendré d'un beau cygne,
 De mes pensers la fin et le milieu!
Pour vous aimer, mortel, je ne suis digne;
A la déesse il appartient un Dieu.

LXVIII.

On dit qu'Amour fut au commencement
Nourry de douce et d'amère pasture,
Et que dèslors il retint la nature
De ce contraire et divers aliment.
 Il tire au cœur deux traits diversement,
Qui sont tous deux portez à l'aventure;

---

1. Publié en 1578, ainsi que les deux suivants.

Ils sont aussi de diverse poincture,
Monstrant qu'Amour n'est rien que changement.
 Ce petit dieu nasquit de la tourmente,
Et pource il est de nature inconstante;
Aussi tousjours à varier il tasche.
 Quand vous m'aimiez, sur tous vous m'estiez cher;
Mais maintenant qu'il vous plaist vous fascher
Encontre moy, contre vous je me fasche.

LXIX.

Amour, je ne me plains de l'orgueil endurcy
Ny de la cruauté de ma jeune Lucresse,
Ny comme sans secours languir elle me laisse;
Je me plains de sa main et de son godmichy.
 C'est un gros instrument par le bout étrecy
Dont, chaste, elle corrompt toute nuict sa jeunesse :
Voilà contre l'Amour sa prudente finesse,
Voilà comme elle trompe un amoureux soucy.
 Aussi, pour recompense, une haleine puante,
Une glaire espessie entre les draps gluante,
Un œil have et batu, un teint palle et desfaict
 Monstrent qu'un faux plaisir toute nuict la possede.
Il vaux mieux estre Phryne et Laïs tout à faict
Que se feindre Lucresse avec un tel remede.

LXX [1578] (1).

A Mgr LE DUC DE TOURAINE, FRANÇOIS DE VALOIS
Frère du roy, faisant son entrée à Tours..

La Nymphe *de la fontaine de Beaune parle.*

Prince du sang troyen, race des rois France,
Dont l'ame genereuse est compaigne des dieux;

---

1. Ce sonnet et les dix suivants sont singulièrement placés parmi les amours. A l'imitation des anciens éditeurs, nous avons cru devoir les y laisser.

Prince en qui le destin, la nature et les cieux
Ont versé d'un accord une belle influance,
  Tu as de ton soleil l'effect et la puissance,
Tu romps l'obscurité des hommes vicieux,
Tu entretiens les bons de ton œil radieux,
Car tousjours la bonté t'a pleu dès ton enfance.
  Ces arbres, ces jardins, ces antres et ces bois,
Ces fontaines, ces fleurs, t'appellent d'une voix,
Toy, grand Prince françois, sous qui Mars est servile.
  Dieu veut les volontez des hommes qui sont siens;
Tu ne veux, comme luy, ny richesses ny biens,
Mais l'esprit et les cœurs, et l'amour de ta ville.

LXXI (1573).

A MONSIEUR DE L'AUBESPINE.

Je suis la nef, vous estes mon pilote;
Sans L'Aubespine on ne peut voyager.
Sous vostre vent ma voile il faut ranger,
Au gré duquel il convient que je flote.
  En pleine mer la tempeste trop forte
Pousse ma barque au rocher estranger;
De tous costez j'apperçoy le danger,
Et si pour moy toute esperance est morte.
  Forcez le ciel et la vague et le vent,
Et mon vaisseau conduisez en avant
Au port heureux du tranquille rivage.
  C'est bien raison que l'homme soit humain,
Et qu'en voyant ses amis au naufrage,
Au moins du bord il leur tende la main.

LXXII (1573).

A. J. D'AVANSON.

Qu'on ne me vante plus d'Ulysse le voyage,
Qui ne vit en dix ans que Circe et Calypson,

Le Cyclope, et Scylla qui fut demy-poisson,
Et des fiers Lestrygons l'ensanglanté rivage.
  Nostre Ulysse françois en a veu d'avantage
Seulement en trois ans ; c'est ce grand D'Avanson,
Qui vit en moins de rien d'une estrange façon
Toute Rome s'enfler et de guerre et d'orage.
  Il vit deux papes morts, il vit Sienne remise
En son premier estat, puis perdre sa franchise ;
Il vit l'Europe en branle, et tout ce siecle aussi
  Changer d'estats, de mœurs, de loix et de police.
Ulysse ne vit pas si grands faits que ceux-cy :
Aussi mon D'Avanson est bien plus grand qu'Ulysse.

LXXIII (1560).

SUR LES ERREURS AMOUREUSES DE PONTHUS DE TYARD, MASCONNOIS.

De tes Erreurs l'erreur industrieuse,
Qui de la mort ne doute point l'assaut,
Errant de Thule au Bactre le plus chaut,
Se fera voir des ans victorieuse.
  Heureuse erreur, douce manie heureuse,
Où la raison errante ne defaut,
Seule tu erre' en t'esgarant si haut
Au droit chemin de l'erreur amoureuse.
  L'astre besson que ton cœur offença
De ses rayons jusqu'au ciel t'eslança,
Où ton erreur des siennes fut attainte ;
  Puis, retombant par les spheres à bas,
Pour contre-erreur tu fais errer mes pas
Après l'erreur de ton erreur si saincte.

LXXIV (1560).

A OLIVIER DE MAGNY.

Si je pouvois, Magny, acquerir par la grace
De nostre D'Avanson quelque faveur de celle
Qui de cent mille noms pour ses effects s'appelle,
Et qui change trois fois diversement sa face (1),

Près les jardins d'Annet, dans une belle place,
Je peindrois ses honneurs d'une lettre immortelle,
Et tous les puissans dieux qui marchent après elle,
Quand la trompe à son col elle court à la chasse.

Je peindrois d'autre part, mais d'une autre façon,
Comme un nouveau Phœbus, le seigneur D'Avanson,
Des Muses conduisant la neuvaine celeste.

Mais il est temps de voir ce portraict accomply :
Car les heures s'en vont, et des hommes ne reste,
Après nostre trespas, que la cendre et l'oubly.

LXXV (1560).

(Du grec de Posidippe.)

Vous avez, Ergasto, honny de vostre maistre
Le lict et les amours; vous en serez marché,
Afin que les vallets prennent exemple d'estre
Fideles, en voyant puny vostre peché.

Vous aurez à bon droict le nez demy tranché,
Et l'oreille senestre avec l'oreille dextre ;
Ainsi vostre forfait vous sera reproché
De ceux qui vous pourront par ces marques cognoistre.

Traistre, inique et meschant, en tout mal embourbé,
Si l'on pend un vallet pour avoir desrobé

---

1. Diane de Poitiers, qu'il confond poétiquement avec la déesse Diane.

Cinq sols à son seigneur, hé ! quelle tyrannie
  Pour juste chastiment aurez-vous merité,
Qui m'avez, sous couleur d'une fidelité,
Prins un bien qui m'estoit trop plus cher que la vie ?

LXXVI (1560).

A TRÈS ILLUSTRE PRINCE CHARLES,
Cardinal de Lorraine.

Monseigneur, je n'ay plus ceste ardeur de jeunesse
  Qui me faisoit chanter les passions d'Amour ;
J'ay le sang refroidy ; le jour suivant le jour
En desrobant mes ans les donne à la vieillesse.
  Plus Phœbus ne me plaist ny Venus la déesse,
Et la grecque fureur qui bouillonnoit autour
De mon cœur, qui estoit son fidele sejour,
Comme vin escumé sa puissance r'abaisse.
  Maintenant je ressemble au vieil cheval guerrier
Qui souloit couronner son maistre de laurier :
Quand il oit la trompette, il est d'ardeur espris,
  Et courageux en vain se pousse en la carrière ;
Mais, en lieu de courir, demeure seul derrière,
Et r'apporte au logis la honte pour le prix.

LXXVII (1578).

A LOYS DE BOURBON,
Prince de Condé.

Prince du sang royal, je suis d'une nature
  Constante, opiniastre, et qui n'admire rien ;
Je voy passer le mal, je voy passer le bien,
Sans me donner soucy d'une telle aventure.
  Qui va haut, qui va bas, qui ne garde mesure,
Qui fuit, qui suit, qui tient, qui dit que tout est sien,

L'un se dit zuinglien, l'autre lutherien,
Et fait de l'habile homme au sens de l'Escriture.
   Tandis que nous aurons des muscles et des veines
Et du sang, nous aurons des passions humaines;
Chacun songe et discourt, et dit qu'il a raison.
   Chacun s'opiniastre, et se dit veritable;
Après une saison vient une autre saison,
Et l'homme ce-pendant n'est sinon qu'une fable.

LXXVIII (1578).

A J. DE LANSAC LE JEUNE,

Seneschal d'Agenois.

Quand Apollon auroit faict un ouvrage,
   A qui, LANSAC, le sçauroit-il donner
Sinon à toy, qui pourrois estonner
De tes beaux vers les vers du premier âge;
   Qui de chanter et du luth as l'usage,
Qui, ne voulant en France sejourner,
As veu l'Asie, et le jour retourner
Quand au matin il refait son voyage;
   Qui de l'Amour cognois les passions,
Qui de la cour sçais les affections,
Né pour les dieux et les hommes (ce semble)?
   Te voulant donc de ces vers estrener,
Ce n'est, LANSAC, à un seul les donner,
C'est les donner à mille hommes ensemble.

LXXIX (1578).

A NICOLAS DE NEUFVILLE,

Seigneur de Villeroy, secretaire d'Estat.

VILLEROY, dont le nom et le surnom ensemble
   Sont pleins de majesté, fay, de grace, pour moy

Quelque chose qui soit digne de Villeroy,
Afin qu'à ton beau nom ta volonté ressemble :
　Villeroy, qui en un toutes vertus assemble,
Roy de mœurs et de nom, mais Dieu, comme je croy :
Car n'offenser personne, et obliger à soy
　Les hommes, c'est vrayment estre Dieu, ce me semble.
　Par ce chemin Hercule alla dedans les cieux,
Par ce chemin Thesée et Chiron furent dieux,
Et tous ces vaillans preux de la saison première :
　Ainsi qu'eux dans le ciel auras un propre lieu,
Et chacun ensuivant icy bas ta lumière
Apprendra comme toy d'homme à se faire un dieu.

LXXX (1573).

A LUDOVICO DAIACETTO, FLORENTIN.

Je sçavois bien que la belle Florence,
　Que l'Arne baigne, estoit une cité
Qui, noble et riche en sa fertilité,
Avoit produit tant d'hommes d'excellence,
　Cosme, Laurens, dont l'heureuse prudence
Jointe à vertu gaigna l'autorité,
Et qui remit la Muse en dignité,
Et du grand Mars l'antique experience.
　J'estois certain qu'elle abondoit en biens,
Grandeurs, honneurs; mais que les citoyens
Fussent si grands absens de leur patrie,
　Je l'ignorois. Or, Daiacet, tu es
Fleur de Florence, et, liberal, tu fais
Cognoistre assez le tout par la partie.

LXXXI (1578).

Anne m'a fait de sa belle figure
　Un beau present que je garde bien cher;

Cher pour-autant qu'on n'en sçauroit chercher
Un qui passast si belle pourtraiture.
 Diane icy redonne sa peinture
A sa maistresse ANNE, pour revancher
Non le present, mais, humble, pour tâcher
Que son service envers son ame dure.
 Des deux costez le portrait est gravé
De maint exemple entre amis esprouvé,
D'un beau Coréb', de Pylade et d'Oreste,
 Et d'un autel sacré à l'Amitié;
Pour tesmoigner qu'une amour si celeste
N'a fait qu'un cœur d'une double moitié.

CHANSON (1560).

Pourquoy tournez-vous vos yeux
 Gracieux
De moy quand voulez m'occire,
Comme si n'aviez pouvoir
 Par me voir
D'un seul regard me destruire?
 Las! vous le faites à fin
 Que ma fin
Ne me semblast bien heureuse,
Si j'allois en perissant
 Jouissant
De vostre œillade amoureuse.
 Mais quoy? vous abusez fort:
 Cette mort
Qui vous semble tant cruelle
Me semble un gain de bon-heur,
 Pour l'honneur
De vous, qui estes si belle.

SUR LA MORT DE MARIE (1578).

Helas! je n'ay pour mon objet
Qu'un regret, qu'une souvenance;
La terre embrasse le sujet
En qui vivoit mon esperance.
Cruel tombeau! je n'ay plus rien,
Tu as desrobé tout mon bien,
  Ma mort et ma vie,
  L'amante et l'amie,
  Plaints, souspirs et pleurs,
  Douleurs sus douleurs.
 Que ne voy-je, pour languir mieux,
Et pour vivre en plus longue peine,
Mon cœur en souspirs et mes yeux
Se changer en une fontaine,
Mon corps en voix se transformer,
Pour souspirer, pleurer, nommer
  Ma mort et ma vie!
 Ou je voudrois estre un rocher
Et avoir le cœur insensible,
Ou esprit, à fin de cercher
Sous la terre mon impossible :
J'irois, sans crainte du trespas,
Redemander aux dieux d'embas
  Ma mort et ma vie.
 Mais ce ne sont que fictions :
Il me faut trouver autres plaintes.
Mes veritables passions
Ne se peuvent servir de feintes.
Le meilleur remede en cecy,
C'est mon tourment et mon soucy,
  Ma mort et ma vie.
 Au prix de moy les amoureux,
Voyant les beaux yeux de leur dame,
Cheveux et bouche, sont heureux
De brusler d'une vive flame.

En bien servant ils ont espoir :
Je suis sans espoir de revoir
    Ma mort et ma vie.
  Ils aiment un sujet qui vit ;
La beauté vive les vient prendre,
L'œil qui voit, la bouche qui dit :
Et moy je n'ayme qu'une cendre.
Le froid silence du tombeau
Enferme mon bien et mon beau,
    Ma mort et ma vie.
  Ils ont le toucher et l'ouir,
Avant-courriers de la victoire :
Et je ne puis jamais jouir
Sinon d'une triste memoire,
D'un souvenir et d'un regret,
Qui tousjours lamenter me fait
    Ma mort et ma vie.
  L'homme peut gaigner par effort
Mainte bataille et mainte ville ;
Mais de pouvoir vaincre la mort
C'est une chose difficile.
Le Ciel, qui n'a point de pitié,
Cache sous terre ma moitié,
    Ma mort et ma vie.
  Après sa mort je ne devois,
Tué de douleur, la survivre ;
Autant que vive je l'aimois,
Aussi tost je la devois suivre,
Et, aux siens assemblant mes os,
Un mesme cercueil eust enclos
    Ma mort et ma vie.
  Je mettrois fin à mon malheur,
Qui hors de saison me transporte,
Si ce n'estoit que ma douleur
D'un double bien me reconforte.
La penser déesse, et songer
En elle, me fait allonger
    Ma mort et ma vie.

En songe la nuict je la voy,
Au ciel une estoille nouvelle,
S'apparoistre en esprit à moy
Aussi vivante et aussi belle
Comme elle estoit le premier jour
Qu'en ses beaux yeux je veis Amour,
  Ma mort et ma vie.

Sur mon lict je la sens voler,
Et deviser de mille choses;
Me permet le voir, le parler,
Et luy baiser ses mains de roses,
Torche mes larmes de sa main,
Et presse mon cœur en son sein,
  Ma mort et ma vie.

La mesme beauté qu'elle avoit,
La mesme Venus et la grace,
Le mesme Amour qui la suivoit
En terre, apparoist en sa face,
Fors que ses yeux sont plus ardans,
Où plus à clair je voy dedans
  Ma mort et ma vie.

Elle a les mesmes beaux cheveux,
Et le mesme trait de la bouche,
Dont le doux ris et les doux nœuds
Eussent lié le plus farouche;
Le mesme parler qui souloit
Mettre en doute, quand il vouloit,
  Ma mort et ma vie.

Puis d'un beau jour qui point ne faut,
Dont sa belle ame est allumée,
Je la voy retourner là haut
Dedans sa place accoustumée,
Et semble aux anges deviser
De ma peine, et favoriser
  Ma mort et ma vie.

Chanson, mais complainte d'amour,
Qui rends de mon mal tesmoignage,
Fuy la court, le monde et le jour,

Va-t'en dans quelque bois sauvage,
Et là, de ta dolente vois,
Annonce aux rochers et aux bois
    Ma mort et ma vie,
    L'amante et l'amie,
    Plaints, souspirs et pleurs,
    Douleurs sus douleurs.

CHANSON (1560).

Il me semble que la journée
Dure plus longue qu'une année
Quand par malheur je n'ay ce bien
De voir la grand' beauté de celle
Qui tient mon cœur, et sans laquelle,
Vissé-je tout, je ne voy rien.

  Quiconque fut jadis le sage
Qui dit que l'amoureux courage
Vit de ce qu'il aime, il dit vray :
Ailleurs vivant il ne peut estre,
Ny d'autre viande se paistre ;
J'en suis seur, j'en ay fait l'essay.

  Tousjours l'amant vit en l'aimée :
Pour cela mon ame affamée
Ne se veut souler que d'amour ;
De l'amour elle est si friande,
Que, sans plus, de telle viande
Se veut repaistre nuict et jour.

  Si quelqu'un dit que je m'abuse,
Voye luy-mesme la Meduse
Qui d'un rocher m'a fait le cœur,
Et, l'ayant veue, je m'asseure
Qu'il sera fait sur la mesme heure
Le compagnon de mon malheur.

Car est-il homme que n'enchante
La voix d'une dame sçavante,
Et fust-il Scythe en cruauté ?
Il n'est point de plus grand' magie
Que la docte voix d'une amie,
Quand elle est jointe à la beauté.

Or j'aime bien, je le confesse,
Et plus j'iray vers la vieillesse,
Et plus constant j'aimeray mieux ;
Je n'oubliray, fussé-je en cendre,
La douce amour de ma Cassandre,
Qui loge mon cœur dans ses yeux.

Adieu, liberté ancienne,
Comme chose qui n'est plus mienne ;
Adieu, ma chère vie, adieu !
Ta fuite ne me peut desplaire,
Puis que ma perte volontaire
Se retreuve en un si beau lieu.

Chanson, va-t'en où je t'adresse,
Dans la chambre de ma Maistresse ;
Dy-luy, baisant sa blanche main,
Que, pour en santé me remettre,
Il ne luy faut sinon permettre
Que tu te caches dans son sein.

L'AMOUR OYSEAU (1567) (1).

Un enfant dedans un bocage
    Tendoit finement ses gluaux,
A fin de prendre des oyseaux.

---

1. Imité du poète grec Moschus.

Pour les emprisonner en cage.
  Quand il veit, par cas d'aventure,
Sur un arbre Amour emplumé,
Qui voloit par le bois ramé
Sur l'une et sur l'autre verdure,
  L'enfant, qui ne cognoissoit pas
Cet oyseau, fut si plein de joye
Que pour prendre une si grand' proye
Tendit sur l'arbre tous ses las.
  Mais quand il vit qu'il ne pouvoit
(Pour quelques gluaux qu'il peust tendre)
Ce cauteleux oyseau surprendre,
Qui voletant le decevoit,
  Il se print à se mutiner,
Et, jettant sa glus de colère,
Vint trouver une vieille mère
Qui se mesloit de deviner.
  Il luy va le fait avouer,
Et sur le haut d'un buys luy monstre
L'oyseau de mauvaise rencontre,
Qui ne faisoit que se jouer.
  La vieille en branlant ses cheveux,
Qui jà grisonnoient de vieillesse,
Luy dit : « Cesse mon enfant, cesse,
Si bien tost mourir tu ne veux,
  « De prendre ce fier animal.
Cet oyseau, c'est Amour qui vole,
Qui tousjours les hommes affole
Et jamais ne fait que du mal.
  « O que tu seras bien heureux
Si tu le fuis toute ta vie,
Et si jamais tu n'as envie
D'estre au rolle des amoureux!
  « Mais j'ay grand doute qu'à l'instant
Que d'homme parfait auras l'âge,
Ce mal-heureux oyseau volage,
Qui par ces arbres te fuit tant,
  « Sans y penser te surprendra,

Comme une jeune et tendre queste,
Et, foullant de ses pieds ta teste,
Que c'est que d'aimer t'apprendra. »

CHANSON.

A ce malheur qui jour et nuit me poingt
Et qui ravit ma jeune liberté,
Dois-je tousjours obeir en ce poinct,
Ne recevant que toute cruauté ?
   Fidellement
    Aimant,
    Je sens
    Mes sens
    Troubler,
   Et mon mal redoubler.
Cest or frizé et le lys de son teint,
Sous un soleil doublement esclaircy,
Ont tellement mes mouelles attaint,
Que je me voy déjà presque transi.
   Son œil ardant,
    Dardant
    En moy,
    L'esmoy
    Du feu,
   Me brusle peu à peu.
Je cognois bien, mais, helas ! c'est trop tard,
Que le meurtrier de ma franche raison
S'est escoulé par l'huys de mon regard,
Pour me brasser ceste amère poison :
   Je n'eus qu'ennuis
    Depuis
    Le jour
    Qu'Amour

Au cœur
M'inspira sa rigueur.
Et nonobstant, cruelle, que je meurs
En observant une saincte amitié,
Il ne te chaut de toutes mes clameurs,
Qui te devroient inciter à pitié.
Vien donc, archer
Tres-cher,
Volant,
Doublant
Le pas,
Me guider au trespas!
Ny mes esprits honteusement discrets,
Ny le travail que j'ay pour t'adorer,
Larmes, souspirs et mes aspres regrets
Ne te sçauroient, Dame, trop inspirer,
Si quelquefois
Tu vois
A l'œil
Le dueil
Que j'ay
Pour l'amoureux essay.
Quelqu'un sera de la proye preneur
Que j'ay long-temps par cy-devant chassé,
Sans meriter jouira de cet heur
Qui a si fort mon esprit harassé.
C'est trop servy;
Ravy
Du mal
Fatal,
Je veux
Concevoir autres vœux.
Quelque lourdaut, ou quelque gros valet,
Seul, à l'escart, de mon heur jouissant,
Luy tastera son ventre rondelet,
Et de son sein le pourpre rougissant.
De nuict, de jour,
L'amour

Me fait
Ce fait
Penser,
Et me sert d'un enfer.
Or je voy bien qu'il me convient mourir
Sans esperer aucun allegement ;
Puis qu'à ma mort tu prens si grand plaisir,
Ce m'est grand heur et grand contentement,
Me submettant,
Pourtant
Qu'à tort
La mort
L'esprit
Me ravit par despit.

SONNET A CASSANDRE [1560] (1).

LXXXII.

Que tu es, Ciceron, un affeté menteur,
  Qui dis qu'il n'y a mal sinon que l'infamie !
Si tu portois celuy que me cause m'amie,
Pour le moins tu dirois que c'est quelque malheur.
  J'en sens journellement un aigle sur mon cœur,
J'entends un soing griffu qui comme une furie
Me ronge impatient ; puis tu veux que je die,
Abusé de tes maux, que mal n'est pas douleur !
  Vous en disputerez ainsy, si bon vous semble,
Vous, philosophes grecs, et vous, Romains, ensemble ;
Si est-ce que d'amour le travail langoureux

---

1. Ces dernières poésies ont été omises au recueil des pièces retranchées. Je les ai retrouvées dans les éditions originales.

Est douleur quand un œil l'encharne dedans l'âme
Et que le deshonneur, la honte et le diffame
N'est point de mal au prix du torment amoureux.

SONNETS A MARIE (1573).

LXXXIII.

Puisqu'autrement je ne sçaurois jouir
  De vos beaux yeux, qui tant me font la guerre,
Je veux changer de coustume et de terre,
Pour ne vous voir ny vos propos ouïr.
  Je ne sçaurois, helas! me resjouir
Sans vostre main, qui tout le cœur m'enferre,
Et vostre voix, qui sereine m'enserre,
Et vos regards, qui me font esblouir.
  Tant plus je pense à me vouloir distraire
De vostre amour, et moins je le puis faire,
Si ce n'estoit en m'enfuyant bien loin;
  Mais j'aurois peur qu'Amour, par le voyage,
De plus en plus m'enflammast mon courage,
Car plus on fuit et plus on a de soin.

LXXXIV.

Le jour me semble aussi long qu'une année
  Quand je ne voy l'esclair de vos beaux yeux,
Yeux qui font honte aux estoiles des cieux,
En qui je voy quelle est ma destinée.
  Fiere beauté que le ciel m'a donnée
Pour si doux mal, helas! il valoit mieux
Aller soudain sur le bord stygieux
Que tant languir pour chose si bien née!
  Au moins la mort eust finy mon desir,

Qui en vivant en cent formes me mue,
Le veoir, l'ouïr, me change en desplaisir,
  Et ma raison pour néant s'evertue;
Car le penser que j'ay voulu choisir
Pour me conduire est celuy qui me tue.

LXXXV.

Seul et pensif j'alloy parmy la rue
Me promenant à pas mornes et lents,
Quand j'aperceu les yeux estincelants
Auprez de moy de celle qui me tue.
  De chaud, de froid, mon visage se mue;
Coup dessus coup mille traits violents,
Hors des beaux yeux de la belle volans,
Ce faux Amour de sa trousse me rue.
  Je ne souffry l'esclair de ses beaux yeux,
Tant il estoit poignant et radieux,
Qui, comme foudre, entra dans ma poitrine.
  Je fusse mort sans elle, qui, peureux,
Me rassura, et de la mort voisine
Me rappela d'un salut amoureux.

LXXXVI.

Si trop souvent, quand le desir me presse,
Tout affamé de vivre de vos yeux,
Peureux, honteux, pensif et soucieux
Devant vostre huis je repasse, maistresse,
  Pardonnez-moy, ma mortelle deesse,
Si, malgré moy, je vous suis ennuyeux;
Malgré moy, non, car j'aime beaucoup mieux,
Sans vous fascher, trespasser de tristesse.
  Las! si je passe et passe si souvent
Auprès de vous, fantastique et resvant,
C'est pour embler un traict de vostre veue,

Qui fait ma vie en mon corps sejourner.
Permettez donc que l'ame soit repeue
D'un bien qui n'est moindre pour le donner.

CHANSON (1560).

Je suis amoureux en deux lieux :
  De l'un j'en suis desespéré
Le l'autre j'en espère mieux,
Et si n'en suis pas asseuré.
Que me sert d'avoir soupiré
Pour deux amours si longuement,
Puis qu'en lieu du bien desiré
Je n'ay que malheur et tourment ?
  Or, quant à moy, je suis content
Desormais tout amour quitter
Puisqu'on voit un menteur autant
Qu'un véritable mériter ;
Je ne m'en veux plus tourmenter
Ni mettre en espreuve ma foy.
Il est temps de me contenter
Et n'aimer plus autre que moy.

CHANSON (1560) (1).

Je te hais bien (crois moy), maistresse,
  Je te hais bien, je le confesse,
Et te devrois encor plus fort
Hayr que je ne fais la mort ;
Toutesfois il faut que je t'aime
Plus que ma vie et que moi mesme ;

---

1. Imitée de Marulle :
    Odi te, mihi crede, etc.

Car plus ta fière cruauté
Me recule, plus ta beauté
(Pour mourir et vivre avec elle)
A ton service me rappelle.

SONNET A MARIE (1572).

Non! ce n'est pas l'abondance d'humeurs
Qui te rend morne et malade et blesmie ;
C'est le péché de n'estre bonne amie,
Et ta rigueur, par laquelle je meurs.
 Le ciel vengeur de mes justes douleurs,
Me voyant ardre en chaleur infinie,
En ma faveur, cruelle, t'a punie
De longue fièvre et de pâles couleurs.
 Si tu guaris le coup de la langueur
Que tes beaux yeux m'ont versé dans le cœur,
Si tu guaris d'une amoureuse œillade
 Mon cœur blessé, qui se pâme d'esmoy,
Tu guariras, car tu n'es point malade
Si non d'autant que je le suis pour toy.

VERS A MARIE DES MARQUETS

Ecrits sur ses *Heures*, au dessus des lignes où elle a mis son nom (1).

Maugré l'envy' je suis du tout à elle ;
Mais je voudrois dans son cœur avoir leu

---

1. Ces vers sont cités par Ch. Nodier, dans les Mélanges tirés d'une petite bibliothèque (Paris, Roret, 1829, in-8), page 503. Ils sont, dit-il, écrits de la main de Ronsard, sur des Heures de Thielman Kerver, 1552, in-12, autrefois en la possession de cette Marie du 2e livre des Amours qui fit oublier Cassandre au poète infidèle, et qui fut elle-même trop vite oubliée pour Sinope.

Qu'elle ne veut et qu'elle n'a esleu
Autre que moy pour bien estre aymé d'elle.
 Bien elle sçait que je luy suis fidelle,
Et, quant à moy, j'estime en son endroict
Ce que en est, car elle ne vouldroit
Aultre que moy pour bien estre aymé d'elle.

LXXXVIII.

SONNET EN FAVEUR DE CLÉONICE (1).

Ceste Françoise Grecque aux beaux cheveux chastains,
Dont les yeux sont pareils à Vesper la brunette,
Ceste belle, sçavante et celeste Héliette(2),
De ce siècle l'honneur, tient mon cœur en ses mains.
 Ma raison est malade et mes yeux sont malsains
Quand je voy sa beauté, dont la clarté parfaicte
Sert de flèches et d'arc, de forge et de retraite
A ce dieu qui commande au plaisir des humains.
 Je me pasme si fort lorsque je la regarde
Qu'il me semble qu'Amour coup dessus coup me darde
Tous ses traits et ses feux, qu'au cœur je sens couler.
 Si je n'ay dignement sa louange esclaircie
La faute n'est de moy, mais de l'ame transie :
Un homme qui languist ne sçauroit bien parler.

1. Les premières œuvres de Philippes Des Portes. Rouen, Raphaël du Petit-Val, 1600, in-12, p. 312.
2. G. Colletet pense que cette dame aimée de Des Portes étoit Heliotte de Vivonne de la Chastaigneraie, ou peut-être Helène de Surgères.

FIN DU TOME PREMIER.

TABLE DES MATIÈRES

CONTENUES DANS CE VOLUME.

Avertissement sur cette édition. v
Au Roy, par J. Galland. xv
De P. Ronsardo Ad. Turnebus . . . . xvij
Bellaius Ronsardo . . . . xviij
J. Auratus. . . . . xviij
Ad P. Ronsardum ode J. Aurati. xix
Ode ad eundem, ejusdem. xxiv
De P. Ronsardo Stephanus Paschasius xxv
Sonnet de Mellin de S. Gelais en faveur de P. de Ronsard . . . . xxvj
Sonnet de Joachim du Bellay à P. de Ronsard . . . . xxvj
In imaginem M. A. Mureti, L. Memmius Fremiotius. xxvij
Le premier Livre des Amours. xxix
L'auteur à son livre, Sonnet xxx
Autre Sonnet. xxxj
Le second Livre des Amours. 139
Les vers d'Eurymedon et de Callirée. 250

Sonnets et madrigals pour Astrée. 265
Le premier Livre des sonnets pour Helène. 279
Le second Livre des sonnets pour Helène. 327
Les Amours diverses. 367
Pièces retranchées des Amours 387

CATALOGUE

DE LA

BIBLIOTHÈQUE
ELZEVIRIENNE

Et des autres ouvrages

DU FONDS DE P. JANNET

A PARIS
Chez P. Jannet, Libraire
Rue de Richelieu, 15
—
Janvier 1857

TABLE DES MATIÈRES.

	Pages.
Avertissement.	3
Théologie.	7
Morale.	8
Beaux-Arts.	9
Belles-Lettres :	
I Linguistique.	10
II Poésie.	10
III Théâtre.	22
IV Romans.	29
V Contes et Nouvelles.	30
VI Facéties.	32
VII Polygraphes et Mélanges.	34
Histoire :	
I Voyages.	45
II Histoire de France (*Collection générale de Chroniques et Mémoires*).	45
III Histoire étrangère.	46
Ouvrages de différents formats.	47
La propriété littéraire et artistique, Courrier de la librairie.	52
Manuel de l'amateur d'estampes.	53
Recueil de Maurepas.	53
La *Muse historique* de Loret.	54
Library of old authors.	55

Tous les volumes de la *Bibliothèque elzevirienne* se vendent reliés en percaline, non rognés et non coupés, sans augmentation de prix.

Il a été tiré de chaque volume quelques exemplaires sur *papier fort*, qui se vendent le double du prix des exemplaires ordinaires.

AVERTISSEMENT

Au mois de septembre 1852 — il y a quatre ans — je fis imprimer un prospectus dans lequel je disais :

« Pour un très grand nombre de personnes — et de personnes instruites — la littérature française se compose des ouvrages d'une vingtaine d'auteurs du XVIIe siècle et du XVIIIe; la poésie française commence avec Boileau, le théâtre avec Corneille, le roman avec Le Sage. Tout ce qui est antérieur est dédaigné comme produit d'une époque barbare.....

« En fixant ainsi au milieu du dix-septième siècle l'origine de notre littérature, on supprime précisément ce qu'elle a de spontané, de vraiment national. A partir de cette époque, en effet, nos écrivains, familiarisés avec les lettres grecques et latines, ne songent plus qu'à imiter les modèles d'Athènes et de Rome, et l'on voit tomber dans un oubli profond tout ce qui constitue notre littérature du moyen âge, si riche et si variée, ces légendes naïves, ces épopées chevaleresques, ces mystères, et, enfin, ces poésies légères ou satiriques, ces contes, ces facéties, partie d'autant plus importante de notre littérature qu'elle représente plus essentiellement le côté saillant de l'esprit national.

« Si ces richesses littéraires sont généralement ignorées, ce n'est pas, il faut être juste, qu'on n'ait rien fait pour les tirer de l'oubli : quelques écrivains de la fin du siècle dernier y ont travaillé avec plus de bonne volonté que de bonheur. Plus tard, d'importantes publications ont eu lieu ; mais il s'en faut que la mine soit épuisée. Ajoutons que la plupart des ouvrages du moyen âge publiés dans ces derniers temps ont été tirés à petit nombre, se vendent fort cher, et ne sont pas réellement à la portée du vrai public.

« Aujourd'hui cependant l'élan est donné. Le public veut connaître cette époque ignorée et si long-temps calomniée, le moyen âge. »

Ce prospectus annonçait une Revue mensuelle qui devait paraître à partir du mois de janvier 1853, et reproduire les principaux monuments de la littérature du moyen âge. Mais je ne tardai pas à abandonner le projet de cette publication périodique. Je pensai qu'il valait mieux publier chaque ouvrage séparément, en volumes d'un format commode, dignes de tous par leur exécution matérielle, à la portée de tous par la modicité de leur prix. Le plan de la *Bibliothèque elzevirienne* était trouvé, du moins quant à la partie matérielle. Au point de vue littéraire, il fallait le compléter. Il ne s'agissait plus exclusivement du moyen âge : avec ma nouvelle combinaison, il devenait possible d'étendre considérablement mon cadre, et de reproduire une foule d'ouvrages postérieurs au moyen âge, mais précieux pour l'étude des mœurs de la littérature et de l'histoire ; de placer dans un nouveau jour, au moyen de travaux consciencieux, les chefs-d'œuvre de notre littérature classique.

Je me mis immédiatement à l'œuvre. En donnant à ma collection le titre de *Bibliothèque elzévirienne*, je m'imposais des obligations difficiles à remplir. Les petits volumes sortis des presses des Elzevier sont imprimés avec une perfection qui fera toujours l'admiration des connaisseurs. La netteté des caractères, l'élégance des ornements, la qualité du papier, tout concourt à faire de ces volumes des livres admirables. La typographie a fait d'immenses progrès depuis deux siècles sous le rapport des moyens d'exécution, mais quant aux résultats, il n'en est pas de même. Les plus beaux livres de notre époque sont imprimés dans un format peu commode, sur du papier très blanc, brillant, glacé, satiné, mais brûlé, cassant et d'une qualité déplorable, avec des caractères mal proportionnés et difficiles à lire. Rien de tout cela ne pouvait me convenir. Je n'eus pas grand'peine à trouver le format : c'est celui des Elzevier un peu agrandi, avec cette différence que la feuille est tirée in-16, ce qui donne des volumes plus réguliers que l'in-12 des Elzevier. Le papier, il fallut le faire fabriquer, car on ne fait plus guère de papier de fille ; filigrane, qui reproduit mon nom, prouve la destination de celui que j'emploie. Quant aux caractères, je fis faire des fontes de ceux qui me parurent les plus convenables, en attendant qu'il me fût possible d'employer ceux que je devais faire graver. Les ornements furent copiés par M. Le Maire, un graveur habile, sur ceux dont se servaient les Elzevier. Les imprimeurs se prêtèrent à des modifications qui assuraient la régularité du tirage. Tout cela prit beaucoup de temps, et les neuf premiers volumes de la *Bibliothèque elzevirienne* furent mis en vente seulement au mois d'août 1853.

Ma collection fut accueillie avec faveur. Le public se chargea de prouver qu'elle répondait à un besoin. La critique se montra d'une extrême bienveillance. Bref, le succès de la *Bibliothèque elzevirienne* fut assuré dès l'appparition des premiers volumes, et depuis il ne s'est pas démenti.

Je n'ai pas voulu jusqu'ici donner un catalogue détaillé des ouvrages qui doivent composer la *Bibliothèque elzevirienne*. Je craignais de fournir des indications utiles à des concurrents peu scrupuleux. C'est un fait malheureusement trop connu que, lorsqu'une nouvelle combinaison de librairie réussit, chacun se croit autorisé à marcher dans la voie de l'inventeur. Mais, pour moi, le danger s'amoindrit chaque jour : le nombre des volumes déjà publiés et des volumes prêts à paraître, le matériel dont je dispose, l'affection des érudits qui veulent bien concourir à l'accroissement de ma collection, et, enfin, la bienveillance du public, tout tend à me rassurer contre les résultats d'une concurrence déloyale. Aussi je n'hésite plus à donner le plan de la *Bibliothèque elzevirienne*, plan qui n'est pas absolument définitif, mais qui, s'il n'annonce pas tous les volumes que je dois publier, n'en comprend guère sur lesquels il n'ait déjà été fait pour mon compte des travaux préparatoires, et qui ne doivent voir le jour dans un délai plus ou moins rapproché.

P. JANNET.

CATALOGUE[1]

THÉOLOGIE[2]

Légendes en prose, du XIIIe siècle, recueillies et annotées par M. L. MOLAND. 2 vol.   10 fr.

Légendes en vers, recueillies et annotées par MM. Ch. D'HÉRICAULT et L. MOLAND. 2 vol.   10 fr.

* L'Internelle Consolation, première version françoise de l'Imitation de Jesus-Christ. Nouvelle édition, publiée par MM. L. MOLAND et Ch. D'HÉRICAULT. 1 vol.   5 fr.

Les Pensées de PASCAL. Edition de M. Prosper FAUGÈRE. 2 vol.   10 fr.

Les Provinciales de PASCAL. Edition de M. Prosper FAUGÈRE. 2 vol.   10 fr.

---

1. Les ouvrages déjà publiés sont désignés par un astérisque *. Ceux dont le titre n'est pas précédé de ce signe sont sous presse ou en préparation.

2. La partie religieuse de ce catalogue est encore fort incomplète, mais elle ne tardera pas à recevoir d'assez grands développements.

MORALE.

Les *Essais de Michel de* MONTAIGNE. Edition revue et annotée par M. le Dr J.-F. PAYEN. 4 vol.   20 fr.

La Sagesse, de CHARRON. 1 vol. 5 fr.

* *Réflexions, Sentences et Maximes morales* de LA ROCHEFOUCAULD. Nouvelle édition, conforme à celle de 1678, et à laquelle on a joint les Annotations d'un contemporain sur chaque maxime, les variantes des premières éditions et des notes nouvelles, par G. DUPLESSIS. Préface par SAINTE-BEUVE. 1 vol.   5 fr.

> Les *Annotations d'un contemporain* sur les *Maximes* de La Rochefoucauld ont été attribuées à Mme de La Fayette. Elles paraissent ici pour la première fois. Quelques unes seulement avaient été publiées par Aimé Martin.

* *Les Caractères* de THÉOPHRASTE, traduits du grec, avec les *Caractères ou les mœurs de ce siècle,* par LA BRUYÈRE. Nouvelle édition, collationnée sur les éditions données par l'auteur, avec toutes les variantes, une lettre inédite de La Bruyère et des notes littéraires et historiques, par Adrien DESTAILLEUR. 2 volumes.   10 fr.

> Cette édition est le fruit de plusieurs années de travail. M. Destailleur s'est attaché à reproduire toutes les variantes des éditions données par l'auteur. Il a indiqué avec soin les passages des moralistes anciens et modernes qui se sont rencontrés avec La Bruyère. Il a fait assez pour que M. S. de Sacy ait pu dire : « Voilà enfin un La Bruyère auquel il ne manque rien. »

OEuvres complètes de VAUVENARGUES.

* *Le livre du chevalier de la Tour Landry* pour l'enseignement de ses filles; publié d'après les manuscrits de Paris et de Londres, par M. Anatole de MONTAIGLON, membre résidant de la Société des Antiquaires de France. 5 fr.

Ce livre, œuvre d'un gentilhomme du XIVe siècle, contient de précieux renseignements sur les mœurs du moyen âge. Les sentiments du chevalier sur l'éducation des filles, déduits avec une naïveté, une liberté d'expressions qui paraissent étranges aux lecteurs de notre époque, sont appuyés du récit d'aventures empruntées à la Bible, aux chroniques et aux souvenirs personnels du chevalier de la Tour, récits souvent piquants et toujours gracieux, qui assignent à son livre une place distinguée parmi les œuvres des conteurs français.

BEAUX-ARTS.

* *Memoires pour servir à l'Histoire de l'Academie royale de peinture et de sculpture*, depuis 1648 jusqu'en 1664, publiés pour la première fois, d'après le manuscrit de la Bibliothèque Impériale, par M. Anatole DE MONTAIGLON. 2 volumes. 8 fr.

Epuisé.

* *Le livre des peintres et graveurs*, par Michel DE MAROLLES, abbé de Villeloin. Nouvelle édition, revue par M. Georges DUPLESSIS. 1 vol. 3 fr.

Ce petit livre, curieux spécimen de l'incroyable versification d'un écrivain beaucoup trop fécond, a cependant un mérite : il apprendra une infinité de choses aux hommes les plus versés dans l'histoire de l'art.

BELLES-LETTRES.

I. LINGUISTIQUE.

Recueil des Grammairiens français du XVIe siècle, avec introduction et notes par M. GUESSARD. 3 volumes. 15 fr.

II. POÉSIE.

1. Poétique.

Recueil d'anciens traités de poétique française, avec Introduction et notes par M. SERVOIS. 2 vol. 10 fr.

2. Poèmes chevaleresques.

* Gerard de Rossillon, chanson de geste publiée en provençal et en français, d'après les manuscrits de Paris et de Londres, par M. FRANCISQUE-MICHEL. 1 vol. 5 fr.

* Floire et Blanceflor, poèmes du XIIIe siècle, publiés d'après les manuscrits, avec une Introduction, des Notes et un Glossaire, par M. Edelestand DU MÉRIL. 1 vol. 5 fr.

Le Roman de la Rose ou de Guillaume de Dôle, en vers, du XIIIe siècle, publié pour la première fois d'après le manuscrit unique du Vatican, par M. Gustave SERVOIS. 1 vol. 5 fr.

3. Poésies de différents genres.

Recueil général des Fabliaux et Contes des poètes françois, revus sur les manuscrits et annotés par M. A. DE MONTAIGLON.
    Ce Recueil formera quatre volumes à 5 fr.

* *Le Dolopathos,* recueil de contes en vers, du XIIe siècle, par HERBERS, publié d'après les manuscrits par MM. Ch. BRUNET et A. DE MONTAIGLON. 1 vol.   5 fr.

Poésies du Roi de Navarre. 2 vol.   10 fr.

Poésies de Marie de France. 2 vol.   10 fr.

OEuvres complètes de RUTEBEUF. 2 vol.   10 fr.

Le Roman de la Rose, par Guillaume DE LORRIS et Jean DE MEUNG. 2 vol.   10 fr.

**Chansons, ballades et rondeaux de Jehannot de* LESCUREL, poète françois du XIVe siècle, publiés d'après le manuscrit unique par M. A. DE MONTAIGLON. 1 vol.   2 fr.
    Dans sa préface, l'éditeur s'est attaché à faire ressortir l'importance de ces poésies, d'ailleurs très remarquables, comme spécimen de la langue du XIVe siècle, « langue plus claire, plus intelligible, plus voisine « de notre langue actuelle que celle de bien des œuvres « postérieures ».

Poésies de Jean FROISSART. 2 vol.   10 fr.

Poésies de Christine DE PISAN. 2 vol.   10 fr.

Poésies d'Eustache DESCHAMPS. 2 vol.   10 fr.

Poésies d'Alain CHARTIER. 1 vol.   5 fr

Poésies de Charles D'ORLÉANS. 1 vol.   5 fr.

* *OEuvres complètes de* François VILLON. Nouvelle édition, revue, corrigée et mise en ordre, avec des notes historiques et littéraires, par P. L.-JACOB, bibliophile. 1 vol.   5 fr.

* *Recueil de poésies françoises des XVe et XVIe siècles,* morales, facétieuses, historiques, réunies et annotées par M. A. DE MONTAIGLON. Tomes I à V. Chaque volume :   5 fr.

> Dans ce recueil figureront les pièces anonymes piquantes et devenues rares, les œuvres de poètes qui n'ont laissé que peu de vers, les pièces les plus remarquables d'écrivains féconds, mais qu'on ne peut réimprimer en entier.

Le premier volume contient :

1. Le Debat de l'homme et de la femme (par frère Guillaume Alexis).
2. Le Monologue des Nouveaulx Sotz de la joyeuse Bende.
3. Les Tenèbres de Mariage.
4. Les Ditz de maistre Aliborum, qui de tout se mesle.
5. S'ensuit le mistère de la saincte Lerme, comment elle fut apportée de Constantinople à Vendosme.
6. Les Regretz de messire Barthelemy d'Alvienne, et la Chançon de la defense des Venitiens.
7. La Patenostre des Verollez.
8. Varlet à louer à tout faire (par Christophe de Bordeaux, Parisien).
9. Chambrière à louer à tout faire (par le même).
10. S'ensuyvent les Regretz et Complainte de Nicolas Clereau, avec la mort d'iceluy (par Gilles Corrozet).
11. Dyalogue d'ung Tavernier et d'un Pyon, en françoys et en latin.
12. Le Pater noster des Angloys.
13. Le Doctrinal des nouveaux mariés.
14. La piteuse desolation du monastère des Cordeliers de Maulx, mis à feu et bruslé.
15. Discours joyeux des Friponniers et Friponnières, ensemble la Confrairie desdits Friponniers et les Pardons de ladite Confrairie.

16. La vraye medecine qui guarit de tous maux et de plusieurs autres.

17. La medecine de maistre Grimache, avec plusieurs receptes et remèdes contre plusieurs et diverses maladies, toutes vrayes et approuvées.

18. La grande et triumphante monstre et bastillon de six mille Picardz, faicte à Amiens, à l'honneur et louenge de nostre sire le Roy, le XX juing mil cinq cens XXXV.

19. La Replicque des Normands contre la Chanson des Picardz.

20. Les Contenances de table.

21. Le Testament de Martin Leuther.

22. Sermon joyeulx de la vie Saint Ongnon, comment Nabuzardan, le maistre cuisinier, le fit martirer, avec les miracles qu'il faict chacun jour.

23. Les Commandements de Dieu et du Dyable.

24. La Complaincte du nouveau marié, avec le Dit de chascun, lequel marié se complainct des extenciles qui luy fault avoir à son mesnaige, et est en manière de chanson, avec la Loyauté des hommes.

25. De la Nativité de Monseigneur le Duc, filz premier de Monseigneur le Dauphin.

26. Sermon joyeulx d'un Ramonneur de cheminées.

27. Eglogue sur le retour de Bacchus, en laquelle sont introduits deux vignerons, assavoir : Colinot de Beaulne et Jaquinot d'Orleans, composé par Calvi de la Fontaine.

28. Les Ditz des bestes et aussy des oiseaulx.

29. La legende et description du Bonnet carré, avec les proprietez, composition et vertus d'icelluy.

30. Le Discours du trespas de Vert Janet.

31. Le Blason des Basquines et Vertugalles.

32. Les Souhaitz du monde.

Le second volume contient :

33. Sermon nouveau et fort joyeulx auquel est contenu tous les maulx que l'homme a en mariage. Nouvellement composé à Paris.

34. Le Doctrinal des filles à marier.

35. Nuptiaux virelays du mariage du roy d'Escosse et de madame Magdeleine, première fille de France, ensemble une ballade de l'apparition dès trois deesses, avec le Blazon de la cosse en laquelle a tousjours germiné la belle fleur de lys. Faict par Jean Leblond, sieur de Branville.

36. La Loyaulté des femmes, avec les Neuf preux de gour-

mandise et aussi une bonne recepte pour guerir les yvrongnes.

37. Les moyens d'eviter merencolie, soy conduire et enrichir en tous estatz par l'ordonnance de Raison, composé nouvellement par Dadouville.

38. Le Courroux de la Mort contre les Angloys, donnant proesse et couraige aux François.

39. La Pronostication des anciens laboureurs.

40. Les sept marchans de Naples, c'est assavoir : l'adventurier, le religieux, l'escolier, l'aveugle, le villageois, le marchant et le bragart.

41. S'ensuit le Sermon fort joyeux de saint Raisin.

42. La Complainte de Nostre-Dame, tenant son chier filz entre ses bras, descendu de la croix.

43. Les droits nouveaulx establis sur les femmes.

44. S'ensuyt le Doctrinal des bons serviteurs.

45. S'ensuyt ung Sermon fort joyeulx pour l'entrée de table.

46. La Complaincte de Monsieur le Cul contre les inventeurs des vertugalles.

47. La Prinse de Pavie par Monsieur d'Anguien, accompaigné du duc d'Urbin et plusieurs capitaines envoyez par le Pape.

48. La Boutique des usuriers, avec le recouvrement et abondance des vins, composé par M. Claude Mermet, notaire de Sainct-Rambert en Savoye, 1574.

49. Bigorne qui mange tous les hommes qui font le commandement de leurs femmes.

— Note sur Bigorne et sur Chicheface.

50. La Remembrance de la Mort.

51. Le Blason des barbes de maintenant, chose très joyeuse et recreative.

52. La Reformation des tavernes et destruction de Gormandise, en forme de dialogue.

53. La Plaincte du Commun contre les boulengers et ces brouillons taverniers ou cabaretiers et autres, avec la Desesperance des usuriers.

54. La Doctrine du père au fils.

55. Monologue nouveau et fort joyeulx de la Chambrière desproveue du mal d'amours.

56. La Folye des Angloys, composée par Me L. D.

57. Apologie des Chambrières qui ont perdu leur mariage à la blancque.

58. L'Heur et guain d'une Chambrière qui a mis son ma-

riage à la blanque pour soy marier, repliquant à celles qui y ont le leur perdu.

59. Le Banquet des chambrières fait aux Estuves le jeudy gras, 1541.

60. Prosa cleri parisiensis ad ducem de Mena, post cædem regis Henrici III. — Prose du clergé de Paris addressée au duc de Mayne après le meurtre du roy Henry III. traduite en françois par Pierre l'ighenat, curé de Saint-Nicollas-des-Champs, 1589.

61. Le Debat de la Vigne et du Laboureur.

62. La Vie de saint Harenc, glorieux martir, et comment il fut pesché en la mer et porté à Dieppe.

Le tome III contient :

63. Sermon joyeulx d'ung fiancé qui emprunte ung pain sur la fournée à rabattre sur le temps advenir.

64. Le monologue des sots joyeulx de la nouvelle bande, la declaration du preparatif de leur festin, mis en lumière par le seigneur du Rouge et Noir, adressant à tous joyeux sotz et aultres.

65. Epistre envoyée par feu Henry, roy d'Angleterre, à Henry, son fils, huytiesme de ce nom, à presant regnant audict royaulme (1512).

66. Le danger de se marier, par lequel on peut cognoistre les perils qui en peuvent advenir, tesmoins ceux qui ont esté les premiers trompez.

67. Le grant testament de Taste-Vin, roy des pions.

68. Le debat et procès de Nature et de Jeunesse, à deux personnages, c'est assavoir · Jeunesse, Nature. Avec les joyeulx commandemens de la table et plusieurs nouveaulx ditiés.

69. Les Omonimes, satire des mœurs corrompues de ce siècle, par Antoine du Verdier, homme d'armes de la compagnie de monsieur le seneschal de Lyon (1572).

70. L'art de rhetorique pour rimer en plusieurs sortes de rimes.

71. La resolution de Ny Trop Tost Ny Trop Tard Marié.

72. Les souhaitz des hommes.

73. Les souhaitz des femmes.

74. La voye de paradis, avec aucunes louanges de Nostre-Dame.

75. Le jaloux qui bat sa femme.

76. Les secrets et loix de mariage, par Jehan Divry.

77. Le songe doré de la Pucelle.

78. Les presomptions des femmes mondaines.

79. La deploration des trois Estatz de France sur l'entreprise des Anglois et Suisses, par Pierre Vachot (1513).

80. Sermon joyeux de la patience des femmes obstinées contre leurs marys, fort joyeux et recreatif à toutes gens.

81. L'epistre du Chevalier gris à la très noble et très superillustre princesse et très sacrée vierge Marie, fille et mère du très grant et très souverain monarche universel Jesus de Nazareth.

82. Deploration et complaincte de la mère Cardine de Paris, cy-devant gouvernante du Huleu, sur l'abolition d'iceluy.

83. L'Enfer de la mère Cardine.

Le tome IV contient:

84. La complainte douloureuse du Nouveau Marié.

85. La fontaine d'Amours et sa description. Nouvellement imprimé.

86. La singerie des huguenots, marmots et guenons de la nouvelle derrision Theodobezienne, contenant leurs arrests et sentences par jugement de raison naturelle. Composée par Me Artus Desiré (1574).

87. La doctrine des princes et des servans en court.

88. Pronostication generalle pour quatre cens quatre vingt-dix-neuf ans, calculée sur Paris et autres lieux de mesme longitude. Imprimée nouvellement à Paris, mille cinq cens soixante et un.

89. L'Aigle qui a fait la poule devant le Coq à Landrecy. Imprimé à Lyon, chez le Prince, près Nostre-Dame de Confort (par Claude Chapuis, 1543).

90. La deffaicte des faulx monnoyeurs, par Dadonville.

91. Les estrennes des filles de Paris, par Jean Divry.

92. Le sermon de l'Endouille.

93. La deploration de la cité de Genefve sur le faict des heretiques qui l'ont tiranniquement opprimée.

94. Le debat du Vin et de l'Eau (par Pierre Jamec).

95. La venue et resurrection de Bon-Temps, avec le bannissement de Chière-Saison. A Lyon, par Grand Jean Pierre, près Nostre Dame de Confort.

96. Les moyens très utiles et necessaires pour rendre le monde paisible et faire revenir le Bon-Temps.

97. Le debat de la Dame et de l'Escuyer (par maître Henri Baude).

98. Epistre envoiée de Paradis au très chrestien roy de

France François premier du nom, de par les empereurs Pepin et Charlemagne, ses magnifiques predecesseurs, et presentée audit seigneur par le Chevallier Transfiguré, porteur d'icelle (1515).

99. Le testament d'un amoureux qui mourut par amour. Ensemble son epitaphe, composé nouvellement.

100. Le *De profundis* des amoureux.

101. La fuitte des Bourguignons devant la ville de Bourg en Bresse, le quinziesme d'octobre mil cinq cens cinquante sept, regnant Henry roy de France, second du nom (1557).

102. Le triomphe de très haulte et puissante dame Verolle, royne du Puy d'Amours, nouvellement composé par l'inventeur des menus plaisirs honnestes. Lyon, François Juste, 1539.

103. Le pourpoinct fermant à boutons.

104. Description de la prinse de Calais et de Guynes, composée par forme et stile de procès par M. G. de M... A Paris, chez Barbe Regnault.

105. Hymne à la louange de Monseigneur le duc de Guyse, par Jean de Amelin. A Paris, en la boutique de Federic Morel, 1558.

106. Epitaphe de la ville de Calais, faicte par Anthoine Fauquel, natif de la ville d'Amiens, plus une chanson sur la prinse dudict Calais (par Jacques Pierre, dit Château-Gaillard). A Paris, par Jean Caveiller, 1558.

107. Le discours du testament de la prinse de la ville de Guynes, composé par maistre Anthoine Fauquel, prebstre, natif de la ville et cité d'Amiens. A Paris, à l'imprimerie d'Olivier de Harsy, 1558.

108. Ballade sur la mode des haulx bonnets.

Le tome V contient :

109. Le Debat de la Demoiselle et de la Bourgoise, nouvellement imprimé à Paris, très bon et joieulx.

110. La Complainte de France. Imprimé nouvellement. 1568.

111. Ode sacrée de l'Eglise françoyse sur les misères de ces troubles huictiesmes depuis vingt-cinq ans en çà. Imprimée nouvellement. 1586.

112. Les trois Mors et les trois Vifz, avec la Complaincte de la Damoyselle.

113. Le Caquet des bonnes Chamberières, declairant aulcunes finesses dont elles usent envers leurs maistres et

maistresses. Imprimé par le commandement de leur secretaire maistre Pierre Babillet, avec la manière pour connoistre de quel boys se chauffe Amour.

114. La presentation de mes seigneurs les Enfants de France, faicte par très haulte princesse madame Alienor, royne de France, avec l'accomplissement de la paix et proufitz de mariage. Avec privilége (1530).

115. La Complainte du commun peuple à l'encontre des boulangers qui font du petit pain et des taverniers qui brouillent le bon vin, lesquelz seront damnez au grant diable s'ilz ne s'amendent. Avec la louange de tous ceux qui vivent bien et la chanson des brouilleurs de vin. A Paris, pour Nicolas le Heudier, rue Saint Jacques, près le collége de Marmontier.

116. Le Dict des pays, avec les Conditions des femmes et plusieurs autres belles balades.

117. La Complainte de Venise (1508).

118. L'Amant despourveu de son esperit, escripvant à sa mye, voulant parler le courtisan, avec la reponse de la dame. On les vend à Paris en la rue Neufve Notre-Dame, à l'ansaigne Sainct Nicolas.

119. Le grand regret et complainte du preux et vaillant capitaine Ragot, très scientifique en l'art de parfaicte belistrerie (avec une note historique de l'éditeur sur Ragot).

120. Le testament de Jehan Ragot.

121. Dialogue plaisant et recreatif entremeslé de plusieurs discours plaisans et facetieux en forme de coq à l'asne.

122. Le rousier des Dames, sive le Pelerin d'amours, nouvellement composé par Messire Bertrand Desmarins de Masan.

123. Les Ditz et ventes d'amours.

124. La Prognostication des prognostications, non seulement de ceste presente année M.D.XXXVII, mais aussi des aultres à venir, voire de toutes celles qui sont passées, composée par maistre Sarcomoros, natif de Tartarie, et secretaire du très illustre et très puissant roy de Cathai, serf de vertus. M.D.XXXVII

125. Deploration sur le trespas de très noble princesse Madame Magdelaine de France, royne d'Escoce. Au Palais, par Gilles Corrozet et Jehan André, libraires. Avec privilége (1537).

126. La Deploration de Robin (1556).

127. Le debat de deux Damoyselles, l'une nommée la Noire et l'autre la Tannée.

128. La grant malice des Femmes.

129. Les Merveilles du monde selon le temps qui court, une ballade Francisque, et une aultre ballade de l'esperance des Hennoyers.

Le tome VI est sous presse.

OEuvres de Jehan REGNIER. 1 vol.   5 fr.

Le Livre de Matheolus et le Rebours de Matheolus. 2 vol.   10 fr.

Poésies de MARTIAL DE PARIS *dit* D'AUVERGNE. 1 vol.   5 fr.

Poésies de Guillaume COQUILLART, revues et annotées par M. Charles D'HÉRICAULT. 1 volume.   5 fr.

Poésies de Guillaume CRETIN. 1 vol.   5 fr.

OEuvres complètes de Pierre GRINGORE, avec des notes par MM. Anatole DE MONTAIGLON et Charles D'HÉRICAULT. 4 vol.   20 fr.

* *OEuvres complètes de* ROGER DE COLLERYE. Edition revue et annotée par M. Charles D'HÉRICAULT. 1 vol.   5 fr.

Poésies de Bonaventure DES PERIERS, suivies des autres œuvres françaises, revues sur les éditions originales et annotées par M. Louis LACOUR. 2 vol.   10 fr.

Voyez page 35 de ce catalogue.

OEuvres de Clément MAROT, *de Jean* MAROT *et de Michel* MAROT, avec variantes et notes par M. Georges GUIFFREY. 4 vol.   20 fr.

Poesies d'Etienne DOLET. 1 vol.   5 fr.

OEuvres complètes de MARGUERITE D'ANGOULÊME, reine de Navarre. 2 vol.   10 fr.

Voy. page 35 de ce catalogue.

Poésies de François Ier. 1 vol. — 5 fr.

OEuvres de Jacques de Tahureau. 2 vol. 10 fr.

OEuvres de Mellin de Saint-Gelais, avec un commentaire inédit de Bernard de la Monnoye. 2 vol. — 10 fr.

OEuvres de Joachim du Bellay, revues et annotées par M. J. Boulmier. 2 vol. 10 fr.

Poésies d'Olivier de Magny. 2 vol. — 10 fr.

OEuvres de Louise Labé. 1 vol. — 5 fr.

Poésies de Jacques Grevin. 2 vol. — 10 fr.

Poésies de Jacques Pelletier, du Mans. 2 volumes. — 10 fr.

Poésies de Remy Belleau. 2 vol. — 10 fr.

Poésies d'Amadis Jamyn. 2 vol. — 10 fr.

**OEuvres complètes de* Ronsard, avec variantes et notes par M. Prosper Blanchemain. Tome I. — 5 fr.

L'édition formera six volumes à 5 fr.

OEuvres de J. A. de Baïf. 2 vol. — 10 fr.

OEuvres de Philippe Desportes. 2 vol. 10 fr.

OEuvres de Vauquelin de la Fresnaye. 2 vol. — 10 fr.

OEuvres de Bertaut. 2 vol. — 10 fr.

* *OEuvres de Mathurin* Regnier, avec les commentaires revus et corrigés, précédées de l'*Histoire de la Satire en France*, pour servir de discours préliminaire, par M. Viollet le Duc. 1 vol. — 5 fr.

Le travail de M. Viollet Le Duc, publié pour la première fois en 1822, a été revu et modifié par lui pour la nouvelle édition. L'*Histoire de la satire* a reçu des additions.

* *Les Tragiques* et autres poésies de Théodore-Agrippa D'AUBIGNÉ. Edition annotée par M. Ludovic LALANNE. 1 vol.   5 fr.

* *OEuvres complètes* de THÉOPHILE, revues et annotées par M. ALLEAUME. 2 vol.   10 fr.

OEuvres complètes de MALHERBE. 2 vol.   10 fr.

OEuvres de MAYNARD. 1 vol.   5 fr.

Poésies de SARAZIN. 1 vol.   5 fr.

* *OEuvres complètes de* SAINT-AMANT, revues et annotées par Ch. L. LIVET. 2 vol.   10 fr.

> Cette édition est le résultat d'un travail de plusieurs années. M. Livet a réuni dans ces deux volumes tous les ouvrages de Saint-Amant, imprimés et inédits. De nombreuses notes expliquent les allusions, éclaircissent les passages difficiles, et font connaître les nombreux personnages nommés dans ces œuvres.

Poésies de maître Adam BILLAUT. 2 vol. 10 fr

Poésies de RACAN, revues et annotées par M. TENANT DE LATOUR. 2 vol.   10 fr.

Poésies du chevalier de CAILLY. 1 vol.   5 fr.

* *Extrait abrégé des vieux Memoriaux de l'abbaye de Saint-Aubin-des-Boys, en Bretagne.* 1 vol. (*épuisé*).   2 fr.

* *OEuvres de* CHAPELLE *et de* BACHAUMONT. Nouvelle édition, revue et corrigée sur les meilleurs textes, notamment sur l'édition de 1732, précédée d'une notice par M. TENANT DE LATOUR. 1 vol.   4 fr.

Poésies de FURETIÈRE. 1 vol.   5 fr.

OEuvres de SEGRAIS. 2 vol.   10 fr.

*OEuvres complètes de La Fontaine, revues et annotées par M. Marty-Laveaux. Tome II (Contes et nouvelles). 5 fr.

L'édition formera quatre volumes.

OEuvres de Boileau, commentées par les collaborateurs de la *Bibliothèque Elzevirienne.*

*OEuvres choisies de Senecé, revues sur les diverses éditions et sur les manuscrits originaux, par M. E. Chasles et P. A. Cap. 1 vol. 5 fr.

*OEuvres posthumes de Senecé, publiées d'après les manuscrits autographes, par M. Émile Chasles et P. A. Cap. 1 vol. 5 fr.

La Fleur des Chansons, d'après les livres manuscrits et imprimés.

Recueil des Noels composés dans les divers idiomes de la France, par M. Albert de la Fizelière. 3 vol. 15 fr.

III. THÉÂTRE.

Recueil de pièces relatives à l'histoire du théâtre en France. 1 vol. 5 fr.

* *Ancien théâtre françois,* ou Collection des ouvrages dramatiques les plus remarquables depuis les mystères jusqu'à Corneille, publié avec des notices et éclaircissements. Tomes I à VIII. Chaque vol. 5 fr.

Les trois premiers volumes sont la reproduction d'un recueil unique, conservé au Musée Britannique, à Londres, contenant 64 pièces, dont voici les titres :

Tome I.

1. Le Conseil du Nouveau marié, à deux personnages, c'est assavoir : le Mary et le Docteur.

2. Farce nouvelle, très bonne et fort joyeuse, du Nouveau marié qui ne peult fournir à l'appoinctement de sa femme, à quatre personnages, c'est assavoir : le Nouveau Marié, la Femme, la Mère et le Père.

3. Farce nouvelle, très bonne et fort joyeuse, de l'Obstination des femmes, à deux personnaiges, c'est assavoir : le Mari et la Femme.

4. Farce nouvelle, très bonne et fort joyeuse, du Cuvier, à troys personnages, c'est assavoir : Jaquinot, sa Femme et la Mère de sa femme.

5. Farce nouvelle, très bonne et fort joyeuse, à troys personnages, c'est assavoir : Jolyet, la Femme et le Père.

6. Farce nouvelle, à cinq personnaiges, des Femmes qui font refondre leurs maris, c'est assavoir : Thibault, Collart, Jennette, Pernette et le Fondeur.

7. Farce nouvelle et fort joyeuse du Pect, à quatre personnages, c'est assavoir : Hubert, la Femme, le Juge et le Procureur.

8. Farce nouvelle, très bonne et fort joyeuse, des Femmes qui demandent les arrerages de leurs maris, et les font obliger par *nisi*, à cinq personnages, c'est assavoir : le Mary, la Dame, la Chambrière et le Voysin.

9. Farce nouvelle d'ung Mary jaloux qui veult esprouver sa femme, à quatre personnages, c'est assavoir : Colinet, la Tante, le Mary et sa Femme.

10. Farce moralisée, à quatre personnaiges, c'est assavoir : deux Hommes et leurs deux Femmes, dont l'une a malle teste et l'autre est tendre du cul.

11. Farce nouvelle et fort joyeuse, à quatre personnages, c'est assavoir : le Mary, la Femme, le Badin qui se loue et l'Amoureux.

12. Farce nouvelle, très bonne et fort joyeuse, de Pernet qui va au vin, à troys personnaiges, c'est assavoir : Pernet, sa Femme et l'Amoureux.

13. Farce nouvelle, très bonne et fort joyeuse, d'un Amoureux, à quatre personnages, c'est assavoir : l'Homme, la Femme, l'Amoureux et le Médecin.

14. Colin qui loue et despite Dieu en ung moment à cause de sa femme, à troys personnages, c'est assavoir : Colin, sa Femme et l'Amant.

15. Farce nouvelle, très bonne et fort joyeuse, à quatre personnaiges, c'est assavoir : le Gentilhomme, Lison, Naudet, la Damoyselle.

16. Farce nouvelle à troys personnages, c'est assavoir : le Badin, la Femme et la Chambrière.

17. Farce nouvelle, très bonne et fort joyeuse, de Jeninot qui fist un roy de son chat, par faulte d'autre compagnon, en criant : Le roy boit ! et monta sur sa maistresse pour la mener à la messe, à troys personnaiges, c'est assavoir : le Mary, la Femme et Jeninot.

18. Farce nouvelle de frère Guillebert, très bonne et fort joyeuse, à quatre personnages, c'est assavoir : Frère Guillebert, l'Homme vieil, sa Femme jeune, la Commère.

19. Farce nouvelle, très bonne et fort joyeuse, de Guillerme qui mangea les figues du curé, à quatre personnaiges, c'est assavoir : le Curé, Guillerme, le Voysin et sa Femme.

20. Farce nouvelle, très bonne et fort joyeuse, de Jenin filz de rien, à quatre personnaiges, c'est assavoir : la Mère et Jenin, son fils, le Prestre et ung Devin.

21. La Confession Margot, à deux personnaiges, c'est assavoir : le Curé et Margot.

22. Farce nouvelle, très bonne et fort joyeuse, de George le Veau, à quatre personnaiges, c'est assavoir : George le Veau, sa Femme, le Curé et son Clerc.

TOME II.

23. Sermon joyeux de bien boire, à deux personnaiges, c'est assavoir : le Prescheur et le Cuysinier.

24. Farce nouvelle, très bonne et très joyeuse, de la Résurrection de Jenin-Landore, à quatre personnaiges, c'est assavoir : Jenin, sa Femme, le Curé et le Clerc.

25. Farce nouvelle, fort joyeuse, du Pont aux Asgnes, à quatre personnages, c'est assavoir : Le Mary, la Femme, Messire *Domine de* et le Boscheron.

26. Farce nouvelle, très bonne et fort joyeuse, à troys personnages, d'un Pardonneur, d'un Triacleur et d'une Tavernière, c'est assavoir : le Triacleur, le Pardonneur et la Tavernière.

27. Farce nouvelle du Pasté et de la Tarte, à quatre personnaiges, c'est assavoir : deux Coquins, le Paticier et sa Femme.

28. Farce nouvelle de Mahuet, badin, natif de Baignolet, qui va à Paris au marché pour vendre ses œufz et sa cresme, et ne les veult donner sinon au pris du marché, et est à quatre personnages, c'est assavoir : Mahuet, sa Mère, Gaultier et la Femme.

29. Farce nouvelle et fort joyeuse des Femmes qui font escurer leurs chaulderons et deffendent que on ne mette la

pièce auprès du trou, à troys personnages, c'est assavoir : la première Femme, la seconde et le Maignen.

30. Farce nouvelle, très bonne et fort joyeuse, à troys personnages, d'un Chauldronnier, c'est assavoir: l'Homme, la Femme et le Chauldronnier.

31. Farce nouvelle, très bonne et fort joyeuse, à trois personnaiges, c'est assavoir : le Chaulderonnier, le Savetier et le Tavernier.

32. Farce joyeuse, très bonne et recreative pour rire, du Savetier, à troys personnaiges, c'est assavoir : Audin, savetier; Audette, sa Femme, et le Curé.

33. Farce nouvelle d'ung Savetier nommé Calbain, fort joyeuse, lequel se maria à une savetière, à troys personnaiges, c'est assavoir : Calbain, la Femme et le Galland.

34. Farce nouvelle, à quatre personnaiges, c'est assavoir : le Cousturier, Esopet, le Gentilhomme et la Chambrière.

35. Farce nouvelle, très bonne et fort joyeuse, à trois personnaiges, c'est assavoir : Maistre Mimin le Gouteux, son varlet Richard le Pelé, sourd, et le Chaussetier.

36. Farce nouvelle d'ung Ramoneur de cheminées, fort joyeuse, à quatre personnaiges, c'est assavoir : le Ramoneur, le Varlet, la Femme et la Voysine.

37. Sermon joyeux et de grande value
  A tous les foulx qui sont dessoubz la nue,
  Pour leur monstrer à saiges devenir,
  Moyennant ce que, le temps advenir,
  Tous sotz tiendront mon conseil et doctrine,
  Puis congnoistront clerement, sans urine,
  Que le monde pour sages les tiendra
  Quand ils auront de quoy : notez cela.

38. Sottie nouvelle, à six personnaiges, c'est assavoir : le Roy des Sotz, Triboulet, Mitouflet, Sottinet, Coquibus, Guippelin.

39. Sottie nouvelle, à cinq personnages, des Trompeurs, c'est assavoir : Sottie, Teste Verte, Fine Mine, Chascun et le Temps.

40. Farce nouvelle, très bonne, de Folle Bobance, à quatre personnaiges, c'est assavoir : Folle Bobance, le premier Fol, gentilhomme; le second Fol, marchant, et le tiers Fol, laboureux.

41. Farce joyeuse, très bonne, à deux personnaiges, du Gaudisseur qui se vante de ses faictz, et ung Sot qui lui respond au contraire, c'est assavoir : le Gaudisseur et le Sot.

42. Farce nouvelle, très bonne et fort recreative pour rire, des cris de Paris, à troys personnaiges, c'est assavoir : le premier Gallant, le second Gallant et le Sot.

43. Farce nouvelle du Franc Archier de Baignolet.

44. Farce joyeuse de Maistre Mimin, à six personnaiges, c'est assavoir : le Maistre d'escolle ; Maistre Mimin, estudiant ; Raulet, son père ; Lubine, sa mère ; Raoul Machue, et la Bru Maistre Mimin.

45. Farce nouvelle, très bonne et fort joyeuse, à troys personnaiges, de Pernet qui va à l'escolle, c'est assavoir : Pernet, la Mère, le Maistre.

46. Farce nouvelle, très bonne et fort joyeuse, à troys personnaiges, c'est assavoir : la Mère, le Filz et l'Examinateur.

47. Farce nouvelle de Colin, filz de Thevot le Maire, qui vient de Naples et amène ung Turc prisonnier, à quatre personnaiges, c'est assavoir : Thevot le Mère, Colin son filz, la Femme, le Pelerin.

48. Farce nouvelle, à trois personnaiges, c'est assavoir : Tout Mesnaige, Besogne faicte, la Chamberière qui est malade de plusieurs maladies, comme vous verrez ci dedans, et le Fol qui faict du medecin pour la guarir.

49. Le Debat de la Nourrice et de la Chamberière, à troys personnaiges, c'est assavoir : la Nourrisse, la Chamberière, Johannes.

50. Farce nouvelle des Chamberières qui vont à la messe de cinq heures pour avoir de l'eaue beniste, à quatre personnaiges, c'est assavoir : Domine Johannes, Troussetaqueue, la Nourrice et Saupiquet.

TOME III.

51. Moralité nouvelle des Enfans de Maintenant, qui sont des escoliers de Jabien, qui leur monstre à jouer aux cartes et aux dez et entretenir Luxures, dont l'ung vient à Honte, et de Honte à Desespoir, et de Desespoir au gibet de Perdition, et l'aultre se convertist à bien faire. Et est à treize personnages, c'est assavoir : le Fol, Maintenant, Mignotte, Bon Advis, Instruction, Finet, premier enfant ; Malduict, second enfant ; Discipline, Jabien, Luxure, Honte, Desespoir, Perdition.

52. Moralité nouvelle, contenant
Comment Envie, au temps de Maintenant,
Fait que les Frères que Bon Amour assemble
Sont ennemys et ont discord ensemble,

Dont les parens souffrent maint desplaisir,
Au lieu d'avoir de leurs enfans plaisir.
Mais à la fin Remort de conscience,
Vueillant user de son art et science,
Les fait renger en paix et union
Et tout leur temps vivre en communion.

A neuf personnaiges, c'est assavoir : le Preco, le Père, la Mère, le premier Filz, le second Filz, le tiers Filz, Amour fraternel, Envie, et Remort de conscience.

53. Moralité nouvelle d'ung Empereur qui tua son nepveu qui avoit prins une fille à force; et comment, ledict Empereur estant au lict de la mort, la sainte Hostie luy fut apportée miraculeusement. Et est à dix personnaiges, c'est assavoir : l'Empereur, le Chappelain, le Duc, le Conte, le Nepveu de l'Empereur, l'Escuyer, Bertaut et Guillot, serviteurs du Nepveu; la Fille violée, la Mère de la Fille, avec la sainte Hostie qui se présenta à l'Empereur.

54. Moralité ou histoire rommaine d'une Femme qui avoit voulu trahir la cité de Romme, et comment sa Fille la nourrit six sepmaines de son lait en prison, à cinq personnaiges, c'est assavoir : Oracius, Valerius, le Sergent, la Mère et la Fille.

55. Farce nouvelle, fort joyeuse et morale, à quatre personnaiges, c'est assavoir : Bien Mondain, Honneur spirituel, Pouvoir Temporel et la Femme.

56. Farce nouvelle, très bonne, morale et fort joyeuse, à troys personnaiges, c'est assavoir : Tout, Rien et Chascun.

57. Bergerie nouvelle, fort joyeuse et morale, de Mieulx que devant, à quatre personnaiges, c'est assavoir : Mieulx que devant, Plats Pays, Peuple pensif et la Bergière.

58. Farce nouvelle moralisée des Gens-Nouveaulx qui mangent le monde et le logent de mal en pire, à quatre personnaiges, c'est assavoir : le premier Nouveau, le second Nouveau, le tiers Nouveau et le Monde.

59. Farce nouvelle, à cinq personnaiges, c'est assavoir : Marchandise et Mestier, Pou d'Acquest, le Temps qui court et Grosse Despense.

60. La vie et l'histoire du Maulvais Riche, à traize personnaiges, c'est assavoir : le Maulvais Riche, la Femme du Maulvais Riche, le Ladre, le Prescheur, Trotemenu, Tripet, cuisinier; Dieu le Père, Raphaël, Abraham, Lucifer, Sathan, Rahouart, Agrappart.

61. Farce nouvelle des Cinq Sens de l'Homme, moralisée et fort joyeuse pour rire et recréative, et est à sept

personnaiges, c'est assavoir : l'Homme, la Bouche, les Mains, les Yeulx, les Piedz, l'Ouye et le Cul.

62. Debat du Corps et de l'Ame.

63. Moralité nouvelle, très bonne et très excellente, de Charité, où est demontré les maulx qui viennent aujourd'huy au Monde par faulte de Charité, à douze personnaiges : le Monde, Charité, Jeunesse, Vieillesse, Tricherie, le Pouvre, le Religieux, la Mort, le Riche Avaricieux et son Varlet, le Bon Riche vertueux et le Fol.

64. Le Chevalier qui donna sa Femme au Dyable, à dix personnaiges, c'est assavoir : Dieu le Père, Nostre Dame, Gabriel, Raphael, le Chevalier, sa Femme, Amaury, escuyer; Anthenor, escuyer ; le Pipeur et le Dyable.

> Le tome IV contient les œuvres dramatiques d'Etienne Jodelle; les *Esbahis*, de Jacques Grevin ; la *Reconnue*, de Remy Belleau. — Les tomes V et VI contiennent les huit premières comédies de Pierre de Larivey. La dernière pièce fait partie du tome VII, qui contient en outre *les Contens*, par Odet de Tournebu; *les Neapolitaines*, par François d'Amboise ; *les Déguisez*, par Jean Godard; *la nouvelle Tragi-comique* du Capitaine Lasphrise. — Le tome VIII contient *Tyr et Sidon*, par Jean de Schelandre; *les Corrivaux*, par Pierre Troterel, sieur d'Aves ; *l'Impuissance*, par Veronneau ; *Alizon*, par L. C. Discret. — Le tome IX contient la *Comédie des proverbes*, la *Comédie de chansons*, la *Comédie des comedies*, la *Comédie des comédiens*, de Gougenot, le *Galimatias* de Deroziers-Beaulieu. — Le tome X et dernier contiendra un Glossaire.

Recueil général des farces qui ne font point partie de l'*Ancien théâtre français*, publié d'après les manuscrits et les imprimés par M. A. DE MONTAIGLON. 5 vol.   25 fr.

Mystère de la Passion, par Arnoul GRÉBAN, publié d'après les manuscrits par MM. G. d'HÉRICAULT et L. MOLAND. 3 vol.   15 fr.

*Les Comédies de Pierre de LARIVEY, Champenois. 2 vol.   20 fr.

> Ces deux volumes contiennent les neuf comédies de Pierre de Larivey. C'est un tirage à part, à cent

exemplaires, avec titre particulier, des tomes V et VI et de partie du tome VII de l'*Ancien théâtre françois*.

Histoire de la vie et des ouvrages de CORNEILLE, par M. J. TASCHEREAU. 1 vol.   5 fr.

> Introduction aux *OEuvres complètes de Pierre* CORNEILLE.

OEuvres complètes de Pierre CORNEILLE, publiées d'après le système orthographique de l'auteur et annotées par M. J. TASCHEREAU. 6 vol.   30 fr.

> Le tome Ier paraîtra incessamment.

OEuvres complètes de MOLIÈRE, revues et annotées par M. J. TASCHEREAU. 4 vol.   20 fr.

OEuvres complètes de Jean RACINE, revues et annotées par M. Emile CHASLES. 2 vol. 10 fr.

Théâtre historique, ou Recueil de pièces anciennes relatives à l'histoire de France, avec des notes. 2 vol.   10 fr.

IV. ROMANS.

* *Melusine,* par Jehan d'Arras; nouvelle édition, publiée d'après l'édition originale de Genève, 1478, in-fol., par M. Ch. BRUNET. 1 vol. 5 fr.

* *Le Roman de Jehan de Paris,* publié d'après les premières éditions, et précédé d'une notice par M. Emile MABILLE. 1 vol.   3 fr.

* *Le Roman bourgeois,* ouvrage comique, par Antoine FURETIÈRE. Nouvelle édition, avec des notes historiques et littéraires par M. Edouard FOURNIER, précédée d'une Notice par M. Ch. ASSELINEAU. 1 vol.   5 fr.

> Le *Roman bourgeois,* décrié au XVIIe siècle par les

ennemis de l'auteur, mal réimprimé au XVIIIe, était à peine connu au XIXe. L'édition publiée par MM. Asselineau et Fournier a révélé à nos contemporains un des livres les plus sensés, les plus amusants, les mieux écrits, du siècle de Louis XIV, le plus précieux peut-être pour l'étude des mœurs bourgeoises et littéraires à cette époque.

*Le Roman comique, par SCARRON, revu et annoté par M. Victor FOURNEL. 2 vol. 10 fr.

* Histoire amoureuse des Gaules, par BUSSY-RABUTIN, revue et annotée par M. Paul BOITEAU D'AMBLY, suivie des Romans historico-satiriques du XVIIe siècle, recueillis et annotés par M. C.-L. LIVET. 3 vol. 15 fr.

Deux volumes sont en vente

* Six mois de la vie d'un jeune homme (1797), par VIOLLET LE DUC. 1 vol. 4 fr.

* Les Aventures de Don Juan de VARGAS, racontées par lui-même, traduites de l'espagnol, sur le manuscrit inédit, par Charles NAVARIN. 1 vol. 3 fr.

A tort ou à raison, on regarde généralement cet ouvrage comme un livre apocryphe, un pastiche, une imitation des romans de Le Sage et des contes de Voltaire. Ajoutons qu'on déclare l'imitation très heureuse ; partant, le livre d'une lecture agréable et facile, écrit avec beaucoup d'esprit et de talent.

V. CONTES ET NOUVELLES.

*Hitopadésa, ou l'Instruction utile, recueil d'apologues et de contes, traduit du sanscrit, avec des notes historiques et littéraires et un Appendice contenant l'indication des sources et des imitations, par M. Ed. LANCEREAU, membre de la Société Asiatique. 1 vol. 5 fr.

On trouve dans ce volume beaucoup de fables et de

contes qui ont passé dans les littératures modernes, particulièrement dans la nôtre.

Nouvelles françoises en prose, du XIIIe siècle, avec Notices et notes par MM. MOLAND et Ch. D'HÉRICAULT. 1 vol.   5 fr.

Nouvelles françoises en prose, du XIVe siècle, publiées par les mêmes. 1 vol.   5 fr.

Nouvelles françoises en prose, du XVe siècle, publiées par les mêmes. 1 vol.   5 fr.

*Le Livre du chevalier de la Tour Landry, pour l'enseignement de ses filles, publié par M. A. DE MONTAIGLON. 1 vol.   5 fr.

    Voyez page 9 de ce catalogue.

Le Violier des histoires romaines, ancienne traduction françoise des *Gesta Romanorum.* 2 volumes.   10 fr.

*Les Cent nouvelles nouvelles, publiées d'après le seul manuscrit connu, avec introduction et notes par M. Thomas WRIGHT, membre correspondant de l'Institut de France. 2 vol. 10 fr.

    Le tome Ier est en vente.

Recueil de petits contes latins, tirés des manuscrits et annotés par M. Thomas WRIGHT, 1 vol.   5 fr.

*MORLINI *novellæ, fabulæ et Comœdia.* Editio tertia, emendata et aucta. 1 vol.   5 fr.

    Ouvrage peu connu, par suite de l'extrême rareté des éditions précédentes, et précieux pour l'histoire des contes et des fables. La *Comédie* a trait à l'expédition envoyée par Louis XII à la conquête du royaume de Naples.

Les Contes de Pogge, Florentin. Traduction française du XVe siècle. 1 vol.   5 fr.

* *Les nouvelles recreations et joyeux devis* de Bonaventure DES PERIERS, revus sur les éditions originales et annotées par M. Louis LA-COUR. 1 vol. 5 fr.

> Tome II des Œuvres. Le tome Ier est sous presse.

L'Heptameron de la reine de Navarre. 2 volumes. 10 fr.

> Voy. page 35 de ce catalogue.

Propos rustiques, Baliverneries, contes et discours d'Eutrapel, par Noel DU FAÏL, sieur DE LA HÉRISSAYE. 2 vol. 10 fr.

Les Serées de Guillaume Bouchet. 3 vol. 15 fr.

Le Decameron de Boccace, traduction d'Antoine LE MAÇON. 2 vol. 10 fr.

Les facetieuses nuits du seigneur Straparole, traduites par Jean LOUVEAU et Pierre DE LARIVEY. 2 vol. 10 fr.

La Philosophie fabuleuse, par Pierre DE LARIVEY, édition revue et annotée par M. Ed. LANCEREAU. 1 vol. 5 fr.

VI. FACÉTIES.

* MORLINI *novellæ, fabulæ et comœdia.* Editio tertia, emendata et aucta. 1 vol. 5 fr.

> Voy. page 31 de ce catalogue.

**Les quinze Joyes de mariage.* Nouvelle édition, conforme au manuscrit de la Bibliothèque publique de Rouen, avec les variantes des anciennes éditions et des notes. 1 vol. 3 fr.

> Cet ouvrage si remarquable, qu'on attribue à l'auteur du *Petit Jehan de Saintré,* Antoine de la Sale, a toujours eu de nombreux admirateurs, au nombre des-

quels se trouvent Rabelais et Molière. Il a été imprimé plusieurs fois ; l'éditeur a reconnu l'existence de quatre textes différents, tous plus ou moins tronqués. En s'aidant des anciennes éditions et du manuscrit de la Bibliothèque publique de Rouen, il est parvenu à rétablir le texte tel qu'il a dû sortir de la plume de l'auteur. Les variantes recueillies à la fin du volume justifient pleinement ce travail, et les notes placées au bas des pages rendent l'intelligence du texte facile aux personnes même les moins versées dans la connaissance de notre littérature du moyen âge.

Les Evangiles des Quenouilles. Nouvelle édition, revue sur les éditions anciennes et les manuscrits, avec Préface, Glossaire et Table analytique. 1 vol.   3 fr.

« Ceci n'est pas seulement un livre amusant : c'est
« encore un des livres les plus précieux pour l'histoire
« des mœurs, des opinions et des préjugés... C'est le
« répertoire le plus curieux des croyances, des erreurs
« et des préjugés répandus au moyen âge parmi le peu-
« ple. »   (*Extrait de la Préface.*)

La Nouvelle Fabrique des excellens traits de verité, par Philippe D'ALCRIPE, sieur de Neri en Verbos. Nouvelle édition, augmentée des *Nouvelles de la terre de Prestre Jehan.* 1 volume.   4 fr.

Cet ouvrage, de la fin du XVIe siècle, est le type et la source de ces nombreuses histoires où l'exagération joue un si grand rôle. De ce volume viennent en droite ligne les *Facetieux devis et plaisans contes du sieur du Moulinet*, les histoires de M. de Crac et de sa famille, et les célèbres *Aventures du baron de Münchhausen.* En somme, c'est un livre fort amusant, et qui fait connaître un des côtés de l'esprit railleur de nos pères.

OEuvres de RABELAIS, seule édition conforme aux derniers textes revus par l'auteur, avec les variantes des anciennes éditions, des notes et un Glossaire. 2 vol.   10 fr.

Les Contes de Pogge, florentin, traduction française du XVe siècle. 1 vol. 5 fr.

Voy. page 31 de ce catalogue.

Les Bigarrures et touches du seigneur des Accords, avec les contes du sieur GAULARD et les Escraignes dijonnoises. 2 vol. 10 fr.

Tabarin, 2 vol. 10 fr.

Bruscambille. 2 vol. 10 fr.

* *Recueil general des Caquets de l'Accouchée*. Nouvelle édition, revue sur les pièces originales et annotée par M. Edouard FOURNIER, avec une Introduction par M. LE ROUX DE LINCY. 1 vol. 5 fr.

<small>Dans cet ouvrage, les mœurs, les usages, les abus du premier quart du XVIIe siècle, sont passés en revue avec autant de liberté que de malice. Grâce aux notes dont cette édition est accompagnée, ce livre facétieux sera désormais un de ceux que l'on consultera avec le plus de fruit sur l'histoire du temps.</small>

* *Le Dictionnaire des Pretieuses*, par le sieur de Somaize. Nouvelle édition, augmentée de divers opuscules du même auteur relatifs aux Precieuses, et d'une clef historique et anecdotique par M. C. L. LIVET. 2 vol. 10 fr.

VII. POLYGRAPHES ET MÉLANGES.

Œuvres complètes de Pierre DE BOURDEILLES abbé de BRANTHOME, et d'André de BOURDEILLES, son frère aîné, publiées pour la première fois selon le plan de l'auteur, augmentées de nombreux fragments inédits, et annotées par M. Prosper MÉRIMÉE, de l'Académie française, et M. Louis LACOUR, archiviste paléographe.

OEuvres complètes de MARGUERITE D'ANGOULÊME, reine de NAVARRE. 4 vol.   20 fr.

    Œuvres diverses, 2 vol. — Heptameron, 2 vol.

OEuvres françaises de Bonaventure DES PERIERS, revues sur les éditions originales et annotées par M. Louis LACOUR. 2 vol.   10 fr.

    Tome I : Poésies, *Cymbalum Mundi*, Opuscules. —
    Tome II : Nouvelles Recreations et joyeux devis.

Epítres latines de Michel DE L'HOSPITAL, traduites et annotées par M. Louis DE NALÈCHE. 2 vol.   10 fr.

OEuvres complètes de la Fontaine, revues et annotées par M. MARTY-LAVEAUX. 4 volumes.   20 fr.

    Le tome I contiendra les *Fables*, le tome II les *Contes*, les tomes III et IV le Théâtre et les autres œuvres.

Chroniques des Samedis de Mlle de Soudéry, recueillies par CONRART, annotées par PELLISSON-FONTANIER, et publiées par M. F. FEUILLET DE CONCHES. 1 vol.   5 fr.

* *Variétés historiques et littéraires*, recueil de pièces volantes rares et curieuses, en prose et en vers, avec des notes par M. Edouard FOURNIER. Tomes I à VI. Le volume,   5 fr.

    Le 1er volume contient :

1. Ensuit une remonstrance touchant la garde de la librairie du Roy, par Jean Gosselin, garde d'icelle librairie.

2. Le Diogène françois, ou Les facetieux discours du vray anti-dotour comique blaisois.

3. Histoires espouvantables de deux magiciens qui ont esté estranglez par le diable, dans Paris, la semaine saincte.

4. Discours faict au parlement de Dijon sur la presentation des Lettres d'abolition obtenues par Helène Gillet, condamnée à mort pour avoir celé sa grossesse et son fruict.

5. Histoire veritable de la conversion et repentance d'une courtisane venitienne.

6. Les singeries des femmes de ce temps descouvertes, et particulièrement d'aucunes bourgeoises de Paris.

7. La Chasse et l'Amour, à Lysidor.

8. Dialogue fort plaisant et recreatif de deux marchands : l'un est de Paris et l'autre de Pontoise, sur ce que le Parisien l'avoit appelé Normand.

9. Discours prodigieux et espouvantable de trois Espaignols et une Espagnolle, magiciens et sorciers, qui se faisoient porter par les diables de ville en ville.

10. Histoire admirable et declin pitoyable advenu en la personne d'un favory de la cour d'Espagne.

11. Examen sur l'inconnue et nouvelle caballe des frèyes de la Rozée-Croix.

12. Role des presentations faictes au Grand Jour de l'Eloquence françoise.

13. Recit veritable du grand combat arrivé sur mer, aux Indes Occidentales, entre la flotte espagnole et les navires hollandois, conduits par l'amiral Lhermite, devant la ville de Lyma, en l'année 1624.

14. Discours veritable de l'armée du très vertueux et illustre Charles, duc de Savoye et prince de Piedmont, contre la ville de Genève.

15. Histoire miraculeuse et admirable de la contesse de Hornoc, flamande, estranglée par le diable, dans la ville d'Anvers, pour n'avoir trouvé son rabat bien godronné, le 15 avril 1616.

16. Discours au vray des troubles naguères advenus au royaume d'Arragon.

17. Recit naïf et veritable du cruel assassinat et horrible massacre commis le 26 aoust 1652, par la Compagnie des frippiers de la Tonnellerie, en la personne de Jean Bourgeois.

18. Les Grands Jours tenus à Paris par M. Muet, lieutenant du petit criminel.

19. La revolté des Passemens.

20. Ordonnance pour le faict de la police et reglement du camp.

21. Combat de Cyrano de Bergerac avec le singe de Brioché, au bout du Pont-Neuf.

22. La prinse et deffaicte du capitaine Guillery.
23. Le bruit qui court de l'Espousée.
24. La conference des servantes de la ville de Paris.
25. Le triomphe admirable observé en l'aliance de Betheleem Gabor, prince de Transilvanie, avec la princesse Catherine de Brandebourg.
26. La descouverture du style impudique des courtisannes de Normandie à celles de Paris, envoyée pour estrennes, de l'invention d'une courtisanne angloise.
27. La Rubrique et fallace du monde.
28. Plaidoyers plaisans dans une cause burlesque.
29. Les merveilles et les excellences du Salmigondis de l'aloyau, avec les Confitures renversées.

Le second volume contient :

1. Mémoire sur l'état de l'Académie françoise, remis à Louis XIV vers l'an 1696.
2. Le Miroir de contentement, baillé pour estrenne à tous les gens mariez.
3. Le Patissier de Madrigal en Espagne, estimé estre Dom Carles, fils du roy Philippe.
4. Discours sur l'apparition et faits pretendus de l'effroyable Tasteur, dédié à mesdames les poissonnières, harengères, fruitières et autres qui se lèvent le matin d'auprès de leurs maris, par l'Angoulevent.
5. La Destruction du nouveau moulin à barbe.
6. Dissertation sur la veritable origine des moulins à barbe.
7. Les cruels et horribles tormens de Balthazar Gerard, Bourguignon, vray martyr, souffertz en l'execution de sa glorieuse et memorable mort, pour avoir tué Guillaume de Nassau, prince d'Orenge.
8. Histoire des insignes faussetez et suppositions de Francesco Fava, medecin italien.
9. Histoire veritable et divertissante de la naissance de mie Margot et de ses aventures.
10. Le caquet des poissonnières sur le departement du roy et de la cour.
11. La Moustache des filous arrachée, par le sieur du Laurens.
12. Accident merveilleux et espouvantable du desastre arrivé le 7 mars 1618 d'un feu inremediable lequel a bruslé et consommé tout le Palais de Paris.
13. Ordonnances generales d'amour.
14. L'Adieu du plaideur à son argent.

15. Rencontre et naufrage de trois astrologues judiciaires, Mauregard, J. Petit et P. Larivey, nouvellement arrivez en l'autre monde.

16. Discours de l'inondation arrivée au fauxbourg S.-Marcel-lez-Paris, par la rivière de Bièvre, 1625.

17. La Permission aux servantes de coucher avec leurs maistres, ensemble l'Arrest de la part de leurs maistresses.

18. La muse infortunée contre les froids amis du temps.

19. Remonstrance aux nouveaux mariez et mariées et ceux qui desirent de l'estre, ensemble pour cognoistre les humeurs des femmes.

20. Le Tocsin des filles d'amour.

21. Plaisant galimatias d'un Gascon et d'un Provençal, nommez Jacques Chagrin et Ruffin Allegret.

22. Particularitez de la conspiration et la mort du chevalier de Rohan, de la marquise de Villars, de Van den Ende, etc.

23. Cartels de deux Gascons et leurs rodomontades, avec la dissection de leur humeur espagnole.

24. Le hazard de la blanque renversé et la consolation des marchands forains.

25. Sermon du cordelier aux soldats, ensemble la responce des soldats au cordelier.

26. L'ouverture des jours gras, ou l'entretien du carnaval.

27. Histoire veritable du combat et duel assigné entre deux demoiselles sur la querelle de leurs amours.

28. L'innocence d'amour, à Lysandre.

Le tome III contient :

1. Placet des amans au roy contre les voleurs de nuit et les filoux.

2. Reponse des filoux (par Mlle de Scudery).

3. Recit veritable de l'attentat fait sur le precieux corps de N.-S. Jesus-Christ entre les mains du prestre disant la messe, le 24 mai 1649, en l'église de Sannois.

4. Histoire prodigieuse du fantome cavalier solliciteur qui s'est battu en duel le 27 janvier 1615, près Paris.

5. La chasse au vieil grognard de l'antiquité. 1622.

6. L'Onophage, ou le mangeur d'asne, histoire veritable d'un procureur qui a mangé un asne.

7. Les Regrets des filles de joie de Paris sur le subject de leur bannissement.

8. Histoire joyeuse et plaisante de M. de Basseville et

d'une jeune demoiselle, fille du ministre de St-Lo, laquelle fut prise et emportée subtilement de la maison de son père.

9. L'ordre du combat de deux gentilshommes faict en la ville de Moulins, accordé par le roy nostre sire.

10. La Response des servantes aux langues calomnieuses qui ont frollé sur l'ance du panier ce caresme ; avec l'advertissement des servantes bien mariées et mal pourveues à celles qui sont à marier, et prendre bien garde à eux avant que de leur mettre en mesnage.

11. Nouveau reglement general sur toutes sortes de marchandises et manufactures qui sont utiles et necessaires dans ce royaume, par de la Gomberdière.

12. Le Trebuchement de l'ivrongne, par G. Colletet.

13. Lettres nouvelles contenant le privilége et l'auctorité d'avoir deux femmes.

14. Règles, Statuts et Ordonnances de la caballe des filous reformez depuis huict jours dans Paris, ensemble leur police, estat, gouvernement, et le moyen de les cognoistre d'une lieue loing sans lunettes.

15. Privilège des Enfans Sans-Souci, qui donne lettre patente à madame la comtesse de Gosier Sallé.... pour aller et venir par tous les vignobles de France.

16. La Rencontre merveilleuse de Piedaigrette avec maistre Guillaume revenant des Champs-Elizée, avec la genealogique des coquilberts.

17. Le Ballieux des ordures du monde.

18. Discours veritable des visions advenues au premier et second jour d'aoust 1589 à la personne de l'empereur des Turcs, sultan Amurat, en la ville de Constantinople, avec les protestations qu'il a fait pour la manutention du christianisme.

19. Le Pasquil du rencontre des cocus à Fontainebleau.

20. Exemplaire punition du violement et assassinat commis par François de La Motte, lieutenant du sieur de Montestruc, en la garnison de Metz en Lorraine, à la fille d'un bourgeois de ladite ville, et executé à Paris le 5 décembre 1607.

21. Le Satyrique de la cour, 1624.

22. Les Estranges tromperies de quelques charlatans nouvellement arrivez à Paris, descouvertes aux despens d'un plaideur, par C. F. Duppé.

23. La Pièce de cabinet, dédiée aux poètes du temps (par E. Carneau).

24. Priviléges et reglemens de l'Archiconfrérie vulgai-

rement dite des Cervelles emouquées ou des Ratiers.

25. Advis de Guillaume de la Porte, hotteux ès halles de la ville de Paris.

26. Les Misères de la femme mariée, où se peuvent voir les peines et tourmens qu'elle reçoit durant sa vie, mis en forme de stances par Mme Liebault.

27. Les Priviléges et fidelitez des Chastrez, ensemble la responce aux griefs proposez en l'arrest donné contre eux au profit des femmes.

28. Le Pont-Neuf frondé.

29. La Tromperie faicte à un marchand par son apprenty, lequel coucha avec sa femme, qui avoit peur de nuict, et de ce qui en advint, avec le testament du martyr amoureux.

30. Legat testamentaire du prince des Sots à M. C. d'Acreigne, Tullois, pour avoir descrit la defaite de deux mille hommes de pied, avec la prise de vingt-cinq enseignes, par Monseigneur le duc de Guyse.

31. Oraison funèbre de Caresme prenant, composée par le serviteur du roy des Melons andardois.

Le tome IV contient :

1. Brief discours de la reformation des mariages.
2. Les jeux de la cour.
3. Songe.
4. Le tableau des ambitieux de la cour, nouvellement tracé par maistre Guillaume à son retour de l'autre monde.
5. Lettre d'ecorniflerie et declaration de ceux qui n'en doivent jouir.
6. L'estrange ruse d'un filou habillé en femme, ayant duppé un jeune homme d'assez bon lieu soubs apparence de mariage.
7. Le passe-port des bons beuveurs.
8. Factum du procez d'entre messire Jean et dame Renée.
9. Le purgatoire des hommes mariez, avec les peines et les tourmentz qu'ils endurent incessamment au subject de la malice et mechanceté des femmes.
10. Memoire touchant la seigneurie du Pré-aux-Clercs, appartenant à l'Université de Paris, pour servir d'instruction à ceux qui doivent entrer dans les charges de l'Université.
11. Histoire horrible et effroyable d'un homme plus qu'enragé qui a esgorgé et mangé sept enfans dans la ville

de Chaalons en Champagne. Ensemble l'execution memorable qui s'en est ensuivie.

12. L'entrée de Gaultier Garguille en l'autre monde, poëme satyrique.

13. Les estrennes du Gros Guillaume à Perrine, presentées aux dames de Paris et aux amateurs de la vertu.

14. La lettre consolatoire escripte par le general de la compagnie des Crocheteurs de France à ses confrères, sur son restablissement au dessus de la Samaritaine du Pont-Neuf, narratifve des causes de son absence et voyages pendant icelle.

15. Les plaisantes ephemerides et pronostications très certaines pour six années.

16. Epitaphe du petit chien Lyco-phagos, par Courtault, son conculinaire et successeur en charge d'office, à toutes les legions des chiens academiques, par Vincent Denis Perigordien.

17. La grande cruauté et tirannie exercée par Mustapha, nouvellement empereur de Turquie, à l'endroit des ambassadeurs chrestiens, tant de France, d'Espaigne et d'Angleterre. Ensemble tout ce qui s'est passé au tourment par luy exercé à l'endroit de son nepveu, lui ayant fait crever les yeux.

18. Le different des Chapons et des Coqs touchant l'alliance des Poulles, avec la conclusion d'yceux.

19. Recit en vers et en prose de la farce des Precieuses.

20. Histoire miraculeuse de trois soldats punis divinement pour les forfaits, violences, irreverences et indignités par eux commises avec blasphèmes execrables contre l'image de monsieur saint Antoine, à Soulcy, près Chastillon-sur-Seine, le 21e jour de juin dernier passé (1576).

21. Le fantastique repentir des mal mariez.

22. Le grand procez de la querelle des femmes du faux-bourg Saint-Germain avec les filles du faux-bourg de Montmartre, sur l'arrivée du regiment des Gardes. Avec l'arrest des commères du faux-bourg Saint-Marceau intervenu en ladicte cause.

23. Les contre-veritez de la court, avec le dragon à trois testes.

24. Le coq-à-l'asne, ou le pot aux roses, adressé aux financiers.

25. Traduction d'une lettre envoyée à la reine d'Angleterre par son ambassadeur, surprise près le Moüy par la garnison du Havre de Grâce, 15 juin 1590.

26. Remonstrance aux femmes et filles de la France. Extrait du prophète Esaye, au chapitre III de ses propheties.

27. Histoire veritable du combat et duel assigné entre deux demoiselles sur la querelle de leurs amours.

28. L'Innocence d'amour, à Lysandre.

Le tome V contient :

1. Les Triolets du temps. 1649.
2. Discours sur la mort du chapelier.
3. Reglement d'accord sur la preference des savetiers cordonniers.
4. L'Œuf de Pasques ou pascal, à M. le lieutenant civil, par Jacques de Fonteny.
5. Catechisme des Courtisans, ou les Questions de la cour, et autres galanteries.
6. Exil de Mardy-Gras.
7. Ordre à tenir pour la visite des pauvres honteux.
8. L'Anatomie d'un Nez à la mode, dedié aux bons beuveurs.
9. Extrait de l'inventaire qui s'est trouvé dans les coffres de M. le chevalier de Guise, par Mlle d'Entraigue, et mis en lumière par M de Bassompierre.
10. Les nouvelles admirables lesquelles ont envoyées les patrons des gallées qui ont esté transportées du vent en plusieurs et divers pays et ysles de la mer, et principalement ès parties des Yndes.
11. Le Gan de Jan Godard, Parisien.
12. Discours de deux marchants fripiers et de deux tailleurs, avec les propos qu'ils ont tenus touchant leur estat.
13. Discours admirable d'un magicien de la ville de Moulins qui avoit un demon dans une phiole, condamné d'estre bruslé tout vif par arrest de la Cour de Parlement.
14. Vraye Pronostication de Me Gonin pour les malmariez, plates-bourses et morfondus, et leur repentir.
15. La misère des apprentis imprimeurs, appliquée par le detail à chaque fonction de ce penible estat.
16. Arrest de la Cour de Parlement qui fait deffenses à tous pastissiers et boulangers de fabriquer ni vendre, à l'occasion de la feste des Rois, aucuns gasteaux.
17. La Maltote des Cuisinières, ou la Manière de bien ferrer la mule.

18. Cas merveilleux d'un bastelier de Londres, lequel, sous ombre de passer les passans outre la rivière de Thames, les estrangloit.

19. Les de Relais, ou le Purgatoire des bouchers, poulayers, paticiers, cuisiniers, joueurs d'instrumens, comiques et autres gens de mesme farine.

20. Discours de la mort de très haute et très illustre princesse madame Marie Stuard, royne d'Escosse.

21. L'Onozandre, ou le Grossier, satyre.

22. Le Conseil tenu en une assemblée des dames et bourgeoises de Paris.

23. Vengeance des femmes contre les hommes.

24. Ballet nouvellement dansé à Fontaine-Bleau par les dames d'amour Ensemble leurs complaintes adressées aux courtisanes de Venus à Paris.

25. Satyre contre l'indecence des questeuses.

26. Les contens et mescontens sur le sujet du temps.

27. Vers pour Monseigneur le Dauphin au sujet d'une aventure arrivée entre lui et le petit Brancas.

28. La Vraye Pierre philosophale, ou le moyen de devenir riche à bon conte.

Le tome VIe contient :

1. Les estranges et desplorables accidens arrivez en divers endroits sur la rivière de Loire et lieux circonvoisins par l'effroyable desbordement des eaux et l'espouvantable tempeste des vents, le 19 et 20 janvier 1633. Ensemble les miracles qui sont arrivez à des personnes de qualité et autres qui ont esté sauvées de ces perilleux dangers.

2. Le feu royal, faict par le sieur Jumeau, arquebusier ordinaire de Sa Majesté.

3. Histoire veritable du prix excessif des vivres de la Rochelle pendant le siège.

4. La grande proprieté des bottes sans cheval en tout temps, nouvellement descouverte, avec leurs appartenances, dans le grand magazin des esprits curieux.

5. Les estrennes de Herpinot, presentées aux dames de Paris, desdiez aux amateurs de la vertu, par C. D. P., comedien françois.

6. Harangue de Turlupin le souffreteux, 1615.

7. Sommaire traicté du revenu et despence des finances de France, ensemble les pensions de nosseigneurs et dames de la Cour, escrit par Nicolas Remond, secretaire d'Estat.

8. Quatrains au roy sur la façon des harquebuses et pistolets, enseignans le moyen de recognoistre la bonté et le

vice de toutes sortes d'armes à feu et les conserver en leur lustre et bonté, par François Poumerol, arquebusier.

9. Zest-Pouf, historiette du temps.

10. Catechisme des Normands.

11. Edit du roy portant suppression des charges de capitaines des levrettes de la chambre du roy.

12. Histoire veritable de la mutinerie, tumulte et sedition faite par les prestres Sainct-Medard contre les fidèles, le semedy xxviie jour de decembre 1561.

13 Les choses horribles contenues en une lettre envoyée à Henry de Valois par un enfant de Paris le vingt-huitième de janvier 1589.

14. Le Cochon mitré, dialogue.

15. Stances sur le retranchement des festes, en 1666.

16. Le Pont-Breton des procureurs.

17. La plaisante nouvelle apportée sur tout ce qui se passe en la guerre de Piedmont, avec la harangue du capitaine Picotin faicte au duc de Savoye sur le mescontentement des soldats françois.

18. Le Carquois satyrique.

19 L'estrange et veritable accident arrivé en la ville de Tours, où la royne couroit grand danger de sa vie sans le marquis de Rouillac et de M. de Vignolles, le vendredy vingt-neufviesme janvier 1616.

20. Arrest notable donné au profit des femmes contre l'impuissance des maris, avec le plaidoyé et conclusion de Messieurs les gens du roy.

21. Satyre sur la barbe de M. le president Molé.

22. Recit veritable de l'execution faite du capitaine Carrefour, general des voleurs de France, rom_[u vif à Dijon le 12e jour de decembre 1622.

23. Brief dialogue, exemplaire et recreatif, entre le vray soldat et le marchand françois, faisant mention du temps qui court.

24. La musique de la taverne et les propheties du cabaret, ensemble le Mepris des Muses.

Le tome VII est sous psesse, le tome X contiendra la table générale.

HISTOIRE.

I. VOYAGES.

Histoire notable de la Floride, contenant les trois voyages faits en icelle par certains capitaines et pilotes françois, descrits par le capitaine LAUDONNIÈRE; à laquelle a été ajousté un *Quatriesme voyage, fait par le capitaine* GOURGUES. 1 volume. 5 fr.

Epuisé. Il reste quelques exemplaires sur papier fort au prix de 10 fr.

Mémoires des Voyages du sieur Demarez, revus sur le seul exemplaire connu de l'édition originale, et annotés par M. Charles NAVARIN. 1 vol. 5 fr.

Relation des trois ambassades du comte de Carlisle, de la part de Charles II, vers Alexey Michailowitz, czar de Moscovie, Charles, roy de Suède, et Frederic III, roy de Danemarck. Nouvelle édition, avec préface, notes et glossaire par le prince Augustin GALITZIN. 1 volume. 5 fr.

II. HISTOIRE DE FRANCE.

Collection générale de Chroniques et Mémoires relatifs à l'histoire de France. 200 vol.

Cette collection comprendra les ouvrages qui font partie des diverses collections publiées jusqu'à ce jour, et plusieurs autres imprimés ou inédits. Chaque ouvrage, revu sur les manuscrits et les éditions anciennes, accompagné de notes et d'une table des matières, se vendra séparément. Il n'y aura ni faux-titre, ni indication quelconque qui puisse obliger les amateurs à prendre les volumes dont ils n'auraient pas besoin. Les ouvrages divers ne seront rattachés entr'eux que par le plan de la collection et la *Table générale des matières.*

De cette collection feront partie :

* *Les Aventures du baron de Fæneste,* par Théodore-Agrippa D'AUBIGNÉ. Edition revue et annotée par M. Prosper MÉRIMÉE, de l'Académie françoise. 1 vol. 5 fr.

* *Mémoires de la Marquise de Courcelles,* écrits par elle-même, précédés d'une Notice et accompagnés de notes par M. Paul POUGIN. 1 vol. 4 fr.

* *Mémoires de Madame de la Guette.* Edition revue et annotée par M. C. MOREAU. 1 vol. 5 fr.

Souvenirs de madame de Caylus. 1 vol.

Mémoires de l'abbé de Choisy, suivis de l'*Histoire de la Comtesse des Barres,* avec préface et notes par M. Gustave DESNOIRESTERRES. 1 vol. 5 fr.

OEuvres complètes de Branthome.
Voyez page 34 de ce catalogue.

Chroniques des Samedis de Mlle de Scudéry, recueillies par CONRART, annotées par PELLISSON-FONTANIER, et publiées par M. F. FEUILLET DE CONCHES. 1 vol. 5 fr.

III. HISTOIRE ÉTRANGÈRE.

* *Histoire notable de la Floride.* 1 v. 5 fr.
Voyez page 45 de ce catalogue.

Relation des trois ambassades du comte de Carlisle. 1 vol. 5 fr.
Voyez page 45 de ce catalogue.

Histoire du Pérou, traduite de l'espagnol sur le manuscrit inédit du P. Anello OLIVA, par M H. TERNAUX-COMPANS. 1 vol. 4 fr.

OUVRAGES DE DIFFÉRENTS FORMATS

Qui font partie du fonds de P. JANNET.

Bibliographie lyonnaise du xve *siècle*, par M. A. PÉRICAUD aîné. Nouv. édit. Lyon, imprimerie de Louis Perrin, 1854, in-8. 1re partie. 7 50
    2e partie. 4 »
    3e partie. 2 »

Catalogue de la bibliothèque lyonnaise de M. Coste, rédigé et mis en ordre par Aimé VINGTRINIER, son bibliothécaire. Lyon, 1853, 2 vol. gr. in-8. (18,641 articles.) 12 »

Catalogue des livres imprimés, manuscrits, estampes, dessins et cartes à jouer composant la bibliothèque de M. C. Leber, avec des notes par le collecteur. Tome IV, contenant le supplément et la table des auteurs et des livres anonymes. Paris, 1852, in-8, avec 6 grav. 8 »
    Grand papier, fig. col. 25 »
    Grand papier vélin, fig. col. 30 »

Choix de fables de La Fontaine, traduites en vers basques par J.-B. ARCHU. La Réole, 1848, in-8. 7 50

Chronique et hystoire faicte et composee par reverend pere en Dieu TURPIN, contenant les prouesses et faictz darmes advenuz en son temps du tres magnanime Roy Charlemaigne et de son nepveu Raouland. (Paris, 1835,) in-4 goth. à 2 col., avec lettres initiales fleuries et tourneures. 20 »
    Pap. de Hollande. 25 »

Dialogue (Le) du fol et du sage. (Paris, 1833,) pet. in-8 goth. 9 »
    Pap. de Holl. (à 10 exempl.). 12 »
    Pap. de Chine (à 4 exempl.). 15 »

Dialogue facetieux d'un gentilhomme françois se complaignant de l'amour, et d'un berger qui, le trouvant dans un bocage, le reconforta, parlant à luy en son patois. Le tout fort plaisant. *Metz*, 1671 (1847), in-16 oblong. . . 9 »

Dictionnaire pour l'intelligence des auteurs classiques grecs et latins, tant sacrés que profanes, par Fr. Sabbathier. *Paris*, 1815, in-8. (Tome 37e et dernier.)   6 »

Dit (Le) *de menage*, pièce en vers du XIVe siècle, publié, pour la première fois par M. G.-S. Trebutien. (*Paris*, 1835,) in-8 goth.   2 50
    Pap. de Holl.   4 »

Dit (Un) *d'aventures*, pièce burlesque et satirique du XIIIe siècle, publiée pour la première fois par M. G.-S. Trebutien. (*Paris*, 1835,) in-8 goth.   2 50

Essai synthétique sur l'origine et la formation des langues (par Copineau). *Paris*, 1774, in-8.   4 »

Histoire des campagnes d'Annibal en Italie pendant la deuxième guerre punique, suivie d'un abrégé de la tactique des Romains et des Grecs, par Fréd. Guillaume, général de brigade. *Milan*, de l'impr. royale, 1812, 3 vol. gr. in-4 et atlas de 49 planches gr. in-fol.   20 »

Histoire du Mexique, par don Alvaro Tezozomoc, trad. sur un manuscrit inédit par H. Ternaux-Compans. *Paris*, 1853, 2 vol. in-8.   15 »

Lai d'Ignaurès, en vers, du XIIe siècle, par Renaut, suivi des lais de Melion et du Trot, en vers, du XIIIe siècle, publiés pour la première fois par MM. Monmerqué et Francisque Michel. *Paris*, 1832, gr. in-8, pap. vél., avec deux *fac-simile* color.   9 »
    Pap. de Holl.   15 »
    Pap. de Chine.   15 »

Lanternes (Les), histoire de l'ancien éclairage de Paris, par Édouard Fournier, suivie de la réimpression de quelques poèmes rares. (Les nouvelles lanternes, 1745. — Plaintes des filoux et écumeurs de bourses contre nosseigneurs les réverbères, 1769. — Les ambulantes à la brune con-

tre la dureté du temps, 1769. — Les sultanes nocturnes,
1769.) *Paris*, 1854, in-8. 2 »

Lettre d'un gentilhomme portugais à un de ses amis de Lisbonne sur l'exécution d'Anne Boleyn, publiée par M. Francisque Michel. *Paris*, 1832, br. in-8, pap. vélin. 3 »

Manuel du libraire et de l'amateur de livres, par M. Jacq.-Ch. Brunet, quatrième édition originale. *Paris*, 1842-1844, 5 vol. in-8 à deux colonnes. 200 »

Moralité de la vendition de Joseph, filz du patriarche Jacob; comment ses frères, esmeuz par envye, s'assemblèrent pour le faire mourir..... *Paris*, 1835, in-4 goth. format d'agenda, pap. de Holl. 36 "

Moralité de Mundus, Caro, Demonia, à cinq personnages. — Farce des deux savetiers, à trois personnages. *Paris*, Silvestre, 1838, in-4 goth. format d'agenda. 12 »

Moralité nouvelle du mauvais riche et du ladre, à douze personnages. (*Paris*, 1833,) petit in-8 goth. 9 »
    Pap. de Holl. (à 10 exempl.). 12 »
    Pap. de Chine (à 4 exempl.). 15 »

Moralité très singulière et très bonne des blasphémateurs du nom de Dieu. (*Paris*, 1831,) pet. in-4 goth. format d'agenda, pap. de Holl. 36 »

Mystère de saint Crespin et de saint Crespinien, publié pour la première fois par L. Dessalles et P. Chabaille. *Paris*, 1836, gr. in-8 orné d'un *fac-simile*. 14 »
    Pap. de Holl. (*fac-simile* sur vélin). 30 »
    Pap. de Chine. 30 »

Payen (Dr J. F.). — **Publications relatives à Montaigne.**

1° *Notice bibliographique sur Montaigne.* Paris, 1837, in-8. (Epuisée.)

2° *Documents inédits ou peu connus sur Montaigne.* Paris, 1847, in-8, portrait, *fac-simile.* (*Epuisés.*)

3° *Nouveaux documents inédits ou peu connus sur Montaigne.* 1850, in-8, *fac-simile.* 3 fr.

4° *De Christophe Kormart et de son analyse sur les Essais de Montaigne.* Paris, 1849, in-8. (*Epuisé.*)

5° *Documents inédits sur Montaigne*, n° 3. — Éphémérides, Lettres, et autres Pièces autographes et *inédites* de Montaigne et de sa fille Eléonore. Paris, Jannet, 1855, in-8, *fac-simile.* 3 fr.

6° *Recherches sur Montaigne, documents inédits*, n° 4. — Examen de la vie publique de Montaigne, par M. Grün. — Lettres et remontrances nouvelles. — Bourgeoisie romaine. — Habitation et tombeau à Bordeaux. — Vues, plans, cachets, *fac-simile.* — R. Sebon. Paris, 1856, in-8. 5 fr.

Poésies françoises de J.-G. Alione (d'Asti), composées de 1494 à 1520, avec une notice biographique et bibliographique par M. J.-C. BRUNET. *Paris*, 1836, pet. in-8 goth. orné d'un *fac-simile.* 15 »

Proverbes basques, recueillis (et publiés avec une traduction française) par ARNAULD OIHÉNART. *Bordeaux*, 1847, in-8. 10 »

Recueil de réimpressions d'opuscules rares ou curieux relatifs à l'histoire des beaux-arts en France, publié par les soins de MM. T. ARNAULDET, Paul CHÉRON, Anatole DE MONTAIGLON. In-8, papier de Hollande. (Tirage à 100 exemplaires.)

I. Ludovicus Henricus Lomenius, Briennæ comes, de pinacotheca sua. 1 50

II. Vie de François Chauveau, graveur, et de ses deux fils, Evrard, peintre, et René, sculpteur, par J.-M. Papillon. 3 50

Relation des principaux événements de la vie de Salvaing de Boissieu, premier président en la chambre des comptes de Dauphiné, suivie d'une critique de sa généalogie et précédée d'une Notice historique, par Alfred DE TERREBASSE. *Lyon*, impr. de Louis Perrin, 1850, in-8, fig. 7 »

Roman de Mahomet, en vers, du XIIIe siècle, par Alex. DU PONT, et livre de la loi au Sarrazin, en prose, du XIVe siècle, par Raymond LULLE ; publiés pour la première fois et accompagnés de notes par MM. REINAUD et Francisque MICHEL. *Paris*, 1831, gr. in-8 pap. vél., avec deux *fac-simile* coloriés. 12 »

Roman de la Violette ou de Gérard de Nevers, en vers, du XIIIe siècle, par GIBERT DE MONTREUIL, publié pour la première fois par M. Francisque MICHEL. *Paris*, 1834, gr. in-8 pap vél. avec trois *fac-simile* et six gravures entourées d'arabesques et tirées sur papier de Chine. 36 »
   Pap. de Chine. 60 »

Roman (Le) de Robert le Diable, en vers, du XIIIe siècle, publié pour la première fois par G.-S. TRÉBUTIEN. *Paris*, 1837, pet. in-4 goth. à deux col., avec lettres tourneures et grav. en bois. 20 »
   Pap. de Holl. 30 »
   Pap. de Chine. 36 »

Roman du Saint-Graal, publié pour la première fois par Francisque MICHEL. *Bordeaux*, 1841, in-12. 4 »

Table des auteurs et des prix d'adjudication des livres composant la bibliothèque de M. le comte de La B*** (La Bédoyère). Gr. in-8, pap. vél. 2 50

Table des prix d'adjudication des livres composant la bibliothèque de M. L*** (Libri). *Paris*, 1847, in-8. 1 50

Table des prix d'adjudication des livres de M. l. m. d. R. (du Roure). *Paris*, 1848, in-8. 1 25

Trésor des origines, ou Dictionnaire grammatical raisonné de la langue française, par Ch. POUGENS. *Paris*, imprimerie royale, 1819, in-4. 6 »

Manuel-Annuaire de l'imprimerie, de la librairie et de la presse, par F. GRIMONT, avocat, s. Chef du bureau de la librairie au Ministère de l'intérieur. In-12.   4 »

Sous presse le *Manuel* pour 1857, complément de la 1re édition, avec tables analytiques de toutes les matières contenues dans les deux volumes.

LA PROPRIÉTÉ LITTÉRAIRE ET ARTISTIQUE

COURRIER DE LA LIBRAIRIE

Ce Journal paraît tous les samedis. Il contient les documents officiels concernant l'imprimerie, la librairie, et tout ce qui s'y rattache, — une Chronique judiciaire, — le Catalogue, d'après les documents officiels, des livres, cartes, estampes, œuvres de musique, etc., imprimés en France. — A titre de prime, les abonnés reçoivent 1° le *Catalogue général de la librairie française au XIXe siècle*, par M. Paul Chéron; ouvrage exclusivement imprimé pour eux, et qui ne sera pas mis dans le commerce; 2° Pour 20 fr. de livres de la *Bibliothèque Elzevirienne*, au choix, pour chacune des années 1856 et 1857. — Prix de l'abonnement pour un an : Paris, 20 fr.; départements, 22 fr.; Etranger, 24 fr. — Bureaux, à Paris, rue de Richelieu, 15; à Leipzig, chez T. O. Weigel; à Londres, chez John Russell Smith. — Rédacteur en chef, P. Boiteau. Propriétaire-Gérant, P. Jannet.

MANUEL
DE
L'AMATEUR D'ESTAMPES
PAR M. CH. LE BLANC
OUVRAGE DESTINÉ A FAIRE SUITE AU
Manuel du Libraire et de l'Amateur de Livres
PAR M. J.-CH. BRUNET

Conditions de la Publication.

Le *Manuel de l'Amateur d'Estampes* sera publié en 16 livraisons, composées chacune de dix feuilles, ou 160 pages gr. in-8, à deux colonnes, imprimées sur papier vergé, avec monogrammes intercalés dans le texte. Le prix de chaque livr. est fixé à 4 fr. 50 c.; il est tiré quelques exempl. sur *papier vélin* au prix de *huit francs* la livraison.

LES 8 PREMIÈRES LIVRAISONS (**A-Melar**) SONT EN VENTE ET FORMENT DEUX VOLUMES.

La 9e livraison est sous presse.

RECUEIL
DE
CHANSONS, SATIRES, ÉPIGRAMMES
Et autres poésies relatives à l'histoire des XVIe, XVIIe et XVIIIe siècles
CONNU SOUS LE NOM DE
RECUEIL DE MAUREPAS
PUBLIÉ PAR M. ANATOLE DE MONTAIGLON
Ancien Élève de l'Ecole des Chartes
Membre résidant de la Société des Antiquaires de France.

Le **Recueil de Maurepas** sera publié en six forts volumes grand in-8° à 2 colonnes, imprimés sur beau papier vergé, en caractères neufs. Il paraîtra un volume tous les deux mois. Le prix est fixé à 25 fr. par volume, ou 150 fr. pour l'ouvrage complet. Chaque volume sera payé au moment de la livraison. Il ne sera tiré que 300 exemplaires. La souscription sera close prochainement, et le prix sera augmenté pour les personnes qui n'auront pas souscrit.

LA MUSE HISTORIQUE

ou
RECUEIL DES LETTRES EN VERS

CONTENANT LES NOUVELLES DU TEMPS, ÉCRITES A SON ALTESSE
MADEMOISELLE DE LONGUEVILLE, DEPUIS DUCHESSE
DE NEMOURS (1650 — 1665)

Par J. LORET.

Nouv. édition, revue sur les manuscrits et sur les éditions originales et augmentée d'une table générale des matières,
par ED. V. DE LA PELOUZE et J. RAVENEL.

Les Lettres en vers de Loret sont assurément un des ouvrages les plus curieux à consulter, une des sources les plus abondantes en précieux renseignements auxquelles il soit possible de puiser, pour quiconque veut étudier avec soin l'histoire politique ou littéraire de la France pendant la période de temps qu'embrasse cette gazette rimée. Pour seize années de la vie du grand siècle, on y trouve, en effet, outre la relation de tous les actes importants de la minorité et des premiers jours du règne de Louis XIV, le récit détaillé de ces mille petits faits divers qui préparent, qui expliquent les grands événements; qui ont passé presque inaperçus des contemporains eux-mêmes, et dont les plus pénibles et les plus minutieuses recherches n'amèneraient pas toujours l'historien à saisir la trace ailleurs. Là, toutefois, ne se borne pas le mérite de la *Muse historique*. Un certain attrait nous pousse tous, plus ou moins, à rechercher les particularités intimes de la vie des personnages que l'histoire fait poser devant nous; cette curiosité est, ici, très amplement satisfaite. Bruits de la ville, nouvelles de la cour, entrées princières, fêtes publiques, festins royaux, représentations théâtrales, bals et ballets, mystères de la ruelle et parfois de l'alcôve, Loret tient note de tout, révèle tout, décrit tout en vers abondants et faciles, spirituels et naïfs, burlesques mais pleins de bon sens, libres mais non effrontés, empreints toujours d'un profond respect pour la vérité.

Ces qualités, aujourd'hui bien reconnues, et le haut prix qu'atteignent dans les ventes publiques les exemplaires même imparfaits de la *Muse historique*, nous ont décidé à réimprimer ce livre. Les éditeurs, indépendamment de ce qu'il leur a été possible de se procurer des lettres originales imprimées, ont fort utilement consulté deux manuscrits des bibliothèques Impériale et de l'Arsenal. Un troisième, inappréciable volume relié aux armes de Fouquet et de la comtesse de Verrue, auxquels il a successivement appartenu, a été mis à leur disposition avec la plus gracieuse obligeance par son possesseur actuel, M. Grangier de la Marinière, le zélé bibliophile. Ces diverses communications, la dernière surtout, ont permis de faire disparaître presque entièrement les voiles souvent bien épais que, lors de l'impression de sa gazette, Loret a jetés, par prudence, sur un grand nombre de figures de son musée historique.

Rien n'a été négligé, sous le rapport des soins littéraires, pour que cette nouvelle édition soit digne des amateurs auxquels elle est destinée. L'exécution matérielle sera dirigée de manière à satisfaire les plus difficiles.

L'ouvrage, sous presse, se composera de 4 forts volumes grand in-8 à 2 colonnes. — Prix de chaque volume : 15 fr.

LIBRARY OF OLD AUTHORS.

M. John Russel Smith, libraire à Londres, vient de commencer la publication d'une collection destinée à prendre en Angleterre la place occupée en France par la *Bibliothèque elzevirienne*. Plusieurs ouvrages sont en vente ou sous presse. Tous les volumes sont imprimés uniformément et avec soin, avec des fleurons et lettres ornées, reliés en percaline, et se vendent à des prix modérés. Voici la liste des premières publications.

En vente :

The Dramatic and Poetical Works of John Marston. Now first collected and edited by J. O. Halliwell. 3 vols. cart. en toile. 22 50

The Vision and Creed of Piers Ploughman. Edited by Thomas Wright; a new edition, revised, with additions to the Notes and Glossary. 2 vols. cart. 15 »

Increase Mather's Remarkable Providences of the Earlier Days of American Colonization. With Introductory Preface by George Offor. Portrait. 7 50

John Selden's Table Talk. A new and improved Edition, by S. W. Singer. 7 50

The Poetical Works of William Drummond of Hawthornden. Edited by W. B. Turnbull. Portrait. 7 50

Francis Quarle's Enchiridion. Containing Institutions—Divine, Contemplative, Practical, Moral, Ethical, OEconomical, and Political. Portrait. 4 50

The Miscellaneous Works in prose and verse of sir Thomas Overbury. Now first collected. Edited, with Life and Notes, by E. F. Rimbault. Portrait after Pass. 7 50

George Wither's Hymns and songs of The Church. Edited, with Introduction, by Edward Farr. Also the Musical Notes, composed by Orlando Gibbons. With Portrait after Hole. 7 50

The Poetical Works of the Rev. Robert Southwell. Now first completely edited by W. B. Turnbull. 6

Sous presse:

GEORGE WITHER'S Hallelujah, or Britain's Second Remembrancer, in Praiseful and Penitential Hymns, Spiritual Songs and Moral Odes. Edited by Edward Farr.

GEORGE SANDYS' Poetical Works. Edited by John Mitford.

Remaines Concerning Britain, by WILLIAM CAMDEN. The Eighth Edition. Edited by Mark Antony Lower.

The Interludes of John HEYWOOD. Now first collected and edited by F. W. Fairholt.

Pieces of Early Popular Poetry. Republished principally from early printed copies in the Black Letter. Edited by Edward Vernon Utterson. Second Edition.

The Iliads and the Odysseys of Homer, Prince of Poets, never before in any Language truly translated, done according to the Greek by GEORGE CHAPMAN. Edited by Richard Hooper.

The Journal of a Barrister of the name of MANNINGHAM, for the years 1600, 1601 and 1602; containing Anecdotes of Shakespeare, Ben Johnson, Marston, Spenser, Sir W. Raleigh, Sir John Davys, etc. Edited from the ms. in the British Museum, by Thomas Wright.

The Rev. JOSEPH SPENCE'S Anecdotes of Books and Men, about the time of Pope and Swift. A new Edition by S. W. Singer.

The Prose Works of GEOFFREY CHAUCER, including the Translation of Boethius, the Testament of Love, and the Treatise on the Astrolabe. Edited by T. Wright.

King JAMES' Treatise on Demonology. With Notes.

The Poems, Letters and Plays of Sir JOHN SUCKLING.

THOMAS CAREW'S Poems and Masque.

The Miscellanies of JOHN AUBREY, F. R. S.

Dépôt à Paris, chez P. JANNET, éditeur de la Bibliothèque Elzevirienne, rue Richelieu, 15.

Paris, imprimerie Guiraudet et Jouaust. 338, r. S.-Honoré.

www.ingramcontent.com/pod-product-compliance
Lightning Source LLC
Chambersburg PA
CBHW051401230426
43669CB00011B/1727